HISTOIRE
DE LA
DOMINATION
des Arabes et des Maures
EN ESPAGNE ET EN PORTUGAL.

CET OUVRAGE SE TROUVE,

A BRUXELLES, chez Brunet et Charles Frucer, Libraires, rue de la Madelaine.

Autres Ouvrages chez le même :

Mémoires, souvenirs et anecdotes, par M. le comte de Ségur, de l'Académie française, 1er vol. in-8, sur papier satiné des Vosges, orné du portrait de l'auteur et d'un facsimilé de son écriture. (l'ouvrage aura 3 vol. qui seront publiés successivement). Prix. . . . . 7 50.

Le mexique en 1823, ou Tableau physique, moral et politique de la Nouvelle-Espagne ; contenant des notions exactes et pour la plupart inconnues en Europe, sur sa situation actuelle, ses productions naturelles, son état social, ses manufactures, commerce, agriculture, etc.; suivi d'un appendice de documens officiels publiés par le ministère anglais *en juin dernier*, sur cette intéressante contrée ; son industrie, ses arts ; etc., etc., et *la nécessité de reconnaître son indépendance*. Accompagné d'un atlas de vingt planches, composé de deux plans de la ville de *Mexico* ; le premier dressé par ordre de *Montézuma*, pour *Fernand Cortez* ; et le deuxième représentant cette capitale *telle qu'elle est aujourd'hui* ; les vues des principales cités du pays ; les costumes, les antiquités, etc. etc., dessinés sur les lieux mêmes par M. Bulloch, auteur de la Narration, et propriétaire du musée Mexicain formé par lui au Mexique, et maintenant établi à Londres. Traduit de l'Anglais par M.***, avec un avant-propos et des notes par Sir John Byerley, 2 vol. in-8, avec l'atlas et les costumes coloriés. Prix. 20 0

Mémoires sur la vie et le siècle de Salvator Rosa, par lady Morgan, traduit par le traducteur de *l'Italie*, du même auteur, et par M.***, 2 vol. in-8 avec un portrait. . . . 12 0
Le même, 2 vol. in-12. Prix. 6 0
Cet ouvrage brille à la fois par un style toujours pur, correct et élégant, quoique vigoureux. Il est rempli d'observations fines et judicieuses, — Les mémoires de Salvator Rosa, dans lesquels figurent les plus grands personnages, offrent une narration pleine d'intérêt.

Souvenirs (mes) de 1814—1815, par M.***, 1 vol. in-8. Prix. 5 0
Cet ouvrage, rempli d'anecdotes piquantes et curieuses, est relatif aux événemens de l'époque. — Rien n'est plus attachant que la lecture de cet opuscule composé par un fonctionnaire français, à la fois acteur et témoin des faits qu'il raconte.

PARIS, IMPRIMERIE DE COSSON.

HISTOIRE
DE
LA DOMINATION
des Arabes et des Maures
EN ESPAGNE ET EN PORTUGAL,

DEPUIS L'INVASION DE CES PEUPLES JUSQU'A LEUR
EXPULSION DÉFINITIVE ;

Rédigée sur l'histoire traduite de l'arabe en espagnol
DE M. JOSEPH CONDE,
Membre de plusieurs sociétés savantes, bibliothécaire de l'Escurial,
de l'Académie d'histoire, etc.

Par M. De Marlès.

TOME PREMIER.

Paris,
ALEXIS EYMERY, LIBRAIRE,
RUE MAZARINE, N° 30.
1825.

TABLEAU CHRONOLOGIQUE

DES CALIFES D'ORIENT QUI ONT POSSÉDÉ L'ESPAGNE,

DES ÉMIRS NOMMÉS PAR CES CALIFES, DES ROIS OU CALIFES DE CORDOUE, DES ROIS ALMORAVIDES ET ALMOHADES, ET DES ROIS DE GRENADE; DES ROIS DES ASTURIES, DE LÉON ET DE CASTILLE, ET DES ÉVÉNEMENS LE PLUS REMARQUABLES DE L'HISTOIRE D'ESPAGNE, RELATIFS AUX ARABES-MAURES.

Pour compléter, autant qu'il est possible, ce tableau chronologique des souverains arabes ou maures d'Espagne, nous présenterons des états particuliers pour Séville, Tolède, Grenade, Badajoz, Mérida, Almérie et Valence, à l'époque de la chute du royaume ou califat de Cordoue. Nous avons cru devoir négliger les petits souverains de Dénia, Algéciras, Niébla, Huesca, Albarracin, et autres semblables, sur lesquels il n'y a guère de notions certaines. Nous avons dû pareillement omettre le tableau de tous les petits rois qui secouèrent le joug des Almohades, et qui ne gardèrent leur indépendance que pendant quelques années jusqu'à la fondation du royaume de Grenade, et la conquête de Valence et de l'Andalousie par les princes chrétiens.

J. C.	Hég.	CALIFES D'ORIENT.	ROIS DES ASTURIES.	ÉMIRS D'ESPAGNE.
709	90	Walid ben Abdel-mélic ben Méruan.	Mort de Vitiza, roi des Goths, et avénement de Rodrigue ou Rudéric.	
710	91	. . . .		Taric ben Zéyad, envoyé par Muza ben Noseïr el Bécri, émir d'Afrique, débarque pour la première fois en Espagne.
711	92	. . . .		Taric revient en Espagne avec une armée, et débarque à Gibraltar vers le mois d'avril. Bataille de Guadalète, et mort de Rodrigue, le 24 juillet. Prise de Tolède par Taric. Muza arrive en Espagne.

TABLEAU CHRONOLOGIQUE.

J. C.	Hég.	CALIFES.	ROIS DES ASTURIES.	ÉMIRS D'ESPAGNE.
712	93			Il prend Séville, Mérida.
713	94		Tadmir ou Théodémir, prince des Goths, se soumet à Abdélaziz, fils de Muza ; il donne son nom au pays de Murcie.	
714	95	Mort du calife Walid. Suleiman.		Siége et prise de Sarragosse par Taric et par Muza. Mésintelligence entre les deux généraux. Muza et Taric sont rappelés l'un et l'autre par le calife. Départ de Taric.
714	96			Départ de Muza. Suleiman le fait mettre en prison. Abdélaziz ben Muza gouverne l'Espagne.
715	97			Il est assassiné par ordre du calife. Ayub ben Habib el Lahmi. Déposé au bout de quelques mois. Alhaur ben Abdérahman el Tzakéfi.
716	98			Mort de Muza en Arabie.
717	99	Mort de Suleiman. Omar ben Abdélaziz.		Alhaur fait une incursion dans la Gaule narbonnaise.
718	100		Pélage fonde le royaume des Asturies.	
719	101	Mort d'Omar. Yézid ben Abdelmélic.		
721	103		Victoires de Pélage.	Alhaur est déposé. Alzama ben Malic el Chulani. Il est tué la même année dans une bataille près de Toulouse. Abdérahman ben Abdalah, élu immédiatement par l'armée.
723	105	Mort d'Yézid. Hixem ben Abdelmélic, tige des califes ou rois de Cordoue.		Il est déposé par le calife. Ambisa ben Sohim el Kélébi.
724	106			Il est tué dans une bataille sur les bords du Rhône. Hodeira ben Abdala el Fehri gouverne par interim.
725	107			Yahie ben Saléma.
726	108			Il est déposé. Othman ben Abu Néza, que les vieilles chroniques désignent sous le nom de Munuza. Il est déposé la même année. Hodeifa ben Alhaus.
727	109			Déposé après quelques mois.

J.C.	Hég.	CALIFES.	ROIS DES ASTURIES.	ÉMIRS D'ESPAGNE.
				OTHMAN, réélu par interim.
				ALHAITAM ben Obeid el Kénani.
728	110			Il est déposé par
				MUHAMAD ben Abdalah, envoyé du calife, avec de pleins pouvoirs. Il nomme
				ABDÉRAHMAN ben Abdalah, qui gouverne pour la seconde fois.
731	113			Révolte d'Othman ben Abu Néza dans son gouvernement, dans les Pyrénées.
				Il est tué par les soldats qu'envoie l'émir Abdérahman.
733	115			Bataille de Tours, où Abdérahman est tué.
				ABDELMÉLIC ben Cotan el Fehri.
				Il est déposé.
736	118			OCBA ben Alhegág el Sétuli.
				Il meurt regretté, et désigne son successeur dans le même
			Mort du roi Pélage.	
			FAVILA, son fils.	ABDELMÉLIC ben Cotan.
739	121		Il est dévoré à la chasse par un ours.	
			ALPHONSE I le Catholique.	
742	125	Mort d'Hixem.	Les troubles qui ont lieu entre les Arabes le font jouir de plusieurs années de repos, qu'il emploie à consolider son pouvoir naissant, et à étendre insensiblement les limites de son royaume.	Thaalaba ben Saléma, et Baleg ben Baxir, chefs de plusieurs tribus syriennes et égyptiennes, battus en Afrique, passent en Espagne.
		WALID ben Yézid.		Révolte de Cordoue et Tolède.
				Abdelmélic est livré par les Cordouans, et décapité par ordre de Baleg.
				BALEG ben Baxir } usurpateurs.
				THAALABA ben Saléma }
				Baleg est tué dans un combat.
743	126	Walid est assassiné.		HUSAM ben Dhirár, Abulchatar, envoyé par l'émir d'Afrique.
		YEZID ben Walid.		
				Il fait arrêter Thaalaba, et l'envoie à Tanger.
		Il meurt la même année.		Révoltes par toute l'Espagne.
		YBRAHIM ben Walid.		Samaïl ben Hatim, venu d'Afrique avec Baleg, se met à la tête des mécontens.
		Déposé au bout de deux mois.		
		MÉRUAN ben Muhamad, dernier calife de la race d'Omeya.		
744	127			Húsam est mis en prison par les rebelles, dans une tour de Cordoue.

J. C.	Hég.	CALIFES.	ROIS DES ASTURIES.	ÉMIRS D'ESPAGNE.
				Thuéba ben Saléma el Hézami, usurpateur.
				Husâm est délivré de prison.
				Samaïl assiége Cordoue.
745	128			Husâm est tué dans une sortie.
				Thuéba et Samaïl se partagent l'Espagne; le premier a Cordoue, le second a Sarragosse.
				Thuéba meurt la même année.
				Jusuf el Fehri, élu par les scheiks de la nation.
749	132	Méruan est tué dans une bataille, après un règne très-orageux de cinq ans.		
				Révolte d'Amer ben Amram, émir de la mer.
		Abul Abbas Azefah, premier calife abbasside.		
753	136			Il s'empare de Sarragosse.
				Troubles dans l'Espagne.
				Les scheiks s'assemblent, et envoient des députés en Afrique offrir la couronne au jeune Abdérahman, descendant du calife Hixém.
				Jusuf reprend Sarragosse.
755	138			Abdérahman arrive en Espagne; Jusuf fait massacrer Amer et son fils.
				Abdérahman remporte une victoire signalée sur Jusuf et Samaïl.
				Cordoue ouvre ses portes à Abdérahman.
756	139			Jusuf perd une seconde bataille, et il se soumet à Abdérahman par le conseil de Samaïl.
		Fin de l'empire des califes d'Orient en Espagne.		

TABLEAU CHRONOLOGIQUE.

V

J. C.	Hég.	ROIS DES ASTURIES.	ROIS OU CALIFES DE CORDOUE.
			ABDÉRAHMAN I ben Moavia ben Hixem, proclamé solennellement roi d'Espagne.
757	140	Mort d'Alphonse I.	
		FROILA I.	
758	141	....	Jusuf se révolte contre Abdérahman.
759	142	....	Il est tué dans une bataille.
			Ses trois fils s'emparent de Tolède.
			Abdérahman reprend cette ville.
		Il se rend tributaire du roi de Cordoue.	Samaïl est emprisonné, et meurt dans sa prison.
			Les Arabes perdent Narbonne.
760	143	....	Tolède se révolte de nouveau.
761	144	....	Arrivée en Espagne d'Ali ben Mogueith, émir de Caïrvan, sous prétexte de rétablir l'autorité des Abbassides.
763	146	....	Il est tué dans une bataille, et son parti est anéanti.
765	148	....	Révolte de Jaën apaisée.
768	151	Mort de Froïla.	Révoltes et guerre civile dans les Alpuxarres, pendant plusieurs années.
		AURÈLE.	
774	158	Mort d'Aurèle.	
		SILO.	
		Il désigne pour successeur Alphonse, fils de Froïla.	
		Charlemagne passe les Pyrénées, et fait la conquête de tout le pays jusqu'à l'Ebre.	
778	162	Bataille de Roncevaux, où Charlemagne est défait par les Navarrais et par les Gascons.	Abdérahman reprend Sarragosse.
783	167	Mort de Silo.	Nouvelles révoltes dans l'Andalousie.
		MAUREGAT, usurpateur.	
784	168	....	Abdérahman triomphe des rebelles.
786	170	....	Il fait reconnaître pour son successeur son fils Hixem, au préjudice de Suleiman et d'Abdala, ses aînés.
787	171	....	Il meurt et laisse la couronne à
			HIXEM I Alhadi el Rhadi.
			Ses deux frères se révoltent.
788	172	Mort de Mauregat.	Le Wali de Tortose se révolte aussi.
		BERMUDE I.	
		Il partage le trône avec Alphonse.	
791	175	Il abdique en sa faveur.	Après plusieurs victoires Hixem réduit ses frères.
		ALPHONSE II, le Chaste.	
795	177	....	Siége et prise de Gironne; incursions jusqu'à Carcassone.
			Hixem finit la grande mosquée de Cordoue.
796	179	....	Il nomme son héritier.
796	180	....	Mort d'Hixem.
			ALHAKEM I.
			Suleiman et Abdala se révoltent de nouveau.
797	181	Progrès des chrétiens du côté des Pyrénées.	
			Alhakem reprend Lérida, Gironne et Barcelone.
			Il envahit la Gaule narbonnaise.
799	183	....	Il défait ses deux oncles dans une ba-

J. C.	Hég.	ROIS DES ASTURIES.	ROIS DE CORDOUE.
			taille rangée; Tolède se rend peu de temps après.
			Il poursuit Suleiman, qui périt en combattant. Abdala se soumet.
801	185	Charlemagne envoie une armée sous les ordres de Louis son fils.	
			Gironne et Barcelone se rendent aux Français.
802	186	Alphonse remporte une victoire sur les généraux d'Alhakem.	
			Alhakem marche contre le wali de Tortose, le fait prisonnier et le fait mourir.
			Le jeune Edris, âgé de onze ans, est proclamé roi de Fez.
805	190	. . . .	Le wali de Tolède fait périr 400 des principaux habitans.
806	191	. . . .	Conspiration à Cordoue découverte; 300 conjurés sont égorgés.
811	196	Progrès des Asturiens; ils soumettent le pays jusqu'au Duéro.	Le prince Abdérahman, fils du roi, part pour l'armée.
812	197	. . . .	Il reprend Gironne, dévaste Narbonne.
813	198	. . . .	Il passe dans les Asturies, défait complétement l'armée d'Alphonse, et reprend Zamora.
		Louis prend Tortose, qui est reprise par escalade.	
815	200	. . . .	Abdérahman est proclamé wali alhadi ou héritier du trône.
817	202	. . . .	Soulèvement dans Cordoue à l'occasion d'un nouvel impôt.
			Alhakem, à la tête de sa garde, fond sur le peuple, et en fait un affreux carnage. Il fait raser le faubourg qu'habitaient les rebelles, et en bannit tous les habitans. Les proscrits s'embarquent, s'emparent de l'île de Crète, et fondent Candie.
			Alhakem est surnommé Abu el Aasi, le Cruel.
820	205	La guerre continue sur le Duéro avec des succès balancés.	
821	206	. . . .	Mort d'Alhakem.
			ABDÉRAHMAN II.
			Son grand oncle Abdalà revient d'Afrique avec des troupes; il est vaincu, et se retire à Valence.
			Abdérahman investit la ville; Abdalà rend les armes.
822	207	. . . .	Abdérahman assiége et prend Barcelonne.
823	208	. . . .	Mort d'Abdalà. Aderahman établit à cette occasion le droit aux enfans de succéder à leur père, et le droit des pères de disposer du tiers de leurs biens.
			Ambassade de l'empereur d'Orient à Cordoue. Révolte de Mérida.
828	213	. . . .	Siége et prise de Mérida.

TABLEAU CHRONOLOGIQUE.

J. C.	Hég.	ROIS DES ASTURIES.	ROIS DE CORDOUE.
			Révolte de Tolède qui soutient un siége de plusieurs années.
832	217	. . . .	Mérida se révolte de nouveau.
834	219	. . . .	Est forcée de se rendre au bout de deux ans.
835	220	Alphonse n'ayant point d'enfans, désigne pour lui succéder son cousin Ramire. Le comte Asnar s'empare de la Navarre, et se soustrait à l'obéissance de Pépin.	
838	223	. . . .	Tolède capitule. Expédition maritime contre Marseille dont les faubourgs sont pillés.
841	227	Avantages remportés par les Navarrais.	Nouvelle ambassade de Constantinople.
842	228	Mort d'Alphonse II. RAMIRE I.	
843	229	. . . .	Les Normands pillent Lisbonne.
844	230	. . . .	Ils ravagent les côtes d'Andalousie, et pillent Sidonia.
846	232	. . . .	Horrible sécheresse en Espagne.
850	236	Mort de Ramire. ORDOGNE I.	Abdérahman désigne son successeur. Il soutient les mécontens de la Galice. Mort d'Abdérahman.
852	238	. . . .	MUHAMAD I. Il décide une grave question religieuse.
853	239	. . . .	Révolte de Tolède et de Sarragosse.
859	245	. . . .	Tolède capitule après un siége de six ans.
860	246	. . . .	Nouvelle irruption des Normands; ils pillent Algéciras.
		Ordogne pousse ses conquêtes jusqu'à Salamanque.	
861	247	. . . .	Le prince Almondhir va commander l'armée; il repousse les Asturiens et les Navarrais.
863	249	. . . .	Muhamad bat les chretiens, et les poursuit jusqu'à Compostelle. Révolte d'Omar ben Hafs, connu sous le nom d'Hafsûn; il s'empare de plusieurs villes de l'Aragon.
866	252	Mort d'Ordogne I. ALPHONSE III, le Grand.	Hafsûn massacre par trahison une division de l'armée de Muhamad. Le prince Almondhir marche contr elui et remporte une victoire complète. Hafsûn se sauve seul dans les montagnes.
867	254	Il reprend Salamanque, et assiége Coria. Les Navarrais, conduits par Sanche leur comte, battent les Musulmans.	
872	259	. . . .	Bataille de Sahagun entre les Asturiens et les Arabes. Les deux partis s'attribuent la victoire.
878	265	Fortun, comte de Navarre, prend le titre de roi.	Le prince Almondhir assiége Zamora; le roi des Asturies fait lever le siége.
880	267	. . . .	Violent tremblement de terre; plusieurs villes sont renversées. Hafsûn, aidé des Navarrais, parait de

J.C.	Hég.	ROIS DE LÉON.	ROIS DE CORDOUE.
			nouveau en armes, et s'empare de beaucoup de places.
882	269	....	Bataille sanglante livrée par Almondhir, dans laquelle Hafsûn est blessé à mort, et Garcie, comte ou roi de Navarre, est tué.
883	270	....	Almondhir est nommé wali alhadi. Calib, fils d'Hafsûn, continue la guerre et s'empare de Tolède.
886	273	....	Mort de Muhamad. ALMONDIR ben Muhamad. Il va investir Tolède.
888	275	....	Almondhir livre bataille aux rebelles; il est tué au fort de la mêlée; ses troupes remportent la victoire. ABDALA ben Muhamad, son frère, est proclamé à Cordoue. Tandis qu'il poursuit les rebelles, son fils Muhamad se révolte à Séville. Autre révolte à Jaën.
890	277	....	Abdalà bat complétement les rebelles. Les troubles recommencent et durent plusieurs années.
895	282	....	Le prince Muhamad est vaincu et fait prisonnier; il meurt peu de temps après dans sa prison.
901	288	....	Calib, toujours maître de Tolède, lève une forte armée, et porte la guerre dans les états d'Alphonse.
		Alphonse bat les Maures près de Zamora. Troubles dans le Léon.	
911	299	Mort d'Alphonse. GARCIE.	Calib se soutient à Tolède. Abdalà désigne pour son successeur Abdérahman, son petit-fils.
912	300	....	Quelque temps après il meurt. ABDÉRAHMAN III, Anasir Lédinala Amir Almuménin.
913	301	....	Bataille sanglante livrée au rebelle Calib, dont l'armée est presque détruite en entier; il se sauve presque seul.
914	302	Mort de Garcie. ORDOGNE II. Il prend le titre de roi de Léon et des Asturies.	
915	303	....	Abdérahman pacifie les Alpuxarres.
918	306	....	Mort de Calib. Nouveaux troubles dans les Alpuxarres.
923	310	Mort d'Ordogne II. FROILA II, usurpateur.	Abdérahman termine cette guerre par la défaite des rebelles et la ruine de leur parti. Siége de Tolède, occupée par les enfans de Calib.
924	311	Mort de Froïla. ALPHONSE IV.	
927	315	Dans un moment de désespoir, causé par la mort de sa femme, il abdique en faveur de son frère. RAMIRE II.	Capitulation de Tolède, qui avait persévéré quarante-cinq ans dans la révolte.
		Alphonse se repent et prend les armes; il est vaincu et jeté dans une prison.	Ravages commis par Ramire dans les terres des Maures; il ruine Talavéra.
929	317	....	Le prince Almudafar marche contre

TABLEAU CHRONOLOGIQUE.

J. C.	Hég.	ROIS DE LÉON.	ROIS DE CORDOUE.
			Ramire ; au moment de la bataille il égorge ses prisonniers ; Ramire est défait.
931	319	. . . .	Abdérahman prend Tanger et Ceuta, et est proclamé dans Fez.
932	320	. . . .	
934	322	Ramire envahit la Lusitanie ; est repoussé par Almudafar.	
936	324	. . . .	Construction du superbe palais et de la ville de Médina Azhara, près de Cordoue.
			Le roi ajoute à ses titres celui d'imam, chef de la religion ; il portait depuis son avénement celui d'amir almuménin, prince des fidèles.
938	327	. . . .	Abdérahman entre dans le Léon avec une armée formidable ; il assiége Zamora.
		Ramire tente de faire lever le siége. Après une bataille très-meurtrière, il est contraint de se retirer.	
			Zamora prise d'assaut ; combat sanglant dans l'enceinte de ses murs.
940	329	Ramire reprend les armes et surprend Zamora.	
			Bataille de Saint-Etienne de Gormaz, gagnée par les Musulmans ; reprise de Zamora.
941	330	Ramire obtient une trève de cinq ans.	
944	333	. . . .	Abdérahman s'empare de Lérida, dernier asile des enfans de Calib.
949	338	. . . .	Abdalà, fils d'Abdérahman, conspire contre lui ; il est découvert, et arrêté. Il périt étouffé dans sa prison.
			Ambassade solennelle de l'empereur d'Orient, et magnificence du roi de Cordoue.
			Progrès des armes d'Abdérahman en Afrique.
950	339	Mort de Ramire. ORDOGNE III.	
		Troubles excités par Ferdinand Gonzalez, comte de Castille.	
951	340	Ordogne répudie sa femme, fille de ce comte, et épouse Elvire, fille d'un seigneur de Galice.	
955	344	Mort d'Ordogne III. SANCHE le Gros.	Etat florissant de Cordoue.
		Le comte de Castille fait élire un fils d'Alphonse IV, nommé Ordogne, et lui fait épouser la femme répudiée d'Ordogne III.	
		Sanche se sauve en Navarre. ORDOGNE IV, usurpateur.	
959	348	. . . .	Guerres en Afrique ; révolution.
960	349	Sanche, aidé d'Abdérahman, fait la conquête de ses états.	

J. C.	Hég.	ROIS DE LÉON.	ROIS DE CORDOUE.
		Ordogne prend la fuite, et se réfugie chez les Maures.	Abdérahman perd les états d'Almagreb, hors les places de la côte.
		SANCHE remonte sur le trône.	Abdérahman envoie en Afrique une puissante armée, reprend Fez et tout ce qu'il avait perdu.
961	350	. . . .	Mort d'Abdérahman III.
			ALHAKEM II Almostanzir Bilah.
963	352	. . . .	Guerre contre le roi de Léon.
965	354	Sanche demande et obtient une trêve.	
967	356	Il meurt empoisonné, dit-on, par le comte de Castille.	Il fait fleurir les arts, et principalement les lettres.
		RAMIRE III.	
			Nouvelles guerres en Afrique, qui ne se terminent qu'au bout de quelques années.
976	366	. . . .	Mort d'Alhakem.
			HIXEM II el Muyad Bilah.
			Muhamad ben Abi Amer, surnommé Almanzor, est créé hagib, et gouverne l'état.
982	372	BERMUDE II, fils d'Ordogne III et d'Elvire, est élu par les seigneurs de Galice, mécontens de Ramire. Celui-ci, vaincu dans une bataille, meurt peu de temps après.	
983	373	. . . .	Almanzor prend et saccage la ville de Léon.
984	374	. . . .	Il prend Barcelone.
985	375	. . . .	Il fait périr Alhasan, émir de Fez, qui s'était révolté. En Alhasan finit la dynastie des Edris.
		Aventure tragique des sept infans de Lara.	Tout le pays d'Almagreb rentre dans l'obéissance.
986	376	. . . .	Almanzor saccage la Galice, et Saint-Jacques de Compostelle.
991	381	. . . .	Nouveaux troubles en Afrique.
994	384	. . . .	Il retourne en Galice, emporte les cloches de Saint-Jacques de Compostelle, et les fait déposer dans la mosquée de Cordoue.
995	385	Les Castillans sont défaits par Almanzor. Garcie, leur comte, est fait prisonnier, et meurt de ses blessures.	
997	387	. . . .	Almanzor envoie son fils Abdelmélic en Afrique. Celui-ci y rétablit les affaires, et dompte les rebelles.
999	389	Mort de Bermude.	
		ALPHONSE V.	
1000	391	. . . .	La mort de Zéyri, chef des rebelles, rend le calme à l'Afrique.
		La régence de Léon s'unit pour résister, avec Sanche le Grand, roi de Navarre, et avec le comte de Castille.	Préparatifs immenses d'Almanzor contre les chrétiens. Abdelmélic lui envoie des troupes africaines.

J. C.	Hég.	ROIS LE LÉON.	ROIS DE CORDOUE.
1001	392	....	Bataille de Calat-Anosor, non loin de Médina-Cœli. Les Arabes font une perte immense. Almanzor ordonne la retraite pendant la nuit; il meurt de douleur.
			Il avait fait cinquante-quatre campagnes contre les chrétiens, toujours victorieux.
			Abdelmélic lui succède dans la charge d'hagib.
1003	394	....	Il saccage la ville de Léon, et achève de raser ses murailles.
1007	398	....	Il dévaste le Portugal, détruit Avila, et ruine Salamanque.
1008	399	....	Mort d'Abdelmélic. On soupçonne qu'il fut empoisonné.
			Son frère Abdérahman lui succède.
			Il aspire à se faire nommer, par Hixem, wali-alhadi, ou héritier du trône.
			Révolte de Muhamad, cousin du roi.
			Abdérahman périt par le supplice.
			Muhamad fait publier la mort d'Hixem, et quand ce bruit s'est répandu, il emprisonne le prince et s'empare du trône, sous le nom de
			MUHAMAD II et Modhi Bilah.
			Révolte des tribus africaines.
			Suleiman, leur chef, dispute la couronne.
			Muhamad, battu, se sauve à Tolède, et s'allie avec Raymond, comte de Barcelone.
1009	400	....	Suleiman entre à Cordoue.
			Six mois après, il est chassé par Muhamad.
1010	401	....	Hixem est tiré de sa prison par l'hagib de Muhamad, mécontent.
			Muhamad est décapité.
			HIXEM II remonte sur le trône.
			Les Africains ont des intelligences dans Cordoue; ils s'en emparent, et proclament
1012	403	....	SULEIMAN, Almostain Bilah.
			Hixem disparaît pour toujours.
1014	405	....	Les walis des provinces commencent à refuser l'obéissance au roi de Cordoue.
			Ceux d'Afrique se rendent indépendans.
			Ali ben Hamud, de la race des Alides, wali de Ceuta, passe en Espagne.
			Expédition maritime de quelques habitans de Lisbonne à des îles lointaines, qui paraissent être les Açores.
1015	406	....	Conquête des îles Baléares par Mugéhid, wali de Dénia.
1016	407	....	Bataille sanglante entre Ali ben Hamud et Suleiman; ce dernier est vaincu.
			Il est tué par Ali.
			ALI ben Hamud, premier de la race des Alides, est proclamé à Cordoue.
1017	408	....	ABDÉRAHMAN IV, Almortadir, de la race d'Omeya, est élu par le parti des Alaméria, et règne à Jaën.
			Guerres civiles.
			Ali ben Hamud est étouffé dans le bain par ses esclaves.

xij TABLEAU CHRONOLOGIQUE.

J. C.	Hég.	ROIS DE LÉON.	ROIS DE CORDOUE.
			Alcasim ben Hamud, son frère, second Alide, est proclamé à Cordoue.
			Yahie ben Ali, neveu d'Alcasim, dispute la couronne.
1019	410		Ils s'accordent. Yahie doit garder Cordoue, et Alcasim Malaga et Séville.
			Yahie enfreint le traité; Alcasim le chasse de Cordoue.
1022	413		La cruauté d'Alcasim arme les Cordouans contre lui. Il est forcé de fuir.
			Abdérahman IV est tué dans une bataille, au moment où ses troupes obtiennent la victoire.
1023	414		Abdérahman V Almostadir Bilah, frère de Muhamad II, est élu au bout d'un court interrègne par les habitans de Cordoue.
			Il est assassiné quarante-sept jours après.
			Muhamad III, cousin et meurtrier du précédent.
			Yahie ben Ali assiége Alcasim dans Xérez, se saisit de lui et le met en prison.
1024	415		Les walis des provinces se rendent indépendans.
1025	416		Les Cordouans se révoltent. Muhamad s'enfuit et se sauve à Uclès. L'alcaïde l'empoisonne quelques jours après.
			Yahie ben Ali, troisième Alide, est appelé et proclamé à Cordoue.
			Muhamad aben Abed, wali de Séville, se révolte contre lui.
1026	417		Yahie est tué dans une bataille. Aben Abed, vainqueur, se fait souverain dans Séville.
			Hixem III el Motad Bilah, frère d'Abdérahman IV, est élu par les Cordouans.
1027	418	Alphonse V fait la conquête d'une partie du Portugal, et est tué au siége de Viseu.	
			Hixem, craignant le séjour de Cordoue, va commander l'armée de la frontière, et y reste environ trois ans.
			Ses wasirs le pressent de venir à Cordoue.
1029	420	Bermude III lui succède.	
			Il y est reçu aux acclamations générales.
1031	422		Au bout de deux ans le peuple demande sa déposition.
			Il se retire dans un château éloigné, où il meurt six ans après.
			En lui s'éteint la dynastie d'Omeya.

Fin du califat d'Occident.

Genwar ben Muhamad est élu roi de Cordoue.

Il change la forme du gouvernement, et établit un conseil de wazirs chargé de l'administration.

Les walis des provinces s'érigent en souverains.

J. C.	Hég.	ROIS DE LÉON.	ROIS DE CORDOUE.
			Séville, Carmone, Malaga, Algéciras, Grenade, ont des rois particuliers.
			Alméric, Dénia, Valence, ont aussi des rois de la famille des Alaméris, ou descendans de l'hagib Almanzor.
			Sarragosse, Huesca, Lérida, ont d'autres princes de la race des Beni Hud.
			L'Algarbe et la Lusitanie forment une confédération dont le chef est le roi de Badajoz, de la race des Beni Alaftas.
			Ismaïl ben Dylnún fonde le royaume de Tolède.
1033	424	. . . .	Aben Abed, roi de Séville, fait la guerre à celui de Carmone.
			Son armée est complétement battue.
			Il fait courir le bruit qu'Hixem II vit encore, et qu'il est à Séville.
1035	426	Les états de Sanche le Grand, roi de Navarre, se divisent entre ses quatre enfans. La Castille et l'Aragon sont érigés en royaumes.	Il parvient à repousser tous ses ennemis.
1036	427	Bermude fait la guerre au roi de Castille, son beau-frère.	Il sème la division parmi les alliés du roi de Carmone.
1037	428	Il est tué dans une bataille. La Castille et le Léon se réunissent sous la main de FERDINAND I.	
1039	430	. . . .	Troubles et guerre civile à Malaga.
			Gebwar tente de soumettre les walis rebelles.
1042	433	. . . .	Aben Abed, roi de Séville, meurt et a pour successeur son fils Muhamad Almoatéded.
1044	435	. . . .	Mort de Gebwar.
		Le roi de Castille et de Léon s'empare de toute la vieille Castille.	MUHAMAD ben Gebwar est élu.
		Le roi d'Aragon menace Sarragosse.	
1046	438	. . . .	Il reprend la guerre contre le roi de Carmone.
1048	440	. . . .	Le roi de Tolède la déclare à Muhamad ben Gebwar.
1051	443	. . . .	Coalition contre le roi de Tolède.
1052	444	. . . .	Le roi de Séville prend Gibraltar et plusieurs autres places.
			Il soumet toute la partie méridionale de l'Andalousie.
1054	446	Ferdinand remporte une grande victoire sur le roi de Navarre, qui est tué dans le combat.	
1055	447	. . . .	Guerre de plusieurs années entre les rois de Séville et de Tolède.
1060	452	. . . .	Le roi de Tolède, après plusieurs victoires, met le siége devant Cordoue.
			Le roi de Séville vient au secours de la ville, bat complétement les assiégeans, et s'empare par trahison de Cordoue.

J. C.	Hég.	ROIS DE LÉON.	ROIS DE CORDOUE.
			Muhamad ben Gehwar, déjà malade, meurt de désespoir.
			Abdelmélic son fils est mis en prison et y meurt.
			Cordoue cesse d'être capitale d'un royaume, et fait partie des domaines du roi de Séville qui s'y fait proclamer.
			MUHAMAD ALMOATÉDED, roi de Séville et de Cordoue.
1065	457	Mort de Ferdinand, I. Il avait partagé ses états entre ses enfans, donné le Léon à Alphonse, la Castille à Sanche, la Galice et le Portugal à Garcie, des villes à ses filles.	Le roi de Tolède s'empare de Valence.
		ALPHONSE VI le brave.	
1066	458	Guerre entre le Léon et la Castille. Alphonse est fait prisonnier, et renfermé dans un monastère. Sanche s'empare du Léon, et puis de la Galice. Garcio se sauve à Séville.	
1068	460	Ramire, roi d'Aragon, est tué dans une bataille qu'il livre au roi de Sarragosse.	
1069	461	Alphonse s'échappe de prison, et se réfugie à Tolède.	Mort de Muhamad Almoatéded. MUHAMAD ALMOSTADIR el Muyad Bilah, son fils et son successeur.
1072	464	Sanche assiége sa sœur Urraque dans Zamora; il est tué à ce siége. Alphonse et Garcie rentrent dans leurs états. Le Cid et les seigneurs de Castille exigent d'Alphonse le serment qu'il n'a pas trempé dans le meurtre de son frère Sanche. Il dépouille Garcie, et réunit la Galice au Léon et à la Castille.	
1073	465	. . . .	Alliance de Muhamad et de Raymond, comte de Barcelone, qui lui fournit un corps de dix mille hommes. Il assiége Murcie. Le roi de Tolède bat son armée et lui fait lever le siége.
1074	466	. . . .	Le roi de Tolède s'empare de Cordoue et de Séville par surprise. Il tombe malade à Séville.
1075	467	. . . .	Muhamad, qui était du côté de Malaga, ramène son armée à Séville et s'en rend maître. Le roi de Tolède meurt le même jour.
1076	468	. . ? . . . . La Navarre tombe dans	Il reprend Cordoue.

J. C.	Hég.	ROIS DE LÉON.	ROI DE CORDOUE.
		le domaine du roi d'Aragon.	Il s'empare de Murcie.
1080	472	. . . .	Il fait un traité d'alliance avec Alphonse contre le roi de Tolède.
			Il prend Baéza, Algéciras.
			Le peuple de Tolède se révolte contre son roi Yahie ben Ismaïl.
1081	473	Guerres sanglantes entre le roi d'Aragon et celui de Sarragosse.	
		Alphonse ravage le royaume de Tolède.	Le roi de Badajoz vient secourir le roi de Tolède, et le ramène dans sa capitale.
1084	477	Alphonse force le roi de Badajoz à se retirer.	Muhamad achève la conquête de l'Andalousie.
1085	478	Alphonse assiége et prend Tolède.	Le roi Yahie se retire à Valence.
1086	479	Il étend ses conquêtes, prend Madrid, Maquéda, Guadalaxara.	Mésintelligence entre Alphonse et Muhamad.
		Il demande à Muhamad la remise de plusieurs places frontières.	
			Muhamad convoque un congrès où se trouvent les rois de Grenade, d'Almérie et de Badajoz.
			On arrête d'appeler le roi de Maroc Jusef ben Taxfin.
			Celui-ci demande la cession d'Algéciras.
		Alphonse demande du secours aux rois d'Aragon et de Navarre.	Il arrive en Espagne avec une armée nombreuse, et marche contre Alphonse.
		Il se retire à Tolède avec les débris de son armée, et il s'y fortifie.	Bataille de Zalaca, gagnée par le roi de Maroc.
			Jusef repasse en Afrique.
1087	480	Le Cid remporte une victoire sur le roi de Séville.	
		Sanche, roi d'Aragon, est blessé au siége d'Huesca.	
1088	481	Plusieurs princes français viennent au secours d'Alphonse.	Jusef est rappelé par Muhamad.
			Il fait le siége de la forteresse d'Alid, dans le royaume de Murcie.
		Alphonse va au secours d'Alid avec une forte armée, et force Jusef à se retirer.	Divisions entre les rois de l'Andalousie.
			Jusef retourne en Afrique.
1090	483	Il démantèle Alid qu'il abandonne.	
		Il marie sa fille Urraque avec Raymond, comte de Bourgogne.	
1091	484	. . . .	Jusef revient pour la troisième fois en Espagne dans le dessein de la conquérir.
			Il s'empare de Grenade, et retourne à Ceuta, d'où il envoie de nouvelles troupes.
		Alphonse envoie une armée au secours de Muhamad; elle est battue.	Ses généraux prennent Séville et Cordoue.

J. C.	Hég.	ROIS DE LÉON.	ROIS DE CORDOUE.
			Muhamad et sa famille sont chargés de fers, et envoyés en Afrique.
1092	485	. . . .	Les Africains prennent Almérie. Xativa, Dénia et Valence tombent aussi en leur pouvoir. Le roi de Sarragosse obtient de Jusef un traité d'alliance, et conserve ses états.
1093	486	Les Aragonais commettent de grands dégâts sur les terres de Sarragosse, et prennent plusieurs villes.	Il repousse les Aragonais avec le secours des Africains. Ceux-ci prennent Badajoz ; le roi est traîtreusement égorgé.
1094	487		Fin de tous les royaumes de l'Andalousie et de l'Algarbe.

DYNASTIE DES ALMORAVIDES.

ROIS MAURES D'ESPAGNE.

Jusef ben Taxfin est proclamé souverain de toute l'Espagne mahométane.

1095	488	Le Cid s'empare de Valence et s'y établit. Alphonse marie Thérèse, sa fille naturelle, avec Henri, comte de Besançon, et lui donne pour dot toute la partie conquise de la Lusitanie, sous le nom de comté de Portugal.	
1099	492	Mort du Cid Rodrigue.	Les Almoravides assiègent Valence, défendue par Chimène, veuve du Cid.
1102	495	. . . .	Valence capitule. Tous les petits princes voisins se soumettent à Jusef.
1103	496	. . . .	Jusef vient à Cordoue, y convoque tous les walis, et fait reconnaître pour son successeur son fils Ali.
1105	498	Alphonse continue la guerre avec des succès variés.	
1107	500	. . . .	Jusef repart pour l'Afrique, et meurt âgé de cent ans. Ali ben Jusef est proclamé à Maroc et en Espagne. Il envoie beaucoup de troupes.
1108	501	Mort du comte de Bourgogne. Alphonse assemble une armée; il fait marcher avec elle son fils Sanche, âgé de dix ans.	
1109	502	. . . .	Bataille d'Uclez où l'infant Sanche est tué avec son gouverneur, et l'élite de la noblesse de Léon et de Castille. Les Almoravides tentent de surprendre le roi de Sarragosse. Ils sont défaits par le comte de Barcelone.
		La princesse Urraque, veuve du comte de Bourgogne, épouse Alphonse I, roi d'Aragon et de Navarre.	

TABLEAU CHRONOLOGIQUE.

xvij

J. C.	Hég.	ROIS DE LÉON.	ROIS MAURES D'ESPAGNE.
		Mort d'Alphonse VI. Urraque, sa fille, lui succède en vertu de son testament. Son mariage est malheureux.	
1110	503	Les évêques ménagent un rapprochement entre les époux. Nouvelle rupture. Les partisans de la reine et ceux d'Alphonse d'Aragon prennent les armes.	Ali ben Jusef passe en Espagne avec cent mille chevaux, et ravage les états de Tolède. Le roi de Sarragosse est tué dans une bataille contre les Aragonnais.
1111	504	Alphonse, vainqueur, s'empare de Léon. Les Galiciens gardent chez eux Alphonse-Raymond, fils d'Urraque et de son premier mari. Ils le proclament roi de Galice.	
1113	507	Le roi d'Aragon fait la paix, et se retire dans ses états. Son mariage avec Urraque est déclaré nul par les évêques.	
1116	510	Urraque perd la Castille qui élit Alphonse-Raymond.	
1117	511	. . . .	Le roi de Sarragosse traite avec le roi d'Aragon. Ali ben Jusef envoie une armée contre ce dernier. Elle est forcée de se retirer avec beaucoup de perte.
1118	512	. . . .	Siège et prise de Sarragosse par le roi d'Aragon.
1120	514	. . . .	Les Almoravides sont de nouveau battus par Alphonse, qui prend Calatayud et Daroca.
1121	515	. . . .	Révolte à Cordoue promptement apaisée par les soins d'Ali ben Jusef.
1122	516	. . . .	Victoires en Afrique de Méhédi, chef des Almohades.
1123	517	Victoire d'Alcaraz, remportée par Alphonse d'Aragon sur les Almoravides.	
1125	519	. . . .	Les Almohades assiégent Maroc, et sont contraints de se retirer.
		Alphonse d'Aragon, appelé par les Musarabes de Grenade, parcourt l'Andalousie, fait beaucoup de butin, et menace Grenade.	
1126	520	Il rentre dans ses états suivi d'une foule de familles musarabes qu'il établit à Sarragosse. Mort de la reine Urraque. Alphonse-Raymond VII, déjà roi de Galice et de Castille, le devient de Léon.	Ali ben Jusef fait transporter en Afrique une grande partie des Musarabes de Grenade.

b

J. C.	Hég.	ROIS DE LÉON.	ROIS MAURES D'ESPAGNE.
			Il envoie en Espagne son fils Taxfin, qui défait les Castillans près de Badajoz.
		Guerre entre Alphonse d'Aragon et Alphonse de Léon. Elle se termine par négociation.	
1130	524	Alphonse d'Aragon poursuit la conquête des états de Sarragosse.	Abdelmumen, disciple du Méhédi, a de nouveaux avantages sur le roi de Maroc. Mort du Méhédi; Abdelmumen lui succède.
1133	527	Alphonse de Léon envahit l'Andalousie, et campe à la vue de Cadix.	
1134	528	Alphonse d'Aragon assiége Fraga. Les Almoravides accourent au secours de la place. Alphonse est tué en combattant.	
		La Navarre se sépare de nouveau de l'Aragon.	
		Alphonse de Léon reçoit des princes d'Espagne le titre d'empereur.	
		Ces mêmes princes se liguent ensuite contre lui.	
1137	531	Il les force à faire la paix.	Le prince Taxfin est rappelé en Afrique par les dangers de son père.
		Réunion de l'Aragon et de la Catalogne sur la tête de Raymond-Béranger, comte de Barcelone, époux de Pétronille, fille de Ramire II, mort cette année. Les chevaliers du temple, qu'Alphonse avait institués pour ses héritiers, se contentent de quelques terres que Raymond leur donne.	
1138	532	L'empereur Alphonse fait et abandonne le siége de Coria.	
1139	533	. . . .	Les walis de l'Algarbe sont entièrement défaits par le comte de Portugal.
		Le comte de Portugal reçoit de son armée le titre de roi.	
1141	535	L'empereur prend Coria.	
1143	538	Il reprend Mora, et bat les Almoravides.	
1144	539	. . . .	Mécontentement général des Andalous contre les Almoravides. Soulèvement dans l'Algarbe. Aben Cosaï s'empare de plusieurs places. Révolte à Valence, à Almérie, à Malaga, à Cordoue. Ali ben Insef meurt à Maroc. Taxfin ben Ali lui succède. Abdelmumen remporte de nouvelles victoires. Taxfin meurt tragiquement en fuyant d'Oran. Abdelmumen s'empare de tous les états de Maroc, à l'exception de la capitale.

J.C. Hég.	ROIS DE LÉON.	ROIS MAURES D'ESPAGNE.
1145 540	.... Interrègne.	
		Les troubles se succèdent en Andalousie. Une foule de petits souverains s'élèvent, tombent, se succèdent rapidement, et se font une guerre cruelle.
		Aben Gania, général des Almoravides, se soutient quelque temps à Cordoue et à Séville; partout ailleurs les Almoravides sont expulsés.
		Muhamad ben Sad forme un royaume à Valence.
1146 541		Abdelmumen est appelé en Espagne par Aben Cosaï; il y envoie une armée qui s'empare d'Algéciras.
		En même temps il se rend maître de Maroc, et fait mourir Ibrahim, fils et successeur de Taxfin. Il est proclamé roi de Maroc.
1147 542	L'empereur Alphonse prend Almérie.	Il envoie de nouvelles troupes en Espagne.
	Le roi de Portugal prend Lisbonne.	Abdelmumen est proclamé dans l'Algarbe.

DYNASTIE DES ALMOHADES.

		Abdelmumen.
1148 543	....	Aben Gania meurt des blessures qu'il a reçues dans une bataille.
		Il ne reste aux Almoravides que le château ou l'Alcazaba de Grenade.
1152 547	La guerre continue plusieurs années avec des succès variés.	Les Almohades assiègent Almérie, qui soutient un blocus de cinq ans.
1157 552	....	Abdelmumen fait passer en Espagne une troisième armée sous les ordres de son fils Cid Jusef.
	L'empereur livre aux Almohades une bataille où chaque parti s'attribue la victoire; il reprend dès le lendemain le chemin de ses états, et meurt avant d'arriver à Tolède.	
	Ferdinand II. La Castille est de nouveau séparée du Léon, et elle a pour roi Sanche III, frère de Ferdinand.	
1158 553	Mort de Sanche. Il a pour successeur Alphonse VIII, qui n'a que deux ou trois ans. La régence est déférée à Ferdinand II, son oncle.	La guerre continue entre les chrétiens et les Maures.
		Les Portugais s'agrandissent.
1160 555	....	Abdelmumen soumet toute l'Afrique jusqu'à Tunis.
1161 556	....	Il débarque à Gibraltar.
1162 557	....	Repousse les Portugais.
		Défait Muhamad ben Sad, roi de Valence.
		Retourne à Maroc, où il assemble une armée innombrable.

J. C.	Hég.	ROIS DE LÉON.	ROIS MAURES D'ESPAGNE.
			Il est surpris par la mort.
1163	558		Jusef Abu Jacûb, son fils, est proclamé roi de Maroc et d'Espagne.
			Muhamad ben Sad continue la guerre.
			Il est vaincu par le prince Cid abu Saïd, et contraint de se renfermer dans Valence.
1165	560		Jusef abu Jacûb vient en Espagne.
1171	566		Les Almohades sont introduits par trahison dans Valence.
			Muhamad ben Sad se sauve à Majorque; les Almohades sont maîtres de toute l'Espagne.
1173	568	Les Castillans sont vaincus par les Almohades.	
1174	569	Guerre entre le Léon et la Castille.	Les Almohades prennent Tarragone sur les Aragonnais.
			Horrible peste à Maroc.
1175	570	Le roi de Castille fait capituler Cuënca.	Les Almohades ravagent les environs de Tolède.
1177	572		Jusef abu Jacûb retourne en Afrique et revient l'année suivante avec une puissante armée. Il assiége Santarem en personne.
1178	573	Les Portugais ont des avantages.	
			Par une funeste méprise son armée se retire pendant la nuit; resté presque seul dans son camp, il est attaqué et tué par les assiégés. L'armée de retour prend et saccage Santarem.
			Jacub ben Jusef, surnommé Almanzor.
1188	584	Mort de Ferdinand II. Alphonse IX son fils.	Il apaise des troubles en Afrique.
		Il fait un traité d'alliance avec Alphonse VIII, roi de Castille, son cousin.	
119	585		Jacûb vient en Espagne, ravage le Portugal jusqu'à Lisbonne, et retourne à Maroc.
1190	586	Les Portugais reprennent plusieurs places.	
1191	587		Les Almohades à leur tour défont les Portugais.
1195	591		Jacûb, rétabli d'une longue maladie, prépare une expédition formidable contre les chrétiens, et revient en Espagne.
		Alphonse de Castille demande du secours aux rois de Léon et de Navarre, et il livre bataille aux Maures sans attendre leur arrivée.	
			Bataille d'Alarcon, gagnée par Jacûb sur les Castillans.
			Jacûb fait construire une mosquée à Séville, et la tour appelée depuis la Giralda, pour perpétuer le souvenir de cette victoire.
			Il ravage la Castille et le Portugal.
1196	592		Il s'en retourne à Maroc.
1197	593	Le roi de Castille obtient de Jacûb une trêve.	
			Mort de Jacûb ben Jusef.
1199	595	Il donne sa fille Bérengère en mariage au roi de Léon.	

J. C.	Hég.	ROIS DE LÉON.	ROIS MAURES D'ESPAGNE.
		Le pape refuse de ratifier la dispense donnée par les évêques.	Muhamad Anasir ben Jacûb, roi de Maroc et d'Andalousie.
1202	598	Alphonse IX et Bérengère sont forcés de se séparer ; la légitimité de Ferdinand, issu de ce mariage, n'est pas contestée.	Révoltes et guerres en Afrique durant plusieurs années.
1209	605	. . . .	Muhamad assemble une armée innombrable pour venir en Espagne.
1210	607	Tous les princes chrétiens se réunissent pour résister à Muhamad. Le roi de Navarre se rend à Séville, où il a une entrevue avec le roi de Maroc.	Au bout d'un an cette armée passe la mer et aborde en Andalousie.
1211	608	. . . . Les princes chrétiens assemblent leurs troupes.	Muhamad fait le siége de Salvatierra, où il perd beaucoup de monde. Salvatierra capitule au bout de plusieurs mois. L'armée maure va camper entre Jaën et Baëza.
1212	609	Le roi de Castille et ses alliés les rois de Navarre et d'Aragon marchent à l'ennemi. Un berger conduit l'armée à travers la Sierra Morena. Suites heureuses de la victoire; prise de plusieurs villes.	Bataille d'Alacâb, ou de *las Navas de Tolosa*, où Muhamad Anasir est complétement défait. Il se sauve à Maroc, et, abandonnant les affaires, il s'enferme dans son harem.
1213	610	. . . .	Il meurt, dit-on, empoisonné. Abu Jacûb Almostansir, roi de Maroc et d'Andalousie.
		Le roi d'Aragon est tué en France en combattant contre les Albigeois ; il laisse sa couronne à Jacques I, encore enfant, surnommé depuis le Victorieux et le Conquérant.	
1214	611	Mort du roi de Castille Alphonse VIII. Il a pour successeur son fils Henri I. La régence passe à Bérengère, femme du roi de Léon.	
1217	614	Mort tragique du jeune Henri. Sa sœur Bérengère, à qui la couronne appartenait, fait élire son fils Ferdinand III, surnommé le Saint. Ce prince, quoique jeune, rétablit la paix dans la Castille, et éteint les factions.	

TABLEAU CHRONOLOGIQUE.

J.C.	Hég.	ROIS DE LÉON.	ROIS MAURES D'ESPAGNE.
1218	615		La guerre continue plusieurs années sans aucun résultat remarquable.
1223	620		La mort d'Abu Jacûb devient dans tout l'empire le signal des troubles et de la révolte. Abdulmelic Abdelwahid ben Jacûb Almanzor est élu à Maroc.
1224	621		Il est déposé et égorgé au bout de huit mois. Abdala abu Muhamad Aladel s'empare de Murcie, et prend le titre de roi.
1225	622	Le roi de Castille envahit le royaume de Murcie, et soumet Aladel à un tribut.	Les Murciens se soulèvent contre lui, le déposent et l'assassinent. Cid abu Ali Almamûn, frère du précédent, est élu à Maroc et en Espagne.
1226	623		Les scheiks d'Afrique, mécontens, proclament Yahie ben Anasir, qui vient en Espagne avec des troupes.
1227	624	Le roi de Portugal prend la ville d'Elvas. Alphonse IX ruine Badajoz et menace Séville. Le roi d'Aragon inquiète les frontières de Valence. Le roi de Castille s'empare de la ville d'Alhambra, et assiège Jaën.	Almamûn défait complétement Yahie. Il passe à Maroc et tire une vengeance cruelle des scheiks. Il abolit les ordonnances du Méhédi, et donne une autre forme au gouvernement.
1228	625		Abu Abdala Muhamad aben Hud, descendant des derniers rois de Sarragosse, se révolte contre les Almohades, et se fait proclamer roi des Musulmans d'Espagne. Almamûn revient en Andalousie.
1229	626		Aben Hud, vainqueur d'Almamûn, le force à repasser en Afrique. Yahie ben Anasir recherche l'alliance d'Aben Hud.
1230	627	Mort d'Alphonse IX. Ferdinand III, roi de Castille, succède à son père, et réunit pour toujours la Castille au Léon.	Abu Giomaïl ben Zéyan se fait proclamer roi de Valence.

ROIS DE LÉON ET DE CASTILLE.

J.C.	Hég.		
1231	628		Aben Hud se rend maître de Grenade et de Séville.
1232	629	Jacques I d'Aragon fait la conquête des îles Baléares.	Almamûn meurt près de Séville. Fin de la domination des Africains sur l'Espagne. Troubles et divisions à Maroc. Yahie fait revivre ses droits en Espagne; il assiége Jaën, meurt de ses blessures et lègue ses droits à Muhamad Abu Abdala aben Alhamar, qui prend Jaën. L'Andalousie est alors partagée entre Giomaïl ben Zéyan, roi de Valence;

J. C.	Hég.	ROIS DE LÉON ET DE CASTILLE.	ROIS MAURES D'ESPAGNE.
			Aben Hud, roi de Murcie, Grenade, Cordoue, Mérida et Séville ; et Muhamad aben Alhamar, roi de Jaën.
1233	630	Victoire des Castillans sur Aben Hud, près de Guadalète.	
1235	632	Ferdinand prend la ville d'Ubéda.	
1236	633	Cordoue est emportée par suite d'une surprise qui rend les Castillans maîtres d'une partie des remparts.	
		Le roi d'Aragon commence le siège de Valence.	Aben Hud abandonne Cordoue pour aller secourir Valence.
1237	634	. . . .	Arrivé à Alméric, il est étranglé dans son lit par ordre de l'alcaïde. Ali ben Jusef, son frère, est proclamé à Murcie, et assassiné peu de mois après. Le wali d'Almérie se rend à Muhamad Alhamar.
1238	635	. . . .	Muhamad Alhamar est reçu dans Grenade par les intrigues de ses amis ; il fait de cette ville la capitale de son nouveau royaume.

ROIS DE GRENADE.

MUHAMAD I Aben Alhamar.
Les états d'Aben Hud se partagent entre plusieurs walis.
Le reste des Almohades se concentre dans l'Algarbe, autour de Xérez et de Niébla.

		Le roi d'Aragon oblige Valence à capituler.	Cinquante mille Maures sortent de Valence et s'établissent dans le royaume de Grenade.
1240	638	Ferdinand III envoie une armée qui s'empare du royaume de Murcie, à l'exception de Lorca.	
1242	640	. . . .	Giomaïl ben Zéyan se rend maître de Lorca et de Carthagène.
1243	641	. . . .	Il est dépouillé par les Castillans.
1244	642	Il assiége Jaën.	
1245	643	Il défait Aben Alhamar.	Aben Alhamar se rend au camp de Ferdinand, se déclare son vassal, et lui livre Jaën.
		Il entreprend la conquête du royaume de Séville.	
1246	644	Siége de Séville.	Il sert Ferdinand au siège de Séville en sa qualité de vassal.
1247	645	Expulsion des Maures de Valence.	Les Maures de Valence se réfugient à Grenade.
1248	646	Capitulation de Séville.	
1249	647	Les Portugais prennent plusieurs villes de l'Algarbe.	Aben Alhamar consolide sa puissance à Grenade.
1251	649	Ferdinand projette une expédition en Afrique, et fait des armemens considérables à Séville.	

J.C.	Hég.	ROIS DE LÉON ET DE CASTILLE.	ROIS DE GRENADE.
1252	650	Il meurt sans avoir pu exécuter ses desseins. ALPHONSE X le Sage, ou mieux le Savant.	
1254	652	Il fait la conquête de Xérez. Il prétend à l'empire d'Allemagne.	
1255	653	Il prend Arcos, Sidonia, Lébrixa, et il assiège Niébla.	
			Au siége de Niébla les assiégés se servent de machines extraordinaires qui paraissent être de l'artillerie.
1257	655	Alphonse achève de conquérir l'Andalousie et l'Algarbe; il expulse les Almohades d'Espagne.	Aben Alhamar s'occupe de l'administration intérieure de son royaume.
1261	659	. . . .	Les Andalous se révoltent contre les Castillans, à Murcie et dans l'Algarbe.
		Alphonse marche vers l'Algarbe tandis que le roi d'Aragon, son beau-père, attaque Murcie.	Les walis de Guadix, Malaga et Comares, se révoltent contre le roi de Grenade.
1264	662	. . . .	Aben Alhamar désigne son fils aîné pour son successeur.
		Alphonse tire une vengeance éclatante des villes révoltées.	
1266	664	Murcie rentre sous l'obéissance d'Alphonse.	Aben Alhamar renouvelle ses traités avec le roi de Castille.
1268	666	Factions qui troublent la Castille.	Il fait la guerre aux walis rebelles sans pouvoir les soumettre.
1270	668	Le prince Philippe et d'autres mécontens passent à Grenade.	
			Il demande des secours aux nouveaux rois de Maroc de la race des Béni Mérin.
1273	671	. . . .	En sortant de Grenade, à la tête de son armée, il est atteint d'un mal violent, et meurt dans la nuit.
			MUHAMAD II.
1274	672	. . . .	Il se rend à Séville, et renouvelle les traités faits par son père.
			Ne pouvant réduire les walis, il appelle à son aide le roi de Maroc, et lui offre Tarifa et Algéciras.
			Le roi de Maroc abu Jusef envoie une armée et vient en Espagne.
1275	674	. . . .	Les trois walis se hâtent de faire leur soumission.
			Les deux rois unissent leurs forces pour attaquer les chrétiens.
			Ils dévastent la Castille.
		Nuñez de Lara, gouverneur d'Ecija, est défait et tué.	
		L'infant Sanche, archevêque de Tolède, est vaincu, pris et égorgé, pour prévenir une querelle entre les Andalous et les Maures.	
		Ferdinand, régent du	

TABLEAU CHRONOLOGIQUE. XXV

J. C.	Hég.	ROIS DE LÉON ET DE CASTILLE.	ROIS DE GRENADE.
		royaume, en l'absence d'Alphonse qui était en Italie, meurt de maladie et de fatigue.	
		Sanche, surnommé le Brave, second fils du roi, va prendre le commandement de l'armée.	Abu Jusef, contraint à demander la paix, s'en retourne en Afrique.
		Alphonse revient d'Italie.	Muhamad demande aussi la paix.
1276	675	Sanche se fait déclarer successeur au trône, au préjudice des enfans de Ferdinand, qui était l'aîné.	
		Mort de Jacques I, roi d'Aragon.	
1278	677	. . . .	Siége d'Algéciras par les Castillans; leur flotte souffre d'une épidémie.
1279	678	. . . .	Elle est attaquée et détruite par le roi de Maroc.
		Alphonse fait une trêve avec le roi de Maroc.	Le roi de Grenade recommence la guerre.
1280	679	Il tombe malade à Alcala.	Il a de l'avantage sur le prince Sanche.
1281	680	Les états de Walladolid déclarent Alphonse déchu du trône, et proclament Sanche.	
		Le roi demande inutilement du secours à tous ses voisins; il s'adresse au roi de Maroc, qui lui promet son appui.	Sanche traite avec le roi de Grenade.
1282	681	. . . .	Abu Jusef entreprend et abandonne le siége de Cordoue.
1283	682	Alphonse se méfie des intentions du roi de Maroc.	Il revient l'année suivante avec des renforts.
		Le pape se déclare pour Alphonse, et met le royaume en interdit.	Il reprend le chemin d'Algéciras.
		Sanche effrayé, cherche à se réconcilier avec son père.	
1284	683	Alphonse meurt en confirmant le testament qui deshéritait Sanche.	
		SANCHE III le Brave.	
1285	684	. . . .	Abu Jusef détache Muhamad de l'alliance de Sanche.
			Il s'empare de Malaga.
1286	685	. . . .	Mort d'Abu Jusef; il a pour successeur son fils Jacûb.
			Longue trêve conclue par Muhamad.
		Troubles suscités en Castille par les princes de la Cerda, neveux de Sanche.	
1290	689	. . . .	Il corrompt le wali de Malaga et reprend cette ville.
			Abu Jacûb vient en Andalousie.
1292	691	Sanche brûle la flotte du roi de Maroc; il s'empare de Tarifa.	Muhamad le force à s'en retourner.
1293	692	L'infant Jean se révolte	

XXvj TABLEAU CHRONOLOGIQUE.

J. C.	Hég.	ROIS DE LÉON ET DE CASTILLE.	ROIS DE GRENADE.
		contre son frère Sanche, et passé en Afrique.	
1294	693	. . . .	Il revendique Tarifa; la guerre s'allume de nouveau.
1295	694	Mort de Sanche III. FERDINAND IV l'Ajourné.	
1296	695	Les factions désolent la Castille.	Muhamad profite des troubles et reprend plusieurs villes. Le roi de Maroc lui vend Algéciras. Il soumet les walis de Guadix et de Comares.
1298	697	. . . .	Il fait inutilement le siége de Tarifa.
1302	701	. . . .	Mort de Muhamad II.
		Les troubles continuent.	MUHAMAD III Abu Abdala. Il prend la ville de Monda.
1303	702	Ferdinand parvient à pacifier ses états.	Il s'empare de Ceuta, qui appartenait au roi de Fez.
1309	709	Les Aragonais assiégent Almérie. Le roi d'Aragon défait les Grenadins qui tentent de secourir Almérie.	Siége d'Algéciras par les Castillans. Prise de Gibraltar. Muhamad cède plusieurs places à Ferdinand pour qu'il lève le siége d'Algéciras. Muhamad est forcé d'abdiquer en faveur de son frère, NASAR Abul Giux. Il envoie Muhamad à Almuñécar.
1311	711	Ferdinand se rend maître d'Alcaudète.	
1312	712	Il envahit le royaume de Grenade. Il est trouvé mort dans son lit. ALPHONSE XI est proclamé par l'armée.	Ismaïl ben Farag, neveu de Nasar, se révolte contre lui. Il remporte une victoire qui force Nasar à lui céder la souveraineté de Malaga.
1313	713	. . . .	Soulèvement dans Grenade. Mort de Muhamad III. Nasar est vaincu de nouveau par Ismaïl à la vue de Grenade.
		Troubles pendant la minorité d'Alphonse. La régence est partagée entre les infans Pierre et Jean, oncle et grand-oncle du roi.	Il cède la couronne à son neveu, et se retire à Guadix. ISMAIL ben Farag est proclamé roi de Grenade.
1316	716	. . . .	Guerre avec la Castille.
1317	717	L'infant Pierre remporte plusieurs avantages. L'infant Jean lève une armée, et se réunit à lui.	
1319	719	Les infans vont camper devant Grenade. Discordes apaisées par la sagesse de la reine Marie.	Bataille de Grenade, où périssent les deux infans, régens de Castille. Une trève est conclue.
1321	721	Mort de cette princesse.	
1324	724	Alphonse, devenu majeur, saisit les rênes de l'état.	Ismaïl prend Baëza et Martos.
1325	725	. . . .	De retour à Grenade, il est assassiné par son cousin Muhamad, dans un accès de jalousie. MUHAMAD IV, fils d'Ismaïl. L'orgueil d'Almabrut, son hagib, excite des mécontentemens.

J. C.	Hég.	ROIS DE LÉON ET DE CASTILLE.	ROIS DE GRENADE.
1326	726	....	Osmin, général des troupes, quitte Grenade, et soulève les habitans des montagnes.
1328	728	Les Castillans prennent plusieurs places.	
			Les Africains passent en Espagne pour favoriser la révolte d'Osmin, et s'emparent d'Algéciras, de Marbella et de Ronda.
1329	729	....	Muhamad se met à la tête de l'armée, prend Baëna sur les Castillans, défait un corps d'armée, surprend Gibraltar, et se rend successivement maître de tout ce que les Africains avaient pris.
		Le roi de Castille fait un traité d'alliance avec le Portugal et l'Aragon.	
1330	730	Alphonse envoie une armée en Andalousie, prend plusieurs villes, et manque Gibraltar.	De sanglantes révolutions agitent le royaume de Fez et placent Abul Hasan sur le trône.
			Abul Hasan, reçu comme allié dans Gibraltar, s'en met en possession.
			Muhamad est contraint de dissimuler.
			Il porte ses armes du côté de Valence.
1333	733	Alphonse reprend ses desseins contre Gibraltar.	Muhamad fait lever le siège ; il est assassiné par les Africains qu'il a secourus.
		Longue trêve conclue avec le nouveau roi de Grenade.	Jusef I Abul Hégiag, second fils d'Ismaïl, est proclamé.
		Les troubles recommencent dans la Castille et durent plusieurs années.	
1340	741	....	La flotte africaine détruit celle de Castille.
			Abul Hasan débarque en Espagne ; il est suivi d'une armée immense. Jusef y réunit la sienne.
		Alphonse demande et obtient les secours du Portugal.	Les deux rois assiégent Tarifa.
			Ils envoient un détachement courir les environs de Sidonia et de Xérez. Il est battu par les Castillans, et les deux généraux maures sont tués.
		Les rois de Portugal et de Castille marchent à l'ennemi.	Bataille de Wadalcélito ou de Rio Salado, entre Algéciras et Tarifa. Les Maures sont défaits ; Abul Hasan s'embarque le même jour pour l'Afrique.
			Jusef s'embarque à Algéciras avec le reste de ses troupes, et rentre dans ses états par Almuñécar.
1341	742	Les Castillans prennent Alcala-la-Réal, Moclin et d'autres villes.	
1342	743	Les vaisseaux de Fez et de Grenade sont presque tous pris ou brûlés.	Siége d'Algéciras.
			Jusef fait des efforts infructueux pour le faire lever. La ville capitule.
1349	750	Une trêve de dix ans est convenue.	Jusef fait plusieurs règlemens religieux, civils et militaires.
		Alphonse rompt la trêve et va investir Gibraltar.	
		Une épidémie se manifeste dans le camp castillan.	
1350	751	Le roi en est atteint, et il meurt.	Le roi de Grenade porte le deuil du roi de Castille.

J. C.	Hég.	ROIS DE LÉON ET DE CASTILLE.	ROIS DE GRENADE.
		Le siège de Gibraltar est levé. PIERRE le Cruel. Il signale par des proscriptions le commencement de son règne. La veuve d'Alphonse fait périr Eléonore de Guzman, mère d'Henri de Transtamar.	
1354	755	Pierre triomphe des mécontens et des rebelles. Longue trêve conclue.	Jusef est assassiné dans la mosquée par un homme en démence. MUHAMAD V ben Jusef, son fils.
1359	760	. . . .	Conjuration contre Muhamad. Il fuit de son palais sous les habits d'une esclave, conduit par une de ses femmes. ISMAÏL II ben Jusef, son frère.
1360	761	. . . .	Muhamad passe à Fez pour obtenir des secours. Abu Saïd Abdala, beau-frère d'Ismaïl, excite un soulèvement dans Grenade, et fait assassiner le nouveau roi. ABU SAÏD proclamé dans Grenade.
1361	762	. . . .	Muhamad arrive à Gibraltar avec une armée africaine. La nouvelle de la mort tragique du roi de Fez force les Africains à s'en retourner. Muhamad se retire à Ronda.
1362	763	Traité d'alliance du roi d'Aragon avec Abu Saïd.	Il sollicite le secours du roi de Castille. Celui-ci, parvenu à la vue de Grenade, se retire. Malaga se déclare pour Muhamad. Le mécontentement est au comble dans Grenade.
		Pierre égorge Abu Saïd de sa propre main.	Abu Saïd se rend à Séville, comptant se procurer l'amitié de Pierre. Muhamad est de nouveau proclamé. MUHAMAD V, pour la seconde fois.
1364	765	Soulèvemens dans la Castille; guerres civiles.	Révolte d'Ali Ahmed ben Nazar apaisée.
1368	769	. . . .	Les Grenadins viennent au secours de Pierre, et assiégent Cordoue, qu'ils ne peuvent prendre.
1369	771	Pierre est vaincu dans la plaine de Montiel par Henri de Transtamar. Il est tué par son frère Henri, qui est aussitôt proclamé. HENRI II de Transtamar.	
1370	772	. . . .	Muhamad prend Algéciras, et l'abandonne après l'avoir entièrement ruinée.
		Longue trêve avec les Maures.	
1379	781	Mort de Henri II. JEAN I, son fils. Le duc de Lancastre, époux d'une fille du roi Pierre, dispute la couronne. Cette querelle se termine par le mariage de la fille du duc avec l'infant	

TABLEAU CHRONOLOGIQUE.   XXIX

J. C.	Hég.	ROIS DE LÉON ET DE CASTILLE.	ROIS DE GRENADE.
		Henri, qui prend à cette occasion le titre de prince des Asturies.	
1390	792	Jean périt malheureusement d'une chute de cheval	
		HENRI III.	Mort de Muhamad V.
1391	793	. . . .	JUSEF II Abu Abdala, son fils.
		Trève avec le roi de Grenade.	Muhamad, fils de Jusef, conspire contre son père.
1392	794	. . . .	L'ambassadeur de Fez arrête la sédition.
			Les mutins demandent la guerre contre les chrétiens.
		Jusef envoie des explications.	Ils font une incursion du côté de Murcie.
1395	798	Le grand-maître d'Alcantara fait une irruption dans la plaine de Grenade. Il est tué avec tous les siens.	
			Henri désavoue le grand-maître.
			Continuation de la trève.
1396	799	. . . .	Mort de Jusef II, empoisonné, dit-on, par une tunique ou robe que lui envoya le roi de Fez.
			MUHAMAD VI, son fils cadet, au préjudice de son fils aîné Jusef.
			Muhamad fait emprisonner son frère Jusef.
1397	800	. . . .	Il va à Séville pour conclure une trève.
1405	808	Guerre de frontière.	Muhamad surprend le fort d'Ayamonte.
		Henri se plaint de l'infraction de la trève, et lève une armée.	
1406	809	Mort de Henri.	
		JEAN II, son fils, âgé seulement de quelques mois, sous la tutelle de Ferdinand, son oncle, régent du royaume.	La guerre éclate entre la Castille et le royaume de Grenade.
			Muhamad tombe malade.
1408	811	Après deux ans de guerre on conclut un armistice de huit mois.	Voulant assurer la couronne à son fils, il envoie l'ordre d'égorger son frère Jusef.
			Jusef demande à finir la partie d'échecs qu'il avait commencée. Pendant ce temps des seigneurs de Grenade apportent la nouvelle de la mort de Muhamad, et ils l'emmènent à Grenade où il est proclamé.
			JUSEF III ben Jusef.
1410	813	. . . .	Il demande et ne peut obtenir la continuation de la trève.
		Les Castillans prennent Antequéra.	Les Grenadins prennent Zahara.
1412	815	Après deux ans de ravages réciproques il se fait une trève de dix-huit mois.	Le roi de Fez envoie Cid abu Saïd, son frère, en Espagne; il prie secrètement Jusef de le faire mourir.
		L'infant Ferdinand, régent de Castille, est appelé au trône d'Aragon.	Jusef lui fournit des secours avec lesquels il va faire la guerre à son frère, et parvient à le détrôner.
1414	817	. . . .	Jusef fait avec la Castille une trève qui dure jusqu'à sa mort.
1423	827	. . . .	Mort de Jusef.

J. C.	Hég.	ROIS DE LÉON ET DE CASTILLE.	ROIS DE GRENADE.
			Muley MUHAMAD VII, el Hayzari, ou le Gaucher.
1427	831	. . . .	Sa hauteur, sa sévérité, produisent un soulèvement général.
			Muhamad el Zaquir, cousin du roi, profite de la disposition des esprits.
			El Hayzari se sauve à Tunis.
			MUHAMAD VIII el Zaquir.
1429	833	Jean II entreprend de remettre el Hayzari sur le trône.	Il persécute tous les partisans de l'ancien roi, et en fait périr un grand nombre.
			El Hayzari revient de Tunis.
			Il est reçu à Guadix et à Almérie, et marche sur Grenade.
			Les Grenadins se révoltent contre el Zaquir; ses propres soldats le livrent à Muhamad qui le fait décapiter.
			MUHAMAD VII el Hayzari, pour la seconde fois.
1430	834	Il déclare la guerre au roi de Grenade.	
1431	835	. . . .	Révolte de Jusef Aben Alhamar; favorisé par le roi de Castille, il marche contre Muhamad.
			Combat sanglant sous les murs de Grenade. Muhamad est vaincu.
		Jean est contraint par ses généraux de renoncer au siége de Grenade.	Les Castillans proclament dans leur armée Jusef Aben Alhamar.
1432	836	. . . .	Plusieurs villes le reconnaissent.
			Muhamad, vaincu de nouveau, s'enfuit à Malaga.
			JUSEF IV Aben Alhamar, proclamé dans Grenade.
			Il meurt au bout de six mois.
			MUHAMAD VII el Hayzari, pour la troisième fois.
1433	837	La guerre des frontières recommence et dure plusieurs années.	Les Maures perdent plusieurs places.
1439	843	Trève conclue avec le roi de Grenade.	
		Factions et troubles en Castille.	Conspiration dans Grenade de Muhamad ben Ozmin, cousin du roi.
1445	849	. . . .	Aben Ozmin détrône el Hayzari, et le fait mettre dans une étroite prison.
			MUHAMAD IX Aben Ozmin.
			L'hagib de Muhamad et Hayzari, retiré à Montéfrio avec ses amis, appelle un autre parent du roi, nommé Muhamad ben Ismaïl, qui était à Séville.
1447	851	Troubles en Castille.	Aben Ismaïl arrive à Montéfrio.
			Muhamad ben Ozmin fait la guerre aux Castillans, et commet beaucoup de ravages durant six ou sept ans.
1453	857	Mort de Jean II.	Il fait naître le mécontentement dans Grenade par sa cruauté.
		HENRI IV l'Impuissant.	
1454	858	. . . .	Aben Ismaïl reçoit du secours des Castillans, et marche sur Grenade.
			Muhamad ben Ozmin fait égorger dans son palais les principaux habitans, et puis se sauve furtivement de Grenade.
		Trève avec Grenade.	MUHAMAD X Aben Ismaïl est reçu et proclamé par les Grenadins.

J. C.	Hég.	ROIS DE LÉON ET DE CASTILLE.	ROIS DE GRENADE.
1459	864	. . . .	La trêve est rompue par Abul Hacen, fils du roi.
1460	865	Henri est parvenu, au bout de plusieurs années, à dompter les révoltés de ses états.	
1463	868	Le roi de Castille soumet à un tribut le roi de Grenade.	Prise de Gibraltar par les Castillans. Mort d'Aben Ismaïl. ABUL HACEN succède à son père.
1466	871	Henri est forcé à reconnaître pour son héritière l'infante Isabelle sa sœur.	
1469	874	Mariage d'Isabelle et de Ferdinand, infant d'Aragon.	Révolte du wali de Malaga.
1474	879	Mort d'Henri IV. ISABELLE et son époux FERDINAND V, sont proclamés rois de Castille et de Léon.	Troubles dans le harem d'Abul Hacen. La division et la discorde passent du harem parmi les habitans de Grenade.
1478	883	Renouvellement de la trêve.	
1479	884	Ferdinand hérite du royaume d'Aragon. Réunion définitive des couronnes d'Aragon et de Castille. Le roi de Portugal répudie Jeanne, fille d'Henri IV ; renonce à ses prétentions au trône de Castille, et fait la paix.	
1481	886	. . . .	Abul Hacen, la trêve expirée, s'empare de Zahara qu'il ruine.
1482	887	Les Castillans, par représailles, s'emparent de la forte ville d'Alhama, et vont assiéger Loxa.	Consternation dans Grenade. Abul Hacen tente inutilement de reprendre Alhama. Conspiration d'Abu Abdala son fils, qui est arrêté, et s'échappe de prison. La révolte éclate; Abul Hacen est forcé de s'enfermer dans l'Alhambra. Le wali d'Almérie vient à son secours. Abul Hacen va défendre Loxa; pendant son absence, Abu Abdala se rend maître de l'Alhambra. Abul Hacen ne peut rentrer dans Grenade; il se retire à Malaga.
1483	888	Les Castillans entrent dans le royaume de Grenade, et sont repoussés par Abdala El Zagal, frère du roi Abul Hacen. Le roi Ferdinand rend la liberté à Abu Abdala,	Un troisième parti se forme dans Grenade en faveur d'El Zagal. Abu Abdala marche au secours de Lucéna, que les Castillans assiégeaient. Il est battu et fait prisonnier. Abul Hacen rentre à Grenade.

J. C.	Hég.	ROIS DE LÉON ET DE CASTILLE.	ROIS DE GRENADE.
		sous la condition qu'il sera son vassal.	Abu Abdala est de nouveau introduit dans l'Albaycin de Grenade. Guerre civile. Abul Hacen abdique en faveur de son frère El Zagal. Grenade a deux rois : ABU ABDALA, dans l'Albaycin, ABDALA El Zagal dans l'Alhambra.
1484	889	Les Castillans ravagent impunément les terres de Grenade.	Abul Hacen se retire à Illora, avec sa famille.
1485	890	Ils assiégent de nouveau Loxa. Ils prennent Cohin, Cartame, Ronda, Marbella, et menacent Moclin.	El Zagal envoie sa cavalerie, qui fait lever le siège. El Zagal va au secours de Moclin; il est complétement battu.
1586	891	. . . .	Les Grenadins lui refusent l'entrée de la ville. Il se retire à Guadix. Abu Abdala rend la place de Loxa. Mort d'Abul Hacen, à Almuñécar, où il s'était retiré à l'approche des chrétiens.
1487	892	Ils prennent Vélez-Malaga. Toute la partie occidentale du royaume de Grenade est conquise.	Siége et prise de Malaga, par Ferdinand.
1488	893	Ferdinand prend plusieurs places du côté d'Almérie.	El Zagal a quelque avantage.
1489	894	Il rentre en campagne avec une puissante armée. Il s'empare de Baza après un siége de six mois; il donne des terres et des domaines au prince Cid Yahie, qui commandait dans Baza.	Abu Abdala traite avec Ferdinand. Cid Yahie, parent d'El Zagal, lui conseille de rendre à Ferdinand Almérie et Guadix.
1490	895	. . . . El Zagal reçoit aussi des domaines.	El Zagal, se voyant hors d'état de résister, fait la remise de ses places. Les Grenadins se révoltent contre Abu Abdala. Les Castillans entrent dans la plaine de Grenade, et la crainte fait rentrer les Grenadins dans le devoir.
		Ferdinand somme Abu Abdala de lui remettre la ville de Grenade, suivant leurs conventions secrètes.	El Zagal obtient de Ferdinand la faculté de passer en Afrique. Réponse évasive d'Abu Abdala à la sommation de Ferdinand.
1491	896	Ferdinand vient camper à la vue de Grenade; retranche son camp; ruine tout le pays voisin qui fournissait des subsistances aux assiégés.	La disette se fait sentir dans Grenade.

J. C.	Hég.	ROIS DE LÉON ET DE CASTILLE.	ROIS DE GRENADE.
1491	897	Il bâtit la ville de Santa-Fé, dans l'enceinte du camp.	
1942	897	. . . .	Grenade capitule. Abu Abdalà se retire avec sa famille dans les Alpuxarres.
		Ferdinand et Isabelle font leur entrée triomphante dans Grenade.	Fin du royaume de Grenade. Abu Abdalà vend ses domaines au roi Ferdinand, et passe en Afrique, où il est tué peu de temps après en combattant pour le roi de Fez, son parent.

ROYAUME D'ESPAGNE.

FERDINAND ET ISABELLE SONT ROIS DE TOUTE L'ESPAGNE.

Décret d'expulsion, rendu à Séville, contre les Juifs.
1499 . . . Décret d'expulsion contre les Maures qui refusent d'embrasser le christianisme.
1500 . . . Révolte des Maures dans les Alpuxarres; Ferdinand marche contre eux; nouveau décret d'expulsion.
1524 . . . Les Maures sont persécutés. On leur ordonne de quitter leur langage, leur costume et leurs habitudes.
1526 . . . Ils achètent quelque adoucissement à ces mesures par une somme de 800,000 ducats.
A Valence, ils sont poursuivis les armes à la main; on en fait périr un grand nombre.
1568 . . . Les persécutions augmentent; on exécute les ordonnances à la rigueur.
Les Maures prennent les armes. Ils élisent un roi qu'on nomme Muhamad ben Omeya.
1569 . . . Ils ont de l'avantage contre les troupes de Castille, ils s'emparent même de quelques forts dans les Alpuxarres.
Ils soupçonnent leur roi de trahison, le massacrent, et nomment à sa place Muley Abdala.
Don Jean d'Autriche use de politique plus que de force pour les réduire. Il publie une amnistie, accompagnée des plus terribles menaces contre ceux qui n'en profiteront pas.
Plusieurs chefs maures se soumettent; d'autres passent en Afrique. Muley Abdala finit aussi par traiter.
On ordonne que les Maures seront transportés hors du royaume de Grenade. L'exécution de cette mesure cause une nouvelle révolte.
1570 . . . Ils sont vivement poursuivis. Muley Abdala est tué par les siens.
1609 . . . Ils sont définitivement expulsés.

APPENDICE AU TABLEAU CHRONOLOGIQUE DES ROIS ARABES-MAURES.

Date de la mort.

SÉVILLE.

1042 433   Muhamad ben Ismaïl Abul Casem ben Abed.
1069 461   Muhamad Almoatéded, son fils, aussi roi de Cordoue.
1091 485   Muhamad ben Almoatéded, détrôné par Jusef ben Taxfin.

TOLÈDE.

1075 467   Ismaïl ben Dylnûn, Almudafar, Almamûn.
1085 478   Yahie Alcadir ben Ismaïl, détrôné par Alphonse VI. Il va régner à Valence.

BADAJOZ.

Sabûr, Persan, wali du temps d'Alhakem II, mort durant les guerres civiles.
Abdala Muslama ben Alaftas, hérita de Sabûr, et s'empara du pouvoir. On ne trouve pas la date de sa mort.
1068 460   Almutfar ben Abdala ben Alaftas.
1081 474   Yahie ben Almutfar.
1094 487   Omar Almétuakil, frère du précédent, dépossédé et égorgé par les Almoravides.

GRENADE.

1029 420   Almanzor ben Zeyri de Zanhaga, s'était emparé de Grenade dès l'an 1021. Sept ou huit ans après, il retourna en Afrique, et laissa Grenade à son neveu.
1068 460   Habûs ben Maksan ben Balkin.
1073 465   Badis ben Habûs.
1091 484   Abdala Almudafar ben Balkin, détrôné par Jusef ben Taxfin.

MALAGA.

1022 412   Alcasim ben Hamud depuis roi de Cordoue. Il est chassé.
1024 415   Yahie ben Ali, neveu du précédent, s'empare de ses états et de sa personne; aussi roi de Cordoue.
1026 417   Yahie est tué dans une bataille.
1068 460   Edris ben Ali ben Hamud, frère du précédent, meurt dans la prison où l'avait jeté Muhamad, fils d'Alcasim.
1080 472   Muhamad ben Alcasim ben Hamud.
Alcasim, son fils, est dépouillé vers ce temps de ses états de Malaga par le roi de Séville, Muhamad Almoatéded, et il passe en Afrique.

ALMÉRIE.

1017 408   Haïran, Esclavon, assiégé par Ali ben Hamud, périt des mains de son ennemi.
1040 431   Zohaïr, parent d'Haïran, meurt sans enfans et lègue ses états à Abdélaziz, roi de Valence, qui nomme pour wali son gendre
1051 443   Abul Alhuâs.

TABLEAU CHRONOLOGIQUE.   XXXV

1091 484   Muhamad ben Man, Moëz-Daula, aussi nommé Almustasim ben Zamida et Abu Yahie Moëz-Daula; assiégé par les troupes de Jusef ben Taxfin, meurt de désespoir.
          Ahmed Obeidala Moëz-Daula, son frère, ne règne que deux mois. Almérie tombe au pouvoir des Almoravides.

VALENCE.

1060 452   Abdélaziz ben Abdérahman, petit-fils de l'hagib Almanzor.
1065 457   Abderahman Almudafar ben Abdélaziz, détrôné par Ismaïl ben Dylnûn, roi de Tolède, son beau-père. Il est aussi appelé Abdelmélic.
1075 467   Ismaïl ben Dylnûn.
1076 468   Abdérahman recouvre ses états. On ignore la date de sa mort.
1085 478   Yahie ben Ismaïl, chassé de Tolède par le roi de Castille, revient cette année à Valence.
1092 485   Mort d'Yahie dans une sortie contre les Almoravides, qui assiègent Valence.
id. id.   Alcadir ben Ismaïl, frère du précédent, meurt assassiné, et les Almoravides s'emparent de Valence.
1094 487   Jusef ben Taxfin perd Valence, qui est prise par le Cid Rodrigue; ce dernier s'y établit.
1099 492   Le Cid Rodrigue meurt.
1102 495   Chimène, sa veuve, est forcée de capituler. Jusef ben Taxfin rentre en possession de Valence.

SARRAGOSSE.

1040 431   Almondhar ben Yahie, ben Hud, Ategibí.
1046 438   Suleiman ben Almondhar, Algiuzami.
1081 474   Ahmed Abu Giafar ben Suleiman.
1085 478   Jusef Abu Amer ben Ahmed.
1110 503   Ahmed II Abu Giafar.
1130 524   Abdelmélic ben Ahmed, Amad-Dola; il perd Sarragosse.
1133 527   Abu Giafar Saïd-Dola, son fils, achève de perdre son royaume, dont les Aragonnais s'emparent. Il vécut encore quelques années, retiré à ce qu'on croit à Tolède.

NOTICE
CHRONOLOGIQUE

Des Historiens, des Savans ou des Poëtes arabes d'Espagne, non mentionnés dans le corps de l'ouvrage, depuis la conquête jusqu'à l'extinction de la dynastie d'Oméya.

J. C. Hég.

774 158 Moavia ben Saléhi, grand cadi d'Espagne. Il avait un grand fonds d'érudition, et il était de mœurs austères. Le roi Abdérahman I l'aimait beaucoup, et Moavia le méritait par ses vertus autant que par son dévouement à la personne de ce prince, qui voulut accompagner son cercueil, et faire lui-même les prières d'usage.

793 177 Amer ben Abi Giafar, l'un des meilleurs poëtes de son temps; il joignit au titre de poëte celui d'historien. Il en eut du moins la réputation, car on n'en peut juger par ses ouvrages qui ne se sont pas conservés. Hixem I lui donna la charge d'intendant du fisc.

796 180 Saïd ben Abdûs, surnommé El Godei, eut une grande réputation de science. Il l'avait acquise dans ses voyages d'Orient; et il fut l'un des disciples de Malik ben Anas, commentateur célèbre du Coran. Ce fut la doctrine de ce Malik qu'on substitua peu à peu dans toutes les écoles d'Espagne à celle de l'Auzéi. Cette révolution ne fut pourtant pas l'ouvrage de Saïd; elle ne s'opéra principalement que par les soins de Ziyad el Lahmi, dont il va être parlé.

814 199 Ziyad el Lahmi, surnommé El Sabton, fut le premier qui enseigna en Espagne la doctrine de Malik. Il vécut toute sa vie dans une austère retraite, et refusa constamment tous les emplois qu'on lui offrit.

852 238 Abdelmélic ben Habib el Salémi avait étudié dans les plus célèbres écoles de l'Orient, et il y avait acquis une vaste érudition qu'il rapporta dans sa patrie. Il passait pour l'homme le plus instruit de son temps.

868 255 Yahie el Laïthi, savant docteur, avait fait plusieurs voyages en Orient, où il avait reçu les leçons de Malik ben Anas, qui l'appelait le génie espagnol et le savant Andalous. Il fonda, à Cordoue, une école qui fut très-fréquentée, et qui devint une espèce d'académie.

698 256 Abu Yshac, préfet de police, apporta dans ces fonctions difficiles beaucoup de lumières et d'intégrité. Les Arabes qui en parlent, disent, pour exprimer son désintéressement, qui devait vraisemblablement paraître une vertu assez rare, *qu'il ne reçut jamais de présens de personne.*

896 283 Témam ben Amri avait été wazir ou conseiller d'état sous Muhamad I, et ses deux fils Almondhir et Abdalà. Il mourut dans sa quatre-vingt-seizième année. Il écrivit en vers l'histoire de la conquête, et celle des émirs et des rois de Cordoue jusqu'aux dernières années d'Abdérahman II.

J. C.	Hég.	
909	297	Obéidala ben Yahie el Laïthi; fils d'un père savant, il marcha dignement sur ses traces. Il écrivit deux biographies qui étaient fort estimées.
914	302	Casim ben Thabita avait fait dans l'Orient plusieurs voyages, suivant la coutume de ce temps, et il en avait rapporté beaucoup d'instruction et encore plus de modération et de philosophie. Il avait refusé plusieurs fois la charge de cadi de Sarragosse, sa patrie. Comme son père le pressait fort d'accepter, il demanda trois jours pour se décider; il mourut, dit-on, avant la fin du troisième.
932	320	Abdala ben Abilwalid, docteur non moins renommé pour sa science que pour sa probité. L'un des wazirs de Cordoue alla un jour le consulter au sujet d'un ordre que le roi lui avait donné. Comme il commençait à expliquer ce dont il s'agissait, Abdalà l'interrompit par ces mots : « Avant d'avoir reçu l'ordre du prince, tu as eu en tes mains le livre de » la loi divine. Pèse dans ta conscience les préceptes de Dieu avec la » volonté du roi; elle te dira ce que tu dois faire, et tu agiras ensuite sans » scrupule et sans crainte. »
936	325	Ybrahim el Morédi acquit, sans sortir de l'Espagne, une si grande réputation, que les savans de l'Afrique, de l'Egypte et de la Syrie venaient à Cordoue pour le consulter.
939	328	Ahmed ben Muhamad écrivit, en vers élégans, l'histoire des rois Muhamad I, Almondhir, Abdalà et Abdérahman Anasir. Ses poésies faisaient les délices de Cordoue. Elles étaient si estimées, que le prince Alhakem en fit lui-même une collection. Il mourut plus qu'octogénaire. On l'appelait le poète de Cordoue, et cette simple désignation suffisait.
951	340	Casim ben Asbag se fit connaître par divers ouvrages de science et de philosophie, qui eurent la gloire de devenir classiques, non-seulement dans les écoles d'Espagne, mais encore dans celles de l'Orient.
967	356	Albufaragi Ali ben Alhasan descendait du dernier calife d'Orient, de la dynastie d'Oméya. Il avait composé un grand nombre d'ouvrages parmi lesquels on distinguait un recueil de chansons, avec la musique et la manière de les chanter. Il était intitulé : *Kiteb el Agani*. Il était né à Bagdad. A des connaissances très-étendues et très-variées, il joignait beaucoup de vertu. Un exemplaire de ses chansons lui valut mille dinars d'or de la part du soudan d'Alep, auquel il l'offrit. Il avait écrit l'histoire des califes Oméyas, et il l'avait envoyée secrètement au prince Alhakem, qui le récompensa généreusement. Il légua au même Alhakem sa bibliothèque et ses propres ouvrages.
		Dans la même année mourut Ismaïl Abu Ali, originaire du Diarbeckir; le roi Abdérahman l'avait attiré à Cordoue, sur sa grande renommée; il était devenu l'instituteur d'Alhakem, qui l'aima et l'honora tant qu'il vécut.
1002	393	Abu Omar Ahmed fut l'homme le plus savant de l'Espagne. Dès l'âge de dix-huit ans, il était regardé comme un prodige d'érudition. Son père n'avait rien épargné pour lui donner une éducation brillante. Il alla lui chercher des maitres jusque dans la Syrie et le Khorasan. Abu Omar passa presque toute sa vie à Séville.
id.		Jali ben Ahmed, poète et guerrier, succomba à une maladie aiguë, après une carrière glorieuse. Le seul regret qu'il témoigna en quittant la vie, ce fut de mourir dans son lit et non sur le champ de bataille. Ce fut le sentiment qu'éprouva, dit-on, notre Villars, lorsqu'il ap-

J. C. Hég. prit la mort du duc de Berwick, tué devant Philisbourg, d'un coup de canon.

1009 400 Muhamad ben Méroadi eut, comme le précédent, le goût de la poésie et celui des armes. Ses vers roulaient ordinairement sur des sujets légers et gracieux. Il était fort aimé des princes de ce temps, et notamment de Suleiman l'usurpateur. Il périt dans la sanglante bataille où ce dernier fut vaincu par son compétiteur Muhamad II.

1029 420 Hixém ben Muhamad, né à Tolède. Il fut disciple des plus savans docteurs, et il devint très-profond dans les sciences morales et religieuses. Il remplissait avec la plus grande exactitude tous ses devoirs de musulman. Il fut alcaïde de la frontière de Galice, et il y demeura presque toujours. Il était extrêmement sobre et frugal, sévère pour lui-même, doux, généreux et indulgent pour les soldats.

ERRATA

Il faut lire partout Abdérahman, et non Abderahman.

AVERTISSEMENT

DE L'AUTEUR.

Les Arabes ont possédé pendant huit cents ans les plus riches provinces de l'Espagne, et l'histoire de cette longue domination d'un peuple étranger sur cette belle contrée, manquait encore à l'instruction publique. On trouvait, il est vrai, chez les historiens espagnols des notions plus ou moins exactes sur quelques-uns des principaux événemens auxquels les Arabes ont pris part : ils les avaient puisées dans les vieilles chroniques; mais ces chroniques, souvent infidèles, et toujours incomplètes, ne pouvaient fournir que des lumières incertaines. Ecrites par des Espagnols, devaient-elles parler avec impartialité du peuple vainqueur? Quel intérêt d'ailleurs les auteurs de ces chroniques auraient-ils pris à l'histoire particulière des ennemis de leur patrie? S'ils citaient les Arabes, c'était seulement quand ils y étaient forcés par la liaison que l'histoire des deux nations recevait d'un événement commun. Encore leurs récits s'écartaient-ils souvent de la vérité. Ne jugeant eux-mêmes des choses qu'après les avoir considérées à travers le prisme exagérateur de l'orgueil national, du fanatisme religieux ou des passions haineuses, c'était moins le fait qu'ils essayaient de transmettre à la postérité, que leurs conjectures, leur opinion sur le fait. Ceux qui, après eux, ont voulu écrire l'histoire de leur nation, et qui ont cherché dans leurs récits la connaissance du passé, plus éloignés des époques dont ils parlent, ont eu moins de moyens encore pour distinguer la vérité de l'erreur. Les uns, en petit nombre, éclairés par une judicieuse critique, ont dû rejeter tout ce qui leur a paru manquer de preuves positives; et ne trouvant rien dans les histoires contemporaines qui pût remplir le vide de ces fréquentes lacunes, ils ont nécessairement passé sous silence de longues périodes de l'histoire des Arabes, pour ne la reprendre que lorsqu'ils la retrouvaient dans celle de leur pays. D'autres, beaucoup moins scrupuleux, adoptant sans discernement tout ce qu'ils avaient vu dans leurs chroniques, chargeant des traits à peine esquissés de détails empruntés à une imagination complaisante, égarés le plus souvent par le désir de rabaisser leurs ennemis pour exalter leurs compatriotes, remplissaient leurs ouvrages de récits apocriphes, et présentaient comme des résultats certains de leurs recherches les traditions populaires qu'ils avaient recueillies. C'est ainsi, par exemple, que pour enlever aux Arabes le plus grand mérite de la conquête, en donnant une cause plausible au défaut volontaire de résistance dans les Espagnols, ou même en supposant que la trahison seule avait livré les rivages de l'Espagne aux vaisseaux africains, ils rajeunissent la fabuleuse anecdote de la fille du comte Julien, s'appuyant pour cela sur l'autorité d'une vieille romance qui se chantait dans l'Andalousie trois ou quatre siècles après l'invasion.

Ainsi, d'une part, il n'existait pas, même en Espagne, de corps d'histoire qui embrassât toutes les époques de la domination des Arabes; et d'autre part, on ne pouvait avoir beaucoup de confiance dans les relations des écrivains espagnols, puisque la vérité même peut justement paraître suspecte dans la bouche d'un ennemi déclaré. Pour ne citer qu'un exemple, qu'il suffise de nommer ce fameux Rodrigue, que les vers de Corneille auraient immortalisé, s'il n'avait lui-même légué son nom à la postérité par ses nombreux exploits. C'est, chez les Espagnols, le plus magnanime, le plus généreux des guerriers; les Arabes, au contraire, tout en convenant qu'il fut un grand capitaine, le peignent comme un homme cruel, altéré de sang, foulant aux pieds les traités et les droits les plus sacrés de la guerre. On conçoit facilement que de semblables contradictions doivent se montrer à chaque pas dans les écrits comparés de deux nations rivales; mais comme c'est précisément de la rencontre de ces relations opposées qu'une main impartiale peut faire jaillir quelques vérités, il semble que pour écrire avec fruit l'histoire des conquérans de l'Espagne, il faut puiser à la fois à deux sources contraires, corriger par la sèche concision des uns les pompeuses exagérations des autres, retrancher tout ce qu'a dicté la prévention ou la haine, rejeter le mensonge de quelque côté qu'il se présente ; et s'il arrive parfois que sur un même fait des opinions tout-à-fait divergentes produisent l'incertitude, adopter ce qui paraît le plus vraisemblable, ou du moins mettre le lecteur en état de choisir entre deux versions, celle qui lui semblera le mieux se lier avec le caractère des personnages et le cours naturel des événemens.

Pour un travail de ce genre, les Espagnols offraient leurs chroniques et leurs histoires : le point de comparaison manquait, et les auteurs arabes dont on avait les écrits, n'avaient traité qu'en passant des affaires d'Espagne. Cependant on ne devait pas présumer que, durant les huit siècles qui séparent les temps de la conquête de ceux de la chute de Grenade, une nation chez qui les lettres florissaient, tandis que la barbare ignorance couvrait de ses voiles les autres peuples de l'Europe, eût négligé de chanter les victoires de ses princes et de ses guerriers, et qu'elle n'eût pas produit des historiens pour ces audacieux conquérans, dont la puissance, long-temps croissante, menaçait d'un prochain envahissement les fertiles contrées de la Gaule et les antiques rivages de l'Ausonie. Mais en supposant que les Arabes eussent écrit leur histoire, on ne pouvait guère espérer de recouvrer ces fruits de leur travail, soit parce que les Espagnols, faisant très-peu de cas de la littérature des Arabes, qu'ils ne croyaient occupés qu'à commenter le Koran, ne laissaient point de place dans leurs bibliothèques pour les ouvrages de ces derniers; soit, parce qu'à la prise de Grenade, la superstitieuse ignorance condamna au feu des milliers de volumes; soit enfin parce que les vaincus transportèrent à cette époque en Afrique tout ce qu'ils avaient pu soustraire aux bûchers allumés par les Espagnols. A la vérité, sous le règne de Philippe III on avait pris un navire sur lequel se trouvait la bibliothèque de Muley Zidan, roi de Maroc; et les livres en avaient été déposés à l'Escurial; mais, par un malheur irréparable, un incendie les y consuma en 1671; et comme, depuis leur expulsion d'Espagne, les Arabes ont perdu le goût des lettres, ils laissent périr leurs anciens manuscrits et ne les remplacent point. Toutefois on conservait encore à l'Escurial un grand nombre de manuscrits arabes, la plupart tronqués ou incomplets. Pour en tirer parti, pour suppléer avec les uns aux lacunes qui se trouvaient dans les autres, pour extraire de ces divers ouvrages un corps d'histoire dont toutes les parties se liassent à l'ordre des temps, il fallait un homme qui joignît à l'érudition et à la connaissance de la langue arabe, une patience et un courage incapables de se lasser. Cet homme laborieux et savant s'est trouvé à Madrid; et M. Joseph-Antoine Conde, membre des Académies espagnoles, a compilé et traduit avec la plus scrupuleuse exactitude tous les écrits arabes qu'il a trouvés dans les bibliothèques publiques, ceux qu'il possédait lui-même, et ceux qu'il tenait de ses amis. Son ouvrage, qui a paru à Madrid en 1820 et 1821, peut être regardé comme ce qu'il y a de plus complet sur cette matière. Beaucoup de doutes y sont éclaircis, beaucoup d'erreurs y sont rectifiées; et l'on y suit sans peine la longue succession des princes qui, sous le nom d'émirs, de califes ou de rois, ont gouverné l'Espagne conquise. On y voit décrites toutes ces divisions intestines, qui, plus que les armes espagnoles, ont affaibli la puissance des Arabes, et ont fini par la ruiner. Malheureusement M. Conde avait adopté un plan, qu'il aurait réformé peut-être s'il avait eu le temps de mettre la dernière main à son ouvrage ; et l'exécution donnée à un dessein qu'on peut, sans injustice, trouver mal conçu, produit dans son histoire des Arabes ce que le défaut absolu de documens avait opéré dans les histoires Espagnoles, c'est-à-dire, qu'on ne connaît pas mieux les Espagnols avec M. Conde, que l'on ne connaît les Arabes avec les historiens espagnols, sans en excepter Mariana, si justement estimé depuis trois cents ans. Non-seulement M. Conde a poussé la fidélité pour ses originaux jusqu'à les faire parler eux-mêmes, comme si l'histoire qu'il a publiée était leur propre ouvrage, mais encore il laisse toujours ignorer au lecteur ce qui se passait dans les cours des princes chrétiens, contemporains des émirs et des califes. D'un autre côté, il conserve partout les noms propres que donnaient les Arabes aux contrées et aux villes qu'ils avaient conquises, ce qui fait naître souvent des difficultés, qu'on n'aime pas à rencontrer dans un livre destiné à instruire sans peine et sans fatigue. « Les lecteurs, dit-il lui-même en rendant » compte du sien, doivent lire mon ouvrage » comme si un auteur arabe l'avait écrit, puis-» qu'il n'est au fond que l'extrait fidèle d'un grand » nombre de livres composés dans cette langue. » Ainsi l'on ne devra s'étonner ni de la diffé-» rence qui existe entre ce livre et nos histoires » en ce qui concerne le récit des événemens, ni » du peu de notions qu'on y trouve sur nos » princes et nos généraux. Ce livre, en un mot, » peut être regardé comme le revers de nos an-» nales. »

Malgré les raisons que donne M. Conde pour justifier la marche qu'il a suivie, nous pensons que l'Histoire de la domination des Arabes en Espagne sera d'une utilité plus générale, si elle est mise constamment en rapport avec l'histoire d'Espagne; et c'est ce que nous avons essayé de faire en consultant les historiens espagnols les plus renommés. Nous n'en sommes pas moins convaincus que tout ce que notre travail offrira d'intéressant, c'est à M. Conde et à ses profondes recherches que nous le devons; et si le public l'accueille favorablement, ce serait à ce savant que nous nous ferions un devoir de rapporter nos succès; si une mort prématurée ne l'avait ravi aux lettres, avant que l'impression de son ouvrage fût terminée. Ainsi, ce n'est pas une imitation servile que nous donnons au public, ce n'est pas une traduction de l'ouvrage de M. Conde : c'est une histoire toute composée des excellens matériaux qu'il avait recueillis.

Nous la diviserons en trois parties principales ; l'une contiendra l'histoire du califat d'Occident ou d'Espagne, sous les princes de la race d'Omeya ; l'autre sera consacrée à l'histoire des guerres civiles qui suivirent le renversement de la monarchie, et finirent par livrer l'Espagne et les petits royaumes entre lesquels elle s'était divisée, à la domination des princes Maures, Almoravides et Almohades, qui d'auxiliaires devinrent conquérans ; la troisième enfin embrassera l'histoire du royaume de Grenade, qui seul resta debout au milieu des ruines des états voisins, ou qui, pour mieux dire, naquit de leurs débris, et lutta deux siècles encore contre toute la puissance espagnole. Le tableau de la conquête et des causes qui l'ont amenée ou facilitée, quelques notions préliminaires sur les Arabes et sur les Maures feront la matière d'une introduction.

Nous ne terminerons point cet avertissement sans parler de l'ouvrage de M. de Chénier, intitulé : *Recherches historiques sur les Maures.* Il est rempli d'observations savantes. Cet écrivain modeste et laborieux n'est pas aussi connu qu'il le mérite ; c'est un motif de plus pour nous de faire hommage à sa mémoire, des notions que nous lui avons empruntées, toutes les fois qu'en suivant Ferreras, qui se trompe souvent, il ne s'est pas trouvé lui-même engagé dans des erreurs inévitables.

Maintenant, pour donner au lecteur l'idée des difficultés que l'auteur espagnol a dû vaincre, des erreurs qu'il a rectifiées, des services enfin qu'il a rendus à l'instruction et aux amateurs de l'histoire, nous allons laisser parler M. Conde lui-même dans la préface qu'il a mise en tête de son ouvrage, et dont nous nous contenterons pourtant de ne présenter qu'un extrait.

EXTRAIT DE LA PRÉFACE

DE M. JOSEPH-ANTOINE CONDE,

Membre de l'université d'Alcala, de l'académie espagnole, bibliothécaire et membre de l'académie d'histoire ; de la société de Madrid, correspondant de l'académie de Berlin etc.

J'AI composé en entier cette histoire sur des mémoires arabes, et j'en ai conservé la manière et le style ; on aura ainsi une idée de la méthode des écrivains de cette nation. J'ai apporté à ce travail tous les soins dont je suis capable ; j'ai fait les plus grands efforts pour surmonter les obstacles que j'ai rencontrés ; j'ai profité de tous les secours qu'on m'a fournis ; je n'ai épargné aucun genre de fatigue, et la constance avec laquelle j'ai suivi mon entreprise pouvait seule conduire à des résultats utiles. Il fallait, en effet, d'opiniâtres recherches pour débrouiller ce chaos d'événemens long-temps inconnus, découvrir l'origine d'une nation célèbre, tracer la marche de ses conquêtes, marquer l'accroissement successif de sa grandeur et de sa puissance, parler pertinemment de ses hauts faits d'armes, de ses coutumes et de l'état où se trouvaient chez elle les arts et les sciences, décrire les vicissitudes qu'elle a éprouvées durant le cours de huit siècles, mettre de l'ordre et de la clarté (1) dans des récits si variés, choisir, comparer, rejetter ou admettre, se décider enfin au milieu des incertitudes. Ce n'était pas sans doute un travail léger; que sera-ce si l'on y ajoute la peine de compulser et de traduire d'anciens manuscrits, maltraités par le temps, presque illisibles en plusieurs parties?

Cependant il n'était pas possible d'écrire cette histoire sans le secours des livres arabes. Tout ce que jusqu'à présent nous savons d'eux et de leur long séjour en Espagne, nous le devons à nos vieilles chroniques, mais les notions succinctes, incomplètes, inexactes qu'elles renferment, la confusion qui y règne, et un style bar-

---

(1) M. Conde a senti que dans un ouvrage de la nature de celui qu'il avait entrepris, la clarté devait naître de l'arrangement; mais l'ordre est peut-être ce qui manque le plus à son histoire arabe. Il faut pour la lire et ne point perdre le fil des événemens, l'attention la plus soutenue. M. Conde aurait certainement refait son livre s'il eût vécu.

bare qui en augmente l'obscurité, les rendent peu propres à être consultées ; et si l'on considère encore qu'elles ne furent écrites que sous la dictée de la haine, au moment où tous les ressentimens allumés ne laissaient entre les deux nations d'autre communication, que celle qui naît des terribles droits de la guerre, on sera convaincu que ces chroniques ne peuvent être d'aucune utilité. C'est pour avoir été composées avec ces élémens vicieux que nos histoires présentent des taches nombreuses ; par exemple, l'opinion générale est que les conquérans de l'Espagne furent suivis d'innombrables armées, et de hordes barbares, qui, sans distinction d'âge ni de sexe, versèrent des torrens de sang, et couvrirent la terre de ruines. Ces idées, nées primitivement de la terreur qu'inspira la rapidité de la conquête, s'étaient conservées par des traditions que les chroniqueurs adoptèrent ; mais pour juger sainement des grands événemens de ce temps, c'est dans les auteurs arabes qu'il les faut voir. Eux seuls nous apprennent comment une troupe aguerrie, dont le courage s'excitait encore par le fanatisme religieux, aborda dans l'Andalousie, ravagea les campagnes abandonnées de la Lusitanie, et par une seule victoire remportée sur les Goths dégénérés, vint à bout de subjuguer toute l'Espagne ; comment la condition des vaincus devint si douce, qu'au lieu de l'oppression qu'ils craignaient, ils se félicitèrent d'appartenir à des maîtres qui, leur laissant le libre exercice de leur religion, la possession de leurs biens et la jouissance de leurs libertés, n'exigeaient d'eux qu'un tribut modique, et la soumission aux lois générales établies dans l'intérêt commun.

Puisque le but de l'histoire est de fournir aux hommes d'utiles leçons, il ne faut point la défigurer par le mensonge et la calomnie. L'impartialité est la première vertu de l'historien. Quelle confiance mériteront ses récits, s'il ne respecte point la justice? Ce n'est pas que je prétende déprimer les ouvrages des historiens qui m'ont précédé; je veux seulement établir qu'on ne saurait en profiter pour écrire l'histoire des Arabes d'Espagne.

Isidore de Beja, vivant au temps même de la conquête, se contenta de faire une espèce de journal qui fourmille d'erreurs, et qui d'ailleurs n'embrasse guère qu'une période de quarante-quatre ans. Il est infidèle et déclamateur, et il ne donne aucune idée du gouvernement des Arabes. Ceux qui vinrent après lui, ne firent que le copier; mais, moins exacts encore que leur modèle, ils ajoutèrent leurs fautes à ses fautes propres, se montrèrent plus passionnés, n'offrirent souvent à leurs lecteurs qu'un squelette sec et décharné, et imprimèrent à leur style la rudesse qui caractérisait les mœurs du temps. Prouvons notre assertion par un exemple sur mille. Une sanglante bataille se livra dans les champs de Zalaca, non loin de Badajoz. Alphonse VI y combattit contre les forces réunies des Arabes d'Espagne, et des Maures Almoravides, venus d'Afrique en qualité d'auxiliaires. Ce prince succomba sous les efforts de tant d'ennemis. Voici comment les chroniques parlent de cet événement mémorable. *In erâ 1124 die VI. X Kal. novembris, die SS Servandi et germani, fuit illa arrancada in Baduzo, id est, Sacralias; et fuit ruptus Rex Domnus Adefonsus.* C'est ainsi que s'expriment les annales de *Complutum*, ou Alcalà de Henarès. Celles de Compostelle sont bien plus concises; *erâ* 1124, y lit-on, *fuit illâ die Badajoz.* Dans celles de Tolède on trouve ces mots : *Erâ* 1124, *arrancaron Moros al Rey don Alonso en Zagalla* (1).

Ce fut de ces chroniques défectueuses, et de quelques écrits arabes, que l'archevêque de Tolède, Riu Ximenez, tira son histoire, la première qu'on ait publiée en Europe sur cette

---

(1) C'est-à-dire : en 1124 les Maures défirent le roi don Alphonse à Zagalla.

matière; il l'écrivit en latin. Ce savant prélat avait une connaissance profonde de la langue des Arabes; il vivait d'ailleurs au milieu des Muzarabes (1) de Tolède, qui purent lui fournir de précieux renseignemens. Cependant son histoire, malgré son mérite, manque souvent d'étendue et de clarté, et elle s'arrête à l'an de J. C. 1140. Un défaut non moins essentiel qu'elle renferme, c'est d'avoir mal combiné les années de l'ère chrétienne avec celles de l'Hégire, et d'avoir par là causé l'erreur qu'on remarque dans un grand nombre de dates essentielles. L'époque de l'invasion qui eut lieu en 711, s'y trouve reculée de deux ans, et cette erreur se continue dans l'ouvrage entier.

L'histoire qu'on attribue au Maure Rasis, et qu'on suppose avoir été traduite par l'ordre de Denis, roi de Portugal, n'est qu'une mauvaise compilation des anciennes chroniques; elle est remplie d'erreurs et de contes absurdes.

La chronique générale que fit composer Alphonse le Sage contient d'excellentes réflexions; mais elle n'est point purgée des fables ridicules qui défigurent les chroniques antérieures. On peut en dire autant des chroniques particulières,

---

(1) On trouvera des explications sur les Muzarabes, dans une note de l'introduction.

ou, pour mieux dire, des compilations faites au temps d'Alphonse XI, dans lesquelles, au surplus, on ne trouve guère que ce qui concerne nos rois.

Quant aux auteurs arabes, ils sont en très-grand nombre; mais quelques-uns, tels qu'Aben Ishak Tabari, Aben Omar el Wakedi, el Mesaudi, Seif Alezdi, Aben Kelbi, Novairi, et d'autres encore, ont embrassé dans leurs ouvrages l'histoire de plusieurs peuples à diverses époques; quelques autres se sont bornés à l'histoire particulière d'une nation : tels sont Aben Regig, qui a fait l'histoire d'Afrique, et Aben Hayan, qui a fait celle d'Espagne, et principalement celle des rois de la maison d'Omeya. Ces écrivains ont produit une foule de grossiers imitateurs; ceux-ci ont chargé leurs récits de fables ou de puérilités qui en rendent la lecture impossible. En général les Arabes ont un goût excessif pour le merveilleux, de sorte qu'ils ne se contentent pas de répéter les événemens, tels qu'ils les trouvent rapportés dans les histoires antérieures, mais ils les entourent d'accessoires fabuleux, de circonstances extraordinaires. On en voit même parmi eux dont la manie est de tout altérer, tout changer. Ils aiment surtout à abréger leurs anciens auteurs; qu'ils réduisent à d'arides nomenclatures, gardant souvent le silence sur les faits les plus importans, tandis que d'autre part ils poussent la prolixité jusqu'à rendre compte de la durée d'un règne par jours et par heures. Les anciens sont plus exacts; les modernes, à l'exception d'un petit nombre, tels qu'Abulfeda et Aben Khaledun, sont inégaux, et laissent courir leur plume sans goût et sans méthode. Tantôt ils s'étendent en descriptions oiseuses, ils racontent avec les plus grands détails les batailles gagnées par ceux de leur nation; tantôt ils sont d'une sécheresse rebutante, et deux mots leur suffisent pour parler des victoires de leurs ennemis. Il est d'autres historiens arabes que certains savans, Selden, Pocoke, Schultens, etc, ont fait connaître à l'Europe; mais ceux-là se sont peu occupés des affaires d'Espagne. Par exemple, dans les annales d'Elmacin, lesquelles sont un abrégé de Tabari, on ne trouve qu'une très-courte relation de la conquête, et une notice chronologique d'un petit nombre de rois de Cordoue. Dans les annales d'Abulfeda, il n'est pas même fait mention de la conquête. L'histoire des Arabes de l'Anglais Ocley, prise dans Wakedi, ne parle que de la Syrie et de l'Egypte. Il fallait donc recourir à des sources plus sûres et plus abondantes : je vais indiquer toutes celles où j'ai puisé.

Je me suis d'abord servi de l'ouvrage d'Abu

Abdallah Muhammad el Homaidi, de Cordoue. Cet auteur, qui écrivait vers l'an 450 de l'Hégire, a laissé une histoire abrégée de la conquête, et des généraux ou émirs qui gouvernèrent l'Espagne dans les premiers temps. Il donne également celle des Beni-Omeyas (1), rois de Cordoue, et la biographie des hommes illustres de l'Espagne. Cet ouvrage a été continué jusqu'à l'année 560, par Ahmed ben Yahia Eddubi, de Majorque. El Homaidi joint, au mérite de l'antiquité, celui de l'authenticité des documens qu'il a mis en œuvre ; il s'appuie sur le témoignage d'auteurs plus anciens que lui, tels qu'Abdelmelic ben Habib Zalemi, Abdalah ben Junes, Abdalah ben Wahid et Abulcasem Abderahman, tous historiens estimés (2) des conquêtes des Arabes dans l'Occident.

L'histoire d'Aben Alabar el Codai, de Valence,

---

(1) Le mot *Ben* signifie fils, *Beni* les enfans ou descendans. Les *Beni-Omeyas*, les princes ou individus de la race d'Omeya.

(2) M. Conde porte le scrupule au point de décrire le nombre, la qualité, la forme des volumes qui composent les ouvrages qu'il cite ; cette précaution qu'il avait jugé à propos de prendre pouvait fournir une preuve de sa véracité à ceux qui n'auraient pu s'assurer par leurs yeux de l'existence des originaux.

m'a été pareillement d'un grand secours pour ce qui concerne la conquête, et le gouvernement des émirs et des princes de la première dynastie. Cet auteur était très-savant; il a beaucoup tiré de l'histoire d'Espagne d'Abu Meruan ben Hayan, qui passe pour le meilleur historien des Beni-Omeyas. Il a mis aussi à contribution les annales d'Abul Hasan, et les ouvrages d'autres auteurs moins connus, comme Isa ben Ahmed el Razif, El mocri abu Abdala, et Muhamad Abu Bekar, auteur particulier d'une histoire d'Aben Abed, roi de Séville. J'ai tiré encore parti d'un fragment précieux de l'histoire d'Espagne, rapporté à la fin de l'ouvrage d'El Codai. Dans ce fragment, qui contient tous les détails de la conquête, on cite Ahmed ben Aly Alfeyad.

Pour les temps moyens de la domination des Arabes en Espagne, j'ai fait usage de l'ouvrage de Meraudi, intitulé : *Prados aúreos*, les prés dorés; cependant cet historien ne parle que d'une manière très-succincte des événemens de l'an 327 de l'Hégire, des expéditions d'Abderahman III, de la prise de Zamore par les troupes du roi de Cordoue, et des victoires de Ramire, roi de Léon. Il ne va que jusqu'à l'année 336, et il est à observer que lorsqu'il parle des rois de Galice, Odron et Adfons, ce sont les rois de Léon, Ordogne et Alphonse, qu'il désigne ; car il donne le nom de Galice à l'ancien royaume de Léon, suivant la coutume assez générale de tous les auteurs arabes.

Ce qui regarde la guerre civile entre les divers chefs de tribus après le dernier des Beni-Omeyas, laquelle finit par produire le partage de l'Espagne en plusieurs royaumes indépendans, je l'ai trouvé dans *l'Histoire des illustres Espagnols* d'Abulcassem Khalaf de Cordoue ; elle comprend tous les événemens qui ont eu lieu depuis les premiers temps de l'Hégire jusqu'à l'époque où il écrivait, c'est-à-dire jusqu'au cinquième siècle. Quant à l'histoire des Maures Almoravides et Almohades, je l'ai tirée en entier de l'histoire de Fez, écrite l'an 726 de l'Hégire par Abdel Hatim de Grenade. Cet écrivain laborieux avait consulté les principaux historiens africains ou espagnols ; il cite même assez souvent les archives de la couronne, où il ne pouvait manquer de trouver des documens authentiques.

J'ai suivi, pour la dernière période de la domination arabe, Lisan Edin, secrétaire des rois de Grenade, notamment son poëme sur les dynasties africaines et espagnoles, son histoire particulière de Grenade, et ses trois volumes de biographies. J'ai encore consulté sur le même objet l'histoire des rois de Grenade, d'Abdalah

Algiazami de Malaga, l'histoire de Jusuf Abul Hagiag, par Ahmed Almaxarsi, et celle des Beni Merines, écrite en prose et en vers par Ismail ben Jusuf, émir de Malaga, intitulée : *l'Odeur de la Rose.* Enfin j'ai profité des annales d'Abulfeda, de Xakiki et du Fezani, ouvrages incomplets, mais anciens, des annales d'Aben Sohna, de l'écrit d'Abu Teib, de Ronda, où l'on trouve beaucoup d'anecdotes curieuses, et surtout de l'excellent ouvrage d'Abdala Aly ben Abderahman de Grenade, sur la guerre sainte, c'est-à-dire les expéditions contre les chrétiens, sur l'art militaire, les ruses de guerre, les machines, etc. Cet auteur m'a fourni beaucoup de faits que l'on chercherait vainement chez d'autres historiens; son livre contient aussi divers détails sur les usages et les coutumes des Arabes d'Espagne.

La plupart de ces manuscrits se trouvent à la bibliothèque royale de Madrid et à celle de l'Escurial; les autres m'appartiennent ou appartiennent à des personnes qui m'honorent de leur amitié (1), et se sont fait un plaisir de me les confier.

---

(1) M. Conde n'avait rien négligé pour rendre son ouvrage éminemment utile, autant par l'étendue et l'abondance des matières que par l'exactitude et la fidélité

Il existe une histoire française des conquêtes des Arabes en Afrique et en Espagne ; elle a été même traduite en anglais et en allemand : son auteur est M. Cardonne; mais il ne paraît pas que cet écrivain ait consulté d'autres livres arabes que ceux qui avaient servi à l'archevêque de Tolède pour composer son histoire latine. Il a pris encore quelque chose des notes d'Herbelot, qui rapporte ce qu'a dit El Novairi; il y a ajouté ce qu'il a lu dans nos auteurs castillans touchant les affaires de Grenade. M. Cardonne a partagé l'erreur de l'archevêque, relative à l'année précise de l'invasion; il donne à Taric ben Zeyad le nom de Taric ben Malic el Meafir, et

---

dans les récits. Pour atteindre ce but vers lequel doit tendre sans cesse un écrivain impartial, il ne s'était pas contenté de compulser les ouvrages espagnols et les originaux arabes; il avait encore lu avec soin tout ce qu'on a écrit, soit en France, soit en Angleterre. Il ne sera pas inutile de consigner ici son jugement motivé sur ces productions. On en pourra conclure qu'il ne suffit pas, suivant lui, de posséder la langue des Arabes pour écrire leur histoire; il faut encore réunir à cette connaissance les lumières d'une saine critique; sans elles il est impossible d'extraire de leurs livres les documens utiles ou certains, parce qu'on ne les saurait distinguer parmi cette foule de détails déplacés ou incohérens, avec lesquels ils se trouvent toujours confondus.

peu après, comme s'il s'agissait d'un autre individu, il le nomme Taric ben Ziad ben Abdulah. Il rapporte l'entrée de Muza en Espagne à l'année 97 de l'Hégire, ou 715 de notre ère, tandis qu'à cette époque ce général arabe avait déjà quitté l'Espagne pour se rendre auprès du calife qui l'avait rappelé. Il attribue à Taric la conquête de Murcie, quoique tous les auteurs arabes s'accordent à dire qu'elle fut l'ouvrage d'Abdelaziz, qui fit capituler Turiola, aujourd'hui Orihuela, l'an 94; il copie enfin avec si peu de discernement nos anciennes chroniques, qu'il adopte jusqu'aux fables qu'elles renferment.

M. de Guignes, dans son Histoire des Huns, a prouvé qu'il connaissait à fond l'histoire des Tatars et des Chinois; mais quand il a parlé de nos Arabes, il est tombé dans de graves erreurs. Par exemple, il avance que le roi Hixem II fut déposé par Almanzor, son hagib ou premier ministre, l'an 399 de l'Hégire. Cette assertion est des plus fausses, car Almanzor ne manqua jamais à la fidélité qu'il devait à son prince; et, après avoir employé sa vie à le servir, il la perdit en combattant pour assurer sa puissance. Cet événement arriva l'an 392, sept ans avant la déposition d'Hixem, qui dans l'intervalle avait été servi par les deux fils d'Almanzor avec la même fidélité, bien qu'avec moins de bonheur.

Quant à l'histoire des Arabes de M. de Marigni, elle fait à peine mention de leurs conquêtes en Afrique et en Espagne.

On a cru de nos jours que l'histoire de nos Arabes pouvait se faire à l'aide des fragmens historiques qu'a publiés Casiri dans sa description de la bibliothèque de l'Escurial. L'Anglais Morphy, et notre Masdeu (1) ont voulu l'entreprendre sans avoir d'autre guide. L'intérêt de la vérité m'oblige à dire que ces fragmens de Casiri sont, dans notre histoire, comme la lumière des éclairs : ils éblouissent et ne dissipent point l'obscurité. Il y a d'ailleurs dans ces fragmens des erreurs nombreuses sur les personnes, sur les lieux et sur les époques ; erreurs qu'on ne saurait corriger sans lire avec soin les originaux que Casiri a copiés à la hâte avec beaucoup de lacunes, et souvent en leur prêtant un sens qu'ils n'ont pas. Il faudrait un volume pour relever toutes ces fautes ; qu'il nous suffise d'en signaler quelques-unes. Il dit que les Beni Alaftas commencèrent de régner à Badajoz l'an 561 de l'Hégire, et que de là ils étendirent leur domination jusqu'à Sarragosse ; mais il est positif que la dynastie des Alaftas était éteinte

---

(1) Ecrivain catalan qui jouit en Espagne d'une grande réputation comme critique.

dès l'an 487. L'erreur est donc aussi grossière qu'elle est évidente. Il est même très-incertain que cette famille, qui ne donna que quatre rois à l'Algarve, ait possédé Sarragosse, ni aucune autre ville de l'Espagne orientale. Ailleurs il fait paraître un Almanzor, roi de Calat Hamad; mais il n'y eut jamais en Espagne de ville ni de royaume de ce nom. Calat Hamad était une forteresse de l'état d'Almagreb el Wast, c'est-à-dire de l'Afrique septentrionale ou du royaume de Tunis. Pareillement, il place à l'an 672 le commencement des Beni Merines en Afrique : autre erreur grave; car, d'après tous les historiens, leur domination se trouvait établie dans cette contrée dès l'an 610; et ils étaient déjà en possession de Fez, d'où ils avaient chassé les Almohades, lorsqu'en 667 ils s'emparèrent de Maroc. Il y a beaucoup d'autres inexactitudes dans cet ouvrage de Casiri. Tantôt il fait de Jacub ben Jusuf, roi des Almohades, un prince Almoravide; tantôt il confond le fils avec le père, les simples walis ou gouverneurs avec les rois; ou bien il attribue à l'un les actions de l'autre, prend les Gaulois *Galos* pour les Galiciens *Gallegos*, la ville de Malaga pour celle de Ronde, le Cid Campeador pour l'empereur don Alphonse, etc. Et c'est pour arriver à de tels résultats qu'il a pris la peine de mutiler un excellent ouvrage de Ben Besam, écrivain renommé. De là qu'arrive-t-il? qu'il fait disparaître de l'histoire d'Espagne le héros de la Castille, duquel les historiens arabes font de fréquentes mentions, et qu'il donne ainsi aux critiques l'occasion de traiter de fabuleuses toutes nos chroniques, et de douter des exploits du Cid et même de son existence, qu'ils placent au rang des contes populaires, comme les romans des douze pairs de la Table ronde, ou les bandes des Zegris et des Abencerrages de Ginez Perez de Hita (1).

---

(1) Il est auteur d'un roman espagnol des guerres civiles de Grenade. C'est là que Florian a pris les principaux traits de Gonzalve de Cordoue. Il est à remarquer que l'histoire ne fait nulle mention de ces Abencerrages tant célébrés par les romanciers et les faiseurs de mélodrames.

En donnant cet extrait de la préface de M. Conde, nous n'avons pas cru devoir nous astreindre à le suivre littéralement dans le choix des expressions, et surtout dans l'ordre qu'il a fixé à ses idées; nous pouvons toutefois affirmer que le sens et le fond des pensées sont fidèlement rendus.

Nous prévenons nos lecteurs qu'en écrivant les noms propres arabes, nous avons strictement suivi l'orthographe de M. Conde, à qui l'on ne saurait contester le mérite d'avoir été un très-savant Orientaliste. Nous croyons toutefois devoir donner un avis important; c'est que l'u se doit prononcer comme ou, le z comme ss, le c comme

k. Ainsi Muza, Jusuf, Calat, se prononcent Moussa, Jousouf, Kalat, etc. L'x se prononce à peu près comme k ; il en est de même du j devant une consonne ; c'est un son tout tiré du gosier, tenant le milieu entre le k et le g. Hixem, par exemple, se prononce Hikem, ou plutôt Higkem, en adoucissant le k. Remarquons sur ce nom, qui a été celui de plusieurs rois de Cordoue, que M. Conde l'écrit toujours Hixem et non Hakem, comme l'ont fait quelques historiens français.

HISTOIRE

DE LA DOMINATION

DES

ARABES EN ESPAGNE.

INTRODUCTION.

Un aventurier sans patrie acquiert sur les rivages du Tibre quelques arpens de terre, et sur cette terre étrangère il jette les fondemens d'une ville, qui devient la maîtresse du monde. Six siècles ont vu cette puissance qu'on remarquait à peine dans son berceau, luttant contre tous les obstacles, triomphant d'eux par la constance, développant péniblement de lentes ressources, étendre peu à peu les chaînes de la conquête d'un bout à l'autre de l'Italie. Mais à peine l'Italie soumise a-t-elle cessé de produire des ennemis, Rome porte à la fois ses armes triomphantes en Asie, en Afrique, en Europe, et ne suspend le cours de ses victoires qu'aux limites alors connues de la terre. Il est toutefois un peuple qui, refusant le joug, a défendu courageusement sa liberté. Son pays, protégé par la nature, n'a point été souillé par la présence de l'étranger victorieux; son sol n'a point été foulé sous les pas d'un maître superbe, et le sceau de la servitude n'a point flétri le noble front de l'Arabe.

L'Arabie, il est vrai, ne renferme point ces trésors, qui seuls peuvent tenter l'avidité des conquérans. Riche en parfums délicieux, en précieux aromes, en plantes balsamiques, elle fournit assez de biens à la modération, à la tempérance de ses habitans. C'était trop peu pour des proconsuls. Cependant l'orgueilleuse Rome, que blessait la résistance du peuple pasteur, tenta souvent de le soumettre; il ne fallait pas qu'une nation pût se vanter d'avoir gardé son indépendance. Mais tous ses efforts furent vains, et si quelques-uns de ses généraux obtinrent de légers avantages, ce fut sur ces tribus errantes qui résidaient aux confins de la Syrie et de l'Egypte, et qui, dans leurs courses irrégulières, s'étendaient quelquefois jusqu'au pied du mont

Amanus, éternelle barrière de l'Asie mineure. Lorsque Scaurus, successeur de Pompée, voulut poursuivre les Arabes jusqu'à Petra, il perdit sans combattre une partie de ses soldats, et il ne sauva l'autre que par une prompte retraite. Auguste, Trajan, Sévère, firent à leur tour quelques tentatives, elles ne furent pas plus heureuses; et l'enfant d'Ismaël, du fond de ses déserts, brava toujours Rome et ses armées, qui, vaincues par le climat et par la nature, n'auraient trouvé dans l'Arabie qu'un vaste et brûlant tombeau.

S'il faut en croire les assertions de Saad ben Ahmed, écrivain arabe qui exerça dans Tolède les fonctions de cadi, les Arabes ont deux origines, d'où sont issues deux générations distinctes. La première de ces origines remonte au-delà des temps d'Abraham; il en était sorti plusieurs tribus fort nombreuses, Themud, Ad, Tesm et Jadis; mais depuis une infinité de siècles, ces tribus ont disparu de la terre, et comme on n'en a conservé que des traditions assez vagues, il est impossible de reconnaître aujourd'hui les familles qui en descendent. La seconde origine qu'il faut attribuer à Ismaël, fils d'Abraham, a produit deux castes principales, Cahtân et Adnan, ainsi appelées du nom de leurs premiers chefs connus.

L'histoire des Arabes se divise aussi en deux époques, l'âge d'ignorance et les temps de l'islamisme ou de Mahomet. Durant la première époque, les Arabes avaient peu de lumières; mais ils étaient guerriers et puissans. Leurs scheîks ou princes appartenaient à la caste de Cahtan, et l'empire était héréditaire dans la famille des Homiares. Les habitans des villes et les pasteurs composaient le reste de la nation. Les premiers cultivaient la terre et en percevaient les fruits; ils élevaient de nombreux troupeaux; ils trafiquaient dans l'intérieur et avec l'étranger. La mer rouge d'une part, l'Océan et le golfe Persique de l'autre, semblaient les inviter au commerce par la facilité qu'ils avaient à exporter leurs denrées, et à recevoir celles de leurs voisins. Les pasteurs passaient leur vie dans la campagne; et, parcourant en tous sens leurs vastes déserts, ils plantaient leurs tentes partout où ils trouvaient une source et des pâturages pour leurs chameaux, dont le lait et la chair leur fournissaient tous leurs alimens. Ils changeaient de place lorsque la source était épuisée, ou que les pâturages dévorés laissaient leurs chameaux sans nourriture. Aux approches de l'hiver ils se transportaient dans les champs plus fertiles de l'Irak et de la Chaldée, ou bien ils remontaient vers les limites de la Syrie, où ils passaient la mauvaise saison.

Leur religion était l'idolâtrie ; mais chaque tribu avait un objet particulier de vénération. Celle d'Homiar adorait le soleil, celle de Canenah adorait la lune : d'autres invoquaient les étoiles : Mercure et Jupiter avaient aussi des sectateurs. La tribu de Tzaquif révérait une idole placée dans un petit temple nommé Alat, qui s'élevait sur les hauteurs de Nahla. Quant à leur science, elle consistait à connaître le cours des astres et leurs diverses influences; ils s'exerçaient aussi à prédire les variations du temps, par les signes qu'une longue habitude leur avait fait remarquer comme des pronostics certains. Cela devait être ainsi chez des hommes accoutumés à vivre toujours sous le ciel, exposés à l'inclémence des saisons, et forcés par le besoin et le désir de s'y soustraire, à interroger chaque jour les astres, les vents et les nuages.

Dans les temps moins éloignés et qui touchent à l'établissement de l'islamisme, les Arabes étaient répartis en tribus indépendantes, dont les unes se fixaient à demeure dans quelque canton, tandis que les autres persévéraient dans les habitudes héritées de leurs pères. Ces tribus étaient souvent en guerre les unes avec les autres ou bien avec les peuples voisins. Le sujet de ces sanglantes querelles était d'ordinaire la possession d'un puits ou d'un pâturage ; quelquefois elles avaient pour cause un vol de troupeaux ou de choses semblables ; mais les scheiks, ou anciens de la tribu, investis, à raison de ce titre, de l'autorité, réussissaient communément à ramener la paix ; souvent aussi cette paix était rétablie par les bons offices d'une tribu neutre. Pour rendre leur pouvoir plus respectable et en assurer la durée, ces scheiks se mettaient presque toujours sous la protection des souverains de la Perse, ou des empereurs grecs de Constantinople.

Les Arabes élevaient beaucoup de chevaux, et ils s'exerçaient à tirer de l'arc, à manier la lance et l'épée, à dresser leurs chevaux, et à leur faire exécuter les plus rapides évolutions. Ils se glorifiaient beaucoup de leur origine qu'ils attribuaient à Ismaël, et ne se vantaient pas moins de leur indépendance ; ils s'adonnaient avec un soin extrême à la culture de la langue, qu'ils parlaient avec pureté, et ils faisaient leurs délices de la poésie. Ils se piquaient aussi de pratiquer généreusement l'hospitalité envers les étrangers.

L'introduction parmi les Arabes d'une religion toute nouvelle, changea soudain leurs habitudes, et les transforma de pasteurs en conquérans. Les principes de l'islamisme faisaient pour eux de la guerre un devoir sacré; ils couraient aux dangers avec une confiance aveugle comme l'on s'abandonne à un destin inévitable ; et ils ne considéraient dans la mort même que le commencement des félicités éternelles, dont leur dévouement était récompensé. Il semble pourtant que des traditions, qui ont survécu aux révolutions qu'ils ont éprouvées, ont toujours conservé chez eux le souvenir et le goût de la vie nomade; car, après avoir brillé pendant plusieurs siècles sur la scène du monde, dont la moitié fut conquise par leurs armes, ils sont rentrés dans l'isolement et l'obscurité ; et les Arabes de nos jours, pasteurs, pauvres et libres, ressemblent aux Arabes des temps d'ignorance qui précédèrent l'islamisme. Renfermés dans des contrées presqu'inaccessibles; séparés par des sables déserts des peuples voisins; satisfaits du peu qu'ils possèdent ; exempts d'ambition ; ignorans mais heureux, ils sont presque étrangers au reste de la terre. Remarquons néanmoins que ce qu'on vient de dire ne convient pas également à toutes les tribus arabes. Aujourd'hui comme autrefois, on voit des hordes vagabondes qui traversent en armes la Palestine, la Syrie et l'Irack, et qui, substituant aux vertus antiques l'amour du vol et du pillage, justifiant ainsi le nom de Sarrasins (1) qu'on leur donne, sont devenus l'effroi du voyageur solitaire, et la terreur des caravanes nombreuses.

Les Arabes, ainsi que nous l'avons dit, étaient idolâtres; il est pourtant hors de doute qu'aux pratiques du paganisme ils unissaient des notions confuses du judaïsme et même du christianisme, de sorte que la religion se composait chez eux d'un mélange adultère de croyances et d'opinions toutes superstitieuses. Les premiers objets de leur culte furent le soleil, la lune et les astres; plus tard ils durent aux Egyptiens la connaissance imparfaite des divinités du paganisme. Le temple qu'ils avaient à la Mecque depuis un temps immémorial, et dont ils attribuent la fondation à Ismaël et à son père, était rempli de statues de pierre grossièrement taillées, dans chacune desquelles ils honoraient une divinité particulière. Quand ils étaient obligés de s'éloigner de la Mecque, ils emportaient ces statues; et l'on retrouve parmi les Maures

---

(1) D'après les conjectures les plus probables, ce nom de Sarrasin vient du mot arabe *sarrik*, qui signifie voleur; ce qui démontre l'erreur de ceux qui ont cru que les Sarrasins étaient un peuple distinct des Arabes.

modernes, qui ont avec les Arabes une origine commune, les vestiges de cet antique usage. Quand ils partaient pour la guerre sainte, c'est-à-dire quand ils marchaient contre les chrétiens, ils emportaient une petite pierre de leur pays, et ils la tenaient dans les mains tant que duraient leurs prières.

Il est encore à supposer que les Arabes reçurent des Romains, par le canal des tribus errantes, qui eurent souvent avec ceux-ci des points de contact, une partie de leurs idées religieuses; qu'ils tirèrent pareillement des Perses, avec lesquels ils eurent de plus fréquentes communications, la connaissance du système des deux principes, qu'ils représentaient sous la figure du jour et de la nuit. Les Juifs qui se répandirent dans l'Arabie après la ruine de Jérusalem, les chrétiens que les persécutions y poussèrent dans les premiers siècles de l'Eglise, y apportèrent tour à tour leurs dogmes; et les Arabes les admirent tous, et ajoutèrent par là à la masse de leurs superstitions.

Dans les temps anciens, la littérature des Arabes se bornait à la connaissance de leur langue, riche en expressions figurées et en images; mais ils négligèrent l'écriture, et l'usage du papier leur était inconnu. Ils gravaient ou burinaient leurs ouvrages sur des os de mouton ou de chameau, et leurs volumes n'étaient que des monceaux d'os attachés ensemble. Encore est-il probable que c'était des juifs et des chrétiens qu'ils avaient appris à lire et à écrire; c'est ce que semble indiquer le nom qu'ils leur donnaient (*le peuple du livre*); mais une langue animée, expressive, pittoresque, une imagination vive et féconde, des passions ardentes, comme leur soleil, devaient inspirer aux Arabes l'amour de la poésie; aussi devint-elle en grand honneur parmi eux; et ce qui contribua le plus peut-être aux rapides succès du prophète législateur, ce fut la réputation acquise par ses vers. On raconte à ce sujet qu'un Arabe qui, suivant la coutume de ce temps, avait mis les siens au concours (1), et qui, déjà vainqueur de ses rivaux, allait saisir le prix, ayant lu le second chapitre du koran, que Mahomet venait d'apporter, s'écria qu'il était vaincu; et que le peuple ayant confirmé ce jugement, Mahomet fut proclamé le prince des poëtes.

Il est difficile de parler de Mahomet (2) sans

---

(1) Les poëtes affichaient leurs vers sur une colonne érigée au milieu de la place publique; et le peuple entier, juge du mérite de ces compositions, décernait le prix de la poésie.

(2) Mahomet était de la tribu de Coraïx, l'une des

éprouver un vif sentiment d'admiration pour cet homme extraordinaire, qui, poussé par son seul génie, entreprit de changer la face du globe, sut trouver en lui-même d'inépuisables ressources, et surpris par la mort au milieu de sa gloire, laissa pour héritage un empire, avec des germes si féconds de grandeur et de puissance, que, privés même de son influence, ils se développèrent d'eux-mêmes sous la main de ses successeurs. D'autres sont grands, parce que la fortune, en les entourant de brillans accessoires, prépare leur élévation, et que, les faisant profiter d'un concours fortuit de circonstances heureuses, elle les met sur la voie des honneurs et de la puissance. Mahomet fut grand par lui-même; dans tous les pays, dans tous les siècles, il se serait placé au-dessus des classes vulgaires, parce que son génie, répandant autour de lui

---

plus nobles de l'Arabie, et sa famille passait pour la première de sa tribu. Il était fils d'Abdalah, et descendait directement d'Adnan, par Abdelmotaleb, Hasem, Abdméraf, Kosa, Kelab, Morra, Caab, Lova, Galeb, Ferh, Malec, Adnadhr, Kenanah, Hozaimah, Modreka, Alyas, Modhar, Nazar, et Maad. Sa mère, nommée Amina, était de la même tribu de Coraïx. Cette généalogie paraît certaine d'après tous les historiens arabes; et, suivant eux encore, Adnan était issu d'Ismaël en ligne directe, de même que Cahtan.

ses vives lumières, devait le faire apercevoir, sans aucun secours étranger. La nature, il est vrai, l'avait favorisé des dons extérieurs, mais dans combien d'hommes les plus brillantes qualités sont-elles perdues, s'ils n'y joignent une âme grande et généreuse, une imagination vive et pénétrante, une conception hardie, une volonté ferme et soutenue! Mahomet possédait tous ces avantages : il en profita, mais il dut tout à lui, rien au hasard, rien à la faveur. Quelques-uns ont porté plus loin que lui peut-être la science militaire et la fortune des armes, d'autres auront donné aux hommes des lois plus parfaites, des institutions plus sages. Mais quel autre, né au fond des déserts sauvages dans le sixième siècle, réunit comme lui, au laurier des poëtes, la gloire du législateur et la couronne des guerriers? Alexandre, héritier d'un vaste royaume, successeur d'un prince entreprenant, maître d'une armée aguerrie et nombreuse, ravagea d'immenses contrées, et soumit vingt peuples divers ; mais l'indiscipline ou l'inexpérience timide de ces peuples le servit encore mieux que ses phalanges. Jules-César, formé par de grands exemples et de longs succès, subjugua Rome, mais il vainquit avec les armes romaines ; mais il triompha d'une ville déchirée par les factions, ou dévorée par l'anarchie, avec des légions dévouées qu'il avait souvent conduites à la victoire. Mahomet, prophète et soldat à la fois, se leva seul au milieu des hordes arabes; et aussitôt les arrachant à leur antique indépendance, il réunit de grossiers pasteurs sous l'étendard d'une religion nouvelle, enflamma leur courage par le fanatisme, et sut créer des soldats invincibles. Ses conquêtes furent rapides; elles devaient être durables, parce qu'il gagnait les cœurs en subjuguant les libertés.

On dit que dans sa jeunesse Mahomet avait parcouru les régions voisines de l'Arabie, et qu'il avait rapporté de ses voyages les connaissances qu'il déploya plus tard dans sa patrie; qu'il s'était instruit des mœurs des chrétiens auprès d'un moine nestorien, nommé Sergius; on assure qu'il avait également puisé dans le commerce d'autres hérésiarques, les principes de Paul de Samosate, qui niait le mystère de la Trinité. Quoi qu'il en soit, on peut regarder comme certain que déjà de son temps les Arabes n'avaient plus la religion de leurs pères, et que leur croyance s'était chargée d'une foule de superstitions, qu'ils devaient aux Persans, aux Égyptiens, aux chrétiens hétérodoxes, et principalement aux Juifs, qui habitaient parmi eux en grand nombre. Mahomet espéra qu'une religion simple, sans mystères, excitant la réforme par l'attrait de récompenses capables de flatter des hommes grossiers, aurait de nombreux partisans. Il pensa que les idées du judaïsme étant le plus généralement répandues parmi les Arabes, c'était aux Juifs qu'il devait emprunter les premières bases de la religion qu'il voulait établir. Il fit quelques essais dans sa famille, auprès de ses amis, et le succès qu'il obtint décida de sa vocation. Mais il ne suffisait pas à Mahomet de donner une religion à ses compatriotes : il voulait encore leur donner des lois, les rendre puissans et guerriers, et surtout imprimer à ses créations un caractère stable. Pour parvenir à ce résultat par la voie la plus courte, en même-temps la plus sûre, il mêla avec art les dispositions pénales ou législatives avec le dogme et les principes religieux ; et, poussant plus loin la prévoyance et la politique, il imposa la guerre contre les infidèles, comme une obligation sainte, dont l'accomplissement promettait d'une part la victoire avec les richesses, de l'autre des félicités éternelles pour prix du sacrifice de la vie. Ce qui dut augmenter la confiance des Arabes en la parole de leur prophète, ce fut l'introduction, parmi les points fondamentaux de leur croyance, du principe du fatalisme ou de la prédestination ; c'est même de l'adoption de cette doctrine que la religion de Mahomet a reçu le nom d'islamisme, qui ne

signifie pas autre chose si ce n'est : « Résigna-
» tion entière à la volonté de Dieu, manifestée
» par son envoyé. »

On peut croire que Mahomet aurait borné son
ambition à ce dernier titre et à ses prérogatives,
s'il n'avait été poussé à d'autres projets par les
circonstances qui le favorisèrent. Il faut dire
qu'il eut le mérite, extraordinaire pour son
temps, d'avoir sainement apprécié ces circonstances, et d'avoir su prévoir les résultats probables de son entreprise. Peut-être même que ses
vues furent d'abord moins vastes qu'on n'est
tenté de le croire, en jugeant de ses intentions
par les événemens, et qu'elles ne s'étendirent
qu'à mesure que les événemens eux-mêmes lui
en fournirent l'occasion : il n'en est pas moins
vrai qu'on ne saurait nier, d'après ses institutions, qu'il n'ait voulu inspirer à ses Arabes le
goût de la guerre et de la conquête ; ce qui fait
supposer nécessairement qu'il avait observé l'état
de faiblesse et de décadence des peuples voisins,
et qu'il en tirait pour lui le présage du triomphe.
L'Arabe, inexpugnable dans ses déserts, où la
nature le défendait contre toute invasion ennemie, n'avait pas besoin de valeur ; mais pour le
pousser au dehors, pour étendre sa domination
à d'autres contrées, il fallait exciter son courage,
et faire de la guerre un devoir. Ce résultat ob-

tenu, Mahomet était sûr qu'en le conduisant aux combats, il le menait à la victoire.

Mahomet mourut l'an onze de l'hégire (1), avant d'avoir accompli ses desseins; mais l'œuvre de son génie ne périt point avec lui, et son esprit, surnageant au-dessus de la pompe funèbre qui entoura son cercueil, fut recueilli tout entier par ses successeurs. D'un côté, sa mort, loin de nuire à

---

(1) Les Musulmans donnent ce nom à la retraite de Mahomet, ou plutôt à sa fuite précipitée de la Mecque, sur l'avis qu'il reçut que ses ennemis voulaient le faire mourir par le fer ou par le poison; il se sauva à Yatrib. C'est à ce grand événement de leur histoire que les Arabes fixent le commencement de leur ère. Dans les premiers âges, ils marquaient, suivant Homaidi, leurs diverses époques par les grands accidens de la nature, tels qu'une longue sécheresse, une tempête, de fortes pluies. Plus tard, ils comptèrent depuis la fondation de la *Caaba*, ou maison carrée, très-ancien temple de la Mecque, qu'on dit bâti par Abraham et Ismaël. Dans les temps plus voisins de Mahomet, ils dataient de l'invasion du roi d'Éthiopie, dont l'armée fut entièrement détruite par leurs ancêtres, sous le commandement d'Abdelmotaleb, aïeul de Mahomet; mais depuis l'hégire, c'est-à-dire depuis sa retraite de la Mecque à Yatrib, ils adoptèrent généralement cette dernière époque pour base de tous leurs calculs chronologiques. Yatrib, aujourd'hui Médine, s'appela pour lors *Medinatalnabi*, ville du prophète; et c'est par antonomase qu'on l'appelle simplement *Medina*, la ville.

la religion qu'il léguait aux Arabes, lui imprima pour ainsi dire un caractère divin. Mahomet vivant n'était pour quelques-uns qu'un novateur ambitieux; ses partisans même confondaient en lui le souverain et le prophète. Mahomet mort ne fut plus que l'envoyé de Dieu, son représentant sur la terre. D'un autre côté, cette mort dut devenir le signal des guerres étrangères, car il fallait occuper la nation pour l'accoutumer au joug. Cependant les chefs des tribus, que la concentration du pouvoir dans les mains du prophète avait dépouillés de leur autorité, voulaient rétablir l'ancien gouvernement; mais Abu-Becre, beau-père de Mahomet, et puissant parmi les Arabes, déjoua adroitement leurs projets, et parvint à se faire élever à l'empire, sous le nom de Calife, ou vicaire du prophète. Aussitôt il convoqua la nation par des proclamations qu'il envoya dans toutes les provinces de l'Arabie, et l'enthousiasme qu'elles produisirent eut bientôt amené sous les murs de Médine une armée nombreuse d'infanterie et de cavalerie. Ces troupes étaient presque sans armes et sans vêtemens, mais elles étaient pleines d'ardeur et respiraient les combats. Comptant, d'après les paroles du prophète, sur le ciel ou sur la victoire, elles demandaient à grands cris d'être conduites vers les ennemis de leur religion.

Alors la Perse était agitée par des dissensions qui l'affaiblissaient, et elle ne pouvait guère opposer de résistance efficace ; la Syrie était depuis long-temps abattue et sans force. L'empire grec de Constantinople, héritier des prétentions de Rome, non de sa puissance, ne se soutenait que par des prestiges de grandeur, qui, à l'œil de l'observateur, cachaient mal sa faiblesse réelle. Ses chefs, uniquement occupés de disputes théologiques, laissaient flotter au hasard les rênes de l'empire ; ils convoquaient des conciles, et n'avaient point d'armées. L'Italie, les Gaules, l'Espagne, épuisées par de longues et sanglantes guerres, et soumises à l'inévitable loi de la décadence, avaient depuis long-temps reçu les chaînes forgées dans les sauvages régions du Nord, et gémissaient accablées de leur poids. L'Afrique, plusieurs fois conquise et reconquise, était au pouvoir des Grecs qui en avaient chassé les Vandales ; mais amollis par la paix, ces Grecs avaient tout-à-fait perdu l'antique vigueur, dont il semblait que Bélisaire avait ranimé en eux quelques étincelles.

Abu-Becre divisa l'armée en deux corps : le premier, destiné à l'envahissement de la Syrie, devait marcher sous les ordres d'Yezid ben Abu Sofian. Khalid ben Walid eut le commandement du second, et fut envoyé à la conquête de l'Irack et des provinces limitrophes de la Perse.

Avant leur départ, le calife les harangua, et l'histoire doit recueillir ses paroles qui renferment les principales règles du droit de la guerre observé par les Musulmans, pendant plusieurs siècles. « Soldats, leur dit-il, quand vous ren-
» contrerez l'ennemi sur le champ de bataille,
» souvenez-vous que vous êtes enfans d'Ismaël.
» Dans les marches, dans les combats, pressez-
» vous autour de vos drapeaux, et soyez dociles à
» la voix de vos chefs. Ne tournez jamais le dos à
» l'ennemi, car c'est pour la cause de Dieu que
» vous allez combattre; conduits par ce motif sa-
» cré, vous vous précipiterez sans crainte au mi-
» lieu des rangs ennemis, et jamais vous ne les
» compterez. Si Dieu vous donne la victoire, vous
» n'en abuserez pas, et vos épées ne se trempe-
» ront point dans le sang des vieillards, des en-
» fans ou des femmes; vous épargnerez aussi
» ceux qui vous demanderont grâce. Quand vous
» traverserez le pays ennemi, n'abattez point les
» arbres, respectez surtout les palmiers, ne brû-
» lez ni les champs ni les maisons; vous pouvez
» seulement prendre ce qui vous sera nécessaire,
» et emmener les troupeaux. Emparez-vous des
» villes et des forteresses, renversez jusqu'aux
» fondemens celles qui pourraient servir d'asile à

» vos ennemis, mais que le besoin de la défense
» vous oblige, seul, à les détruire. Chargez de
» chaînes le superbe, le rebelle ou le traître,
» frappez de mort celui qui osera vous résister,
» mais usez de compassion envers les vaincus
» qui s'humilieront, afin que Dieu vous traite un
» jour avec miséricorde. Soyez francs et géné-
» reux dans vos traités avec l'ennemi, piquez-
» vous envers tous d'exactitude et de loyauté, et
» ne manquez jamais à vos promesses. »

Ces armées obtinrent de brillans succès. Les Grecs, les Perses, furent partout battus; plusieurs villes ouvrirent leurs portes : la terreur précédait les Arabes, et leurs ennemis découragés ne songeaient pas même à se défendre. Le calife ne jouit pas long-temps des avantages remportés par ses armées; et au moment où l'antique cité de Damas recevait les Arabes dans ses murs, Abu-Becre mourut après un règne de vingt-sept mois.

Omar ben Alchitaf, son successeur, plus puissant et plus heureux encore, renversa la monarchie des Perses, soumit toute la Syrie, s'empara de Jérusalem, envahit l'Égypte, et malgré tous les efforts des Grecs, se rendit maître d'Alexandrie. Il ne fallut que six ans pour tant de conquêtes. Il est vrai qu'Omar eut des généraux habiles, Khalid ben Walid, qui fut le Cid des Arabes et s'illustra par des exploits extraordinaires (1), et Amru ben Alas, le plus grand capitaine de son siècle. Ce qui ne contribua pas moins à ces succès rapides, qui ruinèrent en Asie comme en Afrique la puissance des Grecs, ce fut d'avoir des armées dont une discipline austère et surtout le fanatisme religieux triplaient les forces, dont chaque soldat, affrontant la mort, se présentait aux ennemis avec la certitude du triomphe; ce fut d'avoir à combattre des hommes énervés par la servitude, ou par le goût immodéré des plaisirs. La prise d'Alexandrie par les Arabes ne fut pas moins fatale aux sciences qu'elle ne l'était pour les Grecs, dont elle anéantissait le commerce. Amru, bien qu'il aimât la poésie et les lettres, ne put sauver cette bibliothèque fameuse dont on ne saurait trop déplorer la perte.

La possession de l'Egypte devait tôt ou tard entraîner la conquête de l'Afrique. Les successeurs d'Omar y envoyèrent plusieurs armées à diverses époques, et ils y fondèrent la ville de Caïrvan ou Cairoan; mais les divisions qui ré-

---

(1) Mahomet l'avait surnommé *l'épée de Dieu*. Sa mort fut pleurée comme une calamité publique, et sa tombe se para des chevelures des dévots Musulmans, suivant l'usage de ce temps.

I. 4

gnèrent pendant long-temps parmi les Arabes, pour la succession au califat, retardèrent cette conquête, et rendirent souvent inutiles les victoires remportées sur les Africains. Cependant sous le califat d'Yezid, fils et successeur de Moavie, Ocba ben Nafe, général expérimenté, parvint enfin à soumettre tout le pays; il porta même ses armes jusqu'à Suz, située sur le rivage occidental de l'Afrique. Là, poussant son cheval dans les flots de l'Océan, il s'écria : Dieu de Mahomet, si les profondeurs de ces eaux n'opposaient à mon courage un obstacle invincible, j'irais plus loin encore porter la connaissance de ton saint nom! La nouvelle de la révolte des Bérébères, tribu féroce et puissante, l'obligea à reprendre à la hâte la route de Caïrvan. Il mit cette ville à l'abri d'une surprise; mais il ne put empêcher les Bérébères d'obtenir sur ses troupes de grands avantages. Leur nombre, et la valeur avec laquelle ils défendaient leur indépendance, leur assurèrent plus d'une fois la victoire.

A cette époque, Abdelmelic ben Meruan, vainqueur de tous ses rivaux, venait de monter sur le trône des califes. Son courage le fit craindre, sa justice le fit aimer, sa prudence éteignit le feu des discordes. Possesseur tranquille de l'empire, il porta des forces considérables en Afrique pour y assurer sa domination. Carthage, dernier boulevard des Grecs, fut prise et ruinée, et sous les débris de ses remparts s'ensevelit à jamais la puissance des Grecs en Afrique. La ville de Constantin subit le même sort; toute la Mauritanie fut conquise, à l'exception des places que les Goths possédaient sur la côte. Les Maures crurent retrouver des frères dans les Arabes; ils avaient mêmes mœurs, mêmes habitudes, même goût pour la vie nomade; ils parlaient le même langage. Esclaves des Grecs, après l'avoir été des Carthaginois, des Romains et des Vandales, ils accueillirent les Arabes comme des libérateurs.

Les Bérébères seuls se défendaient encore; mais Cahine leur reine, ayant été vaincue dans une sanglante bataille, tomba au pouvoir des Arabes, avec ses principaux seheiks. Conduite en présence du général Hassan ben Naaman, elle refusa avec hauteur de souscrire aux conditions qu'on voulut lui imposer. Hassan la fit alors périr, et il envoya sa tête à Abdelmelic. Abdelaziz, frère de ce dernier, sentit sa cupidité vivement excitée par la vue des riches présens destinés au calife, et il se fit donner le gouvernement de l'Afrique. Le premier acte de son autorité fut de dépouiller Hassan de ses biens, et de le priver du commandement des troupes, qu'il confia à Muza ben Nozeir. Ce choix, tout heureux qu'il était, ne corrigeait pas l'injustice d'Abdelaziz ; mais il empêcha qu'elle ne fût aperçue, car le nouveau général porta beaucoup plus loin que son prédécesseur la gloire des armes arabes. Il soumit au calife plusieurs provinces du couchant et du midi ; il en tira pour Abdelaziz beaucoup d'esclaves des deux sexes, et des chevaux d'une grande beauté ; et usant envers les Bérébères de politique, plus encore que de force et de violence, cherchant à leur persuader qu'ils étaient issus des Arabes (1), il se fit des alliés de tous les habitans du pays

---

(1) On n'a que des conjectures, plus ou moins vraisemblables, sur l'origine de ces Bérébères. Sont-ils sortis de l'Arabie avec Meleck Afriki, qui, dans les premiers siècles de l'ère chrétienne, conduisit ses nombreuses tribus dans la Lybie, et donna son nom à cette contrée? Sont-ils originaires de Berberah, ville ancienne qui s'élevait sur la côte du Zanguebar? Sont-ils, au contraire, les descendans de ces Carthaginois qui survécurent à la ruine de leur patrie, et se retirèrent dans les montagnes pour se soustraire aux fers des vainqueurs? Leurs habitudes, qui ressemblaient assez à celles des Arabes, leur religion qui était un mélange de certaines pratiques du christianisme et du judaïsme avec les superstitieuses erreurs de l'idolâtrie, telle que celle des habitans de Saba dans l'Arabie heureuse, quelques autres traits de ressemblance ou

de Gadam et de Zab, et il en enrôla même jusqu'à douze mille dans ses troupes.

---

d'analogie avec les Arabes, la facilité avec laquelle ils se laissèrent persuader par Muza ben Nozeir, sembleraient donner à la première opinion assez de probabilités. La seconde opinion a pour elle la conformité des noms. La troisième, fondée sur les rapports qui existent entre la langue des Bérébères et celle des Chellu, qu'on peut regarder comme les restes des colonies envoyées par les Carthaginois sur les côtes de la Mauritanie, paraît assez plausible; et l'on pourrait conjecturer que ces peuples, comme les Chellu, furent refoulés vers le sud, à l'époque de la première invasion des Arabes Sabéens sous la conduite de leur roi Meleck. Cette langue des Bérébères et des Chellu serait, suivant M. de Chénier, dérivée de la langue punique; et, si elle a aussi avec celle des Arabes quelque analogie, ce ne peut être que par suite des rapports fréquens qui existèrent dans les premiers temps entre les Arabes, les Phéniciens et les naturels du pays.

On n'a pas de notions plus positives sur l'origine des Maures proprement dits. Les uns, et parmi ceux-ci on compte leurs propres historiens, les font descendre des Arabes Sabéens; les principales tribus des Maures se glorifient encore aujourd'hui de cette antique origine. Les autres, d'après Procope, pensent que la Mauritanie fut peuplée par les Gergériens, et les Jébuséens, que Josué chassa de la Palestine. D'autres opinions encore divisent les savans, et elles n'ont pas des bases plus solides. Ce qu'on peut affirmer, c'est qu'on a autrefois désigné sous le nom de Maures les habitans de la Lybie ou

An de J.-C. 702.
De l'hégire 83.

Informé de ces heureux événemens par son frère Abdelaziz, et plein de confiance en Muza, dont il connaissait la prudence et les talens militaires, le calife Abdelmelic lui donna le commandement de toutes les troupes d'Afrique, et le chargea d'achever la conquête de ces vastes contrées; voulant ensuite le rendre plus indépendant et en même temps l'honorer aux yeux

---

de l'Afrique; et que, si dans les temps moins reculés on a également confondu sous cette même dénomination toutes les peuplades africaines, on a plus spécialement appelé Maures les peuples qui habitent sur les bords de la mer et dans les plaines voisines, à la partie occidentale de l'Afrique. On ne saurait donc affirmer que les Maures aient eu avec les Arabes un berceau commun. Ils avaient, il est vrai, la même façon de vivre, les mêmes idées religieuses, la même langue; et ces circonstances prouvent bien qu'il y a eu, dans les temps éloignés, des émigrations considérables des peuples de l'Asie dans la Lybie, et que les Africains adoptèrent les mœurs de leurs hôtes; mais l'origine des premiers n'en est pas moins incertaine.

Ce qui du moins résulta de cette ressemblance remarquable entre les Arabes et les Maures, ce fut que les Arabes réussirent sans beaucoup de peine à soumettre la Mauritanie, et qu'ils trouvèrent bientôt parmi eux de nombreux sectateurs de l'islamisme, ce qui dans la suite engendra communauté d'intérêts entre les deux peuples, surtout quand il s'agissait de faire la guerre aux chrétiens.

des soldats, il lui conféra le titre d'*émir d'Almagreb*, ou gouverneur de l'Afrique occidentale, laquelle cessa dès-lors d'appartenir au gouvernement d'Egypte.

Muza ne tarda pas à se montrer digne des faveurs de son maître; et, soit pour maintenir dans l'obéissance les peuples soumis, soit pour pouvoir pousser plus loin ses conquêtes, il rassembla une nombreuse armée, qu'il tira de la Syrie, de l'Egypte, des plaines de Barca et du pays des Bérébères. Il se servit de ces troupes pour subjuguer les tribus qui habitaient les déserts de Dahara, Sahra et Tafilet; et, pour empêcher que la tribu de Sus et d'autres tribus indépendantes inspirassent aux tribus soumises l'esprit de révolte, il envoya dans le pays Abdélaziz, son fils, à la tête de dix mille chevaux, avec ordre de garder la frontière. Abdelaziz, bien qu'à la fleur de l'âge, joignait à la valeur beaucoup de prudence; politique comme son père, il employa avec succès auprès de ces tribus sauvages les voies de la persuasion et de la douceur.

Cependant les Maures, nation inconstante et perfide (1), sentirent qu'en recevant les Arabes,

---

(1) C'est ainsi que Salluste les appelle dans son histoire de Jugurtha; ils n'ont pas changé.

ils n'avaient fait que changer de maîtres, et ils tentèrent quelques efforts pour reconquérir leur indépendance. Ils avaient saisi, pour prendre les armes, l'occasion de la mort récente d'Abdelmelic; ils espéraient que les troubles qui pourraient naître de cet événement favoriseraient leur révolte. Mais Walid Abulabas, fils et successeur du calife, prince actif et ambitieux, envoya de nouveaux renforts à Muza; et, tandis que de son côté il gagnait des batailles sur les Grecs, s'emparait du pays habité par les Turcs, prenait Samarcande et pénétrait jusqu'au cœur de l'Inde, l'habile Muza battait et dispersait les rebelles, ou les forçait à demander la paix. Pour en assurer la durée, il prit des otages dans les cinq tribus du pays, les plus illustres et les plus anciennes, celles de Zeneta, Mazmuda, Zanhaga, Ketama et Hoara (1); en même temps, il plaça vers Tanger son fils Meruan avec un corps de dix mille hommes, Arabes ou Egyptiens, commandés par Taric ben Zeyad el Neferi, officier rempli d'expérience, et sur lequel Muza comptait comme sur lui-même. Les progrès rapides de l'islamisme ne servirent pas

---

(1) Ces cinq tribus, qui composent la nation des Bérébères, se prétendent issues des Sabéens d'Arabie, qui suivirent dans la Lybie leur roi Meleck Afriki.

peu à consolider la conquête. Les Bérébères, devenus musulmans, ne tardèrent pas à mêler leurs escadrons aux escadrons des Arabes, demandant la guerre comme eux, afin de s'enrichir comme eux par la victoire. Muza comprit néanmoins que, pour éloigner toute occasion de révolte, il devait occuper ces peuples naturellement belliqueux, mais inquiets et remuans, et il songea à les conduire à quelque guerre étrangère. Il s'était emparé de toutes les places que les Goths possédaient sur la côte septentrionale de la Mauritanie, à l'exception de Tanger, d'Arzille et de Ceuta (1); rebuté peut-être par les difficultés qu'offrait le siége de ces places, il tourna ses regards vers la métropole, dont la brillante conquête, digne de son ambition, devait le combler, lui et ses Arabes, de gloire, d'honneur et de richesses.

On dirait que la fortune, si souvent aveugle, avait tout préparé pour assurer le succès de Muza. Avec tous les élémens dont se composent la force et la prospérité des nations, un sol riche et fertile, un beau climat, une population nombreuse; placée entre deux mers qui semblaient devoir la

---

(1) Ceuta était la capitale des provinces d'outremer, désignées sous le nom d'*Espagne transfretane*, c'est-à-dire au-delà du détroit.

défendre contre les dangers d'une invasion ; fermée au nord par une chaîne de hautes montagnes et de rochers escarpés : l'Espagne était faible, languissante et hors d'état de repousser l'aggression d'un ennemi puissant. Livrée depuis deux siècles à de farouches conquérans ; humiliée, abattue sous ces maîtres superbes ; épuisée par de longues guerres où les partis, tantôt vainqueurs, tantôt vaincus, la dévoraient tour à tour par le pillage et les exactions ; couverte de débris et de ruines, elle n'était plus cette Espagne généreuse et puissante, qui avait si noblement combattu pour sa liberté contre les tyrans du monde ; elle n'était plus cette Espagne, dont les courageux habitans savaient s'ensevelir sous les remparts détruits de leurs cités, et livrer aux flammes Numance, pour empêcher Numance d'être esclave. Les Romains y avaient apporté pour prix de l'asservissement le goût du luxe et des plaisirs ; l'amour des beaux-arts avait remplacé l'amour de la patrie ; la science des voluptés avait succédé à l'austérité des mœurs ; et quand le faible empire d'Occident, marchant à grands pas dans les voies de la décadence entre la dépravation et la mollesse, laissait entrevoir sa dissolution prochaine, l'Espagne, renfermant dans son sein tous les germes de destruction que ses dominateurs y avaient déposés, semblait attendre de Rome le signal de sa propre ruine.

Tandis qu'Alaric, roi des Goths, menaçait l'Italie et le trône des Césars, les Alains, les Vandales et les Suèves se précipitaient sur l'Espagne et se partageaient ses provinces. Pour se délivrer d'Alaric, l'empereur lui céda l'Espagne et la Gaule. Ce nouvel ennemi s'avança vers les Pyrénées, et cette barrière ne put l'arrêter. Après bien des batailles livrées, les Alains furent détruits, les Vandales passèrent en Afrique, les Suèves seuls se soutinrent dans la Galice en se déclarant tributaires des Romains, et les Goths s'emparèrent des autres provinces. Odoacre régnait alors à Rome, après avoir détrôné Augustule. Il confirma la cession de l'Espagne en faveur d'Euric, roi des Goths. Léovigilde, un de ses successeurs, vainquit les Suèves, et réunit la Galice à sa couronne. Ainsi l'Espagne entière devint le patrimoine des Goths, qui n'usèrent de leur puissance que pour opprimer les indigènes, et préparer leur propre affaiblissement en s'isolant de la nation conquise. Ils en étaient séparés par les mœurs, ils s'en séparèrent encore par les lois. Non-seulement ils affectaient le plus grand mépris pour les Espagnols qu'ils appelaient Romains (et c'était suivant eux la qualification la plus abjecte, tant ils estimaient peu ces derniers);

mais encore ils les éloignaient de toute espèce d'emplois civils ou militaires ; et, de peur que la pureté de leur race ne fût altérée par le mélange du vil sang espagnol avec le noble sang des Goths, les mariages entre les deux nations étaient sévèrement défendus. Ce système d'exclusions exercées contre les vaincus, et l'asservissement dans lequel on les tenait, devaient nécessairement altérer leur caractère. Accoutumer les hommes à l'humiliation et à la bassesse, c'est leur ôter toute leur force. Cette fausse politique des Goths pouvait bien contribuer à consolider leur puissance sur un peuple énervé ; mais aussi tout ce peuple devenait inutile s'il s'agissait de repousser l'ennemi, comme cela s'est vu en effet quand il a fallu résister aux Arabes. Les Espagnols, esclaves, pauvres et malheureux, ne pouvaient aimer leurs tyrans, ni vouloir les défendre ; et, comme les peuples qu'on charge de chaînes soupirent toujours après un changement dans l'espérance d'être moins maltraités, les Espagnols ne virent sans doute que des libérateurs dans les ennemis de ces Goths qui les opprimaient.

D'un autre côté, il y avait alors en Espagne une immense quantité de Juifs, que l'étroite politique des Goths avait réduits à la plus basse condition ; ils durent vraisemblablement aussi appeler de leurs vœux les Arabes, et les seconder de tout leur pouvoir, quand ils eurent abordé en Espagne. Quant aux Goths eux-mêmes, n'étant pas soutenus par la nation, ayant parmi elle au contraire beaucoup d'ennemis, désunis entre eux par la discorde, corrompus par l'abus des plaisirs, plongés dans la fange du vice (1), ils n'étaient guère capables de défendre l'Espagne contre les dangers qui la menaçaient. Leurs rois, peu à peu dépouillés par le clergé des plus beaux attributs de la couronne, n'étaient dans l'état qu'une puissance secondaire, soumise à l'influence des évêques. Ceux-ci, avides de richesses et de prérogatives, mais très-ignorans dans l'art de gouverner, avaient énervé progressivement l'autorité souveraine en rendant la couronne élective, ouvrant ainsi une vaste carrière à l'ambition des grands, qui, à chaque vacance du trône, ne manquaient pas d'élever des prétentions souvent appuyées par les armes.

A l'époque de l'invasion surtout, l'état était en proie aux dissensions intestines. Opprimé d'une part par la tyrannie de Vitiza, agité de

---

(1) La dissolution des mœurs était parvenue au dernier degré. C'était surtout parmi les gens d'église, que, bravant la censure des conciles, elle se montrait avec une impudence d'autant plus grande, qu'elle comptait sur l'impunité.

l'autre par l'esprit d'intrigue et de révolte, il paraissait toucher au moment d'une prompte dissolution; et il est même vraisemblable que la présence des Arabes ne fit que hâter cet événement, qui serait arrivé par la seule force des choses; car toutes les fois que le despotisme n'est que cruel sans génie, et qu'il ne peut comprimer le mécontentement public, il faut que le despote succombe. Vitiza mourut; suivant quelques historiens il fut empoisonné. Les derniers temps de sa vie n'offrent qu'un tissu de crimes. Ruderic ou Rodrigue, duc de Cordoue, dont le père avait été mutilé par les ordres de Vitiza, protégé par une faction puissante, l'emporta sur tous ses rivaux et s'empara du trône. Ses plus dangereux ennemis étaient les fils de Vitiza : la crainte des supplices les conduisit en Afrique, où le comte Julien, gouverneur de la Tingitane, leur offrit un asile dans Ceuta. Ce comte, ainsi que son frère Oppas, avaient aussi à redouter le ressentiment de Rodrigue, ou à venger des injures. Le premier, beau-frère de Vitiza et chef de sa garde, craignait avec fondement d'être enveloppé par Rodrigue dans la proscription qu'il avait prononcée contre la famille de son prédécesseur. Le second, nommé par Vitiza à l'évêché de Tolède, bien que le siége n'en fût point vacant, voyait s'évanouir les espérances qu'il avait eues de se placer par une usurpation à la tête du clergé espagnol. L'un et l'autre, aigris contre Rodrigue, contre les grands qui l'avaient exhaussé, contre les évêques qui l'avaient servi de leur crédit, embrassèrent avec chaleur le parti des princes fugitifs ; et sous prétexte de replacer les enfans de Vitiza sur le trône, peut-être même avec l'intention secrète de s'en saisir pour lui-même, le comte Julien chercha et trouva en Espagne de nombreux partisans de ses projets de rébellion (1) : néanmoins, comme il ne voulait rien donner au hasard, ou que peut-être il se méfiait

---

(1) La chronique générale que fit composer le roi Alphonse, dit le Sage, attribue la révolte du comte Julien, au juste ressentiment qu'il aurait conçu des violences que Rodrigue aurait exercées sur sa fille. Mais, dit M. Conde, le nom de *la Caba*, sous lequel est désignée la fille du comte, celui d'Alifa que portait sa suivante, et toutes les circonstances dont ce conte est entouré, prouvent à l'évidence qu'on ne doit voir dans cette anecdote qu'une fiction arabe dont le fonds est pris dans les romances qui couraient alors le pays. Que cette fille se soit embarquée à Malaga après que la révolte de son père eut éclaté, que la porte de la ville par laquelle elle sortit porte encore le nom de *la Caba*, cela ne prouve pas autre chose, si ce n'est que les bruits populaires qui se répandirent à cette époque prirent assez de consistance pour devenir la matière d'une tradition.

de l'inconstance de quelques conjurés, il résolut d'appeler les Arabes en Espagne. Ce fut, suivant Mariana, dans une assemblée secrète, tenue sur le mont Calderino, non loin de Consuegra, qu'il fit part à ses amis de ce dessein funeste; et il ne se sépara d'eux qu'après avoir reçu leur approbation et leurs sermens (1).

Le comte Julien, s'étant aussitôt rendu auprès de Muza, voulut l'engager à passer sur-le-

---

(1) Pour donner un pendant à l'histoire de *la Caba*, les faiseurs de chroniques (et Mariana lui-même n'a pas dédaigné de les copier) racontent que Rodrigue avait été averti par des prédictions non équivoques des malheurs qui le menaçaient. Il y avait à Tolède un vieil édifice qui n'avait pas été ouvert depuis bien long-temps, et dont les portes étaient fermées par des verrous et de fortes barres de fer. D'après une tradition vulgaire, l'ouverture de ce palais devait être pour l'Espagne le présage d'une révolution. Rodrigue, s'imaginant qu'il renfermait des trésors, le fit ouvrir dès le commencement de son règne. Il n'y trouva qu'un cercueil, avec des peintures extraordinaires où des étrangers étaient représentés. Il y avait même, ajoute-t-on, une inscription latine par laquelle ces étrangers étaient clairement désignés comme futurs conquérans de l'Espagne, et destructeurs de la monarchie des Goths.

Mariana rapporte sérieusement ce conte, et il n'a pas l'air de douter du fait; mais Mariana publiait son livre en 1592.

champ en Espagne; il offrit de l'aider de tous ses moyens; il lui promit de plus l'assistance de ses amis; et, afin que le général arabe ne doutât point de sa sincérité, il commença par le mettre en possession de Tanger. Muza était ambitieux et entreprenant; mais la prudence tempérait en lui l'amour de la gloire; et, sans rejeter les offres du comte, il ne voulut pas lui donner des assurances positives, se ménageant ainsi le temps de prendre secrètement des informations sur l'état physique de l'Espagne, la nature de son gouvernement, les mœurs de ses habitans, et surtout sur l'existence des dissensions qui divisaient les Goths. Un habitant de Tanger lui donna, s'il faut en croire les Arabes, les renseignemens les plus exacts sur tous ces points; il lui parla de Rodrigue comme d'un prince peu aimé de ses sujets, et considéré comme un usurpateur de l'empire; il vanta le climat, les richesses de l'Espagne (1); et les riantes descriptions qu'il

---

(1) Long-temps encore après leur expulsion, les Arabes ne parlaient de l'Espagne qu'avec les vives expressions du regret. Ils se plaisaient dans le souvenir de sa douce température, de son beau ciel, de ses richesses, de la bonté de ses fruits, de la variété de ses productions, de la marche régulière des saisons, de ses eaux pures et abondantes, de ses monumens antiques, de ses vastes et

en fit au général arabe l'enflammèrent peu à peu du désir de la conquérir.

Muza se hâta de rendre compte au calife des propositions que Julien lui avait faites; et il lui parla à son tour de la conquête de l'Espagne, comme d'une entreprise dont le succès n'était pas douteux, et dont les avantages seraient immenses. J'ai soumis, disait-il, la valeureuse tribu des Zénètes, et les tribus non moins puissantes de Zab et Derâr, de Sahra, de Mazmuda et de Sus; tous les Bérébères sont vos sujets ou vos alliés. L'étendard sacré du prophète flotte sur les hautes tours de Tanger; et de Tanger aux rivages espagnols il n'y a qu'un détroit de peu d'étendue, qui ne saurait être un obstacle pour les conquérans de l'Afrique. Muza, en Musulman zélé, ne manqua pas de vanter surtout au calife cette occasion de propager l'isla-

---

populeuses cités. L'Espagne, disaient-ils, l'emporte sur toutes les régions connues : c'est la Syrie pour la douceur du climat et la pureté de l'air, c'est l'Yemen pour la richesse du sol, c'est l'Inde pour ses fleurs et pour ses aromes, c'est l'Hégiaz pour les produits de la terre, c'est le Catay pour ses mines précieuses, c'est l'Aden pour ses ports et ses beaux rivages.

L'Hégiaz est la partie de l'Arabie située sur la rive orientale de la mer Rouge; l'Aden est situé à la pointe de l'Arabie, vers le détroit de Babelmandel.

misme en des contrées nouvelles; et le calife, convaincu par les raisonnemens de son général, et confiant dans sa fortune, ainsi que dans les paroles du prophète, qui avait dit que la connaissance de sa loi s'étendrait jusqu'aux dernières régions de l'occident, autorisa Muza à entreprendre cette importante conquête.

Muni du consentement de son maître, Muza commença aussitôt ses préparatifs d'invasion ; mais, voulant d'abord sonder les dispositions du peuple espagnol, et juger de l'effet que pourraient avoir les promesses de Julien, il se contenta d'envoyer à Ceuta, pour être de là transportés en Espagne, cinq cents cavaliers d'élite, auxquels il donna pour chef Taric ben Zeyad, dont il avait déjà éprouvé la bravoure et les talens dans la guerre d'Almagreb. Le passage de ces troupes s'effectua sur quatre grands bateaux qui abordèrent heureusement de Ceuta aux rivages de l'Andalousie. Les Arabes parcoururent la côte sans éprouver nulle part de résistance ; ils enlevèrent des troupeaux et firent quelques prisonniers. Taric ramena à Tanger sa petite troupe chargée de butin, et excitée par ce premier succès à de plus grandes entreprises (1).

---

(1) Cette première expédition eut lieu l'an 91 de l'hé-

An de J. C. 710.
De l'hégire, 91.
Lune de ramaxan.

Muza conçut de cette expédition un heureux présage pour la prospérité de ses armes; il fit préparer en diligence un grand nombre de bâtimens de transport, rassembla sans peine un corps d'armée considérable, car chaque Arabe (1) voulait être du voyage, et en donna le commandement au même Taric, qui venait d'acquérir tant de nouveaux droits à sa reconnaissance. Le débarquement se fit à Jezira-alhadra, ou l'île Verte (2); les Espagnols opposèrent quelque ré-

---

gire; l'historien El Edobi, dont le manuscrit est fort maltraité en cette partie, ne fait mention que de la seconde, qui arriva l'année suivante. La plupart des écrivains arabes ont fait, en le copiant, de cette omission d'Edobi, une erreur positive.

(1) Ben-Chaledun, auteur moderne d'une vie de Muza, a supposé sans preuves que l'armée de Taric se composait toute de Bérébères. Cette assertion est contre la vraisemblance. Muza, que tous les historiens peignent comme un général aussi prudent qu'expérimenté, n'aurait eu garde de charger d'une conquête aussi importante, des tribus nouvellement soumises, naturellement inquiètes et portées à l'indépendance. Il savait trop, par les premiers succès de Taric, combien la conquête de l'Espagne pouvait devenir utile.

(2) Il y avait à cette époque, non loin du rivage, vis-à-vis la ville actuelle d'Algeziras, deux petites îles couvertes de prairies, dont la couleur verdoyante leur fit

sistance; mais la supériorité du nombre et surtout l'ardeur des Musulmans les eurent bientôt dissipés. Taric commença par se retrancher sur la côte, au pied du mont de Calpé, et ce fut de lui que la pointe de roche qui s'avance dans la mer reçut le nom de *Gebal-Taric* (montagne de Taric), dont les modernes ont fait Gibraltar. On appela aussi cette pointe Montagne de la Victoire, ou de l'entrée *Bâb el Fetah*, comme pour perpétuer le souvenir de ce grand événement, qui arriva le cinquième jour de la lune de regeb, de l'an 92; et le détroit fut nommé *Bâb Alzakâc*, c'est-à-dire Porte du Chemin (1).

An de J. C. 711, fin d'avril.
De l'hégire, 92, regeb.

Cependant le Goth Tadmir, ou Théodémir, qui n'avait pu empêcher les Arabes de prendre

---

donner par les Arabes le nom d'îles Vertes. Ces îles sont aujourd'hui presque entièrement couvertes par les eaux de la mer. La plus petite, qui conserve encore quelque verdure, porte aussi le nom d'île de *Las Palomas*, ou des Colombes.

(1) Suivant M. de Chénier, Taric s'empara aussi, dès son arrivée, de la ville de *Carteya*, de fondation phénicienne, et il lui donna le nom de Tarifa. Cette opinion ne paraît pas très-probable, car cette ville eût été, par sa position, un très-mauvais poste militaire. Mais suivant les auteurs qu'a suivis M. Conde, et cela paraît beaucoup plus vraisemblable, il poussa immédiatement ses conquêtes vers l'intérieur des terres, sans songer à faire d'é-

terre, tenta du moins d'entraver ou de retarder leur marche ; et, à la tête de dix-sept cents chevaux, il ne cessa pendant quelques jours de les harceler. Mais toujours repoussés, toujours vaincus, ses soldats ne voulurent plus s'exposer à une lutte si inégale; et leur chef, étonné lui-même de la façon de combattre de ces étrangers, disait au roi Rodrigue en lui écrivant pour obtenir des secours : « Il vient de paraître sur nos » côtes une horde d'Africains. Je ne sais s'ils » viennent du ciel ou de la terre. Ils m'ont atta-» qué à l'improviste; je leur ai disputé de toutes » mes forces l'entrée du pays, mais je n'ai pu » ni résister à leur nombre, ni soutenir avec mes » soldats leur choc impétueux. Maintenant ils » campent, bien malgré moi, sur nos terres. » Envoyez-moi des troupes sans délai; rassem-» blez tous vos gens de guerre. La chose me pa-» raît même si importante, que votre présence » ici serait nécessaire. »

Rodrigue, épouvanté de cette nouvelle inattendue, envoya à Théodémir l'élite de sa cavalerie. Avec ce puissant secours, ce général marcha de nouveau à la rencontre des Arabes, qui

---

tablissement sur la côte. Il lui suffisait d'avoir un point sur lequel il pût se replier en cas de malheur, et par lequel il conservât ses communications avec l'Afrique.

parurent d'abord effrayés de la multitude d'ennemis qu'ils auraient à combattre. Taric leur voulut imposer la nécessité de vaincre; sous leurs propres yeux, il fit mettre le feu aux vaisseaux qui les avaient apportés, et leur ôtant ainsi tout moyen de retraite, il leur donna le courage du désespoir. Aussi les Goths furent-ils battus toutes les fois qu'ils se présentèrent. Mugueiz el Rumi commandait la cavalerie des Arabes; c'était un vaillant capitaine, connu par ses services dans la guerre d'Afrique. Taric l'envoyait dans toutes les directions avec de forts détachemens, dont la présence répandait la terreur et la consternation parmi les habitans ; lui-même, avec le reste des troupes, soumettait tout le pays voisin d'Algeziras et de Sidonia; il parvint même jusqu'aux rivages de la Guadiana, et s'empara de Séville, qui n'avait pas encore de fortifications. Le roi, informé de la défaite de Théodémir, et des progrès alarmans de Taric, sentit qu'il ne devait pas laisser à cet ennemi audacieux le temps d'affermir ses conquêtes, ou de recevoir des renforts d'Afrique : suivi de toute la noblesse de son royaume et d'une armée nombreuse, il s'avança à marches forcées vers les Arabes. On dit qu'il conduisait quatre-vingt-dix mille hommes ; mais que pouvait cette multitude sans expérience, sans vigueur et mal armée (1), contre des soldats aguerris, qu'enflammaient l'ardeur du butin, la soif des conquêtes, et le zèle de leur religion ? Taric ne fut nulle-

---

(1) Les historiens espagnols prétendent que ces troupes, rassemblées à grande hâte, étaient pour la plupart armées de frondes; qu'elles se composaient d'hommes qui, tout d'un coup arrachés aux paisibles travaux de la campagne, tremblaient au seul aspect des ennemis; et que, malgré ces désavantages, Rodrigue était néanmoins parvenu à les soumettre à une exacte discipline et à les aguerrir par de fréquentes escarmouches, qui servaient de prélude à une bataille générale. Cette dernière assertion a bien peu de vraisemblance. L'entrée de Taric en Espagne avait eu lieu à la fin d'avril, la bataille de Guadalète fut livrée deux ou trois mois après. Dans l'intervalle, Rodrigue avait envoyé des secours à Théodémir : ces troupes furent dispersées, il dut en rassembler les débris, composer une seconde armée : comment aurait-il eu le temps d'exercer des soldats, qu'il aurait eu à peine celui de réunir? Les Espagnols veulent sauver du reproche la mémoire de leur roi Rodrigue, et diminuer pour les Arabes l'honneur de la victoire. Ceux-ci, au contraire, prétendent que l'avant et l'arrière-garde des chrétiens se composaient de soldats armés de cuirasses et de pourpoints piqués, à l'épreuve du tranchant de l'épée; que les autres troupes avaient des lances, des épées et des boucliers, à l'exception des troupes légères, qui n'avaient pour armes que des arcs, des flèches, des frondes, des faux, des haches et des massues. Il semble que c'est le cas de prendre un terme moyen.

ment inquiet de l'approche des Goths. Quoique ses soldats fussent bien inférieurs en nombre, ils avaient sur les chrétiens l'avantage des armes, de l'adresse et de la valeur ; ils avaient d'ailleurs en leur général une confiance sans bornes, de sorte qu'ils ne se préparèrent au combat qu'avec l'espoir de la victoire.

Les armées se trouvèrent en présence, dans la plaine que traverse le Guadalète, à deux lieues de Cadix, et près de la place où s'élève aujourd'hui Xerez de la Frontera. Ce fut deux jours après la lune de ramazan (1). La bataille com-

An de J. C. 711. De l'hégire, 92.

---

(1) C'est-à-dire le troisième jour de la lune de xawal, qui a commencé le 23 ou le 24 juillet. Les historiens espagnols sont très-peu d'accord entre eux sur l'époque de cette bataille, qui décida du sort de l'Espagne. Mariana la place en novembre 714. Florian, dans son Précis historique sur les Maures, a embrassé cette opinion. Cette erreur est due à l'archevêque Rodrigue, qui a compté les années de l'hégire pour des années solaires. Ferreras, suivi par Chénier, indique le mois de septembre 712. Gibbon, dans son Histoire de la décadence de l'empire romain, adopte l'opinion de Pagi, qui fixe le 26 juillet 711. Et cette date est celle des historiens arabes, extraits par M. Conde, lesquels ne font commencer la bataille le 24, que parce que, suivant eux, elle dura trois jours, de sorte que le jour où elle aurait été gagnée par les Arabes serait véritablement le 26, jour indiqué par Pagi. M. Depping,

mença dès le point du jour, et elle se soutint jusqu'à la nuit avec des succès balancés. On continua le lendemain de se battre avec le même acharnement, jusqu'à ce que la nuit vînt de nouveau séparer les combattans. Le troisième jour Taric s'aperçut que les Goths avaient quelque

---

dans son Histoire générale d'Espagne, rapporte l'opinion motivée de M. Jourdain, qui croit pouvoir déterminer le mois d'août ou de septembre. Il nous semble qu'il n'y avait pas nécessité d'adopter une autre date que celle de Gibbon et Pagi, puisque le 26 juillet est très-près du mois d'août. M. Jourdain a pris la base de son raisonnement dans l'époque de l'entrée de Taric en Espagne, que d'après quelques historiens il suppose être le 25 de regeb, 18 ou 19 mai; mais d'après M. Conde, qui a puisé à toutes les sources, cet événement eut lieu vingt jours plus tôt, c'est-à-dire vers la fin d'avril; il paraît donc qu'il faudrait avancer de vingt jours l'époque que M. Jourdain assigne à la bataille de Guadalète, et par là il se trouvera tout-à-fait d'accord avec M. Conde et Gibbon.

Il ne sera pas inutile de placer ici les noms des mois arabes. Les voici dans l'ordre ordinaire : muharram, safer, rebie ou rabie 1, rebie 2, giumada 1, giumada 2, regeb, xaban, ramazan, xawal, dylcada, dylhagia. L'année 91 de l'hégire commença le 8 novembre 709, l'an 92 le 28 octobre 710, l'an 93 le 17 octobre 711, l'an 94 le 6 octobre 712, etc. On voit que l'hégire s'avance tous les ans de onze jours sur l'ère chrétienne, ou que le commencement de chaque année arabe recule de onze

avantage, et que les Arabes, découragés par cette longue résistance, cédaient peu à peu le terrain. Aussitôt il parcourt les rangs, et s'adressant aux soldats : « Musulmans, leur dit-il, vous, les » vainqueurs d'Almagreb, où allez-vous main- » tenant? Ne voyez-vous pas que la fuite vous

---

jours vers janvier, excepté néanmoins quand l'année est de 355 jours au lieu de 354, ce qui arrive onze fois dans une période de quarante ans. Dans ce cas il ne faut compter que dix jours au lieu de onze; de là il résulte qu'au bout de trente-deux ou trente-trois années grégoriennes, il y en a trente-trois ou trente-quatre dans l'hégire. L'archevêque Rodrigue n'avait point fait cette remarque; il se contenta d'ajouter 92, nombre des années de l'hégire, à 622, époque de notre ère à laquelle celle des mahométans commence ; et ce fut ainsi qu'il trouva 714 au lieu de 711, différence d'environ trois ans, et cette différence devait exister, puisqu'il y avait près de trois révolutions de trente-deux ans écoulées depuis l'an premier de l'hégire. Et si l'on suppose que l'archevêque fît ses calculs sur l'ère de César dont on s'est communément servi en Espagne jusqu'au XIVe siècle, l'erreur n'est pas moins évidente; car l'an 622 de l'ère grégorienne répond à l'an 660 de l'ère de César, antérieure de 38 ans. Or 92 ajoutés à 660 donnent 752, époque fixée par l'archevêque, tandis que réellement l'an 92 de l'hégire répond à l'an 749 de l'ère de César, et que cette année de l'ère de César répond à l'an 711 et non à l'an 714 de notre ère.

» mène à la mort ? Devant vous est l'ennemi,
» derrière est la mer avec ses abîmes. Il n'est
» pour vous de salut qu'en votre courage, d'es-
» pérance qu'en votre dieu. Musulmans! suivez
» mon exemple! » A ces mots il s'enfonce au
milieu des chrétiens, les plus braves l'imitent :
de son cimeterre il écarte tout ce qui s'oppose à
son passage, il parvient jusqu'aux bannières des
Goths, et, reconnaissant Rodrigue aux marques
de la royauté, il précipite vers lui son cheval,
le frappe de sa lance, et le prive à la fois du
trône et de la vie. Animés par leur général, les
Arabes avaient fait les plus grands efforts, et
déjà les Goths commençaient de plier, lorsque
leur roi reçut le coup mortel. Dès ce moment la
victoire cessa d'être incertaine; les Goths, enfoncés de toutes parts, couvrirent la terre de
leurs cadavres; et les Arabes, se mettant à la
poursuite des fuyards, en firent périr encore un
grand nombre. Ainsi tomba cette puissante monarchie des Goths : elle avait commencé par la
conquête, versé pour se maintenir des flots de
sang espagnol, jeté dans la servitude ceux que le
glaive avait épargnés, mis deux siècles à se consolider; elle finit en un jour par le sort des armes.
Exemple terrible pour les rois qui pensent que
pour régner ils peuvent se passer de l'amour des
peuples, non moins terrible pour les peuples

qui se séparent de la cause des rois dans les dangers de la patrie commune (1) !

Cependant Taric, pour donner à Muza un té-

---

(1) Il est toujours difficile, souvent impossible, de découvrir la vérité, quand il s'agit d'événemens très-éloignés, dont la connaissance ne nous arrive que par la voie suspecte d'écrivains divisés d'opinions et d'intérêts. Certains historiens espagnols, n'osant pas affirmer que Rodrigue ne fut pas vaincu, disent que la bataille dura huit jours sans aucun avantage de part ni d'autre; qu'à la fin pourtant, les Goths épuisés de fatigue, se retirèrent du champ de bataille; mais, dans ce cas, comment expliquer la perte de l'Espagne dont cette bataille fut suivie? D'autres prétendent que déjà la victoire se rangeait du côté des Goths, et qu'en cet instant décisif, l'évêque Oppas et les enfans de Vitiza, qui combattaient avec eux, passèrent avec leurs troupes dans les rangs des Arabes, ce qui fit perdre la bataille. Mais quelle apparence y a-t-il que Rodrigue eût accepté les services d'Oppas, de qui le frère, traître à sa patrie, avait armé contre elle toutes les hordes africaines? Quelle apparence que les enfans de Vitiza, qui, pour se soustraire aux poursuites de Rodrigue, s'étaient sauvés à Ceuta auprès de Julien, fussent venus se ranger sous les drapeaux de leur persécuteur, eux qui avaient évidemment coopéré aux criminelles manœuvres dont l'invasion fut le fruit? Il importe peu que de pareils faits se trouvent consignés dans les écrits même de quelques Arabes; car il ne faut pas oublier, comme nous l'apprend M. Conde, que les Arabes modernes sont inexacts, infidèles, et qu'ils adoptent sans examen tous les

moignage éclatant de sa victoire, lui envoya la tête du malheureux Rodrigue (1) suivant l'usage des Arabes. Il lui présentait en même-temps le détail de tout ce qu'il avait fait, depuis son entrée en Espagne jusqu'à la mémorable journée où il avait triomphé de toute la puissance des Goths. Entre autres particularités, il lui mandait que le roi Rodrigue était monté le jour de la bataille sur un char de guerre orné d'ivoire, et traîné par deux mules blanches; qu'il avait la couronne en tête, le front ceint d'un diadème de perles,

---

contes, toutes les traditions populaires. Croyons ce qui paraît plus naturel. Oppas était auprès de son frère; les enfans de Vitiza combattaient aussi contre les Goths. Les uns et les autres regardaient alors les Arabes comme des auxiliaires, qu'un riche butin dédommagerait de leurs fatigues; ce ne fut que plus tard qu'ils s'aperçurent qu'ils avaient amené des conquérans.

(1) Plusieurs historiens, les Espagnols principalement, ont douté de la mort de Rodrigue. Ils disent que ce prince, n'ayant plus d'espoir et se voyant lui-même en danger, sortit de la mêlée, abandonna ses troupes, et s'enfuit à toute bride après s'être dépouillé des ornemens royaux. Ils vont même jusqu'à prétendre qu'il se retira vers l'occident où il vécut ignoré; ils ajoutent que dans le onzième siècle, on y trouva son tombeau, chargé d'une inscription. D'autres rejettent cette version, et disent simplement qu'il se noya dans le Guadalète en cherchant à se

et les épaules couvertes d'un manteau de pourpre bordé d'or (1). Muza parut apprendre ces nouvelles avec la plus vive satisfaction, et il répondit aux messagers de Taric qu'il enverrait au calife la tête de Rodrigue, ce qu'en effet il exécuta ; mais jaloux au fond du cœur de la gloire que venait d'acquérir son lieutenant, et des richesses dont la victoire l'avait comblé, il projeta de passer sans délai en Espagne ; et, tandis que d'une part il écrivait au calife, s'attribuant à lui-même tous les succès

---

sauver; mais les historiens arabes les plus accrédités affirment tous qu'il périt sur le champ de bataille de la main de Taric, et que sa tête fut envoyée à Muza. Ce sont là des faits trop précis, pour qu'au témoignage unanime des plus savans Arabes, il faille préférer une anecdote dénuée de preuves et même de vraisemblance. On ne saurait en effet se persuader que ce prince, s'il avait échappé de la mort, n'eût jamais fait aucune tentative pour reconquérir ses états, et qu'il n'eût pas cherché du moins à se réunir aux Goths, qui trouvèrent dans les montagnes de la Cantabrie un asile inaccessible au glaive des vainqueurs. On ne sera pas non plus tenté de croire qu'il eût acquis tout d'un coup assez de philosophie pour renoncer sans regret à une couronne.

(1) Les écrivains arabes, amis du merveilleux, enchérissent beaucoup sur cette description; méfions-nous de l'exagération qui leur est si familière.

de Taric, il ordonnait de l'autre à ce dernier de suspendre sa marche, donnant pour prétexte la nécessité de renforcer l'armée, afin qu'elle fût en état de continuer ses conquêtes.

Taric ne se méprit pas aux motifs qui poussaient Muza à des mesures si contraires à l'intérêt des armes arabes. Les Goths, dispersés, abattus, entourés de traîtres, frappés d'une terreur profonde, et consternés par la mort de leur roi, erraient dans les montagnes, ou se cachaient dans les villes, fuyant l'approche des vainqueurs : il ne fallait pas leur laisser le temps de se rallier sous de nouveaux chefs, plus entreprenans ou plus habiles, de réunir leurs forces éparses, et de reprendre, sous l'influence de la nécessité, le courage qu'ils avaient perdu. Bien convaincu que l'ordre de Muza ne pouvait être que nuisible, Taric ne désirait à son tour qu'un prétexte pour ne pas obéir. Il rassembla près de lui tous ses principaux capitaines, leur communiqua les lettres de l'émir, et, sans laisser entrevoir qu'il pénétrait fort bien qu'une basse jalousie avait dicté ces mesures intempestives, il leur demanda leur avis, les priant de décider ce qu'il y avait à faire. Tous s'élevèrent contre les dispositions de Muza ; le comte Julien surtout parla avec beaucoup de force ; il prouva combien il était essentiel d'agir sans perte de

temps, afin de s'emparer des principales villes, et même de la capitale du royaume, et de tenir ainsi dans la soumission toute la contrée. L'opinion de Julien ayant été fortement appuyée par les scheiks arabes, Taric, qui parvenait adroitement à son but tout en ayant l'air de céder à une impulsion étrangère, passa aussitôt la revue des troupes. Il leur distribua des récompenses, donna à chacun des éloges pour sa conduite passée, promit de nouvelles victoires, et recommanda l'exacte discipline, seul moyen de les obtenir. « Épargnez, leur dit-il, les peuples dés-
» armés et ceux qui vivront en paix avec vous;
» réservez vos coups pour ceux qui feront contre
» vous usage de leurs armes; gardez-vous de
» rien enlever à l'habitant des campagnes; mais,
» dans les villes prises d'assaut, que les dépouilles
» vous appartiennent. » Il fit ensuite trois corps ou divisions de son armée: il donna le commandement du premier à Mugueiz el Rumi, qu'il chargea de prendre Cordoue; il envoya le second vers Malaga, sous les ordres de Zayde Aben Kesadi; et il se mit à la tête du troisième, dans l'intention de se porter par Jaën sur Tolède (1), résidence des rois goths.

---

(1) Les Arabes défigurèrent presque tous les noms des villes et des fleuves d'Espagne. Ils appelaient Tolède *To-*

Après s'être séparé de Taric, Mugueiz el Rumi se dirigea vers l'antique cité de Cordoue. Arrivé sous ses murs, il offrit aux habitans sûreté et protection pour leurs biens et leurs personnes, à la seule condition de se soumettre et de payer le tribut au calife. Il leur fit dire qu'ils pouvaient se racheter ainsi de la fureur du soldat et des ravages de la guerre ; qu'au surplus, ils n'avaient point de secours à attendre, parce que les Musulmans étaient partout victorieux. Les Cordouans, qui avaient dans leur ville quelques-unes des troupes échappées du massacre de Guadalète, comptant d'ailleurs sur la force de leurs remparts, rejetèrent avec hauteur les propositions de Mugueiz. Celui-ci, qui n'ignorait pas que la ville avait peu de défenseurs, et qu'elle pouvait être escaladée aisément du côté de la rivière, profita de l'obscurité de la nuit pour surprendre ses ennemis. Il fit passer la rivière à la nage par mille cavaliers, dont chacun avait un fantassin en croupe. Dès

---

laitola, Ezija *Estija*, Saragosse *Zaracusta*, Séville *Esbilia*, etc. Et tout comme ils avaient encore l'habitude d'ajouter le mot *medina*, cité, au nom propre de chaque ville, ils ajoutaient aussi le mot *guard*, rivière, au nom de toutes celles qu'ils rencontraient dans leur marche : *Guard alète*, *Guard iana*, *Guard el Quibir*, etc, aujourd'hui Guadalète, Guadiana, Guadalquivir.

qu'on eut atteint l'autre rive, l'infanterie se mit en marche, gardant le plus profond silence; elle escalada les remparts, et, s'emparant aussitôt de l'une des portes, elle l'ouvrit à la cavalerie, qui fut suivie d'une partie de l'armée. Le gouverneur se sauva dans une église avec quatre cents hommes, et il s'y retrancha. Quant aux habitans, ils se rendirent aux Arabes, en se recommandant à la loyauté de leur chef. L'église fut assiégée, tous les chrétiens qui la défendaient périrent. Après avoir rétabli le calme dans la ville et s'être fait livrer des otages, Mugueiz se remit en marche avec la plus grande partie de ses troupes, pour achever la conquête du pays. Ce qui étonnait le plus les Espagnols, c'était de voir que les Arabes se montraient en même temps partout, et semblaient se multiplier par leur prodigieuse activité (1).

---

(1) On peut voir dans l'Histoire générale de M. Depping comment El Rasis, ou pour mieux dire, le prêtre Gil Perez, son prétendu traducteur, rend compte de cet événement. D'abord il fait un renégat de l'Arabe Mugueiz, qu'il appelle *Muget*. En second lieu, il dit qu'il fit massacrer les habitans, ce qui est tout-à-fait contraire à la vérité, ce qui d'ailleurs eût été diamétralement opposé aux instructions données par Taric. Une cruauté inutile n'entra jamais, durant le cours de cette guerre, dans le plan

Aben Kesadi n'avait pas eu de moindres succès. Il avait rencontré devant Ecija les débris de l'armée de Rodrigue, et ces soldats, réunis aux habitans de la ville, tentèrent de lui disputer le passage : il les punit de leur témérité par la victoire. La ville épouvantée offrit de payer le tribut, et donna en otages ses principaux habitans. Aben Kesadi continua sa marche vers Malaga, qui suivit, ainsi qu'Elvira, l'exemple d'Ecija ; et laissant une garnison dans chacune de ces villes, il retourna vers Taric, qui avait déjà pris la route de Tolède.

Taric arriva devant cette ville célèbre, précédé par l'éclat de ses brillantes conquêtes, et la terreur qu'avait répandue la déroute de Guadalète. On sait que la peur exagère : on ne parlait dans Tolède que de l'armée *innombrable* des Arabes, de leur valeur plus qu'humaine, de la rapidité et de la force de leurs chevaux. Les seigneurs goths qui avaient suivi Rodrigue étaient presque tous morts ; ceux qui avaient survécu

---

de conduite des généraux arabes. Les Musulmans, que les chroniques espagnoles se plaisent à peindre comme des barbares altérés de sang, se montraient partout humains, généreux, et protecteurs des peuples ; cela seul peut expliquer la rapidité de leurs conquêtes, et le peu de résistance dans le corps de la nation.

au désastre de leur roi étaient errans et fugitifs ; ceux qui jusqu'alors n'avaient point quitté Tolède s'étaient sauvés avec leurs familles, au premier bruit de l'approche des ennemis : ainsi la ville n'avait plus que bien peu de personnes en état de prendre les armes. Il est vrai que, très-forte par sa position sur une montagne escarpée qu'entourent de trois côtés les eaux d'un grand fleuve, elle aurait pu se défendre pendant longtemps; mais les habitans, découragés par l'abandon où on les avait laissés, manquant d'ailleurs de provisions, sans connaissance de la guerre, sans espérance d'être secourus, se décidèrent à traiter avec Taric, auquel ils envoyèrent des députés. Le vainqueur accueillit ces députés avec bienveillance, mais il ne voulut traiter qu'aux conditions suivantes, savoir : que les Tolédans livreraient leurs chevaux et leurs armes ; que ceux qui ne voudraient pas rester dans la ville auraient la liberté d'en sortir, mais qu'ils perdraient tous leurs biens ; que ceux qui voudraient au contraire continuer d'y habiter conserveraient l'entière disposition de leurs propriétés, et que leurs maisons seraient inviolablement respectées, à la charge de payer au calife un tribut modéré; qu'ils conserveraient de même le libre exercice de leur religion, et la possession de leurs églises, sans qu'il leur fût néanmoins permis d'en construire de nouvelles, à moins d'une autorisation expresse du gouvernement; qu'ils ne pourraient toutefois pratiquer en public les cérémonies du culte; qu'ils auraient leurs juges particuliers, et le droit de se régir par leurs lois; mais qu'ils perdraient toute juridiction sur ceux qui auraient embrassé l'islamisme. Ces conditions furent acceptées, des otages livrés, et quelques troupes arabes, ayant leurs généraux à leur tête, entrèrent dans Tolède (1). Taric alla occuper le palais du roi, lequel était construit sur une hau-

---

(1) L'union intime qui naquit entre les Tolédans et les Arabes, de cette capitulation loyalement accordée et librement acceptée, ne fut presque jamais troublée par la différence des opinions religieuses, tant que Tolède resta au pouvoir des Musulmans. C'est de là probablement qu'est venu le nom de Muzarabes, qu'on a donné pendant long-temps aux habitans de Tolède. Ces Muzarabes avaient conservé l'ancien rite sans aucune altération, tandis que dans le reste de l'Espagne les chrétiens avaient reçu les cérémonies du rite romain; cela dura jusqu'après la conquête de Tolède sur les Arabes. On donne au reste à ce mot plusieurs étymologies. Les uns, tels que Ferreras, prétendent qu'il fut imposé par Muza aux habitans, quand il mit dans leur ville une garnison arabe; mais Ferreras se trompe évidemment; car ce fut Taric et non Muza, qui soumit Tolède. Les autres pensent qu'il s'est formé par corruption des mots latins : *mixti*

teur dont le Tage baigne le pied; il y trouva de grandes richesses; il y avait entre autres choses vingt-cinq couronnes d'or enrichies d'hiacinthes et d'autres pierres précieuses. L'usage des Goths était de déposer dans une salle du palais, après la mort du roi, la couronne qu'il avait portée, avec une inscription qui indiquait son nom, son

---

Arabibus, qu'on traduisait par *Mistarabes*, et cette opinion est la plus vraisemblable.

Nous avons dit que les Muzarabes avaient un rituel un peu différent de celui de l'Eglise romaine; ils suivaient la liturgie introduite par saint Isidore dans le sixième siècle. Non-seulement ils s'y conformèrent, tant que les Arabes possédèrent Tolède, mais encore leurs cérémonies avaient été adoptées par un grand nombre d'églises d'Espagne. En 1064, les cortès de Barcelone supprimèrent le rit muzarabe. Plus tard, dans les états du roi de Castille, on voulut suivre l'exemple de la Catalogne; mais le clergé muzarabe opposa beaucoup de résistance. On soumit la décision à l'épreuve qui s'appelait alors, en Espagne comme en France, le jugement de Dieu, et le champion du rit muzarabe remporta la victoire. Malgré cet avantage, la puissance temporelle finit par l'emporter, et le rite romain fut partout établi, excepté à Tolède et à Salamanque, où, par une sorte de transaction, les Muzarabes gardèrent quelques églises. Peu à peu l'office gothique fut aboli; mais quatre siècles après l'archevêque de Tolède, Cisneros, fonda une chapelle muzarabe, à laquelle il attacha des chanoines pour la desservir.

âge et la durée de son règne ; et depuis Alaric jusqu'à Rodrigue les Goths avaient eu vingt-cinq rois.

Tandis que Taric, maître de Tolède, employait sa politique plus encore que la force des armes, à soumettre les contrées voisines, Muza débarquait en Espagne avec dix-huit mille hommes, Arabes ou Bérébères. Il avait laissé dans Caïrvan son fils Abdelaziz pour gouverner l'Afrique en son absence ; il était suivi de ses autres fils, Abdelola et Meruan, dont le dernier donna son nom par la suite au palais qui fut construit à Cordoue du côté de l'occident, sur la rive du Guadalquivir. Il amenait pareillement plusieurs Arabes de la tribu du prophète, et quelques capitaines d'un grand mérite, entre autres Hanâs ben Abdala Asenani, qui embellit Sarragosse d'une vaste mosquée, et d'un palais où se rendait la justice. Il avait appris en arrivant la désobéissance de Taric, et, plein de ressentiment de ce qu'il avait méprisé ses ordres, il jura intérieurement de le perdre. Tristes effets de l'envie, qui, pénétrant même au cœur du héros, transforme en tyran cruel, en implacable ennemi, l'homme jusque là généreux et magnanime, et va frapper dans l'ombre l'innocent objet de ce sentiment jaloux !

Avant de se rendre à Tolède, Muza voulut

parcourir des pays que Taric n'eût point envahis, il prit donc le chemin de Séville, et après un blocus d'un mois il força les habitans à capituler (1). Il leur accorda néanmoins des conditions avantageuses, et leur donna pour gouverneur Izâ ben Abdila, de Médine; il mit aussi dans la ville une garnison suffisante pour la contenir; de là il se dirigea vers Carmone, qu'il prit en passant, ainsi que d'autres villes des environs; et, non content d'avoir soumis cette contrée, il entra dans la Lusitanie ou l'Algarve de l'Espagne (2). Il s'empara, sans s'arrêter, de Libla, Ossonoba, Beja, Mertola, et il vint asseoir son camp sous les murs antiques de la superbe cité de Merida (3), ancienne capitale

---

(1) Quelque temps auparavant, Taric avait pénétré dans Séville; mais il n'y avait point séjourné; et, dès qu'il se fut éloigné, les habitans travaillèrent à s'entourer d'une enceinte de fortifications capables de les défendre.

(2) Les Arabes appellent *Algarve* d'un pays, sa partie occidentale, tout comme ils donnent à la partie d'orient le nom d'*Axarquia*, et à celles du nord et du midi, les noms d'*Algufia* et d'*Alkibla*. Ils désignent aussi l'occident par *Almagreb* ou *Almagrib*, parce que c'est ainsi qu'ils nomment l'heure du coucher du soleil. Le nom d'*Almagreb* semble pourtant plus spécialement destiné à l'Algarve d'Afrique.

(3) Cette ville, que les Romains nommèrent *Emerita*

de l'Espagne. Heureux, s'écria Muza, quand il découvrit sa vaste enceinte et les innombrables édifices dont les sommets s'élevaient par dessus les remparts, heureux celui qui triomphera de cette cité, immense monument de l'industrie humaine!

Les habitans firent une vigoureuse sortie pour empêcher les Arabes de planter leurs tentes; mais, vaincus par les Musulmans, ils furent contraints de rentrer dans la ville. La reconnaissance que fit Muza des environs lui fit présumer que, nonobstant ses premiers avantages, le siége serait long et difficile. Pour en conduire les opérations avec plus de vigueur, il écrivit à son fils Abdelaziz de rassembler autant de troupes qu'il le pourrait, et de venir immédiatement le joindre avec elles. Cependant les assiégés continuaient

---

Augusta, et qu'ils s'étaient plu à embellir par toutes sortes de monumens, était encore alors très-vaste et très-populeuse. Elle ne présente aujourd'hui, pour rendre témoignage de son ancienne magnificence, que des ruines et des débris; mais ces débris et ces ruines frappent encore après douze siècles l'œil du voyageur, et parlent surtout à son cœur, s'il le sait entendre, le langage instructif des souvenirs. Ce que les chroniques rapportent de son étendue et de sa population paraît incroyable; elle possède maintenant quatre ou cinq mille habitans.

à faire des sorties, et, bien qu'ils fussent toujours repoussés dans leurs murs, ils ne paraissaient jamais découragés. Muza avait remarqué à quelque distance de la ville une profonde caverne taillée dans le roc; il y embusqua pendant la nuit une troupe d'élite. Quand les assiégés sortirent le lendemain de la ville, comme de coutume, il les attira adroitement par une retraite simulée au-delà de la caverne. Ceux qu'elle renfermait s'étant alors montrés, les Goths furent attaqués par deux côtés à la fois, et malgré la courageuse défense qu'ils opposèrent, ils furent presque tous taillés en pièces. Depuis ce jour les assiégés n'osèrent plus tenter de sorties; mais comme les Arabes, à la suite d'un assaut, s'étaient emparés d'une tour qui dominait sur les remparts, les assiégés, réunissant tous leurs efforts pour la reprendre, y parvinrent à force de courage et de sacrifices. Tous les Musulmans qui s'y trouvaient y périrent; c'est de là que cette tour a été dans la suite nommée par les Arabes *Borg axuhuda* Tour des martyrs.

Peu de temps après, Abdelaziz arriva au camp des Arabes avec un renfort de sept mille chevaux, et d'un grand nombre de Bérébères. Les habitans, qui du haut de leurs tours aperçurent cette armée nouvelle, et qui n'avaient de leur part aucune probabilité d'être secourus, voyant d'ailleurs que leurs gens de guerre étaient considérablement diminués, que les vivres allaient manquer, et que le peuple, murmurant hautement, demandait qu'on capitulât, se déterminèrent à faire des ouvertures de paix. Les envoyés de Merida, introduits dans le pavillon du général arabe, considéraient avec respect son noble maintien et sa longue barbe blanche, et Muza, touché peut-être de l'estime qu'on doit au courage malheureux, leur proposa des conditions plus avantageuses qu'ils ne pouvaient et ne devaient les attendre d'un ennemi irrité. Il leur ordonna de revenir le lendemain à la même heure; on dit que dans l'intervalle Muza fit teindre sa barbe en noir, de sorte que, lorsque les envoyés de Merida se présentèrent pour la seconde fois, ils purent à peine le reconnaître; et, quand ils furent rentrés dans la ville, ne pouvant rien concevoir à la métamorphose qu'ils avaient vue, ils dirent à leurs concitoyens qu'il y avait de la folie à vouloir se défendre contre des hommes qui avaient l'art ou la faculté de rajeunir (1). La ville fut donc ren-

---

(1) Cette anecdote, que M. Conde a l'air d'adopter en la rapportant, paraît bien n'être qu'un de ces contés dont les Arabes chargeaient toujours leurs histoires. Il faut pourtant convenir que, d'après quelques historiens, une

due aux conditions suivantes : que les habitans livreraient armes et chevaux; que les biens de ceux qui avaient fui en Galice, ou qui avaient péri dans l'embuscade de la caverne, demeureraient confisqués; que ceux qui voudraient sortir de la ville en seraient les maîtres, en perdant leurs biens; que les trésors des églises appartiendraient aux vainqueurs; que tous les habitans qui resteraient à Merida recevraient protection pleine et entière. Ce fut dans les premiers jours de xawal de l'an 93, que Muza fit son entrée dans la ville; il prit pour otages plusieurs jeunes gens des meilleures familles, et la veuve du roi Rodrigue. An de J.C, juillet 712. De l'hégire, xawal 93.

Cependant Taric ne demeurait point oisif dans Tolède. Après avoir pourvu au gouvernement et à la sûreté de la place, il se mit à la poursuite de quelques bandes qui s'étaient réfugiées dans les montagnes. Il les atteignit et les dispersa; renvoyant alors à Tolède une partie

---

circonstance la rend assez vraisemblable. Ils disent que les habitans de Merida ne firent une si vive résistance que parce qu'ils savaient que Muza était fort vieux, et qu'ils espéraient qu'en mourant il laisserait le commandement à un général moins habile; que ce fut pour leur ôter cette opinion de sa mort prochaine, que Muza leur apparut, la barbe teinte en noir.

de ses gens, il prit avec le reste le chemin des montagnes. Parvenu à la rivière de Guadalaxara, aujourd'hui le Henarez, il la traversa, s'enfonça dans les montagnes qui se présentaient au nord, en parcourut la chaîne, par une vallée qu'il nomma Feg-Taric, et s'empara d'une petite ville qu'il rencontra sur sa route. Parmi les richesses qu'il y trouva, on remarquait une table précieuse, garnie d'émeraudes et d'hiacinthes, ce qui le porta à donner à cette ville le nom de Medina Almeida, Ville de la Table (1). Peu de

---

(1) Les historiens arabes se piquent peu de donner des renseignemens exacts sur la position des villes qu'ils mentionnent, et non-seulement ils défigurent la plupart des noms, de sorte qu'il est souvent difficile de savoir de quel lieu ils parlent, mais souvent encore ils s'expriment d'une manière si vague, qu'on est réduit à de simples conjectures. Ici on n'a aucune donnée sur la marche que suivit Taric, moins encore sur le véritable nom de cette Medina Almeida où il trouva la fameuse table. Il y a apparence que le chemin qu'il prit au sortir de Tolède le conduisit vers Alcala; que là il traversa la rivière qui baigne les murs de cette ville, et que les Arabes nommaient *Guardilhigiera*, nom qui est resté avec quelque altération à la ville de Guadalaxara, au-dessus d'Alcala; que, se dirigeant alors vers le nord, il rencontra la longue chaîne de Guadarrama, qui commence à Soria et s'étend vers le Portugal de l'est à l'ouest, et qu'il traversa cette chaîne en remontant quelqu'une des vallées qui la cou-

temps après il revint à Tolède, chargé de riches dépouilles. Muza, qui s'informait de tout ce que faisait Taric, choisit ce moment pour se rendre à Tolède, et pour aller demander compte à son lieutenant, de la glorieuse désobéissance qui

---

pent, peut-être celle de *Valdepegnas*, par laquelle descend la rivière de Xarama, entre la montagne d'Atienza et la ville de Ségovie. Quant à la ville de la Table, on ne saurait en déterminer la situation. Ce n'est point Medina-Cœli, comme quelques écrivains le pensent, puisque cette ville est à l'extrémité orientale de la Castille, et que Taric n'alla pas si avant; parce que, d'ailleurs, pour aller à Medina-Cœli, il n'aurait pas dû traverser la haute chaîne de Guadarrama. C'est encore moins Alcala de Henarez, comme le prétendent Mariana et quelques autres, puisque, d'après les historiens arabes, Taric conduisit son armée beaucoup plus loin, et au-delà de la chaîne. Tout ce qu'on peut dire, suivant ces mêmes historiens, c'est que cette ville, qui peut-être n'existe plus aujourd'hui, était située de l'autre côté des montagnes, c'est-à-dire sur celui qui regarde le nord.

Les Arabes se sont exercés au reste à donner des descriptions plus riches les unes que les autres de cette table merveilleuse. Mariana pense qu'elle était d'un beau marbre vert, dans lequel on avait incrusté des pierres précieuses. Une vieille tradition, répandue alors en Espagne, désignait cette table comme étant celle de Salomon que les Juifs auraient transportée de Jérusalem, après la ruine de leur ville.

valait au calife tant de villes et de provinces ; mais à l'instant où il se disposait à partir, il reçut la nouvelle que les habitans de Séville s'étaient révoltés. Trop prudent pour s'éloigner en de telles circonstances, il prolongea son séjour à Merida, pour veiller de plus près sur les opérations de l'armée, que, sous la conduite de son fils Abdelaziz, il envoya aussitôt contre la ville rebelle. Abdelaziz employa vainement les remontrances pour ramener le peuple au devoir : il fut contraint de recourir aux armes ; les Musulmans entrèrent dans la ville, à la suite d'un assaut qui coûta la vie à un grand nombre d'habitans. Muza, instruit par son fils du succès qu'il venait d'obtenir, lui recommanda de mettre ses soins à pacifier la ville, et lui envoya en même temps l'ordre de s'avancer vers les côtes, et d'achever la conquête du midi de l'Espagne. Après avoir pourvu de son côté à la tranquillité de Merida, il partit pour Tolède avec son armée, et soumit plusieurs villes qu'il trouva au passage, moins toutefois en déployant l'appareil de la force, qu'en persuadant aux habitans que les Arabes n'étaient venus, ni pour les dépouiller de leurs biens, ni pour leur faire aucun mal ; qu'ils n'étaient point les ennemis des peuples : qu'ils faisaient seulement la guerre à ceux qui leur opposaient une inutile résistance, ou qui se révoltaient témérairement contre eux.

Taric, sachant que Muza approchait, alla au devant de lui, sans aucune crainte, parce qu'il ne se sentait pas coupable, mais aussi sans montrer trop de présomption de ses victoires passées, parce qu'il voulait ménager sa jalousie; pour calmer en même temps le ressentiment de son général, il lui apportait de riches présens. L'entrevue eut lieu à Talavera. Muza reçut Taric avec hauteur, et il lui demanda d'abord d'un ton sévère, pourquoi il avait désobéi à ses ordres. Taric lui répondit respectueusement qu'il n'avait fait que suivre l'impulsion de son zèle pour les progrès de l'islamisme; qu'en agissant ainsi, il avait cru servir la cause commune, et remplir les vues que lui-même aurait manifestées s'il s'était trouvé en Espagne. Il lui remit, après ces mots, les présens qu'il lui avait destinés, lesquels, ajouta-t-il, lui appartenaient comme général en chef, et premier instrument de la conquête. Muza reçut les dons de Taric, mais il n'en conserva pas moins contre lui ses injustes désirs de vengeance. A peine furent-ils entrés dans Tolède, qu'en présence de tous les scheiks arabes, réunis autour d'eux, et après s'être fait remettre par Taric la table de Salomon (1), il

---

(1) Taric avait eu la précaution d'en ôter un pied, qu'il

lui dit qu'en punition de son insubordination, et de la présomption qu'il avait laissé voir, faisant plus de cas de sa propre expérience que des ordres et des avis de son chef, il lui ôtait, au nom du calife, le commandement de l'armée. Et comme il voulut ensuite donner des éloges à la conduite des officiers et à la bravoure des Musulmans, tous gardèrent un morne et profond silence. Taric seul le rompit : tout mon crime, s'écria-t-il, est d'avoir vaincu les ennemis du calife; mais ma conscience m'absout, et j'espère trouver la même faveur dans le souverain. Ces paroles n'étaient guère propres à tempérer la haine de Muza; plus irrité au contraire par la menace indirecte qu'elles contenaient, il fit charger Taric de fers comme un criminel, et il en informa le calife. Mugueiz el Rumi, seul parmi tant d'illustres Arabes, osa élever sa voix en faveur de Taric. « Les services de ce gé-
» néral, dit-il publiquement à Muza, sont con-
» nus de toute l'armée. Ce ne sont point des fers
» qu'il lui faut, mais les plus nobles récom-
» penses. Prends garde d'ailleurs d'exciter le mé-
» contentement du soldat; Taric s'est fait beau-
» coup d'amis par ses vertus; et ces mesures

---

garda secrètement, et il dit à Muza qu'il n'avait trouvé la table qu'avec trois pieds.

» violentes peuvent avoir de fâcheux résultats. »
Muza ne parut point offensé de la liberté de Mugueiz; il lui donna même le commandement que Taric venait de perdre, mais il ne changea point de résolution envers ce dernier, et il persista dans le cruel dessein de lui faire perdre la vie. Il ne prévoyait pas alors que le calife lui rendrait bientôt à lui-même les injustices dont il accablait l'innocent Taric : tant l'inconstante fortune paraît se complaire à renverser le matin d'un tour de sa roue, l'ouvrage que ses mains avaient construit la veille !

Cependant Abdelaziz, après avoir subjugué toute l'Andalousie, venait de conduire son armée dans la province de Murcie. Là régnait, sous le titre de prince ou de roi des Goths, ce même Théodémir qui le premier s'était opposé, quoique sans succès, à l'invasion des Arabes. Il appartenait à l'une des plus illustres familles des Goths, et il avait dans cette contrée de vastes possessions. Ce fut là ce qui lui fit choisir ce lieu pour retraite, après la bataille de Guadalète. Il sauva par sa valeur, ou rallia par sa prudence quelques faibles restes de l'armée vaincue; et traversant la chaîne de montagnes qui descend du nord et sépare l'Andalousie des côtes orientales du midi de l'Espagne, il alla, dans les environs de Murgis, chercher un dernier asile contre la puissance envahissante des Arabes. Ceux-ci n'ignoraient pas l'existence de ce Goth valeureux, qu'ils appelaient Tadmir ben Gobdos, et ils s'attendaient à de grandes difficultés, s'il le fallait poursuivre dans ses montagnes ; mais Abdelaziz, jeune, ardent, plein de courage et de désirs de gloire, crut que son triomphe serait imparfait, tant que Tadmir ben Gobdos éleverait sa puissance rivale à côté de l'Andalousie soumise. Théodémir, informé de la marche des Arabes, rassembla ses troupes, afin de disputer le passage des montagnes. Il évitait avec soin les plaines et les vallées, où la cavalerie ennemie aurait pu donner, mais il couronnait de soldats la cime des rochers, il gardait la tête des défilés, et il ne cessait de harceler les Arabes, malgré la supériorité qu'ils avaient sur lui par le nombre. Outre le mal qu'il leur faisait par cette manière de combattre, il y trouvait encore un avantage, celui d'aguerrir ses troupes. Vains efforts du généreux Théodémir! Rien ne pouvait sauver l'Espagne, et la conquête ne devait rencontrer des bornes qu'au-delà des Pyrénées.

Abdelaziz et son lieutenant Habib cherchaient toutes les occasions d'engager une action décisive, et Théodémir rendit long-temps inutiles leurs tentatives. Enfin Abdelaziz, étant parvenu avec beaucoup de peine jusqu'aux environs de Lorca, Théodémir dut risquer la bataille, ou laisser prendre la ville sous ses yeux. Ce que Théodémir avait toujours craint arriva; les chrétiens furent rompus et renversés par la cavalerie arabe; ceux qui échappèrent du massacre coururent se cacher derrière les remparts d'Orihuela (1), seule place forte qu'il y eût alors dans le pays. Théodémir, qui n'avait pas assez de soldats pour soutenir un siége, fit prendre à toutes les femmes des habits d'homme et des armes, et il les plaça sur le haut des tours et tout le long des murailles, leur recommandant en même temps de croiser leurs cheveux sous le menton, de manière à ce qu'ils pussent avoir de loin l'apparence de longues barbes. Les Arabes, trompés par ce stratagème, et croyant que la ville avait une garnison nombreuse, ne s'avancèrent qu'avec beaucoup de précautions et de lenteurs. Théodémir, voulant alors recueillir le fruit de sa ruse, fit demander un sauf-conduit

---

(1) L'archevêque Rodrigue prétend, sans fondement, que Théodémir se retira à Murcie; mais tous les auteurs arabes s'accordent à nommer Orihuela, dont ils font *Auriola*. L'erreur de l'archevêque est en cela d'autant plus évidente, que, dans le traité qui fut fait à cette occasion, on ne voit pas qu'il ait été fait mention de Murgis ou Murcie.

pour un parlementaire, ce qui fut accordé sur-le-champ par Abdelaziz. Aussitôt il sortit de la ville un cavalier qui, arrivé près du général et se disant autorisé à traiter de la paix, offrit de rendre la ville à d'honorables conditions. Abdelaziz, naturellement généreux, accorda aux habitans de grands avantages, en considération sans doute de leur prompte soumission, et les conventions furent aussitôt dressées et signées par le général et ses principaux officiers (1). Ce fut alors que le cavalier chrétien se fit recon-

---

(1) Voici les termes du traité, tel que l'ont conservé les historiens arabes.

« Convention et traité de paix entre Abdelaziz-ben-
» Muza ben Noseir, et Tadmir ben Gobdos, roi du pays de
» Tadmir.

» Au nom de Dieu clément et miséricordieux, Abde-
» laziz et Tadmir font le traité de paix suivant; ils prient
» Dieu de le sanctionner et d'en assurer l'exécution.

» Tadmir gardera ses Etats, et nul autre que lui
» n'aura de commandement sur les chrétiens qui les ha-
» bitent; toute guerre entre ces habitans et les Arabes
» cesse. Ni leurs femmes, ni leurs enfans ne seront pris
» comme esclaves; ils conserveront leur religion et leurs
» temples. Tous leurs devoirs envers le vainqueur, toutes
» leurs obligations se réduiront à ce qui va être dit :
» Chaque noble paiera un tribut annuel d'un dinar d'or (*)

(*) Poids en or de 72 grains d'orge.

naître : c'était Théodémir lui-même. Abdelaziz lui sut gré de la confiance qu'il lui avait montrée en se remettant en ses mains, et il le combla d'honneurs et de marques d'affection. Il l'invita même à manger avec lui, et ce ne fut que le soir que Théodémir rentra dans la place. Le lendemain, dès le point du jour, il en fit ouvrir les portes, et, suivi des principaux habitans, il alla à la rencontre d'Abdelaziz, qui s'avançait vers la ville avec une troupe nombreuse de gens à cheval. Lorsqu'Abdelaziz fut entré dans Orihuela,

---

» (valant à peu près dix francs), de quatre mesures de
» blé, et d'autant d'orge, de moût, de miel, de vinaigre
» et d'huile. Les serfs et autres, sujets à la taille, paieront
» la moitié seulement de ces redevances.

» Tadmir ne recevra point dans ses Etats les ennemis
» du calife; il promet de lui être fidèle, et d'avertir ses
» agens de tout complot qu'il viendrait à découvrir. Le
» présent traité de paix sera commun aux villes d'Orihue-
» la, Valentola, Alicante, Mula, Vacasora, Ota et
» Lorca.

» Donné le quatrième jour de la lune de regeb de l'an   An de J. C.
» 94 de l'hégire, en présence d'Otzman ben abi Abda,   712.
» d'Habib ben abi Obeida, d'Edris ben Maicera, et   De l'hégire,
» d'Abulcasim el Mazeli. »   94.

De ces quatre scheiks arabes par qui le traité fut signé, le premier avait toujours été l'ami et le compagnon d'armes de Muza; Habib était l'ami particulier d'Abdelaziz.

il parut très-étonné d'y voir si peu de soldats, et il ne put s'empêcher de demander à Théodémir ce qu'était devenue cette nombreuse troupe qui la veille couronnait les remparts. Théodémir confessa pour lors le stratagème qu'il avait employé, et il reçut les applaudissemens des scheiks arabes et d'Abdelaziz lui-même, qui ne se plaignit pas d'avoir été si ingénieusement trompé. Après avoir passé trois jours dans Orihuela, Abdelaziz, continuant ses conquêtes, se porta vers les montagnes de Segura, d'où il descendit vers Jaën, Elvire et Grenade, où il y avait beaucoup de juifs; et, ne trouvant nulle part de résistance, il s'empara sans peine de ces places, d'Antequera et de Malaga; ainsi l'Andalousie entière subit le joug musulman.

Cependant le calife n'avait point partagé les préventions de Muza à l'égard de Taric; et, loin de servir le ressentiment de l'émir d'Afrique, il lui ordonna de restituer sur-le-champ à Taric le commandement de ces troupes qu'il avait tant de fois rendues victorieuses, lui reprochant même d'avoir voulu priver l'islamisme d'un de ses plus ardens défenseurs. Muza, malgré son déplaisir secret, fut contraint d'obéir; il fit mettre Taric en liberté, lui rendit le commandement, et l'admit à sa table, à la grande satisfaction de tous les bons Musulmans. Les deux généraux se partagèrent ensuite le soin d'achever la conquête; mais avant de se séparer, ils prirent de concert, pour leurs armées, plusieurs mesures de discipline, propres à assurer le succès de leurs entreprises. Ils ne laissèrent aux fantassins que leurs armes; les cavaliers n'eurent, avec les armes, qu'un petit sac pour les provisions et une écuelle en cuivre. Chaque escadron ou chaque bataillon obtint un nombre déterminé de mulets pour le transport des bagages, et les hommes indispensables pour les conduire. Ainsi le fantassin, le cavalier, moins chargés d'équipages, pouvaient marcher plus vite et plus long-temps; et, outre qu'en diminuant le nombre des personnes attachées au service des bagages, celui des soldats se trouvait augmenté, l'armée éprouvait moins d'embarras dans sa marche, et elle se déchargeait des bouches inutiles qui ne servent qu'à consommer les provisions.

Taric tourna ses pas vers l'orient, suivit le cours du Tage, et le remonta jusqu'à sa source. Gravissant ensuite les rochers escarpés de Siguënza et de Molina, il descendit vers les riches plaines que l'Ebre féconde de ses eaux. Muza s'était dirigé vers le nord, et ses armes furent partout victorieuses; il s'empara de Salamanque, poussa jusqu'à Astorga, de là revenant vers le Duero, dont il remonta le cours jusqu'à Soria, il passa les montagnes et arriva sur les bords de l'Ebre. Taric faisait dans ce moment le siége de Sarragosse, où s'étaient renfermés les principaux habitans de la contrée, tous ceux même qui avaient fui devant les Arabes, des diverses parties de l'Espagne. Les assiégés se défendaient avec vigueur; mais, lorsqu'ils virent approcher l'armée de Muza, ils tombèrent dans le découragement, et ne songèrent plus qu'à capituler. Muza savait que cette ville contenait beaucoup de richesses que de toutes parts on y avait apportées; averti d'un autre côté par des transfuges que les habitans manquaient tout-à-fait de provisions, ce qui leur ôtait la possibilité de résister plus long-temps, il leur imposa, outre les conditions ordinaires, une forte contribution (1), qui devait être payée le jour que les Arabes entreraient dans la ville. La dure loi de la nécessité les obligea de se soumettre à tout ce que voulut Muza; et, pour pouvoir payer cette contribution, ils

---

(1) Les Arabes appelaient cette contribution extraordinaire, le *tribut du sang*, c'est-à-dire qu'en la payant les assiégés, forcés de se rendre à discrétion, rachetaient leurs vies, et sauvaient leurs maisons du pillage.

Ce tribut devient, par une sorte de compensation, le prix du sang que, d'après leurs lois, les Arabes ont le droit de verser, lorsque les vaincus refusent d'embrasser l'islamisme.

durent lui livrer jusqu'aux trésors et à l'argenterie des églises. Muza choisit ensuite parmi les enfans des plus nobles familles de nombreux otages, et il donna le commandement de la ville à Hanâx ben Abdalà Asanani.

Après cette importante conquête, les deux généraux se séparèrent de nouveau. Taric suivit l'Ebre jusqu'à Tortose, et tournant ensuite vers le midi, il s'empara de Murviedro, de Valence, de Xativa et de Denia, tandis que Muza, pénétrant jusqu'aux Pyrénées, se rendait maître des villes d'Huesca, Tarrassone, Lerida, Calahorre, Tarragone, Barcelone, Girone et Ampurias. Novairi ajoute même qu'il passa les Pyrénées et qu'il occupa Narbonne, d'où il emporta sept idoles d'argent qu'il trouva dans un de ses temples. Il revint ensuite vers Astorga, s'enfonça dans la Galice, et passa de là dans la Lusitanie, recueillant dans ces courses diverses d'énormes richesses. Taric se montrait beaucoup moins intéressé que son général; il réservait exactement pour le calife la cinquième partie du butin, suivant l'usage, et il abandonnait généreusement tout le reste à ses officiers et à ses soldats. Dans les rapports qu'il faisait directement au calife, il dénonçait sans ménagement l'avide rapacité de Muza; celui-ci de son côté n'épargnait point Taric, dont il censurait amèrement la conduite ; de sorte que le calife Walid, craignant que la mésintelligence qu'il voyait régner entre ces deux généraux ne devînt funeste à l'islamisme en arrêtant ses progrès, crut qu'il convenait de mettre en d'autres mains le gouvernement de l'Espagne, et il rappela ces fiers rivaux de pouvoir et de renommée, leur ordonnant de se rendre auprès de lui sans délai.

Taric partit le premier, laissant Habib ben abi Obeida à la tête de l'armée. Arrivé à Damas, il fut reçu du calife avec la plus grande distinction : le calife ne pouvait voir en effet d'un œil indifférent le conquérant de l'Espagne et le vainqueur des Goths; il lui dit que, s'il l'avait rappelé, c'était pour son propre intérêt, puisqu'il y avait du danger pour lui à rester dans un pays où Muza et ses enfans étaient si puissans. Taric entra pour lors devant le calife dans le détail de sa conduite, et il finit par ces mots : « Demande, » Seigneur, à tous les Musulmans honnêtes de » tes armées quel fut Taric soit en Afrique, soit » en Espagne ; demande-le même aux chré-» tiens. Qu'ils disent si jamais ils m'ont vu lâche, » avare ou cruel. » Walid lui répondit que la vérité lui était bien connue, et qu'il était très-satisfait de ses services.

Quant à Muza, il ne se décida qu'à regret à s'éloigner de l'Espagne et des trésors qu'elle renfermait; il se disposa pourtant à partir, dans l'espérance d'un prompt retour. Il nomma son fils Abdelaziz au gouvernement provisoire, confia le commandement des troupes à Naaman ben Abdala, et, suivi d'une simple escorte de cavalerie, il prit la route de Séville en passant par Tolède et Cordoue. Ce fut dans Séville qu'il établit le siége du gouvernement, et qu'il laissa son fils, auquel il recommanda de n'agir que par les conseils du sage Ayûb, son neveu, généralement estimé des Arabes plus encore pour sa prudence que pour sa rare valeur. Muza quitta enfin l'Espagne, emportant toutes ses richesses; il emmenait quatre cents Goths qu'il avait choisis parmi ceux qu'il tenait en otages. L'amiral Muhamad ben Umen ben Thabita le reçut sur ses vaisseaux, et le transporta heureusement à Tanger, lui et sa suite. Muza plaça dans cette ville son second fils, Abdelola, avec le titre de gouverneur d'Almagreb ou Afrique occidentale; son troisième fils, Meruan, demeura à Caïrwan. Après toutes ces dispositions, Muza continua sa route vers la Syrie, où il n'arriva qu'en l'an 96 de l'hégire. Le calife était dangereusement malade; Suleiman, son frère et son héritier présomptif, écrivit à Muza que la maladie ne laissant aucun espoir de guérison, il le priait de s'arrêter en chemin, et de n'entrer à Damas

<small>An de J.C. 714. De l'hégire, 96.</small>

qu'après qu'il serait monté sur le trône. Suleiman avait probablement pour but d'empêcher la remise des riches présens que Muza apportait au calife; mais ce dernier méprisa cet avis, et il eut lieu bientôt après de s'en repentir. Le calife, tout souffrant qu'il était, fit comparaître les deux généraux en sa présence, et leur fit beaucoup de questions (1). Ensuite Muza étala sous les

---

(1) Aly ben Abderahman, auteur grenadin, raconte que le calife ayant demandé à Muza s'il avait trouvé des peuples courageux et guerriers, ce qu'il pensait des chrétiens, des Bérébères et des habitans d'Afranc (c'est ainsi que les Arabes nommaient tout le pays qui s'étend depuis Barcelone jusqu'à Narbonne et au-delà), et s'il les avait toujours vaincus, Muza lui répondit : Les Goths dans leurs châteaux sont des lions, à cheval ce sont des aigles, à pied des femmelettes; ils savent profiter d'une occasion favorable; mais, quand ils sont vaincus, ils se sauvent dans les montagnes avec l'agilité des chevreuils. Les Bérébères ressemblent beaucoup aux Arabes pour leur manière de combattre, et même pour les traits du visage; ils sont, comme nous, sobres, patiens et hospitaliers; mais ce sont les plus perfides gens du monde, ne se faisant point scrupule de manquer à leur parole et de violer les traités. Les Francs, impétueux et braves quand ils attaquent, sont faibles dans la défense et timides après la défaite. Ni les uns ni les autres ne m'ont jamais vaincu, et mes intrépides Musulmans n'ont jamais compté leur nombre avant de les combattre. Le calife, ajoute Aly

yeux de son maître les trésors de l'Espagne. La fameuse table verte était au nombre des objets qu'il lui présenta. Taric revendiqua l'honneur de la découverte ; et, comme Muza prétendit que c'était à lui seul qu'il appartenait, Taric fit paraître le pied qu'il en avait ôté, quand il fut obligé de s'en dessaisir à Tolède, et il prouva clairement par là l'imposture de Muza, qui avait remplacé le pied qui manquait par un pied d'or. Peu de jours après, le calife mourut, et Suleiman, son frère, fut élevé au califat. Celui-ci, qui n'avait pas oublié la désobéissance de Muza, l'envoya d'abord en prison ; et, après l'avoir fait battre de verges, il le condamna à une très-grosse amende (1).

Au moment où Muza recevait du calife un traitement si indigne d'un vieux guerrier qui avait ajouté à l'empire de vastes régions, Abdelaziz soumettait par lui-même toute la Lusitanie jusqu'aux rivages de l'Océan, et il envoyait ses généraux prendre Pampelune et toutes les

---

ben Abderahman, fut très-satisfait de ces réponses de Muza.

(1) Il y a des écrivains qui disent qu'elle était de deux cent mille dinars, somme exorbitante. Ce qui est certain, c'est que Muza fut dépouillé de la plus grande partie de ses biens.

villes qui s'élèvent au milieu des Pyrénées. Il réunit ensuite toutes les sommes produites par la levée de l'impôt; elles formaient un immense trésor qu'il envoya au calife sous la conduite et l'escorte de Muhamad ben Habib, et de plusieurs autres nobles arabes. Lorsque les envoyés d'Abdelaziz arrivèrent à Damas, le calife leur fit le meilleur accueil; mais, oubliant les mérites de celui qui lui avait conquis ces trésors, il renvoya quatre de ces députés, avec l'ordre secret de déposer en Afrique les fils de Muza des gouvernemens de Caïrwan et de Tanger, et ensuite de les faire mourir; il expédia en Espagne des ordres semblables, dirigés contre Abdelaziz. Le calife avait cruellement offensé Muza; il craignait le ressentiment de sa famille, qui était puissante et considérée parmi les Arabes; et, pour prévenir les suites possibles d'une première injustice, il lui fallut ordonner des crimes : étrange condition des tyrans, qui ne peuvent régner qu'en multipliant les supplices! plus étrange condition des sujets, qui, dépendant du caprice du maître, peuvent, pour prix de leurs services, recevoir des fers ou la mort!

Le premier qui reçut en Espagne cet ordre cruel fut l'ancien compagnon de Muza, l'ami de son fils, Habib ben abi Obeida. Il demeura frappé de terreur. « Est-il possible, dit-il à Zeyad ben Nabaa, chargé comme lui de cette triste commission, est-il possible que les ennemis de Muza aient sitôt effacé le souvenir de ses exploits et de sa gloire ? Mais Dieu est juste ; il nous prescrit l'obéissance envers le souverain (1). Abdelaziz se trouvait alors avec sa famille dans une maison de campagne, aux environs de Séville. Comme il était généralement aimé, on avait à craindre que l'exécution des ordres du calife n'excitât des troubles, et que les soldats ne prissent les armes pour défendre leur général. Pour éviter ce danger, Habib et Zeyad imaginèrent de faire passer Abdelaziz pour un mauvais musulman, et de le dépouiller ainsi de l'affection de l'armée. Malheureusement pour Abdelaziz, il n'était que trop facile de le calomnier, à cause de ses étroites liaisons avec les chrétiens. Epris des charmes d'Egilone, veuve du roi Rodrigue, il l'avait épousée, et ses noces s'étaient faites avec beaucoup d'éclat dans Sé-

---

(1) Cette obéissance passive et absolue qui fait recevoir comme des préceptes sacrés les commandemens du souverain, a sa source dans les principes religieux dont les Musulmans sont nourris de bonne heure. Ce sentiment d'abnégation dans les sujets fait la force des despotes Habib, sous Charles IX, n'aurait pas manqué d'égorger les calvinistes.

ville (1). Habib profita de ces circonstances, et fit répandre sourdement le bruit que, entièrement soumis aux volontés de sa femme, Abdelaziz ne songeait qu'à favoriser les Goths; que ceux-ci espéraient par son moyen rétablir leur puissance, et qu'ils lui avaient promis de le choisir pour leur roi, à la condition d'abjurer l'islamisme. Ces propos, avidement recueillis et propagés par la malveillance, indisposèrent tous les Arabes; et quand Habib crut pouvoir rendre publique la volonté du calife, le plus grand nombre se déclara contre le malheureux proscrit; quelques-uns pourtant se montrèrent décidés à le défendre; mais ils furent contenus par leurs chefs. On choisit le moment de la prière du matin. Abdelaziz s'occupait de ce devoir pieux, lorsque plusieurs assassins, introduits près de lui, le vinrent frapper du coup mortel. Son corps, privé de la tête, fut enterré dans la cour même de sa maison.

An de J. C. 715.
De l'hégire 97.

Cette sanglante exécution (2) excita bien des

---

(1) Les Arabes appelaient cette princesse *Ayela*, et après son mariage ils la nommèrent *Omalisam*, ou du beau collier.

(2) Quelques écrivains ont regardé comme des faits positifs les accusations qu'Habib avait fait circuler dans Séville contre l'émir Abdelaziz; et ils ont supposé qu'il

murmures ; mais l'appareil de la rigueur déployé par les chefs, et plus que tout l'ordre suprême du calife, firent taire les mécontens. Ce triste événement se passa vers la fin de l'an 97 : aussitôt après, Habib ben Obeida partit de Séville avec quelques autres Arabes, pour aller porter au calife la tête d'Abdelaziz. Théodémir craignit alors que la mort de l'émir n'entraînât la rupture ou l'inexécution du traité qu'il en avait obtenu ; il se hâta d'envoyer des ambassadeurs au calife pour en demander la ratification. Ces ambassadeurs partirent avec Habib ; le calife les reçut bien, et il accorda même à Théodémir, avec la ratification du traité, une diminution dans l'impôt (1). Le calife eut la basse cruauté de demander à Muza, en lui montrant la tête d'Abdelaziz, s'il la reconnaissait. Maudit soit,

---

n'avait péri que par l'effet du mécontentement que sa conduite avait fait naître parmi les Musulmans.

(1) On lit dans l'histoire générale de M. Depping, que Théodémir se rendit lui-même à la cour du calife avec Muza. M. Conde dit positivement qu'il fit partir des ambassadeurs avec Habib, après la mort d'Abdelaziz et longtemps après le départ de Muza ; ce qui est attesté par une foule d'historiens arabes consultés par le savant Espagnol. La chose est même plus vraisemblable : la toute-puissance de Muza rendit inutile, tant qu'elle dura, la sanction du calife.

répondit ce malheureux père en détournant les yeux, maudit soit de Dieu le barbare qui a assassiné l'homme qui valait mieux que lui ! En finissant ces mots, il sortit du palais, quitta sur-le-champ Damas, et s'enfonça dans l'Arabie, où la douleur d'avoir perdu ses enfans ne tarda pas à lui donner la mort, seul terme de toutes les misères.

An de J. C. 716.
De l'hégire, 98.

Après le départ d'Habib, les scheiks arabes s'étaient assemblés pour élire un chef parmi eux. Leur choix unanime tomba sur Ayûb, neveu de Muza, lequel jouissait d'une grande réputation de vertu et de sagesse. Le nouvel émir transféra son séjour à Cordoue, dont la position plus centrale rendait plus aisée les opérations du gouvernement, et sa surveillance sur les autres provinces de l'Espagne. Se proposant ensuite de les parcourir, pour y consolider par de sages institutions l'ouvrage de la conquête, il partit pour Tolède, où il s'arrêta quelques jours pour faire droit à des plaintes qui lui furent portées par les habitans contre leur gouverneur, et par celui-ci contre les habitans. Dès qu'il fut parvenu à les concilier, il continua sa tournée, traversa les montagnes, et entra dans Sarragosse, où gouvernait encore Hanâx ben Abdala, qui avait élevé dans cette ville plusieurs édifices publics. En sortant de Sarragosse il prit la route des Pyrénées; à quelque distance, il aperçut une cité qui tombait en ruines; il donna l'ordre de la relever; il y construisit une forteresse, et il l'appela Calat-Ayûb (1). De là il poussa sa marche jusqu'aux montagnes, et mit en état de défense toutes les frontières.

Suleyman ne survécut pas long-temps à l'infortuné Muza (2). Il eut pour successeur Omar II son cousin. Celui-ci ayant appris que l'émir d'Espagne était de la famille de Muza, nomma à sa place Alhaûr ben Abderahman el Caisi; de sorte qu'Ayûb ne conserva le commandement que sept mois, durant lesquels sa conduite avait été si mesurée et tellement irréprochable, qu'il

---

(1) C'est-à-dire forteresse d'Ayub. Cette ville a conservé ce nom : c'est Calatayud.

(2) On dit qu'il était très-beau de figure, et que se regardant un jour dans un miroir, il s'écria devant ses femmes, et plein d'admiration pour lui-même : Je suis le roi ou le dieu de la jeunesse; à quoi l'une d'elles répondit incontinent par des vers, dont voici le sens : « Tu » es le plus beau des hommes, on en convient, et tu » pourrais en tirer vanité si la beauté n'était point péris- » sable; mais la beauté de l'homme passe comme une » ombre légère, et finit comme la fleur des champs. » On ajoute que, depuis ce moment, une noire mélancolie s'empara du calife, et le conduisit au bout de quelques jours au tombeau.

ne fut pas possible à la malveillance de lui imputer un seul tort aux yeux du calife. Alhaûr fit regretter son prédécesseur par la dureté et l'inflexibilité de son caractère. Plus avide de biens que de gloire, il ne traitait pas mieux les musulmans que les chrétiens; il accablait ceux-ci par des exactions de tout genre, les autres par le service le plus rude. La plus légère faute était punie de mort, et chacun tremblait en sa présence, moins d'être coupable que de le paraître. Il fit une irruption dans la Gaule narbonnaise, d'où il emmena beaucoup d'esclaves de tout âge et de tout sexe, et il rentra en Espagne chargé de butin.

An de J. C. 718. De l'hégire, 100.

Ce fut durant le cours de cette expédition, et tandis qu'Alhaûr était au-delà des Pyrénées, que les Chrétiens réfugiés dans les montagnes des Asturies osèrent concevoir le généreux dessein de reconquérir la liberté de leur patrie, et de fonder une monarchie nouvelle sur les ruines encore fumantes qui couvraient le sol de l'Espagne. Ils saisirent le moment où l'émir, portant ses principales forces dans la Gaule, les laissait respirer et leur donnait le loisir de faire des préparatifs de défense, de rassembler des provisions et des armes, et surtout de s'unir entre eux par les liens de l'intérêt commun. Ils se trouvèrent encore favorisés par le mécontentement général qu'excitait le gouvernement d'Alhaûr, non-seulement parmi les Chrétiens des pays conquis, et tous ceux qui par crainte ou par faiblesse avaient embrassé l'islamisme, mais encore parmi les Musulmans, du milieu desquels quelques voix s'étaient élevées en faveur du peuple. Ce zèle, dangereux avec un homme tel que l'émir, avait valu des persécutions, des destitutions et des emprisonnemens à une foule d'alcaïdes et de gouverneurs des provinces, que l'émir savait toujours accuser d'infidélité envers le calife dans la représentation de l'impôt, lorsqu'il avait besoin d'un prétexte. C'était surtout dans les villes de la Galice, du Léon et des Asturies, que les habitans, plus maltraités, parce qu'ils étaient soumis depuis peu et que l'obéissance leur coûtait davantage, sentaient plus vivement le désir de secouer le joug, et appelaient de tous leurs vœux un libérateur. Pour mettre à profit les heureuses dispositions de ces peuples, et surtout celles des montagnards, qui n'avaient pas encore subi la loi des vainqueurs, il fallait un homme actif, audacieux, entreprenant, rempli de talent et de courage, capable de faire mouvoir la nation par les ressorts de la religion et par l'amour de la patrie. Cet homme parut; ses paroles firent passer dans les cœurs un noble enthousiasme, et les grossiers Cantabres devinrent d'intrépides guerriers. Il fut proclamé roi (1) sous le nom de Pélage.

---

(1) Il est certain, d'après tous les monumens historiques de ce temps, que ce premier prince des Goths, que ce restaurateur de la monarchie espagnole, s'appelait Pélage. Mais qui fut-il? de quelle famille était-il issu? C'est sur ce point que les historiens sont divisés. Les auteurs espagnols, la plus grande partie du moins, le font descendre de la race des rois. L'on trouve, en effet, dans plusieurs chroniques, un Pélage, cousin de Rodrigue, et son capitaine des gardes à la place du comte Julien, qui s'était retiré de la cour après la mort de Vitiza. D'autres, en petit nombre, assurent que Pélage était d'une naissance commune, cantabre ou espagnol d'origine. Les premiers semblent avoir pensé qu'ils devaient illustrer le berceau de ce prince, et ils ne songent pas que, s'il ne fut réellement qu'un simple Cantabre, ils lui ôtent la meilleure partie de sa gloire avec le mérite de s'être élevé lui-même. Les seconds croient avec raison que Pélage fut assez grand pour pouvoir se passer du secours étranger des aïeux.

Voltaire, dans son Essai sur les mœurs, chap. 22, énonce une opinion toute nouvelle, et qui peut-être est la plus raisonnable. Il pense que Pélage et Théodémir n'étaient qu'un seul individu. A l'appui de cette opinion, se présentent des observations puissantes. On voit que le calife Suleyman confirma en faveur de ce prince le traité d'Abdelaziz; mais Suleyman régna fort peu de temps; son successeur Omar ne fit que paraître; les émirs se succédaient en Espagne avec plus de rapidité encore. L'admi-

Alhaûr, peu alarmé de ce mouvement, dont il espérait se rendre bientôt maître, envoya de la

---

nistration d'Alhaûr avait aigri les esprits. Théodémir fut-il respecté par cet homme qui ne respecta rien? Ce qui semblerait prouver que Théodémir cessa de régner dans le pays de Murcie, ce serait le silence que les écrivains arabes ont gardé sur son compte. Seulement on voit que quelques années après, les terres de Tadmir furent partagées entre les tribus maures et bérébères. D'autre part, Théodémir n'ignorait pas sans doute qu'un grand nombre de Goths s'étaient réfugiés dans les montagnes des Asturies, d'où ils bravaient, comme d'un lieu inaccessible, tous les efforts des Arabes. Il pouvait aussi prévoir que lui-même ne pourrait se soutenir long-temps à Murcie ou Orihuela, entouré d'ennemis, pressé de toutes parts, soumis par le traité à l'empire des califes qui tenaient son sort dans leurs mains, entièrement dépendant de leur caprice. Ne paraîtrait-il pas bien naturel de penser que Théodémir voulut changer de condition, de prince tributaire devenir roi indépendant? qu'il emporta ses trésors, emmena ses meilleurs guerriers, et forma ainsi tout d'un coup dans les Asturies ce premier noyau autour duquel vinrent en hâte se ranger tous les Espagnols jaloux de leur liberté, et de l'honneur de leur patrie?

Quant à l'historiette que beaucoup d'écrivains rapportent des amours de Munussa, gouverneur d'une ville des Asturies, avec la sœur de Pélage, elle est évidemment controuvée; et il était indigne de la gravité de l'histoire de l'adopter sans preuves. Ce gouverneur, qui ne s'appelait point Munussa, mais Othman-ben-Abi-Neza, comme

Gaule un détachement de son armée sous la conduite d'Alxaman, l'un de ses meilleurs officiers. Pour la première fois les Musulmans furent vaincus. Du haut de leurs rochers, les soldats de Pélage faisaient rouler sur eux d'énormes pierres, qui, dans leur chute rapide, renversaient, écrasaient les rangs entiers; et les Arabes, consternés, s'éloignèrent de ces montagnes, d'où la mort semblait descendre, où leur cavalerie inutile ne pouvait les secourir. Alxaman voulut en vain rétablir le combat : il tomba lui-même, atteint d'un coup mortel, et les soldats, que ne retenait plus la voix de leur chef, prirent de toutes parts la fuite dans le plus grand désordre. Plus agiles qu'eux, les Cantabres les poursuivirent, et un bien petit nombre parvint à leur échapper et à sortir des montagnes (1).

---

nous le verrons dans peu, épousa la fille d'Eudes, duc d'Aquitaine, et non la sœur de Pélage; et cet événement n'arriva que quinze ans plus tard ou environ, sous le gouvernement de l'émir Abderahman.

(1) On dit que l'évêque Oppas était dans l'armée d'Alxaman, et qu'avant que l'action s'engageât, il tâcha par ses discours de porter Pélage à la soumission. On ajoute que, regardé avec horreur par les chrétiens, il revint auprès des Arabes, qu'il les guida lui-même au combat, et qu'il y fut pris vivant par les soldats de Pé-

Encouragé par ce succès éclatant, Pélage s'occupa d'abord d'établir chez ses montagnards la discipline, qui est la force des armées. Il augmenta le nombre des soldats qui composaient la sienne, de tous ceux en qui le bruit de cette victoire avait réveillé le courage et le patriotisme. Plusieurs

---

lage. Il y a peu d'apparence que ce fait soit arrivé. Depuis long-temps on ne parlait ni du comte Julien ni des enfans de Vitiza. Ils avaient appelé les Arabes comme auxiliaires, et les Arabes, vainqueurs, gardèrent pour eux le pays qu'ils avaient conquis. Julien et ses amis durent manifester du mécontentement; peut-être refusèrent-ils de servir plus long-temps la cause étrangère d'un peuple qui avait trompé leurs espérances. Etait-il surtout vraisemblable qu'Oppas, l'un d'eux, de plus évêque, se trouvât dans le corps d'Alxaman, qui avait été détaché de l'armée de la Gaule? Il faudrait supposer qu'Oppas avait suivi Alhaûr dans son expédition. L'archevêque Rodrigue dit dans sa chronique que cet émir, soupçonnant d'infidélité Julien et les siens, les fit tous mettre à mort. Ils méritaient bien ce prix de leur trahison. Cette mesure est d'ailleurs dans le caractère connu d'Alhaûr. Quand on sait quel fut le sort de Muza et de ses enfans, on serait surpris, au contraire, que les Arabes eussent respecté les jours de ceux qui, traîtres à leur patrie, ne pouvaient donner à aucun maître une solide garantie de leur loyauté. L'ambition, la soif des conquêtes, la mauvaise foi acceptent les services de la trahison : elles brisent le vil instrument, dès qu'il a cessé d'être utile.

villes chassèrent les garnisons arabes et le recurent dans leurs murs.

De retour à Cordoue, Alhaûr, qui voulait venger Alxaman et ruiner le pouvoir naissant de Pélage, rassembla de nombreuses troupes et fit d'immenses préparatifs. Mais l'émir d'Afrique, à qui le calife Omar avait donné le droit de surveiller les affaires d'Espagne, et même d'en nommer le gouverneur, prévenu contre l'émir Alhaûr autant par les plaintes qui lui étaient venues de tous les points de la péninsule, que par le mauvais succès de ses armes contre Pélage; et ne manquant pas, suivant la coutume, de mettre sur le compte du général la défaite des troupes, se hâta d'exécuter l'ordre que le calife Yezid, successeur d'Omar, lui avait envoyé, de déposer Alhaûr; il nomma pour lui succéder Alsama ben Melic el Chulani. Pour le bonheur de Pélage, le nouvel émir, plus tenté de l'espoir de conquérir la Gaule que de la gloire stérile de s'emparer de quelques rochers, profita des dispositions de guerre qu'Alhaûr avait faites, pour envahir, comme lui, les riches provinces de la France; et, se mettant lui-même à la tête d'une puissante armée, il passa les Pyrénées, s'empara de vive force de Carcassonne, et alla mettre le siége devant Toulouse. Fatigué de la résistance, Alsama allait ordonner l'assaut, lorsqu'il apprit que le duc d'Aquitaine venait au secours de sa capitale (1). Au lieu de l'intimider, cette nouvelle ne fit qu'enflammer son courage ; mais le succès ne répondit pas à ses espérances, et après avoir fait pendant long-temps des prodiges de valeur, percé d'une lance qui lui traversa le côté, il trouva la mort sur le champ de bataille où il avait compté recueillir la victoire (2). Les principaux

---

(1) Les Arabes appellent toujours le duc d'Aquitaine roi de France, tout comme ils appellent terres de France la Gaule narbonnaise jusqu'à Nîmes, et la partie de la Catalogne qui avoisine les Pyrénées. Ils nomment montagnes de France celles de la Navarre et des pays voisins; ils donnent aux Pyrénées le nom générique de *Gibal Albortat*, montagnes des Portes, du mot latin *porta*, qui signifiait col ou passage élevé dans les montagnes, duquel les Espagnols ont fait le mot *puerto*, qui a la même signification.

(2) Florian, dans son Précis historique, fait le plus beau portrait d'Alsama, qu'il nomme Elsemagh. Il dit qu'il embellit Cordoue, dont il fit sa capitale, qu'il s'occupa de régler les impôts, qu'il travailla au bonheur des peuples, etc.; Florian se trompe certainement : celui qui transféra le siége du gouvernement à Cordoue, ce fut Ayûb, successeur d'Abdelaziz. Alsama ne conserva le pouvoir que cinq ou six mois, ayant été tué vers la fin de l'an 102 de l'hégire (721), et non en l'an 104, comme Florian le dit encore. Il n'eut pas même le temps d'entreprendre la réforme des abus, ou de tenter des amélio-

scheiks des Arabes partagèrent le sort de leur général. Toute l'armée aurait péri peut-être sans la valeur et la prudence d'Abderahman ben Abdala el Gafeki, qui rallia les troupes dispersées et en conduisit les débris jusqu'à Narbonne, triomphant de tous les dangers qui environnèrent sa retraite. Arrivés dans cette ville, les scheiks de l'armée lui décernèrent le commandement; il le méritait autant par la courageuse habileté qu'il avait déployée en résistant à une armée victorieuse, que par les qualités qui le rendaient cher aux soldats, sa douceur envers eux, et son extrême libéralité. Les hommes ne sauraient éviter leur destinée! Abderahman se glorifiait sans doute du choix de ses compagnons d'armes; il prévoyait que ce choix l'élèverait à

---

rations utiles. Il aimait les beaux-arts, ajoute cet écrivain, il attira les savans à sa cour, il composa même un livre, etc. On voit que Florian n'a voulu négliger aucun coup de pinceau, et l'on pourrait bien présumer qu'il n'a donné à son Elsemagh tant de brillans accessoires, que pour le plaisir de faire un portrait accompli. Encore une fois, quelque goût que cet émir pût avoir pour les lettres, le temps lui manqua pour les cultiver; et, à coup sûr, s'il a fait un livre, ce n'a pas été quand il fut émir. On peut même douter qu'il ait rien écrit, car aucun auteur arabe n'en parle.

l'honneur de gouverner l'Espagne ; et déjà il voyait la Gaule conquise reconnaître ses lois, et l'exemple d'Alsama était perdu pour lui, et le même sort l'attendait sur cette terre toujours funeste aux Musulmans !

Ambisa ben Sohim, qu'Alsama avait laissé à Cordoue pour régir l'état pendant son absence, n'eut pas plutôt appris la défaite et la mort de l'émir, qu'il appela de toutes parts des troupes pour composer une seconde armée ; mais l'élection d'Abderahman ayant été approuvée par l'émir d'Afrique, Ambisa fut contraint de céder un pouvoir dont la possession flattait trop son orgueil, pour qu'il pût l'abandonner sans regret : aussi tenta-t-il de s'en ressaisir par l'intrigue. Tandis qu'Abderahman, ramenant l'ordre et la confiance parmi les soldats, rétablissait la puissance du calife sur la ligne des Pyrénées, Ambisa, secondé par Obeida son ami, le dénonçait à l'émir d'Afrique comme capable de compromettre les intérêts de l'islamisme. Pour donner à ses plaintes la couleur de la bonne foi, pour paraître juste même en se montrant ennemi, il parlait avec éloge de ses talens militaires ; mais il l'accusait de négligence dans l'administration du gouvernement ; il lui reprochait surtout l'indiscrète prodigalité qui entretenait parmi les Arabes la soif des richesses, et leur offrait les

An de J. C. 722. De l'hégire, 104.

moyens de corrompre leurs mœurs. Ces insinuations adroites eurent l'effet qu'Ambisa en attendait. L'émir d'Afrique, qui était son parent, se laissa entraîner; et, déposant Abderahman, il mit à sa place le dénonciateur, chose qui n'est que trop ordinaire, ailleurs même que chez les Arabes. Le généreux Abderahman ne témoigna ni ressentiment ni regret; il se contenta du commandement qu'il avait eu avant son élévation, et il fut des premiers à complimenter son successeur.

An de J. C. 723.
De l'hégire, 105.

Le premier acte de l'administration d'Ambisa (1) fut de régulariser la perception des impôts et de répartir quelques terres aux Musulmans, sans blesser le droit de propriété des naturels, n'employant à cette répartition que les terrains vacans. Il exigea la dîme de tous ceux qui s'étaient soumis volontairement aux Arabes; il condamna à payer le quint ceux qui n'avaient été réduits que par la force. Il fit re-

---

(1) C'est cet Ambisa qui est nommé Aïza par quelques-uns, et supposé avoir été l'époux d'une petite-fille de Vitiza, nommée Sura. Ni M. Conde ni les nombreux auteurs dont il a extrait les mémoires ne parlent de ce mariage. N'oublions jamais, comme le dit souvent M. Conde, que les Arabes modernes ont mêlé beaucoup de contes aux récits de l'histoire.

construire le pont de Cordoue; il visita ensuite les provinces, s'attachant partout à rendre la justice égale, sans distinction de culte. Les habitans de Tarrassone s'étant révoltés, il s'y porta en toute hâte, entra dans la ville à main armée, rasa les fortifications, punit sévèrement les principaux auteurs de la révolte, et condamna tous les autres à payer une contribution d'un double quint. De là, il envoya ses lieutenans faire plusieurs incursions dans la Gaule. Il y eut beaucoup d'habitations brûlées, de campagnes dévastées, d'habitans réduits à l'esclavage. Ambisa, dit-on, n'approuvait pas intérieurement ces excès, mais il n'osait les blâmer de peur de paraître mauvais musulman.

Vers ce temps-là il s'éleva en Syrie un imposteur nommé Zonaria, qui se dit le Messie que les Juifs attendaient. A cette nouvelle, tous ceux qui habitaient l'Espagne, lesquels étaient en grand nombre, conduits par l'aveugle superstition, plus forte encore que l'amour des richesses, abandonnant leurs possessions, leurs propriétés, leurs demeures, prirent incontinent la route de la Syrie. Ambisa les laissa partir, mais il confisqua tous leurs biens au profit de l'Etat. L'année suivante, à l'exemple de ses prédécesseurs, Ambisa voulut passer dans la Gaule. Il eut d'abord quelques avantages parce qu'il avait trouvé les habitans sans défense, et il poussa sa marche jusqu'au-delà du Rhône; mais dans un des fréquens combats qu'il fut obligé de livrer ou de soutenir, il reçut plusieurs blessures très-graves dont il mourut au bout de quelques jours, sur la fin de l'an 106 de l'hégire.

An de J. C. 724.
De l'hégire, 106.

Il avait pourvu au gouvernement provisoire, en désignant pour le remplacer Hodeira el Fehri; celui-ci n'occupa ce poste que fort peu de temps, l'émir d'Afrique y ayant nommé Yahie ben Zalema; c'était un capitaine expérimenté, aimant la justice, mais poussant jusqu'à la rigueur son zèle pour elle; aussi, se fit-il redouter des chrétiens et des musulmans. Ses ennemis profitèrent du moment où il parcourait les provinces septentrionales, pour demander sa destitution à l'émir d'Afrique; et celui-ci désigna Othman ben Abi Neza (1), avantageusement connu pour sa valeur

---

(1) Cet Othman ben Abi ou Abu Neza est le même individu que les vieilles chroniques tant espagnoles que françaises appellent Munuza : il a été facile de faire Munuza d'Abuneza.

Il faut convenir que les Arabes ont horriblement défiguré les noms espagnols ou français. El Mesaudi, l'un de leurs écrivains, appelle presque tous les rois d'Espagne, *Odron* ou *Lodron*, et tous ceux de France *Colorio* ou *Lodorio*. Les noms des villes et des provinces ne sont pas

et son expérience à la guerre. Othman entra de suite en possession de sa charge; mais il ne la garda que quelques mois. Ceux-là même qui avaient agi pour le faire nommer, trouvant en lui peu de reconnaissance, et voyant frustrées les espérances qu'ils avaient conçues pour eux-mêmes de son élévation, portèrent des plaintes amères à l'émir d'Afrique, et obtinrent par son entremise du calife Hixêm, successeur de Yezid, la nomination d'Hodaifa ben Alhaûs. Hodaifa ne fit que passer (1). Les gouverneurs d'Afrique,

An de J.-C. 726. De l'hégire, 108.

---

mieux traités; mais convenons aussi que nos historiens le leur rendent bien, et qu'il est souvent chez eux impossible de reconnaître les véritables noms des Arabes.

(1) On conçoit difficilement comment la puissance des Musulmans a pu se consolider en Espagne, avec ces fréquens changemens de gouverneurs, et les secousses qu'à chaque nomination l'État recevait du mécontentement des ambitieux dont les espérances étaient trompées. Dans l'espace de trois ou quatre ans, on voit dix individus occuper tour à tour la charge d'émir, en sortir, comme ils y entraient, par la faveur et l'intrigue. Au reste, il en était de même en Afrique, où les émirs se succédaient rapidement. L'instabilité paraissait, en ce temps, attachée à la fortune particulière des scheiks arabes, tandis que celle de la nation devenait chaque jour plus ferme; les califes eux-mêmes étaient à peine montés sur le trône, que la mort, les frappant au milieu des grandeurs, les précipitait du trône au tombeau. Suleiman n'avait régné

avides d'or, vendaient toujours la faveur; et leur basse cupidité leur faisait accueillir en tout temps les demandes des scheiks espagnols qui aspiraient aux emplois, lorsque leur ambition se montrait libérale. Le même Othman, qui avait été déposé quelques mois avant, gouverna de nouveau l'Espagne, mais ce ne fut que par interim, et jusqu'à l'arrivée d'Alhaitam ben Obeid el Kenani, qui vint de Damas avec la provision du calife.

Alhaitam, syrien de naissance, était d'un naturel dur et avare; il ne tarda pas à montrer ce caractère odieux. Il envoya Othman sur la frontière, lui laissant tous les soins de la guerre,

---

que deux ans huit mois, Omar un peu moins, Yezid quatre ans. Hixêm, qui vint après, régna il est vrai près de vingt ans; mais son successeur Walid fut assassiné quinze mois après son avénement, par ordre de son cousin Yezid ben Walid, qui s'empara du califat et ne le garda que cinq mois. Ybrahim, proclamé après son frère Yezid, n'eut qu'un règne d'environ dix semaines. Déposé par le peuple et l'armée, il fit place à Meruan, dernier roi de sa race. Celui-ci, après un règne orageux de cinq ans, fut tué dans une bataille où s'affermit la puissance usurpatrice des Abbassides; et par un jeu cruel de la fortune, ce fut dans cette même bataille que périt le calife déposé, Ybrahim, en combattant pour celui qui lui avait ravi l'empire. Suivant quelques-uns il se noya, en fuyant, dans la rivière sur les bords de laquelle la bataille se donna.

et lui ne quitta pas l'Andalousie, où il exerça les plus grandes vexations. Plusieurs scheiks arabes ou bérébères se liguèrent en secret contre lui ; Alhaitam découvrit leurs complots ; furieux, il les emprisonna, confisqua leurs biens, et en fit même périr quelques-uns dans les supplices. Zeyad ben Zaide était un de ceux que l'émir avait privés de la liberté. Comme il jouissait d'une grande considération, il parvint, par le canal de ses amis, à porter ses réclamations aux pieds du calife. L'accusation paraissait très-grave ; il s'agissait non-seulement d'injustices particulières, mais encore du malheur et de la ruine de la nation. Hixêm, qui ne voulait point agir légèrement, envoya en Espagne Muhamad ben Abdala, avec la commission secrète de vérifier les faits, de recueillir les plaintes, et de faire une prompte justice, s'il résultait de ses informations que l'émir fût coupable. Il ajouta aux pouvoirs qu'il lui confiait, celui de donner le gouvernement de l'Espagne au Musulman qui lui paraîtrait le plus digne de cet honneur. Il ne fallut pas beaucoup de temps à Muhamad pour savoir toute la vérité, tant l'émir s'était livré sans pudeur à l'ivresse du pouvoir, et aux excès qu'elle produit. Aussitôt il exhiba l'ordre du calife, déposa Alhaitam, et le fit mettre en prison ; il rendit la liberté à tous ceux qui s'y trouvaient détenus, sans cause légitime, et du prix de ses biens, qui furent confisqués et vendus, il indemnisa ceux qui avaient été injustement dépouillés. On ajoute qu'avant de le faire sortir de Cordoue, d'où il l'envoya sous bonne escorte en Afrique, il ordonna qu'il serait promené par les principales rues et places de la ville, monté sur un âne, voulant laisser ainsi dans la mémoire des habitans un exemple frappant de la justice du calife. Au bout de deux mois, Muhamad, convaincu du mérite réel d'Abderahman el Gafeki, le rétablit dans le poste d'émir, qu'il avait occupé avant la nomination d'Ambisa; et tous les Musulmans applaudirent à ce choix, qu'ils regardèrent comme une preuve nouvelle du discernement et de l'intégrité de Muhamad. Le seul Othman ne partagea point la satisfaction générale : il pensait que la préférence accordée à un autre était pour lui une injure.

An de J. C. 727. De l'hégire, 109.

Abderahman apportait, en entrant au gouvernement, le désir et la volonté de faire le bien, et de réparer les injustices du dernier émir. Pour parvenir plus facilement à ce résultat, il consacra deux ans entiers à parcourir l'Espagne, écoutant toutes les plaintes, accueillant ceux qui s'approchaient de lui, et ne faisant en cela aucune distinction entre les chrétiens et les musulmans. Il chassa de leurs emplois plusieurs

An de J. C. 728. De l'hégire, 110.

alcaïdes, ou gouverneurs, qui avaient été les oppresseurs de leurs administrés ; il fit restituer aux chrétiens les églises qu'on leur avait prises, et qu'ils avaient le droit de conserver, aux termes des capitulations ; mais il fit abattre celles qu'ils avaient bâties, en achetant la condescendance de quelque gouverneur avare. Cependant les soins de l'administration ne détournaient point l'émir du principal objet qu'il avait en vue. Il méditait l'envahissement de la France ; et, fier de ses victoires passées, de sa valeur, de ses talens, comptant sur sa fortune, il espérait joindre à son gouvernement cette vaste contrée, ou tout au moins les pays qui avaient dépendu du royaume des Goths ; mais pour cette grande entreprise, il fallait une armée nombreuse, et tandis qu'il rassemblait toutes les forces de l'Espagne, il demandait des renforts à l'émir d'Afrique. Celui-ci lui envoya des troupes choisies, et pleines d'ardeur. Abderahman, pour les tenir en haleine, les dirigea sur les frontières, et il donna l'ordre à Othman de les employer à faire une irruption dans le pays ennemi, en attendant qu'il se mît en marche lui-même avec le reste de l'armée, composé des troupes d'Espagne.

Othman, comme on l'a vu, avait du courage et de l'habileté, mais il était jaloux de la gloire d'Abderahman, et ne voyait en lui qu'un rival qui lui avait ravi la première place ; il devait donc être peu disposé à servir les vues ambitieuses de l'émir. Un motif plus puissant encore le retenait, et l'empêchait de contribuer à la guerre. Dans une de ses incursions précédentes, Lampégie, l'une des filles d'Eudes, duc d'Aquitaine, était tombée en son pouvoir (1) ; et aussitôt l'amour, qui ne consulte pas toujours les convenances, l'avait rendu l'esclave soumis de sa prisonnière. Celle-ci partagea les sentimens qu'elle inspirait, et Lampégie devint l'épouse d'Othman, comme Egilone fut celle d'Abdelaziz. Subjugué par sa passion, le musulman avait conclu avec les chrétiens une longue trève ; l'honneur seul aurait dû le forcer à garder le traité, si l'amour ne le lui eût commandé. Les ordres d'Abderahman l'embarrassèrent ; il prit le parti de lui écrire, pour lui représenter qu'une trève existant, on ne pouvait recommencer les hostilités tant qu'elle ne serait pas expirée. L'émir parut très-fâché de ce contretemps ; et comme il se trouve toujours dans les cours des hommes qui ne cherchent à lire dans le cœur du maître que pour le flatter, et qui fondent leurs espérances de fortune sur la ruine

---

(1) Quelques-uns la nomment Numérance, d'autres Ménine. Les Arabes ne nomment ni la fille ni le père ; ils disent simplement : la fille du comte de cette contrée.

de celle des autres, il y eut des gens qui informèrent Abderahman de toutes les circonstances du mariage d'Othman Abu Neza, et lui apprirent ainsi la véritable cause de ses refus. Ces nouvelles remplirent Abderahman de courroux ; il fit dire à Othman, en maître irrité, qu'une trève accordée sans sa participation ne pouvait être que nulle ; qu'en conséquence il devait se tenir prêt pour la guerre. Aigri par ce nouvel outrage, Othman fit avertir Eudes de tout ce qui se passait, afin qu'il eût le temps de se mettre en défense. L'émir en fut promptement instruit ; aussitôt, il envoya à Albâb (1), lieu de la résidence d'Othman, un corps de troupes sûres, sous les ordres

---

(1) Albâb signifie port ou porte, ce qui indique que cette ville était située sur l'un des passages des Pyrénées. M. Conde croit que c'était Puycerda, ce qui est assez conforme à l'opinion de M. de Chénier, qui fait de Munuza un gouverneur de la Cerdagne. Un autre auteur, cité par M. Conde, traduit ce nom d'Albâb par *Castrum Liviæ in Ceretaniâ;* et il existe en effet à la pointe occidentale de l'ancienne province du Roussillon, à la partie appelée Cerdagne, un petit village, qui bien qu'enclavé dans le territoire français, appartient à l'Espagne ; il est situé à l'ouest de Mont-Louis, non loin de Puycerda. Devant le village, vers le nord, sur une montagne isolée, au pied de la grande chaîne des Pyrénées, on voit les ruines d'un ancien château, dont les traditions du pays attribuent la fondation à Livie, femme d'Auguste.

de Gedhi ben Zeyan, qu'il chargea particulièrement de surveiller la conduite du gouverneur, et, pour peu qu'elle lui parût suspecte, de s'emparer de sa personne, et même de le tuer en cas de résistance. L'apparition inopinée de Gedhi et de ses soldats jeta le trouble et l'épouvante dans tous les cœurs. Othman lui-même se crut perdu, et ne prenant conseil que de son désespoir, il se sauva avec sa famille à travers les montagnes. Gehdi le fit poursuivre de tous les côtés. Othman, épuisé par la fatigue et les brûlantes ardeurs du soleil, s'était arrêté auprès d'une fontaine, avec son épouse bien-aimée, qu'il tâchait de consoler et de ranimer par ses soins. Tout à coup il entendit marcher près de lui; s'étant retourné, il aperçut les soldats de Gedhi. Tous ses domestiques prirent la fuite. Lampégie seule demeura près de lui; le courageux Othman voulut en vain la défendre; accablé par le nombre, il tomba percé de mille coups. Les soldats lui coupèrent la tête, et emmenèrent la belle captive. Quand l'émir reçut de Gedhi ce double présent : Par Allah, s'écriat-il, je n'aurais pas cru qu'on pût faire si bonne chasse dans les Pyrénées. L'épouse d'Othman fut ensuite envoyée au calife (1), et la fille

An de J. C. 731.
De l'hégire, 113.

―――――

(1) M. de Chénier croit trouver dans ce fait le fonde-

du duc d'Aquitaine alla terminer sa carrière agitée dans les harems de Damas.

La nouvelle du malheur d'Othman avait passé les Pyrénées, et les habitans de l'Aquitaine, prévoyant ce qu'ils avaient à craindre d'un ennemi implacable, se préparèrent à une vigoureuse défense; mais l'immense armée des Arabes, se précipitant du haut des montagnes comme un torrent dévastateur, triompha de tous les obstacles; et, depuis la Navarre jusqu'à Bordeaux, semant partout la désolation et la mort, elle marqua son passage par l'incendie et les ruines. Vainqueurs dans tous les combats qu'ils livraient, couverts de butin et de sang, persuadés qu'ils étaient invincibles, les Arabes souriaient à l'aspect de nouveaux ennemis, parce qu'ils se flattaient d'avoir bientôt leurs dépouilles. Après une vive résistance la ville de Bordeaux fut emportée d'assaut. Le gouverneur (1) fut tué en combat-

---

ment de l'opinion où sont les Musulmans qu'un de leurs califes a épousé une princesse française. Il raconte différemment la triste fin de Munuza, qui se précipita, dit-il, du haut d'un rocher pour ne pas tomber vivant dans les mains de ses ennemis. Ici, comme dans beaucoup d'autres occasions, nous avons suivi M. Conde.

(1) M. Conde dit, d'après ses originaux arabes, que ce fut le comte ou souverain du pays. C'est évidemment une

tant; on lui coupa la tête comme un trophée de la victoire, et les habitans, livrés au pillage et à la fureur du soldat, ne purent pas toujours racheter leurs vies par l'abandon de toutes leurs richesses. Abderahman, poursuivant sa marche, fut arrêté au passage de la Dordogne par les troupes du duc d'Aquitaine; mais elles ne purent soutenir le choc impétueux des Arabes, dont le nombre aurait suffi seul pour les accabler (1). Eudes, vaincu, affaibli, sans espérance, voyant tous ses états envahis et dévastés, oublia les ressentimens qui l'avaient jusque là rendu l'ennemi de Charles Martel, et se confiant en la noblesse du héros français, il lui demanda des secours. Charles Martel les accorda : la politique

---

erreur, parce qu'il n'y avait pas d'autre souverain qu'Eudes, et que celui-ci non-seulement ne fut pas tué au siége de Bordeaux, mais qu'il survécut même à la fameuse babaille où périt Abderahman.

(1) L'historien espagnol dit encore que ce combat eut lieu au passage de la Garonne, et il semble placer ce combat avant le siége. C'est encore une erreur. Abderahman, venant par la Navarre, n'avait point le fleuve à traverser pour rentrer dans Bordeaux; et ce ne fut qu'après la prise de la ville qu'Eudes disputa le passage. Il est possible que ce soit celui de la Garonne; mais nous avons suivi en ceci la plupart des historiens français qui parlent de la Dordogne.

autant que l'humanité l'exigeait. Il fallait arrêter dans son cours ce fléau dévorant qui menaçait de s'étendre sur toute l'Europe. Les destins de la France et des états voisins tenaient peut-être à l'issue de cette guerre : les Arabes, vainqueurs, auraient planté les étendards de l'islamisme sur les rivages de la Baltique.

D'une extrémité de la France à l'autre le cri de guerre retentit; de toutes parts des soldats accoururent. Ces vieilles bandes que tant de fois Charles a conduites à la victoire saisissent leurs armes, et pleines de confiance en leur général, elles se préparent au combat comme à un nouveau triomphe. Cependant les Arabes s'étaient dirigés vers la cité de Tours ; ce fut sous les murs de cette ville qu'Abderahman apprit qu'une puissante armée se formait pour marcher contre lui. Comme la valeur n'excluait pas en lui la prudence, et qu'il voyait avec peine que ses Arabes chargés de richesses et chaque jour plus avides se rendaient, par le soin de les conserver, moins propres à combattre, il fut tenté d'ordonner que tout le butin serait abandonné; mais il craignit d'exciter le mécontentement des troupes; il comptait d'ailleurs sur leur bravoure, sur ses généraux, sur lui-même, et sur sa fortune. Il permit donc que son armée fît le siège de Tours, et il en pressa même les opérations

An de J. C. 732. De l'hégire, 114.

avec tant d'ardeur, que la ville fut prise presque sous les yeux de l'armée ennemie. Les vainqueurs se livrèrent aux plus cruels excès contre les malheureux habitans, et Abderahman ne fit rien pour l'empêcher. Un revers éclatant devait le punir de cette coupable indifférence, et cette fois du moins la fortune fut juste. Les deux armées se rencontrèrent dans une vaste plaine entre Tours et Poitiers ; Abderahman donna le premier le signal du combat. La victoire, long-temps indécise, se déclara pour les Français. Le général arabe fit les plus grands efforts pour rallier ses troupes qui commençaient de plier ; et se précipitant, pour leur donner l'exemple, au milieu des rangs ennemis, il y trouva le terme de ses prospérités et de sa vie. Privés de leur général, les Arabes n'opposèrent plus de résistance, et les chrétiens en firent un horrible massacre. Les débris de cette armée furent poursuivis par les vainqueurs jusqu'aux environs de Narbonne, d'où la nouvelle de ce désastre alla répandre en Espagne et même en Afrique (1) la consternation et le deuil.

An de J. C. 733.
De l'hégire 115.

---

(1) Les historiens ne sont guère d'accord ni sur la date de cette mémorable bataille ni sur le lieu où elle se donna. Les uns la placent au 7 octobre 732 ; d'autres, comme M. Conde, la mettent à l'année suivante. Ici il

L'émir d'Afrique se hâta de nommer un successeur à Abderahman, dans la personne d'Abdelmelic ben Cotan el Fehri ; il lui donna même un corps nombreux de cavaliers et quelques troupes d'infanterie ; en même temps il écrivit au calife pour lui apprendre la mort d'Abde-

---

paraît que les Arabes méritent plus de confiance ; car cet événement, si funeste à leur nation et à l'accroissement de sa puissance, marqué d'ailleurs par la mort de l'un de leurs plus grands capitaines, n'a pu manquer en aucun temps de les intéresser vivement, et il est à supposer qu'ils en ont retenu l'époque. Quant au champ de bataille, les uns encore, tels que Velli et d'autres historiens, le placent à cinq lieues de Tours ; les autres auprès de Poitiers. M. Conde ne désigne pas précisément le lieu. Les écrits arabes portent : sur les rivages de la rivière Owar. C'est peut-être la Vienne, qui va se jeter dans la Loire.

Les écrivains arabes, jaloux de l'honneur de leur nation, attribuent la perte de la bataille au mouvement que fit une partie de la cavalerie pour aller défendre leur camp, qu'une division de chrétiens attaquait, et par lequel elle quitta le champ de bataille au plus fort de la mêlée. Ces écrivains donnent à entendre que ce camp renfermait toutes les richesses de l'armée. Abderahman avait craint, ainsi qu'on l'a vu, que cette ardente soif de butin ne devînt funeste aux Arabes ; et, s'il n'exigea pas d'eux qu'ils l'abandonnassent, c'est qu'il dut penser qu'il ne pourrait s'en faire obéir.

rahman, et le choix provisoire qu'il avait fait. Le calife confirma la nomination, et il ordonna au nouvel émir d'armer toute l'Espagne et de venger le sang musulman par la ruine entière de la France. Il était plus facile de donner cet ordre que de l'exécuter. Abdelmelic se disposa pourtant à obéir, mais le premier obstacle qu'il trouva fut dans le découragement des Arabes. En vain il essaya, par ses discours, de leur rendre quelque énergie. « Jusqu'à ce moment, leur » disait-il, vos plus beaux jours ont été les jours » de combat. Ne vous souvient-il plus mainte- » nant qu'il s'agit de la guerre sacrée? Que vous » êtes sur la voie des éternelles récompenses ? » Rappelez-vous que l'envoyé de Dieu se disait » le fils de l'épée, et qu'il reposait sur le champ » de bataille, couché sur les drapeaux ennemis. » La victoire, la défaite, la mort sont dans la » main de Dieu; il fait triompher aujourd'hui celui » qui fut vaincu hier. » Que pouvaient ces paroles contre la terreur profonde dont les Arabes étaient frappés? Ils le suivirent en France, entraînés par le devoir et l'obéissance, mais sans espoir, sans courage, sans force réelle. Aussi, malgré les talens de l'émir, la guerre fut malheureuse; et les chrétiens, reprenant peu à peu toutes leurs places, rendirent désormais impossible le succès d'une seconde invasion. Il arriva qu'Abdelmelic ayant voulu tenter encore le sort des armes deux ou trois ans après, son armée, surprise dans les défilés des Pyrénées, fut presque entièrement détruite. Le calife, attribuant ces malheurs à la mauvaise fortune de l'émir, ou à son inexpérience, envoya pour le remplacer Ocba ben Alhegâg, qui venait de donner des preuves de ses talens militaires, en soumettant les Bérébères révoltés de Tanger et d'Almagreb. {An de J. C. 736. De l'hégire, 118.}

Ocba arrivait en Espagne précédé d'une réputation de justice et de probité qui donnait aux Musulmans l'espérance d'un meilleur avenir, mais qui le rendait odieux à tous les alcaïdes ou gouverneurs, dont l'insatiable cupidité avait su profiter, pour se satisfaire, des troubles publics ou de la faiblesse des gouvernemens antérieurs. Il en destitua un grand nombre, se déclara le protecteur des faibles; emprisonna les déprédateurs des revenus de l'état, ou ceux qui avaient levé des impôts arbitraires; établit des cadis ou juges dans chaque capitale, et même dans tous les principaux cantons, afin que l'influence des lois se fît sentir partout d'une façon immédiate; ordonna que les walis ou gouverneurs des provinces (1) entretinssent des corps

---

(1) On appelait *walis* les gouverneurs principaux d'une

armés, destinés à poursuivre les voleurs et les malfaiteurs de tout genre; fonda un grand nombre d'écoles publiques, qu'il dota de rentes sur l'état; se montra zélé pour la religion; fit construire des mosquées, auxquelles il attacha les personnes nécessaires au service du culte, et protégea sans distinction tous les citoyens. Ocba était de mœurs irréprochables : il avait le droit de se montrer sévère; il examina scrupuleusement la conduite de son prédécesseur Abdelmelic (1), et comme il ne lui trouva aucun tort, qu'aucune charge ne s'éleva contre lui, il lui donna le commandement de la cavalerie et lui confia la défense des frontières. Pour se conformer aux vœux du calife, Ocba se préparait à faire une irruption en France; il s'était même rendu dans ce but à Sarragosse, lorsqu'il reçut avis que les Bérébères s'étaient de nouveau ré-

---

province; *alcaïdes* les gouverneurs particuliers d'une ville, d'une forteresse, ou même d'un canton; *wazirs* les vice-gouverneurs. Chaque wali avait deux wazirs.

(1) M. de Chénier parle de cet Abdelmelic comme d'un homme cruel, avare et corrompu, souillé de tous les excès. Il parle aussi d'une conspiration qui se serait formée contre Ocba, et du supplice qu'il aurait fait subir aux conjurés. En ce qui touche Abdelmelic, il y a non-seulement peu de vraisemblance dans l'imputation de

voltés. L'émir d'Afrique le priait instamment dans sa lettre de passer de suite à Tanger, pour prendre le commandement de l'armée destinée à agir contre cette nation turbulente. Ocba se remit aussitôt en route pour Cordoue, d'où il gagna Algéziras; suivi de quelques escadrons d'élite, il traversa heureusement la mer, et aborda en Afrique, où sa présence releva le courage des Arabes.

An de J.C. 737. De l'hégire, 120.

Ce fut vers la fin de la même année que mourut, après un règne de dix-neuf ans, le héros des Asturies, Pélage, qui, tirant de lui-même toutes ses ressources, actif, intrépide, constant dans la mauvaise fortune, se montra toujours digne des succès qu'il obtint. Accompagné d'abord d'une poignée de braves, poursuivi par les Arabes de rocher en rocher, évitant toujours leurs atteintes, il parvint à se faire d'une caverne sau-

---

M. de Chénier, d'après le témoignage de M. Conde, mais encore il y a presque impossibilité de concilier la dépravation profonde qu'il lui reproche avec la justice que lui rend le sévère Ocba.

Quant à celui-ci, rien n'indique qu'aucune conjuration dirigée contre lui ait existé. Il ne paraît même guère possible de l'admettre, quand on songe aux regrets universels que causa la mort de ce vertueux émir. Au surplus, M. Conde n'en fait aucune mention.

vage une retraite inaccessible, d'où il brava toute leur puissance. De là, étendant autour de lui sa domination régénératrice, habile à saisir le moindre avantage, il jeta les fondemens de cette monarchie qui, aperçue à peine dans son berceau, devait au bout de quelques siècles régir les plus belles régions des deux continens. Pélage eut pour successeur son fils Favila, qui périt malheureusement à la chasse des bêtes fauves, dans la seconde année de son règne. Alphonse fut le troisième roi des Asturies. Ce prince, rempli de qualités brillantes, avait épousé la fille de Pélage; et son glorieux règne fut pour ses états l'époque d'une prospérité jusqu'alors inconnue aux grossiers montagnards qui les habitaient. Pélage avait lentement agrandi ses domaines, dont Oviédo formait la capitale, du territoire de quelques villes voisines; Alphonse y ajouta une partie de la Galice et de la Lusitanie, plusieurs villes de la province de Léon, la moitié de la Castille, presque toute la Biscaye, et quelques cantons de la Navarre.

Ocba, qui comptait sur son prompt retour en Espagne, n'avait pas cru nécessaire d'établir un gouvernement provisoire pour le temps que durerait son absence; il se contenta de donner des instructions aux walis des provinces, et de leur recommander à chacun en particulier le maintien de l'ordre. Ce fut une faute, parce que, se regardant tous comme indépendans les uns des autres, ils faisaient dans leurs gouvernemens ce qui convenait le plus à leur intérêt personnel, sans s'embarrasser de l'intérêt général. Le seul Abdelmelic, s'occupant exclusivement du bien public, sut bannir la discorde de l'armée qu'il commandait; et comme les Asturiens, profitant de la désunion des walis, s'étaient avancés jusqu'aux rives du Duero, et avaient ainsi décidé plusieurs villes à se révolter, Abdelmelic, rassemblant ses troupes, leur livra plusieurs combats où il eut l'avantage, les força à rentrer dans leurs montagnes, et plaça de nouveau sous le joug les villes qui l'avaient secoué.

Cependant la guerre d'Afrique, après avoir duré un peu plus que trois ans, avait été heureusement terminée par Ocba; il lui fut permis de venir reprendre son gouvernement d'Espagne. Il y trouva les affaires dans le plus grand désordre; tous les chefs étaient divisés entre eux et presque ennemis. Abdelmelic seul s'était conduit de manière à mériter ses éloges: aussi, en lui écrivant à l'occasion des services qu'il avait rendus, l'émir l'assura qu'il avait demandé pour lui au calife le gouvernement d'Espagne, que lui-même voulait quitter, se sentant malade. Le vertueux Ocba ne disait que trop vrai; sa

An de J. C. 741. De l'hégire, 124.

santé déclinait visiblement, et il mourut la même année dans Cordoue, estimé de tous les bons Musulmans, pleuré par le peuple, et laissant à tous le regret de ce qu'il n'avait pu rétablir la concorde avant de mourir.

L'éloignement d'Ocba avait relevé en Afrique les espérances des Bérébères ; à peine avait-il passé le détroit qu'ils s'étaient remis en campagne. L'émir d'Afrique marcha contre eux en personne ; il fut tué dans une première bataille. L'émir d'Egypte envoya une nombreuse armée au secours des vaincus. Le nouveau gouverneur d'Almagreb réunit toutes ses forces, et quand il eut reçu les renforts venus de l'Egypte, il se crut en état d'attaquer les Bérébères avec succès ; mais après une longue et sanglante lutte, ceux-ci obtinrent la victoire. L'émir, avec les débris de ses troupes, fut obligé de se retirer dans les forts ; les Syriens et les Egyptiens, conduits par Thaalaba ben Salema, et par Baleg ben Bakir, furent poussés par les vainqueurs jusqu'aux rivages de la mer. Là, trouvant des vaisseaux de transport, ils traversèrent le détroit, et vinrent aborder en Espagne, où leur présence ne pouvait que susciter de nouveaux troubles.

An de J. C. 742.
De l'hégire, 125.

Abdelmelic, dont le calife avait agréé la nomination proposée par Ocba, se trouvait à Sarra-

gosse quand cet événement arriva. Il en fut
doublement affligé, d'abord, à cause de l'échec
reçu par les armes arabes, ensuite parce qu'il
prévoyait tous les inconvéniens qui pouvaient
naître de la présence de ces étrangers. Il s'occupa aussitôt de rassembler des troupes pour
les conduire en Andalousie, et il fit dire à Baleg
et à Thaalaba qu'ils ne devaient point s'éloigner
de la côte, afin d'être plus à portée de retourner
en Afrique, où leur secours était nécessaire.
Les ennemis secrets de l'émir, et en général
ceux qui désiraient les troubles par l'espérance
d'en profiter, firent entendre aux généraux
africains que l'émir ne les voulait renvoyer que
parce qu'il craignait de trouver en eux un
obstacle au dessein qu'il formait de se rendre
indépendant ; et, les invitant au contraire à
pénétrer dans les terres, ils s'engagèrent à leur
fournir toute sorte d'assistance. Les deux étrangers ne pouvaient manquer de répondre à ces
avances, et lorsqu'ils virent dans leurs rangs un
grand nombre de mécontens et de séditieux qui
promettaient d'en entraîner beaucoup d'autres,
ils envoyèrent deux divisions sur Cordoue et Tolède, afin de s'en rendre maîtres avant que l'émir
eût eu le temps d'arriver. Abdelmelic, informé
de ces mouvemens, pressa la marche de son armée, et vint sur Tolède, que les rebelles tenaient

étroitement bloqué. Ceux-ci, à son approche, levèrent le siége à la hâte, et le fils d'Abdelmelic, qui commandait dans la ville, sortant avec la garnison, augmenta le désordre de leur retraite, et en tua un grand nombre. La division qui attaquait Cordoue n'eut pas plus de bonheur. Cette ville était défendue par Abderahman ben Ocba, et ce jeune guerrier, marchant sur les traces de son père, avait tellement maltraité les ennemis qu'il les avait totalement dispersés. Les restes de cette division s'étaient repliés sur le corps d'armée des Africains; Abderahman, emporté par son courage, les avait vivement poursuivis; mais il se trouva tout à coup entouré d'ennemis, dont le nombre devait l'accabler. Il aurait dû éviter le combat, il osa l'attendre, et ses troupes furent défaites. Ce premier succès enfla le cœur de Baleg ; il marcha vers Abdelmelic, qui descendait du côté de Mérida, et la victoire le suivit encore. La cavalerie andalouse ne put résister au choc des chevaux africains; l'émir vint s'enfermer à Cordoue avec les débris de l'armée.

Abdelmelic tenta pour lors d'obtenir, en négociant, ce qu'il n'avait pu se procurer par la voie des armes. Il écrivit à Baleg et Thaalaba, leur reprocha de fomenter la guerre civile, en protégeant les révoltés d'Espagne, leur peignit les dangers de ces divisions intestines en présence des chrétiens leurs communs ennemis, et finit par leur offrir le séjour sur les côtes jusqu'à leur départ pour l'Afrique. Les Africains ne virent dans cette démarche de l'émir qu'un aveu tacite de faiblesse, et ils marchèrent incontinent sur Cordoue. Les lâches habitans de cette ville, voulant détourner l'orage qui les menaçait, et se soustraire à la vengeance et à la cruauté de Baleg, achetèrent leur salut au prix de leur honneur. Ils se saisirent de la personne de l'émir, et l'attachèrent à un pieu planté sur le pont de Cordoue (1). En même temps ils envoyèrent leur soumission à Baleg, qui, à peine arrivé, fit couper la tête au malheureux Abdelmelic. Immédiatement après cette sanglante exécution, Baleg fit son entrée dans la ville, et il fut proclamé émir de l'Espagne par les habitans et l'armée. Thaalaba, fâché sans doute de

An de J. C. 742.
De l'hégire, 125.

---

(1) M. de Chénier dit que cet émir fut assassiné dans un mouvement populaire, occasioné par les plaintes des soldats maures ou africains, qui désiraient s'en retourner en Afrique, et qu'il voulait retenir malgré eux. M. Conde dit précisément le contraire; et l'on sent facilement que le récit qu'il fait de cet événement est bien plus vraisemblable. Il n'a jamais fallu presser les Maures pour les faire rester en Espagne.

ce que le choix n'était pas tombé sur lui, témoigna hautement son mécontentement; il trouvait mauvais que Baleg tolérât ces expressions tumultueuses de la préférence que lui donnait le peuple; il disait qu'au seul calife appartenait le droit de nommer au gouvernement de l'Espagne; que tout ce qui venait d'arriver n'était que le résultat d'un désordre scandaleux; que ceux qui auraient dû l'empêcher l'avaient favorisé; que pour lui, ne voulant point paraître l'approuver ou l'autoriser par sa présence, il allait sortir de Cordoue. Ses discours firent tant d'impression sur les Syriens qu'il commandait, que presque tous le suivirent. Il se retira vers Mérida. D'un autre côté, le fils d'Abdelmelic, qui était rentré à Tolède, avait dans cette ville, ainsi que dans les provinces de l'Orient, des amis nombreux et fidèles; d'autre part enfin le brave fils d'Ocba, à la tête d'une troupe d'élite, avait juré de venger la mort d'Abdelmelic; et, augmentant sa troupe de tous les soldats que les victoires de Baleg avaient dispersés dans l'Andalousie, il marcha le premier contre l'usurpateur. La retraite de Thaalaba l'avait beaucoup affaibli; il n'eut guère que douze mille hommes à opposer à Abderahman. Les deux chefs étaient animés de toutes les passions qui excitent le plus violemment le cœur des hommes : le désir de gloire, la haine à satisfaire. Baleg avait de plus le courage du désespoir ; Abderahman défendait la meilleure cause. Les soldats partageaient tous les sentimens dont leurs généraux étaient animés. Les deux armées se rencontrèrent dans les champs de Calatrava, à une distance égale de Cordoue et de Tolède, et elles s'attaquèrent avec fureur. Tel qu'une bête féroce qui cherche sa proie, Baleg appellait à grands cris le fils d'Ocba. Le voici, s'écrie Abderahman, le voici le fils d'Ocba. Soudain ils fondent l'un sur l'autre, se pressent, se frappent à coups redoublés. Abderahman, plus adroit ou plus agile, retourne son cheval, surprend son ennemi par une attaque imprévue, et lui enfonce sa lance dans le corps. Baleg tomba mort de ce coup terrible ; ses troupes, qui jusque là avaient résisté, perdirent courage, et s'enfuirent, laissant la terre jonchée de cadavres. Cette victoire signalée valut à Abderahman le surnom glorieux d'Almanzor.

Les restes de l'armée de Baleg ne rentrèrent pas à Cordoue ; ils prirent la route de Mérida pour rejoindre le corps de Thaalaba, qui, n'ayant pas été reçu dans la ville, en avait commencé le siége. Les habitans, effrayés à l'aspect de ces troupes nouvelles, demandèrent à capituler, et ouvrirent leurs portes. De là Thaalaba revint sur Cordoue, où il entra sans obstacle. Pour célébrer ce succès, autant que pour donner au peuple une terrible leçon d'obéissance, le barbare Thaalaba donna l'ordre d'égorger mille prisonniers qu'il avait faits. Par bonheur pour ces malheureux, au moment de l'exécution, arriva la nouvelle de l'approche d'Husâm ben Dhirar, surnommé Abulchatar, envoyé par le calife pour gouverner et pacifier l'Espagne. Thaalaba révoqua aussitôt l'ordre du massacre, et il alla à la rencontre de l'émir Husâm, auquel il fit hommage de ces mille prisonniers. L'émir le remercia, et les fit mettre sur-le-champ en liberté, offrant de recevoir sous ses drapeaux ceux qui voudraient s'y placer, permettant aux autres de retourner chez eux. La conduite d'Husâm fut applaudie par tous les Musulmans, et surtout par les troupes bérébères (1) qu'il avait amenées d'Afrique. Le même jour Thaalaba fut arrêté et conduit à Tanger.

Après que l'émir eut rétabli l'ordre dans Cor-

---

(1) La seconde révolte des Bérébères avait été enfin apaisée par la fermeté et par le courage de l'émir d'Afrique, Hantalâ. Mais, pour prévenir les effets de l'inconstance de ces peuples, l'émir prit le parti de les occuper en Espagne; il en forma un corps de quinze mille hommes, pris principalement dans les tribus de Zeneta et de Mazmuda, et il donna ce corps à Hûzam ben Dhirar.

doue, et qu'il eut étouffé les germes de mécontentement qui s'étaient manifestés dans l'armée de Thaalaba, privée de son chef, il passa à Tolède, et en fit sortir tous les partisans de la révolte. Quant à ceux du dernier émir, ils vinrent tous offrir leurs services à Husâm; de sorte qu'en peu de temps l'Espagne fut pacifiée, du moins en apparence. Mais le mal avait jeté de profondes racines, et toutes les têtes étaient tournées vers des idées de soulèvement et d'indépendance. Pour ne laisser aucune occasion de discorde, il répartit des terres à tous les nouveau venus, ayant soin de leur assigner des contrées où ils pussent retrouver le climat et les productions de leur patrie. Quand ils se virent en possession de ces biens, ils se livrèrent à la plus vive allégresse, bénissant les noms de Muza et de Balèg, dont l'un avait conquis cette région si belle, et l'autre les y avait conduits (1). Mais

---

(1) Il plaça les Egyptiens et les Arabes Veledis à Béja et Ocsonoba; les autres Arabes dans le pays de Tadmir ou Murcie; ceux d'Emessa dans les environs de Séville et de Libla; ceux des confins de la Palestine à Sidonia et Algéziras; ceux d'Alordanie, dans le canton de Rayata; ceux de Damas dans le canton d'Elvire; ceux de Quinzarine à Jaen, et ceux de Caïrvan et de l'Irak furent envoyés dans les provinces plus éloignées. Il leur assigna de plus, pour

lorsque Husâm, touché des plaintes que plusieurs villes formèrent contre leurs alcaïdes, voulut vérifier ces plaintes, et que, les trouvant fondées, il voulut déposer les gouverneurs infidèles à leurs devoirs et oppresseurs de leurs peuples, il fit beaucoup de mécontens, et plusieurs scheiks puissans se déclarèrent contre lui.

Parmi ces derniers, l'un des principaux était Samaïl ben Hatim, connu sous le nom d'Abu Gaisi. Il était petit-fils de Xamri, l'un des assassins de Hussein, fils d'Aly, le même qui porta la tête sanglante de la victime aux pieds d'Yezid ben Moavia. Lorsque les Arabes, mécontens d'Yezid, prirent pour prétexte de leur révolte la

---

fournir à leur entretien, la troisième partie du produit de l'impôt payé par les naturels; et il eut grand soin, en faisant ces répartitions, de respecter les droits de propriété des Arabes de la conquête ou de leurs descendans, afin que personne ne pût avoir un juste motif de se plaindre. Hûsam voulait rendre la nation riche et heureuse; il n'y put réussir : les peuples ne savent pas toujours reconnaître le bien qu'ils reçoivent. Il semble presque que les grandes sociétés d'hommes, considérées en masse, sont toutes disposées à l'ingratitude. Ils aiment peu ceux qui s'occupent de leur bonheur; mais ils s'élancent sur les pas de quiconque flatte leurs penchans, jusqu'à ce que, agités par des passions contraires, ils renversent l'idole qu'ils adoraient.

vengeance de ce meurtre, Xamri se sauva en Afrique avec sa famille, et le jeune Samaïl suivit Baleg en Espagne avec d'autres Syriens de son âge. Il était courageux autant qu'adroit, et il était devenu chef de la faction égyptienne, opposée à celle des Arabes de l'Yémen (1), qu'Abulchatar favorisait ouvertement. Quoiqu'il appartînt à une famille illustre, il ne savait ni lire ni écrire, parce que le temps trop orageux de sa jeunesse ne lui avait pas permis de songer à son instruction. Pour suppléer aux connaissances qui lui manquaient, il avait soin de s'entourer d'hommes instruits sur toutes les matières de la guerre et du gouvernement. Il donna pour motif au mécontentement qu'il fit paraître, le refus qu'Abulchatar lui avait fait du gouvernement de Sarragosse, que Baleg, disait-il, lui avait promis. Des plaintes et des murmures il avait passé à la désobéissance, et de la désobéissance à la révolte ouverte. A la tête de ses Egyptiens et des tribus africaines, il par-

---

(1) L'Espagne se trouvait alors divisée en quatre factions principales : celle des Yemanis, ou Arabes de l'Yemen, à laquelle se rattachaient les premiers Arabes venus en Espagne; celle des Egyptiens, celle des Syriens, et enfin celle des Alabdariz, composée de tous les Africains, Maures ou Bérébères.

courait en ennemi les provinces espagnoles, imposant d'énormes contributions à toutes les villes qui ne se rendaient pas volontairement à lui. Thueba ben Zalema, que ses exploits dans la guerre des Bérébères (1) avaient rendu fameux, vint se joindre à Samaïl, et lui amena les guerriers qu'il commandait. L'émir Husâm était alors à Béja, ville de la Lusitanie. Ce fut là qu'il reçut avis de la rébellion de ces deux scheiks, ainsi que des excès auxquels ils se portaient contre les habitans. On lui mandait qu'usurpant l'autorité suprême, ils l'avaient déclaré déchu de sa qualité d'émir, et que, par leurs discours artificieux, ils bouleversaient tous les esprits; qu'ils corrompaient les troupes, soit en leur rendant suspectes ses intentions, soit en leur présentant l'appât des récompenses, c'est-à-dire, la liberté du pillage. On lui conseillait même de se tenir sur ses gardes, parce que le projet de ses ennemis était de le faire périr d'une ou d'autre manière. Husâm sentit alors le tort qu'il avait eu de se montrer d'abord trop indulgent, et d'avoir employé des palliatifs au lieu

---

(1) Il ne faut pas confondre ce Thueba ben Zalema, avec Thaalaba ben Zalema. Celui-ci, qui s'appelait encore el Hezami, avait été conduit en Afrique par ordre de l'émir; l'autre était el Ameli.

de mesures fermes et vigoureuses. Il se repentit surtout d'avoir négligé de détruire le germe des séditions partout où il l'avait aperçu, par le juste supplice des coupables. Ne se croyant pas en sûreté à Beja, il voulut se rendre à Cordoue pour s'y fortifier. Afin que sa marche fût ignorée, il ne prit qu'une faible escorte de cavaliers dévoués, et il choisit des chemins détournés; mais les rebelles en avaient eu avis, et le malheureux Husâm, en traversant les montagnes, tomba dans un parti d'Egyptiens, qui le conduisirent à Samaïl et Thueba. Celui-ci demandait qu'on le décapitât sur-le-champ, mais, comme Samaïl n'y voulut point consentir, on se contenta de le charger de fers et de le renfermer dans l'une des tours de Cordoue, et l'on publia que tout cela ne s'exécutait que d'après les ordres du calife. Pour ne pas indisposer les Arabes, on choisit pour émir Thueba, qui était originaire de l'Yémen.

<small>An de J.-C. 744. De l'hégire, 127.</small>

Les fils d'Abdelmelic et d'Ocba étaient sur la frontière orientale, très-éloignés du lieu où ces excès s'étaient commis. Quand ils eurent appris l'emprisonnement d'Husâm, ne sachant à quelle cause l'attribuer, parce qu'ils connaissaient les vertus de l'émir, et qu'ils se méfiaient d'ailleurs des intrigues des Africains, ils envoyèrent à Cordoue un cavalier affidé, pour recueillir des renseignemens certains. Celui-ci ne tarda pas à savoir la vérité, et il se hâta de retourner auprès de ses maîtres pour les en instruire. Ils avaient trop peu de troupes pour tenter la voie des armes; il fut donc convenu qu'Aben Cotan Abdelmelic se rendrait secrètement à Cordoue, où il tâcherait, par le moyen de ses amis, de mettre Husâm en liberté; et que, s'il ne voyait pas ensuite qu'on pût former un parti à l'émir dans l'Andalousie, il l'emmènerait à la frontière orientale. Aben Cotan se mit aussitôt en marche; arrivé à Cordoue, il fit part de son dessein à son ami Abderahman ben Hasam, l'un des principaux scheiks de la ville, et celui-ci offrit de l'y servir. A cet effet, il choisit trente soldats d'une valeur éprouvée; on attendit la nuit, et, quand elle fut avancée, la tour où l'émir était gardé fut attaquée à l'improviste; les gardes, endormis, furent presque tous égorgés, les autres se cachèrent. Husâm fut ainsi rendu à la liberté; et dès le point du jour, accompagné de ses libérateurs, il parcourut la ville, et s'empara de ses portes. Les habitans s'armèrent en sa faveur, la garnison reconnut son autorité. Aben Cotan, fier du succès de son entreprise, et pensant bien que Samaïl ne tarderait pas à paraître, se rendit en toute hâte à Tolède, où il espérait trouver des secours. Samaïl, de son côté, n'avait pas perdu un moment, et au bout de quelques jours, il se montra devant Cordoue. Les habitans, cette fois, ne furent pas intimidés, et comptant sur les secours qu'amènerait Aben Cotan, ils résolurent de se défendre à toute extrémité. Les jeunes gens même, se laissant aller à une ardeur inconsidérée, se plaignirent de l'inaction où l'émir les tenait, et ils l'accusaient d'avoir perdu dans la prison ses talens militaires et son courage. Husâm Abulchatar, informé de ces murmures, voulut prouver qu'ils étaient injustes, et, se mettant aussitôt à la tête d'une troupe choisie d'Arabes Yémanis, il fit une sortie si vigoureuse, qu'en peu de temps il eut couvert la terre de morts, et jeté l'alarme et l'épouvante dans le camp de Samaïl. Les Cordouans, que ce brillant succès, remporté sous leurs yeux, enflammait du désir d'en obtenir de semblables, demandèrent une seconde sortie ; une foule d'Arabes, de Syriens et d'Africains se joignit à eux ; Husâm servit encore de chef à ces troupes Samaïl, qui depuis l'échec qu'il avait reçu se tenait sur ses gardes, avait préparé une embuscade ; ses gens, en feignant de fuir, y attirèrent les assiégés, qui ne s'aperçurent du piége que lorsqu'ils se virent enveloppés de toutes parts. Ils se défendirent pourtant avec beaucoup de résolution : le nombre les accabla, presque tous périrent. Husâm lui-même tomba mort sur le champ de bataille, et il dut sans doute bénir, en expirant, le coup qui le dérobait vivant à la rage de ses ennemis (1). Les Cordouans consternés ouvrirent leurs portes à Samaïl, rejettant la résistance qu'ils avaient faite sur les amis d'Husâm, notamment sur Abderahman et sur Aben Cotan, qu'on chercha inutilement dans la ville, pour les livrer à la vengeance du vainqueur : le second était parti pour Tolède, le premier avait eu le bonheur de se sauver. Depuis ce moment Thueba, sans rival, gouverna tout le midi de l'Espagne ; Samaïl, en qualité de wali de Sarragosse, eut tout le reste sous sa dépendance.

Les musulmans honnêtes gémissaient en secret de cet état de choses. Les deux émirs, peu occupés du bien général, ne cherchaient qu'à se maintenir dans leur poste, et fortifier leur parti. A leur exemple, les alcaïdes et les commandans des frontières regardaient les peuples

---

(1) On lit dans M. de Chénier que cet émir fut mis à mort par *Ismael* et *Toban*; on y voit rapportée à l'an 748 l'élection de Joseph, laquelle eut lieu immédiatement. Ce sont là des erreurs de Ferreras et de Garibay, que l'écrivain français a dû copier, n'ayant nul secours pour s'en garantir. Ce funeste événement, que M. Conde place à l'an 127, n'eut lieu, suivant quelques historiens, qu'au commencement de l'année suivante.

comme des troupeaux qui leur appartenaient, et ils employaient toutes sortes de moyens pour les dépouiller. Les musulmans n'étaient pas mieux traités que les chrétiens, et le despotisme militaire pesait sur toutes les classes. Dans les provinces, les généraux se disaient propriétaires de tous les produits de la terre; les walis de l'Andalousie prétendaient à la suprématie sur ceux de Tolède et de Mérida; ceux-ci à leur tour ne reconnaissaient point de supériorité légitime dans les walis de Cordoue et de Sarragosse; chacun en un mot voulait être indépendant, et tous se disposaient à soutenir leurs prétentions par les armes. Le remède à tant de maux ne pouvait venir que de l'émir d'Afrique, ou du calife lui-même; mais, depuis plusieurs années, l'Afrique, dévorée par la guerre des Bérébères et leurs fréquentes révoltes, laissait peu à ses gouverneurs le temps de vaquer aux affaires d'Espagne. L'Orient, agité par toutes les fureurs de la discorde, voyait le califat livré à l'intrigue et à l'usurpation; le souverain, toujours chancelant sur un trône dont les degrés étaient couverts du sang des peuples, était trop plein de ses propres dangers, pour songer à ce qui se passait au-delà des mers. Dans ces fâcheuses circonstances, dont le concours malheureux semblait devoir amener en Espagne la ruine de l'empire, les plus nobles

Arabes de la tribu de Cahtan, ceux de l'Yémen, et quelques Egyptiens, qui se joignirent à eux, résolurent de convoquer une assemblée générale des principaux de la nation, où l'on traiterait des mesures capables de sauver l'état et de soulager les peuples. Ce projet rencontra beaucoup d'opposition, de la part de ceux qui craignaient d'y trouver le terme de leur despotisme et l'anéantissement de leur puissance. On parvint pourtant, quoiqu'avec bien de la peine, à former cette assemblée. Les auteurs du projet développèrent leurs vues, qui furent généralement approuvées. On demeura d'accord qu'il fallait un émir supérieur à tous les autres, à qui la nation entière obéirait; que cet émir aurait seul le droit de nommer au gouvernement des villes et des provinces, ainsi qu'au commandement des troupes, et qu'il pourrait à son gré révoquer les nominations, ou ne les faire qu'à terme; qu'en lui résiderait la puissance suprême, avec la charge de pourvoir au bien de tous, au maintien de l'ordre, à l'exécution des lois et à la sûreté de l'Etat. On décida de plus qu'on n'élèverait à ce poste important qu'un homme connu avantageusement par ses qualités, et qui non-seulement n'aurait pas été chef de parti, mais qui ne se serait même fait remarquer dans aucun par son exagération.

Le choix tomba à l'unanimité sur Jusuf el Fehri, de la tribu arabe de Coraïx, qui était celle du prophète. Il était (1) petit-fils de cet Habib, compagnon de Muza, chargé par le calife de faire périr le fils de son ami, et trop servilement dévoué pour refuser cette commission cruelle : cet Habib était lui-même petit-fils du premier conquérant de l'Afrique, Ocba ben Nafe. Jusuf s'était acquis par ses vertus douces et paisibles l'estime générale des musulmans, et même des chrétiens; il ne s'était jamais déclaré pour ou contre un parti, n'avait eu avec personne aucun motif d'inimitié. Toute l'Espagne devait donc se réjouir de son élévation, et ce fut ce qui arriva. La mort récente de Thueba avait diminué les obstacles. Samaïl, et l'émir de la mer, Amer ben Amru, qui était le chef des Alabdaris, ne laissèrent paraître aucun ressentiment, quoiqu'ils se sentissent intérieurement offensés de la préférence donnée à Jusuf. Celui-ci, pour les dédommager de ce qu'ils n'avaient pas obtenu, donna à Samaïl le gouvernement de Tolède, et au fils de Samaïl celui de Sarragosse; et, comme

An de J. C.
746.
De l'hégire
129.
Rabie 2.

---

(1) D'après Muhamad ben Husâm, dans son livre intitulé *Répertoire universel des généalogies*. Les Arabes ont eu aussi leur d'Hozier!

il supprima l'emploi d'émir de la mer, devenu, momentanément du moins, inutile par l'interruption de toute communication avec l'Afrique et la Syrie, il donna à Amer ben Amru le gouvernement de Séville. Cet Amer se disait arrière-petit-fils de Mosab, qui était lieutenant du prophète à la bataille de Bedre. Il était fort puissant par le grand nombre de ses créatures; il avait un palais magnifique hors des murs de Cordoue, à la partie occidentale de la ville, et beaucoup de richesses, mais encore plus d'ambition. Aussi ne tarda-t-il pas à troubler, par des prétentions nouvelles, la paix dont l'Espagne commençait à jouir, et qui lui était si nécessaire. « Le cœur » de l'ambitieux est comme la mer, toujours ex-» posée à l'orage, toujours agitée au moindre » vent qui souffle (1). »

Jusuf commença par visiter les provinces, afin de connaître par lui-même les abus dont elles souffraient, et de pouvoir sur-le-champ appliquer le remède. Ensuite il fit rétablir les routes et les voies militaires qui conduisaient de l'Andalousie à Tolède, à Merida, à Lisbonne, à Astorga, à Sarragosse et à Tarragone; il releva les ponts détruits, restaura les édifices publics, et destina, tant pour ces divers ouvrages que

---

(1) Ces mots appartiennent à l'historien arabe.

pour l'entretien des monumens que possédait l'Espagne, la troisième partie de l'impôt dans chaque province. A cet effet, il soumit les habitans à des contributions régulières, au moyen des rôles qui furent faits dans chaque ville et dans chaque village ; le royaume fut divisé lui-même en cinq grands arrondissemens (1).

---

(1) Le premier contenait l'Andalousie et s'étendait en longueur depuis la naissance du Bœtis, ou Guadalquivir, jusqu'à son embouchure ; il comprenait toutes les terres qui se trouvent entre la Méditerranée et la Guadiana, dont le cours entier en formait la limite au nord et à l'occident. Ses principales villes étaient Cordoue, Carmone, Ecija, Séville, Silia Italica, aujourd'hui ruinée, à deux lieues de Séville, et devenue un petit village nommé *Santiponce*, Sidonia, Arcos, Libla aujourd'hui Niebla, Malaga, Elvire, Jaen, Arjona, Cabra, Ossuna, etc. Le second, composé de la province de Tolède, comprenait toute la partie centrale de l'Espagne, depuis la Méditerranée à l'orient, jusqu'à la Lusitanie, et arrivait au nord jusqu'au-delà de la rivière de Duero. Ses villes principales étaient Tolède, Ubeda, Baeza, Murcie, Mula, Lorca, Orihuela, Xativa, Denia, Alicante, Carthagène, Valence, Ségovie, Ségorbe, Guadalaxara, Siguënza, Cuënca, Oxsima, etc. L'arrondissement de Mérida était le troisième, et se composait de toute la Lusitanie et de la Galice ; il avait les villes de Mérida, Béja, Lisbonne, Tuy, Lugo, Astorga, Zamora, Coïmbre, Salamanque, Evora, etc. Le quatrième arrondissement arrivait jusqu'aux Pyrénées et s'étendait sur les deux rives de l'Ebre ; c'était celui de Sarragosse qui,

Cependant le roi Alphonse, surnommé le Grand et le Catholique, avait employé ces temps de troubles, perdus pour les Arabes, à donner à sa monarchie naissante de solides fondemens. Il avait porté, peu à peu, ses conquêtes jusqu'aux bords du Duero, et construit sur sa nouvelle frontière des forteresses capables de la défendre; il s'était appliqué surtout à rendre inaccessibles les montagnes, afin d'avoir toujours une retraite assurée, dans le cas où il serait contraint de céder à des forces supérieures; il méritait enfin le surnom que ses peuples reconnaissans lui donnèrent, autant par ses nombreux succès, obtenus par la valeur et la science sur le nombre et le fanatisme, que par les soins qu'il avait pris pour la prospérité de l'état, et pour laisser à ses successeurs les moyens de conserver la paix, en mettant dans leurs mains ceux de soutenir la guerre. Jusuf, qui, malgré sa réputation de sagesse, avait, comme ses prédécesseurs, la folle ambition de conquérir les Gaules,

---

outre sa capitale, avait les villes de Tarragonne, Barcelonne, Girone, Ampurias, Urgel, Lerida, Tortose, Huesca, Tudela, Calahorra, Barbastro, Jaca, etc. Le cinquième arrondissement enfin se composait de presque toute la Gaule narbonnaise. Ses villes étaient Narbonne, Nîmes, Carcassonne, Beziers, Agde, Maguelonne, Hélène ou Elne, Collioure, etc.

donnait à Alphonse tout le temps de se fortifier ; et, au lieu de s'attacher à détruire, dans sa racine, cette puissance ennemie qui s'élevait au cœur de l'Espagne, et pouvait menacer un jour d'extermination ses propres dominateurs, il fit de grands préparatifs pour une invasion, et il envoya sur la frontière un corps nombreux de cavalerie, sous les ordres de son fils Abderahman Abul Aswad, auquel il adjoignit el Ocaili, cousin de Samaïl, général des troupes syriennes, et Suleiman ben Xihed, qui commandait un corps d'Egyptiens. Les événemens postérieurs ne permirent pas à Jusuf de suivre cette expédition.

Amer ben Amru, après avoir fait pendant long-temps cause commune avec Samaïl et son fils, était devenu leur ennemi irréconciliable ; il voulait que l'émir, servant ses propres désirs de vengeance, leur ôtât, pour l'en revêtir, les gouvernemens de Tolède et de Sarragosse ; et, comme il ne trouva pas l'émir disposé à dépouiller, sans sujet, des hommes dont il n'avait pas à se plaindre, Amer, livré à ses ressentimens, ne craignit pas de rouvrir les plaies de l'État pour venger ses injures. L'émir faisait veiller de près sur sa conduite, craignant, avec raison, qu'il n'abusât de son crédit et de ses richesses pour faire le malheur de l'Espagne. Il se saisit d'une lettre qu'Amer écrivait au calife, et qu'il

An de J. C. 749. De l'hégire 132.

avait confiée à un de ses affranchis, syrien de naissance. Celui-ci, gagné par les libéralités de Jusuf, demeura quelque temps caché, et feignit, lorsqu'il se montra, de revenir de Damas, ne manquant pas de dire à son maître qu'il avait rempli sa mission. L'émir fit alors venir près de lui Samaïl et son fils; il leur communiqua la lettre interceptée. Elle contenait des plaintes amères contre la tyrannie de l'émir, qui avait partagé l'Espagne entre ses amis et lui, comme une propriété, et qui ne permettait pas seulement de prononcer le nom du calife. Amer protestait ensuite de son zèle et de sa fidélité, ainsi que du dévouement de ses amis, qui étaient nombreux et puissans; il exhortait surtout le calife à se méfier de Samaïl et des siens, qui, ajoutait-il, se livraient aux mêmes excès que Jusuf. Après avoir concerté ce qu'ils avaient à faire, l'émir et Samaïl, connaissant le caractère indomptable d'Amer, et son génie audacieux et entreprenant, résolurent de s'assurer de sa personne, et de le dévouer même au supplice, si sa mort était nécessaire pour le maintien de la paix publique.

Samaïl avait établi sa résidence ordinaire à Siguënza. Ayant appris qu'Amer devait passer dans les environs avec peu de monde, il fit trouver sur la route, comme par hasard, un certain nombre de cavaliers qu'il chargea d'amener Aben Amru, d'adresse ou de force. Les émissaires de Samaïl eurent bientôt rencontré la troupe d'Amer; mais, voyant qu'elle était beaucoup trop nombreuse pour agir hostilement contre elle, ils s'approchèrent d'Amer, le saluèrent et l'invitèrent, au nom de leur maître, à venir prendre du repos dans son palais. Amer, qui était bien éloigné de penser que ses intrigues fussent découvertes, accepta l'invitation, et se laissa conduire vers Samaïl. On se mit à table. A un signal convenu, des soldats se présentent; Amer surpris, mais non intimidé, s'élance le glaive à la main, s'ouvre un sanglant passage à travers les soldats, et, profitant du désordre inséparable de pareils momens, il parvient à se sauver avec un petit nombre des siens, et à sortir de Siguënza ; les cavaliers envoyés à sa poursuite ne purent l'atteindre. On dit qu'il avait été prévenu des dangers qu'il courait par son secrétaire Alhebâb, qui avait entendu, parmi les gens de Samaïl, quelques propos suspects.

Dès ce moment, la guerre fut déclarée. Amer, ne respirant que vengeance, excitait tous les Musulmans à prendre les armes, au nom du sang innocent que la trahison avait répandu dans le palais de Samaïl. Ce massacre odieux, dont les causes étaient ignorées, Amer le faisait passer aisément pour une atroce perfidie ; et l'indignation contre le meurtrier, la pitié pour les victimes, lui firent des partisans de presque tous les Arabes de l'Yémen, et de ceux de la tribu de Cahtan. L'impulsion une fois donnée aux esprits, on ne voulut rien croire de ce que faisaient publier Jusuf et le wali de Tolède. Secondé par les principaux scheiks yémanis et bérébères, Amer eut bientôt une armée; et, pour donner le change à ses ennemis, qui s'attendaient à le voir investir Cordoue, il se dirigea vers Sarragosse à marches forcées. Samaïl, informé du danger qui menaçait son fils, rassembla sa cavalerie pour l'aller secourir. Amer s'empara des défilés des montagnes que son ennemi devait traverser, et, le harcelant sans cesse en des lieux où la cavalerie ne pouvait manœuvrer, il le vainquit sans combattre. Les troupes de Samaïl, épuisées par la fatigue et décimées par le fer des Alabdaris, s'estimèrent heureuses de pouvoir s'enfermer dans les murs de Sarragosse: Amer les y assiégea aussitôt. Samaïl se défendit d'abord avec beaucoup de vigueur ; et, rebutant les assiégeans par ses fréquentes sorties, toujours meurtrières, il les aurait peut-être forcés à lever le siége, si la crainte de manquer de vivres ne l'avait contraint lui-même à s'éloigner de la ville, emmenant avec lui toutes les troupes qui n'étaient pas nécessaires à la défense ; il désirait d'ailleurs se rendre à Tolède pour y presser les levées qu'il avait ordonnées. Lorsqu'Amer se fut aperçu que Samaïl ne cherchait qu'un passage, il fit les plus grands efforts pour l'envelopper ; mais la valeur de son ennemi triompha de tous les obstacles. Amer n'ayant pu l'arrêter, envoya à sa poursuite une partie de son armée, tandis qu'avec l'autre il se mit à presser les opérations du siége. Le wali Aben Samaïl résista tant que les provisions durèrent. Quand leur total épuisement ne lui permit plus de demeurer dans la ville, il résolut d'en sortir à la faveur de la nuit ; ce qu'il exécuta avec tant de bonheur qu'il ne perdit pas un seul homme, quoiqu'il laissât tout couvert de morts le chemin qu'il se fraya dans le camp d'Amer. Celui-ci fut reçu par les habitans dès le lendemain au point du jour ; et il leur promit protection, s'ils lui demeuraient fidèles. Il donna le gouvernement de cette ville à son fils Wahib, et il envoya de toutes parts des messagers porter la nouvelle de sa victoire.

An de J. C. 753. De l'hégire 136.

Lorsque Jusuf apprit la reddition de Sarragosse, il en eut d'autant plus de chagrin qu'il avait espéré que Samaïl viendrait seul à bout de détruire l'ennemi commun. Il se mit aussitôt en marche avec toutes les troupes qu'il put rassembler, il prit en passant à Tolède celles qui déjà

s'y étaient rendues d'après les ordres de Samaïl;
et, décidé à périr ou à vaincre, il jura d'exterminer les rebelles. Ceux-ci de leur côté ne négligèrent aucun moyen de défense, et usant tour à tour de menaces et de promesses, attirant les uns par l'espérance, entraînant les autres par la terreur, ils mirent sur pied des armées nombreuses. Ainsi partout les Musulmans étaient appelés au combat, et l'Espagne entière prenait les armes; les généraux même des frontières, abandonnant leurs postes, se hâtaient d'accourir avec leurs soldats pour augmenter encore les horreurs de la guerre civile. On se battait dans les villes, dans les campagnes, avec un acharnement sans exemple; là mort et la destruction s'étendaient en tous lieux; et les peuples épouvantés s'éloignaient en fuyant de leurs habitations, qu'ils ne pouvaient défendre, et qui devenaient la proie des flammes. Plusieurs cités, livrées au pillage et à l'incendie, disparurent à cette époque du sol de l'Espagne, et ne laissèrent à leur place que des cendres ou des ruines, pour attester aux générations futures, par ce monument de deuil, que de toutes les fureurs qui peuvent agiter le cœur des hommes, il n'en est point de plus cruelles, que celles qui sont produites par l'esprit des factions.

NOTICE PRÉLIMINAIRE (1)

SUR L'HISTOIRE

DES CALIFES A CETTE ÉPOQUE.

Après la mort du prophète, les Arabes ne lui choisirent point des successeurs dans sa propre famille : ils les prirent parmi ses compagnons d'armes. Abubecre, Omar, Othman n'avaient obtenu qu'à ce titre le choix qui les porta à l'empire. Ce dernier était pourtant de la famille de Mahomet, puisqu'il descendait d'Omeya son parent, que d'autres appellent Ommiah, dont ils ont fait le nom d'Ommiades, sous lequel on désigne la dynastie des princes qui, après la mort d'Othman, occupèrent le califat durant l'espace d'un siècle. A chaque élection nouvelle, Aly, gendre de Mahomet, renouvelait ses prétentions; il se fit enfin

---

(1) Pour ne point fatiguer l'attention du lecteur, en l'appelant trop souvent sur des notes dont il aurait fallu charger les premières pages de la première partie de notre ouvrage, nous avons cru devoir les réunir en une seule notice, qu'on puisse lire sans que l'intérêt en soit divisé.

proclamer, lorsqu'Othman eut péri dans une émeute populaire, qu'on prétend qu'il avait sourdement excitée. Moavie, parent d'Othman et gouverneur de la Syrie, refusa de se soumettre à celui qu'il regardait comme auteur ou complice de l'assassinat du calife; il soutint sa désobéissance par les armes, et ses troupes le proclamèrent de leur côté à Damas. Aly marcha contre son rival, et ne put le vaincre. Quelques Arabes formèrent alors le projet de rendre la paix à l'empire, en tuant à la fois les deux concurrens. Moavie ne fut que blessé, Aly perdit la vie. Ses partisans suscitèrent alors au calife de Damas un nouvel ennemi dans Husein, fils d'Aly; mais Husein, préférant la douce obscurité d'une vie tranquille aux orageuses grandeurs du califat, fut le premier à reconnaître les droits de Moavie, et il parut renoncer sans regret à tous les droits qu'il pouvait tenir de son père; heureux si, toujours aussi modeste, il avait su tenir son cœur constamment fermé aux séductions de l'ambition! Il n'aurait point péri sur un champ de bataille, courant après ces mêmes grandeurs qu'il avait d'abord dédaignées; et sa tête sanglante n'aurait pas orné le char de triomphe d'Yézid! Moavie, n'ayant plus de rivaux, s'occupa de rétablir l'ordre et la paix. Il eut le bonheur d'y parvenir, et mourut estimé de tous ses sujets. Il avait transféré à Damas le siége de l'empire, et ses descendans l'y maintinrent. C'est à lui que commence la dynastie des Omeyas ou Ommiades; elle finit à Merûan II. Le règne de ce dernier fut court et malheureux. De toutes parts, les gouverneurs des provinces levèrent contre lui l'étendard de la révolte, et l'ambitieux Azefah, aspirant ouvertement à ses dépouilles, se faisant saluer par ses troupes du nom de calife, enchaînant la fortune à ses armes, poursuivit

Merûan sans relâche, l'atteignit sur les rives de l'Euphrate, le vainquit, détruisit son armée, le poursuivit encore à Emesse, à Damas et jusqu'au fond de l'Egypte. L'infortuné Merûan fut découvert dans sa retraite, par Saleh, cousin et général d'Azefah, et il ne put éviter la mort. On raconte que sa tête fut coupée pour être envoyée au calife Azefah, et qu'une fouine emporta la langue qu'on en avait séparée; événement qu'on eut soin de publier comme un effet de la divine vengeance, provoquée par les blasphèmes et les impiétés de Merûan. Cet Azefah descendait directement d'Abbas, oncle de Mahomet. Il fut le chef de la puissante dynastie des Abassides, qui a tenu le sceptre durant cinq cents ans.

Les fils de Merûan se sauvèrent en Ethiopie; Obeidala, l'un d'eux, fut tué par les habitans. Son frère Abdala n'évita la fureur de ces noirs que pour errer de région en région, jusqu'à ce qu'étant tombé au pouvoir de Nasrû, gouverneur de la Palestine, il fut livré au calife Almehdi, qui le fit périr. Les filles et les femmes de Merûan, étroitement gardées, périrent de misère et de désespoir. Plusieurs parens ou alliés de ce prince s'étaient flattés que, par leur soumission au calife Azefah, ils auraient acheté le triste droit de survivre aux désastres de leur maison. Invités même à un festin somptueux chez Abdala, oncle du calife, ils ne firent point difficulté de s'y rendre; au sein de la douce joie qui règne d'ordinaire en ces occasions, ils voulaient faire oublier qu'ils avaient appartenu à une faction opposée. Dès le commencement du repas, le poëte Xiabil ben Abdalla se présenta au milieu des convives, et s'adressant à l'oncle du calife, il lui reprocha en vers énergiques les faveurs dont il comblait des hommes de la race perfide des Omeyas; et comme il vit

l'effet que produisaient ses paroles : « Souviens-toi, lui
» dit-il pour le pousser à tous les excès de la haine, sou-
» viens-toi d'Al Husein, souviens-toi de Zaidi. Husein fut
» assassiné, et son cadavre, traîné dans les places de Da-
» mas, fut foulé aux pieds des chevaux. Zaidi, fils d'Husein,
» vaincu par l'Omeya Hixêm, fut égorgé sous ses yeux,
» par ses ordres, et son corps resta exposé comme le corps
» d'un vil scélérat, tant que ce calife vécut. Te parlerai-je
» de ceux qui, massacrés dans leurs lits, ont passé du
» sommeil à la mort? Te parlerai-je de ton neveu Ibra-
» him, traîtreusement immolé dans sa prison, de son ca-
» davre jeté dans les rues, foulé par les passans ? Hâte-toi
» de saisir le glaive, avant qu'ils ne t'assassinent toi-
» même ; hâte-toi ; que leur mort apaise le sang de tes
» amis, de tes frères ! Hâte-toi, c'est le moment des
» justes vengeances. » A ces funestes images, Abdala,
naturellement cruel, s'enflamma de fureur ; et, appelant
aussitôt des bourreaux, il fit frapper de verges tous les
Omeyas, jusqu'à ce qu'ils eussent perdu la vie dans ce
supplice. Puis il fit couvrir de tapis leurs cadavres san-
glans ; et sur cette horrible table furent servis les mets
destinés aux autres convives. Il ordonna ensuite d'ouvrir
les tombeaux des califes enterrés à Damas; les ossemens
de Moavie et de son fils Yezid, le corps encore entier
d'Hixêm et les restes d'Abdelmelic son père, souillés par
cette violation inouïe, furent livrés aux flammes, et les
cendres jetées au vent.

Suleiman ben Aly, autre oncle du calife, gouverneur
de Bassora, ne fit pas aux Omeyas une guerre moins
cruelle. Il en fit périr un grand nombre, et il défendit de
leur rendre les honneurs de la sépulture, afin que leurs
cadavres fussent dévorés par les chiens et les oiseaux de

proie. Tout ce qui appartenait à la famille de Merûan, tout ce qui descendait de celle de Moavie, fut frappé du sceau de la proscription; et les malheureux Omeyas, égorgés dans les villes et les provinces, poursuivis jusqu'au fond des déserts qui leur refusaient un dernier asile, teignirent partout de leur sang cette terre que leurs aïeux avaient illustrée par tant de victoires.

HISTOIRE
DE LA DOMINATION
DES
ARABES EN ESPAGNE.

PREMIÈRE PARTIE.

Quarante-cinq ans s'étaient écoulés depuis l'entrée de Taric en Espagne, jusqu'au moment où la discorde, secouant ses brandons, y vint allumer tous les feux de la guerre civile. Vingt émirs, munis de pouvoirs absolus, avaient tour-à-tour dominé sur elle, plus occupés de leur propre fortune que de l'intérêt de l'état. Si ces émirs, ou leurs généraux, avaient tourné constamment contre les chrétiens, les armes que si souvent ils trempèrent dans le sang musulman ; si, moins ambitieux, ou moins tourmentés par la soif des richesses, ils avaient, comme les premiers conquérans, fait de la guerre d'invasion la guerre sacrée de l'islamisme ; s'ils n'avaient point permis que l'ardeur des troupes s'éteignît dans les excès, ou pérît accablée sous le poids des dépouilles ennemies; si, plus dociles à la voix du devoir, ils avaient fait moins d'efforts pour assurer leur indépendance contre l'autorité légitime, et qu'ils eussent montré plus de zèle pour la gloire de leur maître, et la propagation de leur foi : les Arabes auraient infailliblement conquis tous les états de l'Europe, et l'héritage entier des Césars, soumis à leurs lois, ne serait devenu qu'une province de leur vaste empire. Heureusement pour l'Europe, les hordes guerrières de l'Yémen, les tribus sauvages de l'Afrique qui suivirent les mêmes drapeaux, avaient apporté en Espagne les passions effrénées de leurs climats embrasés, l'amour de l'indépendance, l'esprit de révolte, l'ardeur des vengeances, les haines, les préjugés nationaux, la mobilité, l'inconstance, l'exagération et le fanatisme. Tant d'élémens de troubles, de dissensions intestines ne furent point perdus; et les Arabes n'étaient pas encore possesseurs de l'Espagne, qu'ils arrosaient déjà cette terre étrangère des flots les plus purs de leur sang.

Les califes étaient trop éloignés pour apporter

à ces maux un prompt remède. Ils ne pouvaient connaître les événemens que par les rapports des parties intéressées, ce qui, presque toujours, les obligeait d'adopter les vues de leurs émirs, et les mesures qu'ils proposaient. Ils étaient d'ailleurs si fatigués eux-mêmes des révolutions qui, chaque jour, ébranlaient leur trône, qu'ils ne pouvaient prendre beaucoup d'intérêt aux affaires d'Espagne. Un changement de dynastie s'était opéré depuis peu, et la force des armes avait décidé de la légitimité. Abul Abbas Azefah avait reçu des mains de ses généraux la victoire et le sceptre ; et, se contentant de confirmer l'élection de Jusuf, que peut-être il n'aurait pu remplacer, il ne chercha qu'à cimenter sa puissance par la mort de ses ennemis. Jusuf de son côté avait reconnu l'autorité d'Azefah : rarement les princes malheureux ont trouvé, en descendant du trône, des amis sincères, disposés à partager leur fortune. Au fond, il n'était ni plus dévoué, ni plus fidèle ; depuis long-temps, il nourrissait dans son cœur le dessein de se rendre indépendant. La plupart des scheiks arabes désiraient aussi se soustraire au joug du calife; presque tous, créatures des Omeyas, liés par la reconnaissance à la mémoire de leurs anciens princes, ils ne regardaient Azefah que comme un usurpateur ; mais ils auraient voulu se donner un prince que la nation eût reçu avec joie. Amer ne voulait, comme Jusuf, d'autre souverain que lui-même. Il s'était retranché dans les montagnes où le Tage a sa source, et tous les efforts de l'émir ne pouvaient l'en tirer.

Plusieurs nobles Musulmans, chefs des tribus syriennes et égyptiennes, profondément touchés des malheurs de leur patrie adoptive, se réunirent secrètement à Cordoue, au nombre d'environ quatre-vingts, et, dépouillés de toute haine, de toute prévention, de toute ambition personnelle, ils cherchèrent de bonne foi les moyens de mettre un terme à la guerre civile.

« Vous connaissez, leur dit Hayût d'Emesse, les
» troubles affreux de l'Orient, l'usurpation des
» Abbassides, et les disgrâces des Omeyas ; vous
» savez que d'un bout à l'autre l'empire est agité
» de convulsions horribles, et que le gouverneur
» de chaque province s'est érigé en tyran. Quel
» bien pouvons-nous attendre d'un gouverne-
» ment aussi faible ? Eussions-nous un calife
» aussi juste qu'Omar, nous serions trop éloignés
» de lui pour recevoir l'influence de ses vertus
» ou de son génie. N'avez-vous pas appris mille
» fois, par votre propre expérience, combien
» cette énorme distance où nous sommes du
» trône a causé de mal à l'Espagne ? Quant aux
» deux généraux qui maintenant combattent

» pour s'arracher le pouvoir, croyez-vous qu'ils
» vous destinent la paix, le bonheur, la justice?
» Non, c'est d'eux seuls qu'ils s'occupent. » Ces mots firent sur les esprits une vive impression, et tous les chefs convinrent que le seul moyen de salut qui restât à l'Espagne était dans un gouvernement juste et fort, tout-à-fait indépendant de l'Orient, capable de garantir aux peuples la prospérité et le repos, régi par des lois sages et paternelles. Alors Temam ben Alcama représenta qu'il ne suffisait pas de désirer le bien de l'Espagne, qu'il fallait l'opérer ; que l'embarras était de trouver un prince qui convînt à la nation et aux circonstances. Wahib ben Zaïr, prenant à son tour la parole, s'exprima en ces termes :
» Après la fin tragique de Mérûan, deux rejetons
» de sa triste famille, échappés du massacre, vi-
» vaient honorés à la cour d'Azefah, qui, touché
» de leurs vertus, avait promis de les épargner.
» C'étaient Soliman et Abderahman, tous deux
» petits-fils d'Hixêm ben Abdelmelic, dixième ca-
» life de la race d'Omeya. Mais la cruelle envie,
» qui ne se lasse jamais de poursuivre et de
» nuire, suscita contre les deux princes un lâche
» ennemi, qui, pour montrer son dévouement
» au calife, ne craignit pas de vouer deux inno-
» cens à la mort. Le calife, excité par les insinua-
» tions perfides de cet homme, ordonna le sup-

» plice des deux fils d'Hixêm. Soliman fut pris
» et égorgé. Abderahman, par bonheur pour
» lui, était absent de Damas. Informé secrète-
» ment par ses amis du malheur de son frère,
» et de celui qui le menaçait, il prit de l'or et des
» chevaux, et caché sous un déguisement obs-
» cur il quitta la Syrie par des chemins dé-
» tournés, évitant avec soin tous les lieux ha-
» bités, de peur d'être reconnu. Il vécut assez
» long-temps avec les Arabes bédouins, menant
» comme eux la vie de pasteur ; et ce jeune prince,
» sorti du sein de l'opulence et des grandeurs,
» accoutumé aux délices des palais et au luxe
» des villes, paraissait né au milieu des champs
» et sous la tente des Arabes errans, tant il sup-
» portait avec courage le travail et la fatigue ; mais
» il craignit enfin d'être découvert dans cette obs-
» cure retraite, et il passa d'Egypte en Afrique.
» Dans cette dernière contrée de nouveaux périls
» l'attendaient. Aben Habib était gouverneur de
» la province de Barca. Il ne se souvenait plus
» qu'il devait sa fortune aux Omeyas, et il était
» devenu leur ennemi acharné. Le calife avait
» envoyé de tous côtés le signalement du prince ;
» Aben Habib l'avait reçu ; et, apprenant qu'un
» jeune homme assez semblable à celui que le
» signalement désignait était entré dans les
» terres de Barca, il dispersa ses agens dans la

» campagne pour tâcher de le prendre, et il en-
» voya à tous ses alcaïdes les ordres les plus ri-
» goureux. Abderahman, qui ignorait ces dispo-
» sitions, vivait avec une tribu nomade de Bé-
» douins, parmi lesquels il se croyait en sûreté.
» Ses bonnes qualités, son caractère franc et
» officieux, lui avaient gagné l'amitié de tous
» ces pasteurs. Un soir les tentes de la tribu fu-
» rent enveloppées par une troupe de soldats à
» cheval, envoyés par Habib; ces soldats de-
» mandèrent aux Arabes s'ils n'avaient point
» parmi eux un jeune Syrien, dont ils firent le
» portrait. Les Bédouins y reconnurent aisément
» leur hôte, Giafar Almanzor, car c'était ainsi
» qu'ils nommaient Abderahman, mais, soup-
» çonnant que ces soldats venaient pour le
» prendre et le livrer à ses ennemis, ils leur ré-
» pondirent que le jeune Syrien qu'ils cher-
» chaient, était à la chasse des bêtes fauves avec
» quelques compagnons de son âge, et qu'ils
» passaient ensemble la nuit dans un vallon peu
» éloigné qu'ils leur indiquèrent. Dès que les
» émissaires d'Habib furent partis, les Bédouins
» allèrent réveiller leur hôte, et lui racontèrent
» ce qui s'était passé. Abderahman les remercia
» les larmes aux yeux, et accompagné de six
» jeunes gens des plus robustes de la tribu il
» partit la nuit même et prit le chemin du dé-

» sert. Il traversa d'immenses plaines de sable ;
» au bout de quelques jours d'une marche pé-
» nible, il arriva à Tahart (1), dont les habitans
» l'accueillirent avec joie. Il fut reçu dans la
» maison d'un des principaux scheiks de la tribu
» de Zénéta ; et comme Raha, sa mère, appar-
» tenait à cette noble tribu, il crut pouvoir con-
» fier sa naissance et ses malheurs à ses nou-
» veaux hôtes ; qui, ravis de le posséder parmi
» eux, lui offrirent avec empressement tous les
» secours de leur amitié. C'est au milieu des
» Bérébères de Zénéta qu'Abderahman vit en-
» core ; c'est lui que je vous propose d'élire pour
» souverain. Descendant de l'illustre Moavie,
» il est le dernier fils du calife Hixêm. » Tous les
scheiks, émerveillés de ce qu'ils venaient d'entendre, n'eurent qu'une voix en faveur du jeune
Abderahman, unique reste d'une famille qui
avait produit tant de souverains ; et ils députè-
rent vers lui Temam ben Alcama et Wahib ben
Zaïr, pour lui offrir la couronne d'Espagne, au

---

(1) Tahart était la capitale de l'Algarbe du milieu, dans la Mauritanie, à quatre journées vers l'est de Telencen, aujourd'hui Tremecen. Ce n'était pas, à proprement parler, une ville ; c'était le principal campement des tribus zénètes. Elle ne prit que plus tard la forme et le nom de ville, lorsque plusieurs peuplades dépendantes de la tribu s'y furent réunies.

nom de tous les Musulmans fidèles, qui s'intéressaient à la gloire et au bonheur de leur nouvelle patrie.

Ces députés passèrent en Afrique sous divers prétextes, gardant un religieux silence sur les causes de leur voyage, de peur de rencontrer des obstacles dans les partisans de l'émir Jusuf, ou dans les amis du rebelle Amer. Ils arrivèrent à Tahart ; là, présentés à Abderahman, ils lui exposèrent leur commission en peu de mots, et ne lui cachèrent point qu'il aurait des difficultés à surmonter, des résistances à vaincre ; mais ils lui promirent obéissance et fidélité de la part des tribus arabes, syriennes et égyptiennes :
« Nobles envoyés, leur dit-il, je suis trop glo-
» rieux de votre choix pour ne pas unir mes des-
» tinées aux vôtres. Oui, j'irai, je combattrai
» avec vous, et je serai l'inséparable compagnon
» de votre fortune. Je ne crains ni l'adversité, ni
» les fatigues de la guerre ; j'ai peu d'années,
» mais le malheur m'a souvent éprouvé : il m'a
» toujours trouvé ferme et rempli de courage,
» et si le vœu des Musulmans d'Espagne est tel
» que vous me le dites, j'accepte avec reconnais-
» sance l'honorable poste auquel ils m'appellent. »
Il ajouta seulement qu'avant de partir il voulait instruire les scheiks zénètes de ce qui lui arrivait, et demander leurs conseils. « O mon fils, lui

» dit après l'avoir entendu le scheik qui était
» son parent, c'est le ciel qui t'ouvre cette car-
» rière glorieuse, vas la parcourir sans crainte
» et compte sur nous ; car c'est avec le glaive
» qu'il faut défendre l'honneur de ta famille. »
Les Zénètes ne se bornèrent pas à des offres stériles ; ils lui donnèrent sept cent cinquante cavaliers bien armés, et lui promirent de plus grands secours. Au moment du départ, les Zénètes durent retenir leurs enfans, qui tous voulaient suivre Abderahman et sa fortune ; plusieurs parvinrent même à s'embarquer avec lui.

Tandis que le jeune prince et ses braves Zénètes voguaient heureusement vers l'Espagne, Jusuf, vainqueur, retournait vers Cordoue, traînant à sa suite Amer et son fils chargés de chaînes, et destinés à orner son triomphe avant de perdre la vie. Wahib ben Amer avait été défait dans les environs de Calatayud, et il s'était renfermé dans Sarragosse, où déjà son père avait été contraint de chercher un asile. Jusuf sans perdre un moment avait cerné la ville, et multipliant les assauts, il avait inspiré tant de terreur aux habitans, que les principaux d'entre eux, ceux même qui paraissaient le plus dévoués à Amer, s'étaient saisis de sa personne, de celle de son fils, et du secrétaire Alhebab, et les

avaient livrés à l'émir irrité, comptant par ce lâche sacrifice trouver grâce devant ses yeux pour leur propre défection. Jusuf était resté peu de temps à Sarragosse, et même à Tolède, où il n'avait fait que passer. De là, continuant sa route avec les seules troupes d'Andalousie, il était arrivé au passage des montagnes à vingt ou vingt-cinq lieues au sud de cette ville. La chaleur du jour l'avait contraint de s'arrêter dans un vallon ; et tandis qu'il reposait dans son pavillon avec sa famille, et que ses gens prenaient leur repas, Samaïl arriva de Cordoue. Quoiqu'il parût très-fatigué de la course rapide qu'il avait faite, Jusuf, lui laissant à peine le temps de respirer, lui demanda ce qui l'amenait. Samaïl se contenta de lui présenter un écrit qu'on lui avait remis, mais dont le contenu s'adressait à l'émir. Celui-ci y lut ces paroles : « Ton règne va finir ; celui qui doit
» détruire ta puissance est en chemin. Dieu
» nous destine à la mort que tant de nobles
» Musulmans ont déjà reçue. Pourquoi épargnes-
» tu encore Amer et son fils ? Qu'ils périssent,
» et, avec eux, tous ces scheiks perfides qui ap-
» pellent ton successeur ; qu'ils périssent, car
» ils sont tous connus ! C'est toujours gagner
» que de diminuer le nombre de ses ennemis. »
Jusuf et Samaïl cherchaient, sans y réussir,

à deviner le sens de cet écrit mystérieux; ils s'en occupaient au moment où arriva un messager de Cordoue, que le fils de l'émir envoyait à son père. Il lui mandait que l'un des enfans du calife Hixêm, appelé Abderahman ben Moavie, était parti d'Afrique, attiré par la faction des Omeyas, laquelle paraissait composée des principaux scheiks des tribus de l'Arabie, de la Syrie et de l'Egypte, et qu'il amenait avec lui un corps de troupes bérébères.

Jusuf, frappé d'étonnement, ne put d'abord trouver des expressions pour exhaler son indignation et sa colère; ensuite, tombant dans un accès de fureur, il ordonna qu'on déchirât par lambeaux ses trois malheureux prisonniers, et ses yeux se repurent de cet horrible spectacle; barbarie inutile par laquelle il parut indisposer contre lui la fortune, qui depuis ce moment l'abandonna pour son rival. Un second messager, envoyé à l'émir par sa mère, confirma les nouvelles que le premier avait apportées. Jusuf et son ami Samaïl pressèrent leur marche, et expédièrent de toutes parts l'ordre de rassembler des troupes.

An de J. C. 755.
De l'hégire, 138.

10 Rebic 1.

Abderahman aborda sur la côte d'Espagne, vers le commencement de l'année; le lieu du débarquement fut Almuñecâb, aujourd'hui Almuñecar, à quinze ou dix-huit lieues au sud de Grenade. Il y fut reçu par un grand nombre de scheiks andalous, qui lui jurèrent obéissance en le prenant par la main, suivant l'usage. Le peuple, dont le concours était immense, se mit aussitôt à crier : Que Dieu protège Abderahman ben Moavie, roi d'Espagne ! En peu de jours la nouvelle de cet événement fut répandue dans tout le midi, et la jeunesse courut en foule se ranger sous les drapeaux du prince. Abderahman était à la fleur de l'âge, rempli de grâce et de majesté, d'une figure aussi noble que prévenante, d'une taille avantageuse et bien proportionnée. La douce joie dont son âme s'était enivrée, à l'aspect de ce peuple ravi de le voir, répandait sur ses traits un air de sérénité qui rehaussait l'éclat de tous ses avantages. Environ vingt mille hommes d'Elvire, d'Almérie, de Malaga, de Xerez, d'Arcos et de Sidonia se joignirent à ses Zénètes, et l'accompagnèrent à Séville, où il fit son entrée aux acclamations générales. Toutes les villes voisines y envoyèrent des députés pour faire leur soumission et offrir leurs services. Jusuf était exactement informé de tout ce qui arrivait, et il ne voyait pas sans un dépit amer l'inconstance de la faveur populaire. Il s'indignait surtout de la perfidie des scheiks arabes et syriens, et de la trahison des scheiks égyptiens qui commandaient les places de la côte. Il donna ordre à son fils Abderahman de ne rien négliger pour la défense de Cordoue; il envoya Muhamad et Alcasim, ses autres fils, le premier à Valence, le second au pays de Tadmir, pour maintenir dans le devoir les habitans de ces contrées. Samaïl et lui parcoururent les provinces de Mérida et de Tolède, où ils firent de nombreuses levées de soldats.

Le malheur avait plus fait pour Abderahman que n'aurait pu faire peut-être une longue expérience; il connaissait les hommes, et il n'ignorait pas que, pour s'attacher fortement les Arabes il devait par des actions d'éclat se montrer supérieur au vulgaire. Il avait d'ailleurs à combattre deux ennemis puissans et habiles, dont la réputation depuis long-temps établie pouvait servir à décourager ses partisans, quand le premier enthousiasme se serait refroidi; il sentait d'autre part que ces deux hommes tenteraient, par un grand effort, d'abattre d'un seul coup son parti naissant : il fallait donc s'entourer du prestige de la victoire, et conquérir son royaume à force de valeur, pour avoir le droit de le gouverner avec sagesse. Aussitôt il assembla ses scheiks, et, après leur avoir soumis ses projets, il marcha rapidement sur Cordoue. Il rencontra sur la route le fils de Jusuf, qui était venu lui disputer le passage; il le défit complétement, et le força à rentrer dans la ville. En même temps il faisait répandre avec profusion parmi le peuple des proclamations où il disait que le roi Abderahman, le légitime successeur des califes, venait délivrer les Musulmans de la tyrannie de Jusuf, et les faire jouir, sous un gouvernement juste, de tous les avantages de la paix.

Le bruit de ce premier succès augmenta dans Jusuf les désirs de vengeance. Il donna l'ordre à Samaïl d'accourir au secours de son fils, et d'obliger le roi intrus, *Adhagel*, à lever le siége. Abderahman ne tarda pas à apprendre qu'une armée nombreuse s'avançait à marches forcées; cette nouvelle ne fit qu'exciter son ardeur. Il laissa la moitié de ses troupes devant Cordoue sous les ordres de Temam ben Alcama, et il partit avec le reste pour aller à la rencontre de l'ennemi. C'était, ce semble, une action téméraire que de conduire dix mille chevaux contre une armée quatre fois plus nombreuse, commandée par deux chefs expérimentés : Jusuf s'était joint à Samaïl. Abderahman le savait; mais sa position presque désespérée le forçait à frapper des coups décisifs ; il comptait d'ailleurs sur le dévouement de ses troupes, et sur l'invincible valeur de ses Zénètes; d'un autre côté, il fit pour obtenir la victoire toutes les dispositions qu'on eût pu attendre d'un général consommé. Au moment de combattre, il parcourut les rangs; et, comme ce jour était celui de la fête des victimes, afin de tirer parti de cette circonstance même pour animer ses soldats par un présage favorable, il leur disait avec le ton de la généreuse confiance en leur courage : c'est aujourd'hui le jour des victimes, ce sera un jour de malheur pour Jusuf et les siens. Jusuf au contraire, voyant le petit nombre de ses ennemis, ne put s'empêcher d'en parler avec dédain ; et, comme si la victoire ne pouvait lui échapper, il répéta ces deux vers d'un ancien poëte :

« Nous sommes une foule altérée par une soif brû-
» lante, et nous n'avons que les eaux d'un puits à moitié
» desséché :
» Comment pourrons-nous assouvir cette soif qui nous
» dévore (1) ? »

La bataille commença avec le jour dans les champs de Musarâ; Abderahman fut toujours

---

(1) L'eau étant très-rare et par conséquent très-précieuse dans les déserts de l'Arabie, les tribus errantes regardent la rencontre d'une source ou d'un puits comme un événement très-heureux. L'image que les vers expriment a donc pu être admise dans la poésie des Arabes, parce qu'elle ne manque à leurs yeux ni d'intérêt ni de noblesse.

aperçu là où le danger paraissait plus grand. La cavalerie africaine et celle de Xerez firent des prodiges, et enfoncèrent plusieurs fois l'ennemi. Vers le milieu du jour, la terre était couverte de morts, d'armes brisées et de dépouilles. Alors la terreur s'empara des soldats de l'émir, et, sans écouter la voix de leurs chefs, ils commencèrent à se disperser. Jusuf et Samaïl, entraînés par les fuyards, quittèrent, en frémissant de rage, ce funeste champ de bataille. Le premier se retira dans l'Algarve avec les faibles débris de son armée; Samaïl arriva presque seul au pays de Tadmir : ses soldats s'étaient répandus en fuyant dans les montagnes d'Elvire (1).

Le premier fruit qu'Abderahman recueillit de cette victoire fut la reddition volontaire de Cordoue. Les habitans représentèrent au fils de Jusuf le danger qui suivrait la résistance ; et celui-ci, qui comprit par là que Cordoue voulait imiter Séville, et qui craignit même d'être livré à Abderahman s'il essayait d'user de son autorité, quitta aussitôt la ville avec ses troupes; et, d'après la convention faite avec le vainqueur, il sortit par la porte de l'ouest, tandis que les

---

(1) Ce sont les Alpuxarras.

assiégeans entraient du côté opposé, par la porte d'Alcantara. Le roi ne passa que peu de jours à Cordoue ; car, ayant appris que l'émir rassemblait du côté de Mérida une armée nouvelle, il ne voulut pas lui laisser le temps d'achever ses préparatifs. La victoire de Musarâ eut encore un autre résultat non moins important : ce fut de jeter la crainte et l'hésitation dans les cœurs jusque là dévoués à Jusuf, et d'autre part de procurer un accroissement rapide au parti du roi ; car une foule de villes suivirent l'exemple de Cordoue, et lui envoyèrent des députés, qui tous, vivement touchés de ses grandes qualités, ne sortaient de sa présence que pleins d'espérance, de respect et d'amour.

Jusuf avait été prévenu, par des avis secrets, de la marche et des desseins du roi ; et soudain il conçut le hardi projet d'aller lui-même surprendre Cordoue : il espérait trouver dans cette ville, si coupable à ses yeux, tous les scheiks inconstans qui l'avaient trahi ; et, d'avance, il savourait les douceurs de la vengeance. Heureusement son entreprise n'eut qu'un succès imparfait. Il avait réussi à tenir sa marche secrète en suivant des chemins peu fréquentés, et même en ne voyageant que de nuit : il ne put cependant empêcher Husâm ben Abdelmelic, gouverneur de Cordoue, de se sauver du côté de

Grenade avec le peu de monde qu'il avait sous ses ordres. Jusuf ne trouva point ceux qu'il voulait immoler : ils avaient tous suivi Husâm dans sa retraite (1). Trompé dans ses espérances, il abandonna aussitôt son inutile conquête pour aller rejoindre la première division de son armée, qu'il avait envoyée à la poursuite d'Husâm. Le roi, qui avait eu avis en chemin de la manœuvre de Jusuf, s'était hâté de revenir sur ses pas, et il reparut devant Cordoue, presqu'au moment où l'émir venait de s'en éloigner. Sans perte de temps, il se mit sur les traces de son ennemi, qu'il atteignit non loin d'Almuñecar. La bataille fut meurtrière, et la victoire resta long-temps incertaine : Jusuf et Samaïl combattaient pour la fortune et pour la vie, Abderahman, pour gagner un royaume. Ce dernier, décidé à périr ou à vaincre, se précipita, à la tête des Zénètes, au milieu de la plus forte mêlée : le succès naquit de son courage ; les ennemis plièrent, et la déroute fut complète. Les deux généraux consternés rallièrent avec peine quelques fuyards, et ils ne s'arrêtèrent que sur les roches escarpées qui avoisinent Elvire. Ce fut alors que Samaïl,

---

(1) Quelques historiens disent qu'il ne fit ce coup de main sur Cordoue que pour en retirer ses trésors et ses femmes, ce qui est assez vraisemblable.

n'ayant plus d'espoir, parce qu'il ne voyait plus de moyens de résistance, osa proposer à son ami de tenter, avec le roi Adhagel, la voie des négociations. Jusuf n'y consentit qu'avec beaucoup de répugnance. Hosain el Ocaili, parent de Samaïl, fut chargé de ménager les conditions du traité. Il obtint d'Abderahman amnistie et oubli du passé, tant pour les généraux que pour les soldats, à la charge, par les premiers, de remettre, dans un temps déterminé, toutes les places qu'ils avaient encore en leur pouvoir, ainsi que toutes leurs provisions de guerre. Ce traité fut conclu le second jour de la seconde lune de rébie ; mais, par un jeu singulier de la fortune, et, comme si elle eût voulu mêler quelque amertume aux douceurs du triomphe, ce même jour, les Musulmans, voulant rétablir la communication entre l'Espagne et Narbonne, furent complétement défaits dans les Pyrénées, par les indomptables habitans de ces montagnes.

An de J. C. 756.
De l'hégire, 139.

Après avoir terminé cette guerre, Abderahman se rendit à Merida, qui l'appelait dans ses murs ; il y fut reçu, par les grands et par le peuple, avec les plus vives démonstrations d'allégresse, et le jour de son arrivée fut, pour les habitans, un jour de fête tout consacré au plaisir. Il y demeura quelque temps, autant pour répondre aux désirs de ses nouveaux sujets, que pour recevoir les députés qui arrivaient de toutes les villes de la Lusitanie. Son séjour dans Merida aurait été même plus long, s'il n'eût reçu avis que la sultane Howara, qu'il aimait avec passion, voyait approcher le terme de sa grossesse. Il se hâta de revenir à Cordoue : Howara mit au jour un fils auquel il donna le nom d'Hixêm. Cet événement lui causa beaucoup de joie, et augmenta les espérances de la nation. Il fit, à cette occasion, beaucoup de largesses au peuple.

Le roi profita de la paix dont jouissait l'Espagne, pour se livrer à l'embellissement de Cordoue, et faire exécuter d'utiles constructions. Il rétablit toute la chaussée qui était destinée à contenir le fleuve, et il planta, dans le terrain ainsi conquis sur les eaux, de vastes jardins au milieu desquels s'élevait une haute tour, d'où la vue embrassait un horizon immense : il plaça, dans ce jardin, un palmier duquel sont sortis, dit-on, tous les palmiers qui se trouvent aujourd'hui en Espagne. On dit aussi qu'il consacrait souvent ses momens de loisir à contempler, du sommet de la tour, les campagnes voisines ; et, lorsque ses yeux s'arrêtaient sur le palmier, tout ému par les doux souvenirs de la patrie, il s'écriait : « Beau palmier, tu es comme moi étran» ger dans ces lieux, mais les vents de l'ouest » caressent mollement tes rameaux, tes racines

» trouvent un sol fécond, et ta tête s'élève au
» milieu d'un air pur. Ah! comme moi, tu ver-
» serais des pleurs, si tu pouvais ressentir les sou-
» cis qui me dévorent. Tu n'as rien à craindre
» de la mauvaise fortune, et moi, je suis toujours
» exposé à ses atteintes. Quand le sort cruel et
» la fureur d'Al Abbas me bannirent de ma chère
» patrie, mes pleurs arrosèrent souvent les pal-
» miers qui croissent sur les bords de l'Euphrate :
» ni les palmiers, ni le fleuve n'ont conservé la
» mémoire de mes douleurs. Toi, beau palmier,
» tu ne regrettes point la patrie!»

An de J. C. 757. De l'hégire, 140.

Abderahman se croyait obligé à la reconnaissance envers Samaïl, qui avait amené le fier Jusuf à un accommodement. Pour la lui témoigner par le don de sa confiance, il le chargea de l'honorable mission de parcourir les villes et les provinces de l'Espagne orientale, afin d'y rétablir l'ordre et la concorde. Vers le même temps, Moavie ben Salemi, que le roi avait envoyé en Syrie, revint de son voyage, amenant avec lui un grand nombre d'illustres Arabes que leurs anciennes liaisons avec les Omeyas avaient rendus suspects au calife Azefah, et qui n'avaient échappé aux persécutions que par la fuite. Moavie obtint, pour récompense, la charge de chef des cadis. Abdelmelic ben Omar et Suleiman Foteis, qui étaient du nombre de ces Arabes proscrits dans l'Orient, eurent les gouvernemens de Séville et de Cabra, et de leurs provinces (1). Les faveurs du roi n'étaient alors qu'un prix accordé au mérite ; plus tard, l'expérience montra qu'elles n'avaient fait que précéder les services.

Jusuf avait commencé d'exécuter le traité par la remise d'Elvire, et par l'évacuation de Grenade, qu'il avait depuis peu fortifiée ; il s'était ensuite retiré à Murcie, où son fils Muhamad était encore. Comme il crut reconnaître dans les habitans de l'attachement à sa personne, et dans ses partisans un courage que les revers n'avaient pas encore abattu, il se repentit d'un traité qui le plaçait au rang des sujets, et il se reprocha sa trop grande précipitation. Ses regrets augmentèrent, lorsqu'ayant secrètement parcouru la province de Tolède, il se fut assuré du dévouement de ses anciens amis. Il n'en fallait pas

---

(1) On lit dans les Arabes au lieu de Séville, *Emesse*, ville de Syrie, et au lieu de Cabra, *Wasita*, ville de l'Irack. Les Arabes, voulant perpétuer parmi eux les souvenirs de leur patrie, donnaient souvent le nom de leurs villes à celles de l'Espagne. Ainsi ils appelaient Séville *Emesse*, Elvire *Damas*, Jaën *Quinsarina*, etc. Cette coutume pouvait avoir pour eux des charmes, mais elle produit fréquemment l'embarras et l'obscurité pour les autres.

tant pour faire rentrer l'espérance dans un cœur ambitieux. Dès ce moment, il conçut le désir, il chercha les moyens de ressaisir la puissance, dont il s'était dépouillé dans un premier moment d'agitation et de trouble. Ses projets de rébellion ne tardèrent pas à éclater : non-seulement il ne remit pas au roi les villes dont il était encore le maître, mais on apprit qu'il levait des troupes, et qu'il s'était emparé du fort d'Almodovar. Abderahman fit marcher contre lui Abdelmelic, gouverneur de Séville. Celui-ci prit successivement possession de plusieurs villages où Jusuf avait placé provisoirement des dépôts d'armes et de munitions, dépôts que les habitans eux-mêmes se hâtèrent d'indiquer en protestant de leur soumission au roi, quoique dix jours auparavant ils eussent assuré Jusuf de leur fidélité. De là, Abdelmelic alla mettre le siége devant Almodovar, qui ne tint que peu de jours : il fit part au roi de cet événement, et, en même temps, il le pria d'envoyer sans délai des troupes du côté d'Ubeda et de Murcie, parce que c'était là que les rebelles avaient établi leurs points principaux de réunion. Jusuf fut privé, par ce moyen, des secours qu'il attendait de ces deux villes, de sorte qu'Abdelmelic l'ayant atteint dans les environs de Lorca, et l'ayant enveloppé de toutes parts avec sa cavalerie, Jusuf, après avoir fait des efforts incroyables pour se tirer de ce danger et s'ouvrir un passage, fut enfin accablé par le nombre, et tomba sur le champ de bataille, percé de coups. Abdelmelic s'empressa d'envoyer à Cordoue la nouvelle de sa victoire; et la tête de Jusuf, suspendue à un croc de fer, fut exposée au-dessus de l'une des portes de la ville, suivant l'usage barbare de ce temps.

<small>An de J. C. 759. De l'hégire, 142.</small>

La mort de Jusuf affaiblit beaucoup son parti, mais elle ne put l'anéantir. Les trois enfans de l'émir, Abderahman, Muhamad et Casim étaient parvenus à rassembler quelques troupes; et, après s'être emparés de Tolède en l'absence du wáli Temam, ils parcouraient le pays à main armée, levaient des impôts, et forçaient les habitans à leur fournir des chevaux et des hommes. Abderahman, l'aîné d'entre eux, avait une réputation de bravoure et de prudence qui inspirait à ceux de son parti la plus grande confiance. Temam, non moins rempli de zèle pour le service du roi que du désir de reprendre Tolède, se mit à la poursuite des trois frères, et les ayant enfin rencontrés à peu de distance de cette ville, il leur livra un combat sanglant, dans lequel Abderahman fut tué. Muhamad et Casim rentrèrent dans Tolède avec les débris de leur cavalerie. Temam ne leur donna pas le temps de se préparer à la défense : il s'avança précédé de la terreur que sa victoire avait répandue dans la ville, et il somma les habitans de se rendre ; mais les partisans de Jusuf, encore nombreux, les tenaient sous le joug, et cette sommation resta long-temps sans effet : ils ne purent pourtant empêcher quelques serviteurs fidèles du roi de pratiquer secrètement des intelligences avec le wali, et même de lui ouvrir une porte de la ville à un jour convenu. L'apparition soudaine de Temam dans Tolède jeta la confusion et l'épouvante parmi les rebelles; et, comme dans ce pressant danger chacun ne songeait qu'à soi, le jeune Muhamad tomba dans les mains de ses ennemis ; Casim, plus heureux, se sauva déguisé. Muhamad fut envoyé à Cordoue, chargé de fers; la tête d'Abderahman, son frère, y fut aussi apportée. Le roi, naturellement généreux et compatissant, fit grâce à Muhamad en faveur de sa jeunesse, et il ne voulut pas répandre son sang : il se contenta de le faire enfermer dans une tour des remparts de Cordoue.

Samaïl avait eu assez de prudence pour ne prendre aucune part à la rébellion de son ami Jusuf. Voulant au contraire avoir l'air de répondre à la confiance du roi, il avait continué de remplir la commission dont il était chargé, quoiqu'à la vérité il y mît moins de bonne volonté et de zèle, que d'exactitude et de soin : on voyait qu'il s'était acquitté d'un devoir par nécessité, non par affection; et, soit que la mort tragique de Jusuf lui eût causé un salutaire retour sur lui-même, soit que, tristement convaincu de l'inconstance de la fortune, il renonçât à ses faveurs, il demanda au roi, pour toute récompense, la liberté de se retirer dans sa maison de Siguënza, ce qui lui fut accordé. L'exemple de sagesse que donnait aux mécontens la retraite de Samaïl ne fut point suivi par le scheik Barcerah ben Nooman, qui avait reçu dans son palais d'Algéziras le fugitif Casim. Au lieu de lui fournir les moyens de passer en Afrique, comme ce jeune homme en avait l'intention, Barcerah l'engagea à tenter encore le sort des armes, et lui promit de puissans secours. Il rassembla en effet sous les drapeaux de la révolte une foule de gens oisifs habitués à la licence, et demandant la guerre dans l'espoir du pillage; de ces gens qui, nourris dans tous les excès des discordes civiles, se montraient tour à tour dans tous les partis, et portaient dans chacun la même intolérance, les mêmes fureurs. Le premier exploit de Barcerah fut la prise de Sidonia, ville mal fortifiée. Encouragé par ce succès, il conduisit ses bandits à Séville, qui était alors dans une sécurité parfaite; et, comme sa troupe s'était rapidement augmentée de tous ceux qu'attirait l'appât du désordre et de l'impunité, il s'empara de la ville sans éprouver aucune résistance. Le roi, informé de ces mouvemens, partit sur-le-champ de Cordoue avec sa cavalerie africaine, et écrivit à Temam d'accourir sans retard avec toutes ses troupes. Barcerah eut la témérité de disputer au roi l'entrée de Séville, mais ses bandits enfoncés, dispersés par les Zénètes, abandonnèrent leur chef, qui fut tué sur la place; et, tandis qu'Abderahman recevait dans Séville les actions de grâces des habitans, la cavalerie africaine, poursuivant les fuyards, en fit périr un grand nombre. Peu de jours après, Temam arriva; le roi voulait qu'il prît du repos. « Je n'aurai de repos, répondit Temam, qu'après que j'aurai exterminé tous les rebelles que l'Espagne renferme. » Il partit aussitôt pour Sidonia, qu'il emporta d'assaut; de là il se rendit devant Algéziras, où le reste des bandits s'étaient enfermés. Ceux-ci, effrayés d'une poursuite aussi vive, et craignant pour leur vie, se saisirent de la personne de Casim, qui se trouvait parmi eux, et le livrèrent à Temam pour se racheter du supplice. Temam rentra triomphant dans Séville; le roi, jaloux de récompenser ses services, le nomma son hagib, ou premier ministre, persuadé qu'il ne pouvait remettre les intérêts de l'état en des mains plus actives ni plus habiles.

Abderahman, toujours généreux, ne permit point que Casim fût livré aux bourreaux; il eut dans la suite occasion de se repentir d'un acte de clémence, qui exposa son peuple à de nouveaux désastres. Casim fut enfermé dans une tour de Tolède, et le roi chargea son affranchi Bèdre de la garde du prisonnier. Le gouvernement de la ville fut donné à Habib, fils d'Abdelmélic, qui devint wali de Séville; Abdala, frère d'Habib, fut placé à Mérida. Peu de temps après, Bèdre reçut l'ordre du roi de se transporter en toute hâte à Siguënza, et d'arrêter Samaïl, qui continuait d'y résider. Cet ordre fut ponctuellement exécuté, et Samaïl fut jeté dans une prison de Tolède, où il mourut au bout de quelques mois; on dit même que sa fin y fut avancée. Cet événement était trop extraordinaire, pour qu'on pût supposer que le roi n'avait pas des motifs puissans. Celui qui avait épargné les enfans de Jusuf n'aurait point fait périr Samaïl, si la justice ne l'avait ordonné. Samaïl ne semblait occupé qu'à goûter les douceurs de la vie privée; sa maison, rendez-vous de quelques amis, était, en apparence, celle d'un philosophe détaché des vanités du monde; mais on avait surpris le secret d'une conspiration dangereuse dont il était l'âme : Samaïl regretta, comme Jusuf, la souveraine puissance; il se lassa de la fa-

An de J. C. 759. De l'hégire, 142.

culté d'être heureux, libre du poids des grandeurs ; et, tandisque, pour éloigner les soupçons, il faisait prendre à son palais les dehors trompeurs d'un lieu de plaisir, ses poignards s'aiguisaient dans l'ombre.

Froïla, fils d'Alphonse, occupait alors le trône des Asturies ; et, comme Abderahman, il avait été obligé de vaincre ses sujets pour régner sur eux. Trop faible pour réprimer l'esprit de révolte et soutenir à la fois une guerre étrangère, il acheta la paix avec les Arabes, en se soumettant à un tribut onéreux. Les historiens arabes rapportent même les termes du traité (1).

---

(1) Il était conçu de la manière suivante :

« Au nom du Dieu clément et miséricordieux.

» Le magnifique roi Abderahman accorde paix et pro-
» tection à tous les chrétiens de l'Espagne, séculiers ou
» laïques, ainsi qu'aux habitans de la Castille (*). Il pro-
» met sur son âme que ce pacte sera fidèlement gardé de
» sa part, à la charge par les chrétiens de lui payer ou
» livrer annuellement, durant cinq années consécutives,
» dix mille onces d'or et dix mille livres d'argent, dix

(*) M. Conde observe que le mot *Castela*, Castille, qui se trouve dans le traité, n'y a été mis vraisemblablement que par erreur de copiste, parce que dans le temps où il fut fait les Arabes appelaient Galice et non Castille, toutes les terres situées au-delà de la chaîne de Guadarrama, ou *Gibal Axerrat*.

Ce fut aussi dans le courant de la même année, suivant quelques historiens, que la fortune, qui d'ordinaire compense les biens avec les maux, fit perdre aux Musulmans la ville de Narbonne, après un siége de six ans.

Abderahman demeura dans Séville jusqu'à la fin de l'année suivante. Il y fit planter de très-beaux jardins, qui prirent alors, et qui ont conservé le nom de Nahla ; et l'on dit qu'il y fit aussi construire une tour, et placer un palmier, comme dans ceux de Cordoue ; on prétend même que ce fut à l'occasion du palmier de Séville qu'il fit les vers rapportés plus haut. Comme il n'y avait point de palais dans Séville, il fut logé dans une belle maison particulière, appartenant à Hayût ben Molemis, originaire d'Émesse. C'était l'un des plus riches et en même temps des plus nobles scheiks des tribus syriennes ; il donna au roi sa maison avec tout ce qu'elle contenait. Sa mort suivit de près ce don, et Abderahman, qui avait le goût de la poésie, fit l'épitaphe du généreux Hayût.

Le roi commençait à espérer que la paix inté-

An de J. C. 760. De l'hégire 143.

» mille chevaux et autant de mulets, mille cuirasses,
» mille lances et mille épées.

» Fait à Cordoue, le troisième jour de la lune de Safer
» de l'an 142. »

rieure ne serait plus troublée, et il se disposait
à visiter l'Espagne orientale, lorsqu'il reçut la
nouvelle d'un soulèvement occasioné à Tolède,
par Hixêm ben Adrâ el Fehri, parent de Jusuf.
Les factieux s'étaient emparés par surprise de
l'alcazar, ou palais du roi, et le wali n'avait réussi
qu'avec peine à se soustraire à la mort par la fuite;
plusieurs loyaux Musulmans, qui essayèrent
de leur résister, furent mis en pièces par ces furieux. Ils tirèrent aussitôt Casim de sa prison,
rassemblèrent à force d'argent tous les bandits
de la contrée, comme l'avait fait Barcerah, et
parvinrent ainsi à composer une armée de dix
mille hommes. Le roi marcha contre eux avec
la cavalerie de Cordoue, et ses braves Zénètes, et
il envoya l'ordre au wali de Mérida de se rendre
avec ses troupes au camp de Tolède. Toutes les
bandes de rebelles qui battaient le pays, instruites
de l'arrivée d'Abderahman, se hâtèrent de rentrer
dans la ville. C'étaient en général des hommes
peu faits au métier des armes, et par conséquent
incapables de se battre en plaine; mais, dérrière
d'épaisses murailles, ils se croyaient invincibles. Comme la ville est très-forte par sa situation,
et qu'il fallait supposer que les révoltés se défen-
draient avec le courage du désespoir, le roi, cédant
aux conseils de son hagib Temam qui représenta
que le siége serait fort long, et qui savait d'ail-

leurs qu'un nouvel orage, non moins dangereux, était près d'éclater sur les côtes de l'Algarbe, le roi permit qu'on entrât avec les rebelles en voie d'arrangement. Temam fit aussitôt proposer aux chefs de la révolte amnistie pleine et entière, s'ils se rendaient dans trois jours. La plus grande partie des habitans, qui craignaient encore plus les soldats d'Hixêm que les dangers du siége, fit à ce chef les plus vives instances, pour qu'il profitât de l'offre du roi. Sa propre famille y joignit ses prières. Hixêm, forcé de céder, envoya vers le roi son fils Muhamad pour implorer sa miséricorde. Abderahman répondit qu'il n'imposait au pardon d'autre condition que la remise immédiate de la place ; il envoya en même temps à Hixêm l'ordre de se rendre sur-le-champ auprès de lui. Hixêm obéit, non sans crainte ; il se présenta accompagné de son fils et de quelques-uns des principaux citoyens. Le roi se contenta de lui reprocher les malheurs que sa rébellion avait causés, et il confirma l'amnistie ; il exigea seulement qu'Hixêm lui remît son fils en otage, et que Casim rentrât dans sa prison. On conseillait au roi de faire mourir Hixêm et ses principaux fauteurs. « La parole donnée à des traîtres et à des » rebelles, lui disait-on, ne saurait vous lier, » quand votre intérêt et celui de l'état exigent

» qu'elle soit retirée. » Le roi répondit que, dût-il exposer son trône, il ne violerait point la sienne, et Hixêm conserva une vie qu'il n'aurait point fallu lui promettre.

An de J. C. 761.
De l'hégire 144.

Ce fut au retour de cette expédition que l'hagib communiqua à son maître le motif qui l'avait engagé à lui conseiller de traiter avec les rebelles ; c'était un avis du scheik de Tahart, suivant lequel Aly ben Mogueith, émir de Caïrvan, était au moment de s'embarquer pour l'Espagne avec une puissante armée. Il voulait, disait-il, rétablir dans ce pays l'autorité du calife d'orient, et chasser sans retour l'aventurier Abderahman. Selon d'autres nouvelles envoyées par le wali de Mérida, Aben Mogueith venait de prendre terre sur les côtes de l'Algarbe, et dès son arrivée il avait fait solennellement proclamer par son armée le calife d'orient, traitant d'usurpateur le roi Abderahman. Celui-ci ne laissa point paraître l'inquiétude que ces événemens lui causaient ; il dit seulement qu'il plaignait le peuple et les troupes, qui allaient se trouver exposés à de nouvelles fatigues. Il est des hommes que rien ne corrige ; insensibles au bienfait, parce que la reconnaissance les gêne, ils n'en profitent que pour nuire à leur bienfaiteur : tel était Hixêm ben Adrâ. Il n'eut pas plus tôt entendu parler de l'arrivée d'Aly ben Mogueith que, rallumant dans Tolède le feu mal éteint de la révolte, il s'empara de nouveau de l'alcazar, après en avoir égorgé les gardes, et fit proclamer le calife d'orient. Le roi envoya Bèdre devant Tolède avec des troupes; il lui ordonna d'emmener le fils d'Hixêm, Muhamad, et de le faire décapiter sous les murs de la ville, si son père refusait de la rendre (1). Il prit de son côté la route de Mérida, pour y grossir son armée de la cavalerie qui, d'après ses ordres, devait y être rassemblée; et il marcha, sans perdre un moment, à la rencontre des Africains, qui préludaient à l'emploi de la force par les ruses de la politique, et répandaient de toutes parts des proclamations où l'on appelait Abderahman *adhagel* et aventurier, misérable reste d'une famille proscrite qui avait été vouée aux malédictions dans toutes les mosquées de l'orient. Ces proclamations ne laissaient pas de séduire beaucoup d'esprits faibles et superstitieux; pour imposer davantage au vulgaire, Aly faisait porter devant lui une riche bannière qu'il disait avoir reçue de la main propre du calife; enfin il promettait de grandes récompenses à ceux qui se décla-

---

(1) Cet ordre fut vraisemblablement exécuté, car Hixêm ne remit point la ville; il se rendit même auprès du wali de Caïrvan; et l'on ne parle plus de ce Muhamad.

reraient pour lui. Il n'en fallait pas davantage pour attirer une grossière populace, et le mettre à la tête d'une armée nombreuse. Hixêm ben Adrâ était aussi dans son camp, et il lui offrait la remise de Tolède, lorsque l'armée d'Abderahman, divisée en trois corps, lui vint présenter la bataille. Trompé par les promesses pompeuses d'Hixêm, il se prépara au combat, bien convaincu qu'une seule victoire allait renverser le trône d'Abderahman. L'événement ne répondit pas à son attente : les Africains furent complétement battus, et le présomptueux Aly ben Mogueith perdit à la fois l'espérance et la vie. Sept mille Africains restèrent morts sur le champ de bataille, les autres prirent la fuite ; partie revint sur les côtes, pour gagner les vaisseaux, partie se dispersa sur divers points. Abderahman fit porter à Caïrvan la tête d'Aly ben Mogueith, et ses émissaires l'attachèrent pendant la nuit à une colonne qui était sur la place, avec un écriteau où se lisaient ces mots : «C'est ainsi qu'Ab-
» derahman, le successeur des Omeyas, traite les
» téméraires et les superbes. »

An de J. C. 765.
De l'hégire, 146.

L'imprudent Hixêm n'osait tenter de rentrer à Tolède, que les troupes du roi bloquaient étroitement ; mais, ne pouvant renoncer au désir de susciter de nouveaux troubles, il tâcha d'entraîner dans sa révolte les alcaïdes de Sidonia et de Jaën. Il comptait même si fort sur la valeur de Saïd, alcaïde de Sidonia, qu'il ne craignit pas de s'enfermer dans cette ville, avec quelques autres mécontens, comme dans un asile inaccessible. Ces alcaïdes levèrent des soldats, ou plutôt réunirent tous les malfaiteurs de l'Espagne, restes des bandes de Barcerah, et leur donnèrent des armes. Avec cette troupe, dont l'audace était excitée par l'amour du vol, ils commirent dans le pays beaucoup de dégâts, et ils parvinrent même aux portes de Séville. Abdelmélic, ayant rassemblé sa cavalerie, les défit entièrement, et les poursuivit jusqu'à Sidonia, dont le siége fut aussitôt commencé. Saïd avait payé de son sang sa folle entreprise ; sa tête, placée au bout d'une pique, fut portée sous les remparts de la ville où naguère il commandait. Les rebelles, épouvantés et peu sûrs des habitans, prirent la résolution désespérée d'abandonner la ville pendant la nuit, et de se frayer une issue à travers le camp ennemi, pour gagner de là les montagnes de Ronda. Hixêm ben Adrâ fut seul d'un avis contraire : il craignait en cherchant son salut de rencontrer la mort, et ses pressentimens ne le trompèrent point. Il fut fait prisonnier avec quelques autres chefs des rebelles. Abdelmélic leur fit trancher la tête, de peur que la trop grande bonté du roi ne leur

An de J. C.
765.
De l'hégire,
148.

laissât encore une vie qu'ils n'employaient qu'à déchirer l'Etat. Ceux qui avaient été assez heureux pour s'échapper n'en furent que plus ardens à poursuivre leurs criminels desseins ; mais comme ils manquaient de forces, ils résolurent de passer en Afrique pour obtenir des secours. Le wali de Méquinez, qui se vantait de descendre de Fatime, fille du prophète, jeune encore et sans expérience, se laissa séduire par les promesses des rebelles, qui lui parlaient de l'Espagne comme d'un pays fatigué de la domination d'Abderahman, tandis que, pour grossir leur parti, ils faisaient courir en Espagne le bruit de l'arrivée d'Abdelgafir de Méquinez, dont ils exaltaient les richesses et la puissance. Abderahman se contenta d'augmenter la garnison d'Almugnecar et de mettre à prix la tête des principaux révoltés, ce qui parut d'abord les déconcerter.

Le siége de Tolède durait encore ; il avait été conduit avec beaucoup de négligence ; des relations fréquentes étaient tolérées entre les assiégés et les assiégeans ; les premiers entraient et sortaient librement pour vaquer aux travaux de la campagne ; les provisions, les convois arrivaient tous les jours, et traversaient le camp sans obstacle. L'hagib Témam vint prendre la direction du siége, et soudain tout changea de face : les provisions n'entrèrent plus, les habitans furent resserrés dans leurs murs, et des assauts réitérés les menacèrent à chaque instant des plus cruels désastres. D'un autre côté les partisans de Casim avaient beaucoup perdu de leur zèle ; tout ce qu'ils firent pour lui, ce fut de l'empêcher de tomber au pouvoir de ses ennemis, en lui donnant les moyens de sortir secrètement de Tolède et de gagner les montagnes. Aussitôt après, la ville ouvrit ses portes. Témam désarma tous les habitans, et leur promit d'intercéder pour eux auprès du roi.

Abderahman avait fidèlement gardé le pacte qu'il avait fait avec Froïla ; mais après la mort de ce prince, qui périt par les mains de ses parens conjurés contre lui, Aurèle, son successeur, entreprit de se soustraire au tribut ; du haut de ses montagnes il semblait défier toute la puissance des Musulmans. Ceux-ci, conduits par Nadhar et par Zeid ben Aludhâh, poursuivirent les chrétiens dans leurs retraites, les vainquirent en plusieurs rencontres, et firent beaucoup de captifs, qu'ils emmenèrent à Cordoue. Aurèle s'estima heureux pour lors d'obtenir le renouvellement de la trève et le rétablissement de l'ancien traité. Ainsi l'Espagne fut tranquille au nord ; du côté du midi, les rebelles, ou plutôt les bandits, qui avaient appelé Abdelgafir, partout repoussés, partout vaincus, n'osaient quitter les montagnes où ils s'étaient réfugiés ; ou, s'ils tentaient quelquefois de descendre dans la plaine pour se procurer des provisions, ils ne manquaient jamais d'expier leur témérité par la perte de beaucoup d'entre eux. Le roi, qui attachait peu d'importance à cette guerre de montagnes, laissait aux alcaïdes de Ronde et des villes voisines le soin de la terminer et de réduire les rebelles ; et il profita du repos que ses victoires avaient procuré au reste de l'Espagne pour réparer les fortifications de Cordoue et y construire un château. Cependant ces rebelles, qu'il avait trop méprisés, reçurent de nouveaux secours et devinrent plus entreprenans. Comme ils entretenaient des relations suivies avec l'Afrique, ils surent qu'un débarquement de troupes maures, sous les ordres d'Abdallah el Sekelebi, devait avoir lieu sur la côte orientale ; et ils combinèrent si bien leur plan d'hostilités, que, tandis que le débarquement s'opérait, et que, pour résister à ces nouveaux ennemis dont la renommée avait exagéré le nombre et la puissance, Abderahman lui-même marchait en personne à la tête des troupes ; ils se présentèrent dans les champs d'Estepa, remportèrent sur les alcaïdes de Baëza et de Carmone des avantages signalés, et parvinrent, par cette victoire, dont la malveillance, toujours active, grossissait beaucoup l'importance, à jeter jusque dans Séville des semences de trouble et de révolte. Un scheik, nommé Hayûn ben Salem, offrit à Abdelgafir de lui livrer cette ville aussitôt qu'il se montrerait devant elle.

L'expédition de Sekelebi ne fut point heureuse ; l'alcaïde de Tortose avait promptement donné avis du débarquement à ceux de Tarragone et de Barcelone. Ces trois alcaïdes, réunissant leurs forces, avaient enveloppé les Africains et en avaient tué la plus grande partie. Le reste voulut se rembarquer ; mais la flotte de Tarragone avait brûlé leurs vaisseaux, de sorte qu'ils furent presque tous forcés de se rendre. Le plus petit nombre s'échappa à travers les montagnes ; Abderahman n'eut, en arrivant, que des éloges et des récompenses à donner aux soldats et aux généraux. Abdelgafir ne sut point profiter de cette leçon ; il marcha sur Séville. A peu de distance de la ville, il rencontra un détachement des troupes du roi, commandé par Casim, fils du wali Abdelmélic. Chargé par son père d'aller à la découverte, ce jeune homme était tombé au milieu d'un parti ennemi ; l'aspect imprévu d'un danger imminent troubla ses esprits, et il s'enfuit avec précipitation. Son père le vit arriver, et, transporté de colère, il le perça d'un coup de sa lance; meurs, lâche, lui dit-il; car tu n'es point mon fils, tu n'es point de la noble race de Méruân. Les rebelles ne tardèrent pas à paraître; le combat, engagé aussitôt, ne finit qu'à la nuit. Abdelmélic resta maître du champ de bataille. Comme l'obscurité favorisait la retraite des vaincus, Abdelgafir ne se voyant pas poursuivi, et comptant sur les promesses d'Hayûn ben Salem, forma le hardi projet de s'emparer de Séville : Abdelmélic l'avait deviné. Après quelques heures de repos, il se remit en marche, et il arriva sur les bords du Guadalquivir au moment où les rebelles commençaient à se montrer. Le combat s'engagea de nouveau; par malheur Abdelmélic fut gravement blessé, ce qui ralentit l'ardeur de ses troupes. Les ennemis s'en aperçurent, et, soutenus par les révoltés de l'intérieur, qui s'étaient emparés des principaux postes, ils entrèrent triomphans dans la ville; mais leur joie fut courte. Abdelmélic, malgré sa blessure, donna aux soldats l'ordre d'avancer; et, soutenus à leur tour par les efforts des habitans fidèles, ils pénétrèrent la même nuit dans Séville. Abdelgafir, trop faible pour résister, pilla les dépôts d'armes, le palais du roi, celui d'Abdelmélic, et il se retira avant le jour, suivi des traîtres qui l'avaient appelé, et qui recueillaient un fruit si amer de leur perfidie.

Cette guerre n'était point dangereuse, mais elle fatiguait les peuples, qui, sans cesse exposés au vol, à l'incendie et au meurtre, ne se livraient qu'en tremblant aux travaux de l'agriculture : Abderahman résolut de la terminer. Il voulait d'abord marcher seul avec ses Zénètes, poursuivre les rebelles et les détruire. L'hagib Temam arrêta cet excès de dévouement et de zèle, qui pouvait exposer des jours précieux à l'état, et il le fit consentir à attendre l'arrivée de toutes les troupes qui étaient convoquées. Abdelgafir, ayant appris qu'une armée nombreuse se réunissait à Cordoue, songea à regagner les montagnes, qui depuis si long-temps lui servaient de retraite ; pour cela il fallait repasser le Guadalquivir. Ses officiers croyaient plus prudent de s'enfoncer dans la Sierra-Morena, d'où l'on était plus voisin ; l'avis du chef ayant prévalu, le fleuve fut traversé près de Lora ; mais à peine étaient-ils parvenus aux environs d'Ecija et sur les bords du Xénil, qu'ils furent atteints par la cavalerie d'Abderahman, qui depuis Lora les suivait pas à pas. En même-temps les walis d'Elvire et de Tadmir, qui s'étaient mis en marche pour leur couper la retraite, parurent du côté opposé et les attaquèrent en flanc. Les rebelles combattirent pendant quelque temps avec assez de courage ; mais enfin, accablés par le nombre, ils cessèrent de faire résistance, et ils cherchèrent leur salut dans la fuite. Les vainqueurs en firent un horrible massacre. Abdelgafir, Hayûn ben Salem, plusieurs autres chefs, cinquante des principaux cavaliers africains, se trouvèrent du nombre des morts. Ainsi finit cette guerre, qui avait duré environ six ans.

Abderahman alla voir à Séville le brave Abdelmélic, que ses blessures, et plus encore le regret de la mort de son fils, retenaient dans son lit. Il chercha à le consoler par des paroles pleines de douceur; il lui recommanda de ne point se laisser abattre par le souvenir d'un mal qui n'avait point de remède; et, pour lui prouver combien il estimait ses services, il lui donna le gouvernement de Sarragosse et de toute l'Espagne orientale (1). Voulant aussi prévenir les entreprises que les émirs d'Afrique pourraient encore tenter par ordre des califes d'Orient, il envoya Temam à Tortose et à Tarragone, pour faire construire des vaisseaux capables de garder les côtes d'Espagne. Il établit aussi

---

(1) C'est de cet Abdelmélic ben Omar, *Omaris filius*, que les anciennes chroniques ont fait leur roi *Marsille*, si fameux dans les romans de chevalerie, et dont le nom vivra tant qu'on lira l'Arioste. Telle est du moins l'opinion très-plausible de M. Conde.

des arsenaux de construction à Carthagène et à Séville; il ordonna pareillement qu'il y eût toujours des vaisseaux appareillés à Cadiz, Algéziras, Almugnecar et Almérie. Il nomma à l'emploi d'amiral ou émir de la mer son hagib Temam, qui lui avait donné tant de preuves de talent et de zèle.

Deux ans s'étaient écoulés sans que la paix eût été troublée. Tout à coup, dans la ville de Sarragosse, un insensé, sans moyens, sans génie, sans partisans, nommé Husein, mécontent de son sort parce qu'après lui avoir repris une alcaïdie peu importante on le laissait vivre obscurément dans la retraite, se mit à parcourir les rues et les places publiques, tâchant de persuader au peuple qu'il ne fallait payer au roi aucune sorte d'impôts, puisqu'il n'employait leur produit qu'à faire la guerre aux Musulmans, et à soustraire l'Espagne à la domination des califes abbassides, ses véritables maîtres. Le wazir (1) de Sarragosse, instruit à temps des manœuvres

An de J. C. 774. De l'hégire, 156.

---

(1) On appelait *wali* le gouverneur d'une province ou même celui d'une grande ville; *alcaïde*, le gouverneur d'une petite ville, d'un fort, d'un château ou d'une contrée dépendante d'un grand gouvernement; *wazir* (dont nous avons fait vizir), le vice-gouverneur, le lieutenant du wali ou de l'alcaïde. Chaque wali avait un nombre plus ou moins grand de wazirs, suivant l'é-

séditieuses d'Husein, qui avait réussi à séduire la populace, fit entrer secrètement quelques troupes que lui avaient envoyées les alcaïdes de Huesca et de Tudela, s'empara de la personne du coupable et lui fit trancher la tête. Cet acte de sévérité dont il rendit compte au roi, qui l'approuva, inspira aux mutins une terreur salutaire, et ramena la paix dans la ville.

Depuis long-temps les provinces d'Espagne, démembrées de l'empire d'orient, avaient conquis, avec l'indépendance, un gouvernement dont la forme régulière promettait plus d'avantages, et donnait aux institutions plus de stabilité. Le calife d'orient n'avait fait ni pu faire aucun utile effort pour rétablir sa domination sur ces régions éloignées. Les nombreux partisans de l'ancienne dynastie, unissant l'intérêt de leurs vengeances particulières à l'intérêt de leurs princes, pouvaient encore ébranler ou renverser un trône mal affermi; toute la force du calife était dans l'armée : il ne pouvait donc disposer de l'armée pour des expéditions lointaines. Il avait d'ailleurs transféré de Damas à Bagdad le siége de son empire; et, s'éloignant encore plus de l'Espagne, il semblait avoir perdu le désir de

---

tendue et l'importance de son gouvernement. Le premier wazir commandait en l'absence du wali.

la rattacher à ses domaines. Ainsi Abderahman avait été favorisé par le plus heureux concours de circonstances; car, malgré le dévouement des scheiks qui l'avaient fait venir de Tahart, malgré son courage et son habileté, il aurait probablement succombé sous les armes des Abbassides d'Espagne, si leurs efforts avaient trouvé dans le calife d'orient un appui plus solide. L'expédition d'Aly ben Mogueith, celle d'Abdelgafir el Meneksi, celle du Sekelebi, devaient lui faire craindre de trouver en Afrique des ennemis plus dangereux que le calife lui-même; mais la fortune voulait qu'il pût consolider son ouvrage. Les idées d'indépendance qui avaient fait agir les scheiks de l'Espagne vinrent germer à leur tour au milieu des peuplades africaines; chaque émir se fit souverain. Le calife, il est vrai, fut encore regardé par eux comme chef de la religion, comme premier pontife; mais ils cessèrent de reconnaître en lui la puissance temporelle. Dès ce moment l'Espagne n'eut rien à redouter de l'Afrique; ces nouveaux princes, tout occupés de consolider leurs usurpations, ne pouvaient songer à de nouvelles conquêtes. L'Afrique sous un seul maître aurait inondé l'Espagne de soldats; divisée en petits états indépendans, elle s'était interdit toute grande entreprise.

Libre des soins de la guerre, le roi s'occupa

de l'éducation de ses enfans. Suleyman, l'aîné de tous, celui que la nation croyait destiné à l'empire, fut envoyé à Tolède, avec le titre de wali, afin qu'il mît en pratique l'art de gouverner; Abdalla, son frère, dut aux mêmes causes le gouvernement de Mérida. Abderahman, qui ne voulait pourtant pas exposer ses peuples à souffrir de leur inexpérience, leur adjoignit pour wazirs des hommes connus par leur sagesse et leurs lumières. Mais de tous ses enfans celui que le roi aimait le plus, c'était Hixêm, le fils de la sultane Howara, qui conservait encore, et qui garda, tant que ce prince vécut, l'empire qu'elle tenait sur lui de son amour. Il est vrai que le jeune Hixêm était rempli de qualités aimables; et les penchans vertueux qu'il montra dès l'âge le plus tendre, donnant de lui les plus belles espérances, pouvaient avoir déterminé dans le roi ce sentiment de préférence. C'était par les douces jouissances de la tendresse paternelle, qu'Abderahman cherchait à se délasser des fatigues du gouvernement. Retiré avec son fils chéri dans ses jardins de Cordoue, il se plaisait à partager les jeux de son enfance; souvent il l'emmenait à la chasse aux oiseaux. (1)

---

(1) Le roi aimait beaucoup ce genre de chasse. On raconte même à ce sujet que dans une de ses expéditions

Il y avait environ quatre ans que la paix se soutenait en Espagne, et tout paraissait concourir pour en assurer la durée. Dans les provinces musulmanes, les factions étaient abattues, et, s'il existait encore quelque mécontent, il ne pouvait rien entreprendre, parce qu'il manquait de tous les moyens de succès. Dans les Asturies, les peuples, d'abord armés contre leur prince, avaient enfin subi le joug d'une autorité tutélaire, qui, seule, pouvait défendre leurs autels et leur liberté. Silo, successeur d'Aurèle, s'était soumis, comme ses prédécesseurs, à payer à Abderahman le tribut ordinaire; il pensait avec raison qu'à la faveur de la paix, prix de ce subside, la nation augmentait ses forces avec sa population, sa richesse ou son industrie, et qu'il ne fallait ensuite qu'une circonstance heureuse pour l'affranchir de l'impôt. Sentant approcher le terme de sa carrière, et voulant prévenir, s'il était possible, les discussions qui pourraient s'élever sur le choix de son successeur, il avait appelé à sa

---

il vit une bande de grues s'abattre dans un vallon voisin du lieu qu'il traversait avec son armée, et qu'il partit aussitôt pour les prendre avec ses fauconniers qui le suivaient toujours, ce qui le fit appeler le sacre de Coraïxi. On se souvient qu'Abderahman était de la tribu arabe de Coraïx.

cour le jeune Alphonse, fils de Froïla, et il l'avait admis d'avance au partage du trône qu'il était dans l'intention de lui laisser tout entier après sa mort. Ce prince annonçait déjà les qualités qu'il devait déployer un jour; les grands et le peuple avaient applaudi au choix de Silo.

Il semblait donc que la discorde bannie ne troublerait pas le commencement du règne qui se préparait. Tout à coup un ennemi puissant, qui n'était attendu de personne, parut sur les frontières d'Espagne, et ses légions nombreuses couronnèrent les Pyrénées; de là, elles descendirent comme un torrent vers les plaines fertiles que l'Ebre arrose dans son cours; et toutes les villes de ces contrées, depuis les sources du fleuve jusqu'à la mer, se hâtèrent d'ouvrir leurs portes. Cet ennemi, c'était Charlemagne. Quel motif l'avait attiré en Espagne? L'histoire de son temps, horriblement défigurée par les chroniques, et surtout par les romans de chevalerie qui ont si long-temps dominé sur la littérature et glissé partout leurs fictions, n'a pu nous transmettre que des notions incomplètes, inexactes ou fausses. Fut-il appelé en Espagne, comme certains historiens nous l'ont dit, par des scheiks arabes ou africains qui voulaient se soustraire au pouvoir d'Abderahman? Mais quels furent ces scheiks? Quelle puissance fut élevée par Charlemagne ? Quels états se séparèrent du royaume de Cordoue ? Ces historiens parlent du gouverneur de Sarragosse. Etrange assertion ! Ce gouverneur était Abdelmélic, depuis vingt ans dévoué à son prince, et constant dans sa fidélité jusqu'au tombeau. D'autres ont dit que les chrétiens d'Espagne avaient imploré son secours ; mais pourquoi dans ce cas aurait-il combattu contre eux ? Pourquoi tous les habitans des Pyrénées, irréconciliables ennemis des Musulmans, l'étaient-ils aussi de Charlemagne ? Pourquoi, tous réunis contre lui, auraient-ils attaqué son armée ? Pourquoi aurait-il, lui-même, pris et démantelé leurs places ? Sera-ce donc au zèle de ce prince pour la religion de ses pères qu'il faudra attribuer cette expédition, ou bien seulement à son ambition de gloire et de pouvoir ? Le temps des croisades et l'esprit qui les excita étaient encore éloignés ; il l'était surtout lui-même de ces idées d'intolérance qui le rendirent le tyran des Saxons. Charlemagne sentait en lui le cœur d'un héros ; bien au-dessus de ses contemporains par son génie, qui lui montrait alors ce que les hommes n'ont découvert que plusieurs siècles après, le désir des conquêtes devait l'agiter, l'orgueil des victoires devait plaire à son âme. L'Espagne offrait à ses armes un vaste champ, il s'y jeta. L'événement semble dire qu'il n'avait pas de plan arrêté; car, après avoir conquis l'Aragon et la Catalogne, il reprit le chemin de ses états sans laisser en Espagne aucun établissement qui annonçât le dessein de conserver cette conquête. Les Aquitains et les Navarrais l'attendaient au passage de Roncevaux ; ils avaient à venger leurs injures et la ruine de leurs villes. Ils le laissèrent s'engager dans les gorges profondes des Pyrénées. Tout à coup sortant de leurs rochers, ils l'attaquèrent, vainquirent son armée, pillèrent ses bagages, et se chargèrent des riches dépouilles que ses soldats avaient apportées des rives de l'Ebre. Les Arabes, et même les Espagnols prétendent à l'honneur de cette victoire ; il n'appartient ni aux uns ni aux autres : les Français de la Seine ne furent vaincus que par les Français (1) de l'Adour et de la Garonne.

An de J. C. 778. De l'hégire, 162.

---

(1) Mariana, suivi par M. Depping dans son histoire générale, place cet événement en l'an 802. Il suppose, ou du moins il faudrait supposer, pour que cette date fût exacte, que Charlemagne est venu deux fois en Espagne, ce qui est contraire au témoignage de l'histoire. En 801 et 802, il envoya bien des troupes dans la Catalogne, mais il n'y vint pas; ce fut son fils Louis, duc d'Aquitaine. Mariana est sur ce point fortement réfuté

A peine Charlemagne s'était-il retiré, que les troupes d'Abderahman reprirent Sarragosse, et les autres villes que dans sa course rapide il avait emportées; tout rentra dans l'ordre. Peu de temps après, Abderahman intervint dans les affaires des Asturies. Après la mort de Silo, la nation avait confirmé l'élection d'Alphonse ; mais Mauregat, son oncle, fit valoir ses prétentions à la couronne. Il était fils d'une esclave maure (1) et d'Alphonse le catholique ; par ses

---

par le critique Masdeu. Nous avons suivi l'opinion commune, qui est aussi celle de M. Conde et de ses Arabes, avec la seule différence que M. Conde dit avec ses originaux que la défaite de Charlemagne fut l'ouvrage des généraux d'Abderahman.

(1) Les historiens espagnols et français ont beaucoup disserté sur l'étymologie du nom de Mauregat. Les premiers veulent qu'il signifie *chat d'une Maure*, ce qui paraît dénué de tout fondement ; d'autres supposent qu'il appartenait à cette peuplade extraordinaire qui, durant plusieurs siècles, a vécu dans un canton de la Vieille-Castille, inconnue à ses voisins et différente par les mœurs et par le costume, des Espagnols de tous les âges. Ces hommes qui existent encore au même lieu, près d'Astorga, s'appellent *Maragatos*. C'est aller chercher bien loin une étymologie. L'opinion de M. de Chénier est plus raisonnable et plus naturelle : il suppose tout simplement que Mauregat signifie *Maure-goth*. Ce

inclinations et ses goûts, il appartenait tout entier à la nation de sa mère. Il adressa une députation au roi de Cordoue ; celui-ci lui envoya, dit-on, une armée dont la présence suffit pour lui aplanir le chemin du trône. Mauregat maintint les traités (1) existans.

Ce fut à peu près vers ce temps que le fils de Jusuf, Muhamad Abul Aswad, s'échappa de sa

---

peut être en effet par l'altération des mots latins *Mauræ Gothus* (*filius*) que ce nom s'est formé ; ou bien encore il peut venir de ces autres mots : *Mauræ catulus*. On sait que *catulus* veut dire petit chien, mais il s'employait aussi pour désigner le petit d'un animal quelconque ; et il serait possible qu'on s'en fût servi par mépris pour le fils de l'esclave musulmane, tout comme les musulmans donnent assez généralement aux chrétiens le nom de chiens.

(1) On a vu quels étaient ces traités, et en quoi consistait le tribut, qui très-vraisemblablement avait été modéré après les cinq premières années. Plusieurs historiens ont dit néanmoins que, pour prix des secours obtenus d'Abderahman, Mauregat se soumit à un tribut annuel de cent jeunes filles ; mais il y a toute apparence que c'est en haine de ce prince qu'on a fait ce conte. Les Arabes ne parlent nullement d'un pareil tribut, ce qui doit convaincre qu'il n'a pas existé. Il aurait été d'ailleurs bien difficile, impossible peut-être de trouver tous les ans dans les Asturies, dont les habitans en général ne sont pas beaux, cent jeunes filles dignes d'entrer dans les

prison de Cordoue. Il méritait la liberté par la constance et l'adresse qu'il avait mises à l'acquérir, mais il ne sut pas en faire un bon usage; et la fortune, en l'abandonnant, le réduisit presqu'au point de regretter l'obscure tour où il avait passé tant d'années. Les premiers temps de sa détention avaient été très-rigoureux; mais tout finit par se relâcher, et soit que le cœur

---

harems des possesseurs de la belle Andalousie. Ce qui peut avoir donné lieu à cette historiette, c'est qu'Abderahman favorisa de tout son pouvoir les mariages et les alliances entre les chrétiens et les mahométans. Habile politique, il voulait aider aux progrès du relâchement parmi les peuples conquis, et il savait que par cette tolérance il ne manquerait pas d'y réussir : il était sûr au moins qu'une grande partie des enfans qui naîtraient de ces mariages appartiendraient à l'islamisme. C'est peut-être de ce temps que date cette opinion vulgaire, mais fortement enracinée en Espagne, que dans les mariages les garçons appartiennent plus particulièrement à la mère, et les filles au père. Cela pouvait avoir été ainsi réglé pour donner à chacun des époux la faculté d'élever dans sa croyance quelques-uns des enfans. Quoi qu'il en soit, Mauregat entra dans les vues du roi de Cordoue; et c'est incontestablement à la condescendance peu religieuse de ce prince qu'il faut attribuer la supposition du tribut de cent jeunes filles. Ces filles, qui suivaient leurs époux musulmans, pouvaient bien être regardées comme livrées en exécution des clauses d'un tribut onéreux.

de ses geôliers se fût amolli, soit que leur vigilance se fût lassée, il n'était plus aussi étroitement gardé. Il arriva même au bout de quelques années que, touchés de son infortune, ses gardiens crurent pouvoir sans danger le faire jouir de la lumière et d'un air plus pur. Le rusé Muhamad, conduit au grand jour, feignit d'être aveugle, comme s'il eût perdu la vue par une longue privation de la faculté d'en exercer l'organe ; et il contrefit l'aveugle si bien que tous y furent trompés. Un an se passa sans que Muhamad se fût jamais trahi, quelque soin qu'on eût pris de l'observer ; de sorte que ses gardiens, convaincus de son état de cécité absolue, le laissaient sortir de sa prison, principalement dans l'été, et le faisaient entrer dans une salle basse de la tour, où même on lui permettait parfois de passer la nuit, quand il faisait très-chaud ; enfin on poussait la complaisance jusqu'à souffrir qu'il descendît à la citerne chercher de l'eau pour ses ablutions. Muhamad avait remarqué que les fenêtres par lesquelles s'éclairait l'escalier de la citerne étaient fort peu élevées au-dessus du sol. Il communiqua à d'anciens amis de son père, qui l'allaient voir quelquefois, le projet que cette observation lui avait fait naître, et ceux-ci ne manquèrent pas de l'exciter à saisir l'occasion qui s'offrait à lui de ravoir sa liberté. Un soir que la chaleur était excessive, que tous ses gardiens étaient allés se baigner dans le Guadalquivir, que, jusqu'aux domestiques de la prison, tous s'étaient absentés, et qu'il était resté seul dans la salle basse où il avait coutume de passer la journée, sous la garantie de sa cécité, il profita de ce moment favorable, et, se suspendant par les mains à l'une des fenêtres de l'escalier des citernes, il se laissa glisser heureusement jusqu'à terre, passa le fleuve à la nage, prit sur la rive opposée des habits et un cheval que ses amis tenaient depuis longtemps préparés, s'éloigna rapidement de Cordoue, évita les routes fréquentées, et parvint enfin à Tolède, où les mêmes amis lui procurèrent un asile. Il n'y passa que peu de jours; de là, bien pourvu d'or et de provisions, il tourna du côté de Jaën et pénétra dans les montagnes qui avoisinent cette ville. Il y trouva le reste des rebelles et des bandits qui avaient survécu aux désastres de leurs chefs ou à leurs propres défaites : ils le mirent à leur tête. Cependant, les gardes de Muhamad, craignant d'être punis, gardèrent pendant assez long-temps le secret de son évasion; lorsqu'enfin cet accident fut connu, le roi se hâta d'envoyer des ordres aux alcaïdes de Segura, d'Elvira et de Jaën, pour qu'ils se missent à la poursuite de Muhamad. « Je crains

» bien, dit Abderahman, que la fuite du prétendu
» aveugle ne fasse répandre beaucoup de sang.
» Ainsi l'a permis la sagesse divine; elle veut par
» là nous apprendre que le bien qu'on fait aux
» méchans produit toujours un mal pour les
» bons. »

En effet le feu de la révolte ne tarda pas à éclater. De toutes parts les mécontens accouraient se ranger sous les drapeaux du fils de Jusuf; six mille hommes bien armés, et surtout aguerris, se furent bientôt rassemblés sur les hauteurs de Casorla et de Segura. D'un autre côté, le frère de Muhamad, Casim, qui, depuis qu'il s'était échappé de Tolède, s'était tenu soigneusement caché, reparut sur les montagnes de Ronda. En même temps, Hafila, autre chef de bandits, se fit voir dans les environs de Jaën. Ces divers partis de rebelles eurent soin d'éviter les actions générales; ils se contentaient d'occuper les hauteurs, où ils ne craignaient pas la cavalerie. De cette manière, ils atteignirent leur but, qui était de faire durer la guerre, comptant toujours sur les événemens que le hasard pourrait amener. Le roi, qui voulait au contraire la terminer au plus tôt, donna ordre à ses généraux de traverser et de battre en tous sens les montagnes, pour forcer les bandits à en sortir. Le projet d'Abderahman ayant réussi, on leur livra bataille et on en tua quatre mille, le reste prit la fuite; mais une partie périt encore au passage de la rivière. On avait conseillé à Muhamad avant l'action, de se confier à la générosité du roi, et il avait répondu que, bien qu'il sût d'avance à quoi cette guerre devait le conduire, il se sentait entraîné par sa destinée, plus forte que lui. Cette défaite des rebelles eut lieu dans les environs de Castulona, près de la rivière de Guadalimar.

An de J. C. 784. De l'hégire. 168. 4ᵉ Jour de Rébie 1.

Muhamad se retira dans l'Algarbe. Le roi, qui ne voulait point laisser son ouvrage imparfait, ne revint pas à Cordoue, et il se rendit à Mérida pour être mieux à portée de prendre le parti le plus convenable d'après les circonstances. Les alcaïdes de Béja, d'Alcantara et de Badajoz lui offrirent de finir cette guerre en exterminant le reste des rebelles; le roi accepta les services des deux derniers, et renvoya l'autre à son gouvernement. Les deux alcaïdes, jaloux de répondre à la confiance d'Abderahman, poursuivirent Muhamad sans relâche; il fut mis en déroute toutes les fois qu'il attendit ses ennemis, ou que ceux-ci purent l'atteindre. Les bandits, voyant que la fortune lui avait tourné le dos, l'abandonnèrent tous jusqu'au dernier. Errant, fugitif, caché sous d'obscurs déguisemens, il passa quelque temps à Coria; ne s'y croyant pas en sûreté, il s'enfonça dans l'épaisseur des bois, où il demeura plusieurs mois comme une bête fauve, jusqu'à ce que, totalement défiguré par ses longues misères, il se rendît à Alarcon, où il mourut. Casim, son jeune frère, et le bandit Hafila, ne réussirent pas mieux. Ils s'étaient fortifiés dans les montagnes de Murcie; mais les walis de la contrée, ayant réuni leurs forces sous le commandement d'Abdallah, fils d'Abdelmélic ben Omar, les défirent complétement. Hafila fut tué, et sa tête envoyée au roi; Casim fut pris vivant et lui fut présenté à Cordoue. Pour la troisième fois il eut pitié de ce malheureux, qui, prosterné contre terre, implorait sa clémence. Non-seulement il lui accorda la vie, mais il lui rendit encore la liberté; il lui donna même quelques possessions aux environs de Séville, afin qu'il pût vivre honorablement.

L'heureux Abderahman n'avait plus d'ennemis; à Tolède, à Mérida, à Séville, à Sarragosse, à Valence, son autorité était reconnue; et il en rendait le poids si léger, que sous le joug du despotisme, chacun pouvait se croire indépendant et libre. Jusuf, Samaïl n'étaient plus; tous ces scheiks, révoltés au nom des Abbassides, pour avoir dans les troubles une occasion de fortune, avaient péri sur l'échafaud ou dans les combats; les bandits des montagnes avaient disparu; l'habitant des plaines ne craignait plus la perte de ses moissons; les guerriers avaient obtenu des récompenses; la justice suivait un cours facile : tous bénissaient l'héritier des Omeyas, tous voyaient dans Abderahman le restaurateur de l'empire et le soutien de l'islamisme. En se rendant accessible et propice à tous ses sujets, en honorant son Dieu par toutes les solennités du culte, il voulut mériter ces deux titres que lui décernait la reconnaissance publique. Il augmenta le nombre des cadis ou des juges; apporta tous ses soins à choisir pour ces postes si importans et trop dédaignés par ce monde frivole, qui n'attache de prix qu'à ce qui a de l'éclat, des hommes d'une probité et d'une sagesse éprouvées, et garantit ainsi à la nation, autant qu'il était en lui, la protection immédiate de la loi. Il établit ensuite un grand nombre d'écoles pour l'instruction de la jeunesse; il recommanda qu'on lui inculquât d'abord les principes de la religion, et qu'on tournât après son esprit vers la science et les lettres, montrant lui-même combien il les estimait, par l'appui constant qu'il avait accordé aux savans et aux poëtes.

La doctrine qu'on suivait alors en Espagne était celle de El Auzeï de Damas, apportée de l'Orient par Saxato ben Salema, qui avait été disciple d'Auzeï, et que pour cette raison on appelait Damasquin, quoiqu'il fût andalous. Comme toutes les religions, le mahométisme a produit plusieurs sectes. On dirait que l'étude des matières religieuses n'est jamais désintéressée de la part de ceux qui s'y livrent. Le désir de la fortune ou de la réputation s'y trouve presque toujours mêlé, et cette passion de gloire ou de richesse produit chez les Musulmans, comme chez les autres, les mêmes résultats. Cependant les Musulmans, plus sages que nous, il faut en convenir, n'ont que deux sectes principales, celle des *Sonnites*, et celle des *Schiites*, qui rejettent l'autorité des traditions morales que les premiers admettent. Les Sonnites reçoivent les traditions, autant sur les points fondamentaux de la religion que sur la nature du califat. Les Schiites s'attachent scrupuleusement au texte du Coran, ne suivent que ses préceptes et pensent que le califat appartient à la famille du prophète, par un droit naturel et positif, non soumis aux atteintes de l'opinion des peuples. Aussi regardent-ils comme des usurpateurs Abu Becre, Omar et Othman, et c'est dans Aly seul qu'ils trouvent le vrai successeur de Mahomet. Cette diversité de sentimens a rendu ennemis les Sonnites et les Schiites, et les catholiques ne haïssent pas plus les protestans, que les traditionnaires, tels que les Ottomans, ne haïssent les sectateurs d'Aly (1). Ils s'accusent réciproquement d'altérations, de faux commis sur le texte, et ces accusations ont produit tous les excès de l'intolérance. Les Persans sont alydes, et par conséquent hérétiques, suivant les Turcs qui sont sonnites. Les Africains et spécialement ceux de l'Occident sont les plus raisonnables, puisqu'ils admettent avec les uns l'autorité des traditions de Mahomet, et qu'ils pensent avec les autres qu'Aly était son successeur légitime. Les Sonnites sont tous d'accord sur le fond des traditions, quoiqu'ils diffèrent entre eux dans la pratique suivant la doctrine qu'ils suivent; ils pensent au reste que toutes leurs doctrines traditionnelles sont également bonnes (2).

Abderahman attacha à chaque mosquée des hommes destinés à expliquer le Coran au peuple, et à faire le service intérieur; et, comme il savait

---

(1) Un article du code sonnite porte qu'on est plus agréable à Dieu en tuant un seul schiite qu'en donnant la mort à trente-six chrétiens.

(2) On en compte quatre : celle d'Haniffa, suivie par les Ottomans, celle de Malec suivie par les Africains, celle de Safeï adoptée par les Arabes, et celle d'Hanbal. Ce dernier a paru si austère qu'il est presque abandonné. Les écrits de ces quatre principaux docteurs ont produit beaucoup de commentaires. Celui de El Auseï fut suivi en Espagne jusqu'à ce que celui de Malic ben Anas le remplaçât.

que les hommes sont en général peu capables de s'attacher à une religion qui ne frappe point leurs sens par l'appareil de la grandeur et de la magnificence, il fit observer en Espagne toutes les fêtes instituées par le Coran, et leur donna la pompe dont elles étaient susceptibles. Si dans le cours de ses expéditions il faisait quelque séjour dans les villes, il ne manquait jamais de doter ou d'enrichir leurs mosquées, ou d'en faire construire de plus vastes ou de plus magnifiques que celles qui existaient; et, lorsqu'enfin la paix générale lui permit de rentrer à Cordoue, et de se livrer tout entier à l'embellissement de cette ville, qu'il aimait de préférence, il voulut qu'elle renfermât dans son enceinte la plus belle mosquée de l'Espagne, égale en richesse à celle de Damas, supérieure à celle que les Abbassides venaient d'élever à Bagdad, objet d'admiration et de respect comme l'Alaksâ (1) de Jérusalem. On assure qu'Abderahman donna lui-même le

---

(1) Les Musulmans ne vénèrent pas seulement le temple de la Mecque, qu'ils nomment la Caaba, et que, ainsi que nous l'avons dit ailleurs, ils croient bâti par Abraham et son fils Ismaël; ils ont un respect presque égal pour un temple de Jérusalem qu'ils appellent Alaksâ, c'est-à-dire éloigné; c'est celui de la résurrection. Ils lui donnent encore le nom de Asahara, le temple du rocher ou de la montagne.

plan de cet immense ouvrage, et que, désirant beaucoup de le voir terminé, il y travaillait de ses propres mains une heure par jour, afin de donner aux ouvriers l'exemple de la diligence. Peut-être n'agissait-il ainsi que par un motif de piété, et pour humilier devant Dieu la suprême puissance de la terre.

C'était le fils d'Abdelmélic, Abdallah, qui avait eu le bonheur de finir la guerre civile, en détruisant les dernières bandes des rebelles. Dans l'excès de sa reconnaissance, le roi lui avait promis en mariage sa petite-fille Kathira, fille d'Hixêm. Abdalah regardait comme le plus glorieux prix de ses services l'honneur d'entrer dans la famille du souverain, et il pressait Abderahman de lui tenir sa parole ; le roi, qui n'ignorait pas qu'un bienfait n'oblige qu'autant qu'il n'est pas trop attendu, donna les ordres nécessaires pour que le mariage fût célébré, et il se fit à cette occasion dans Cordoue de superbes fêtes, où les habitans unirent leur allégresse aux plaisirs de leurs maîtres.

Après avoir assuré le bonheur d'Abdalah, le roi, dont toutes les pensées avaient pour objet le bien de ses peuples, craignant que la succession au trône ne devînt après lui une source de longues discordes, résolut de se donner un successeur de son vivant, et de le faire solennellement accepter par la nation, afin de fermer d'avance toutes les voies à l'ambition des prétendans. Dans un état dont la constitution aurait réglé le mode de succéder, et appelé l'aîné des enfans, Suleiman, et à son défaut Abdalah, aurait eu seul le droit de porter la couronne, et la précaution qu'Abderahman voulait prendre aurait été superflue; mais, dans un gouvernement despotique, le sceptre est rarement héréditaire. Il faut à la nation un dédommagement pour la perte de sa liberté; courbée durant la vie du prince sous les volontés arbitraires, qui sont le despotisme, elle la reprend à sa mort, parce que la puissance du despote ne lui survit pas. Il est vrai qu'elle semble ne l'avoir reprise que pour avoir la faculté de choisir un maître auquel elle se donne pour un nouveau terme; encore arrive-t-il presque toujours que l'élection est l'ouvrage de l'armée, dépositaire de la force, et quelquefois des grands, à qui les soldats vendent pour un peu d'or le droit de faire un souverain; mais, de quelque manière que l'élection se fasse, il n'en est pas moins vrai que la suprême puissance n'a pas d'héritier légitime. Les Arabes d'Espagne avaient reçu de l'Asie leurs principes de gouvernement, et, suivant eux, le trône était électif; cette maxime politique était même le résultat des croyances religieuses, car ils étaient sonnites.

Abderahman craignit donc que sa succession ne passât à celui de ses enfans qui aurait réussi à se faire le parti le plus fort, et il voulait qu'elle appartînt à celui qui en était le plus digne. Soit prédilection pour Hixêm, ou faiblesse pour sa mère; soit que par sa bonté, sa douceur, ses vertus, ce prince méritât la préférence; soit enfin que le caractère dur et emporté de Suleiman dût faire présager un règne odieux au peuple, ce fut sur Hixêm qu'il arrêta son choix; et, pour le rendre l'élu de la nation, avant la fin de cette même année, il convoqua à Cordoue les walis des six grandes provinces d'Espagne, Tolède, Mérida, Sarragosse, Valence, Grenade et Murcie (1), et ceux des douze villes principales du second ordre, avec leurs wazirs. Quand ils furent tous réunis, en présence de son hagib, du grand cadi, ou chef de la justice, de ses secrétaires et conseillers d'état, il déclara son fils Hixêm wali-alahdi, c'est-à-dire successeur immédiat au trône. Tous ceux qui se trouvaient présens prêtèrent serment d'obéissance et de fidélité au prince Hixêm, en plaçant tour à tour leurs

An de J. C. 786. De l'hégire, 170.

---

(1) On voit que ce prince avait réformé la division territoriale faite par l'émir Jusuf. Il n'embrassait plus dans ses états la Gaule narbonnaise; cette division nouvelle était d'ailleurs plus naturelle que la première.

mains dans la sienne, suivant l'usage des Arabes. Suleiman et Abdalah, qui avaient assisté à cette cérémonie, si contraire à leurs intérêts, ne donnèrent aucun signe de mécontentement, et aussi long-temps que leur père vécut, ils ne firent entendre aucune plainte, tant il leur inspirait de respect et de vénération.

Peu de temps après, le roi, qui se sentait malade, partit pour Mérida, avec son fils Hixêm, laissant à Abdalah le gouvernement de Cordoue; il espérait que les distractions du voyage, ou le changement d'air et de climat, lui rendraient la santé; mais son heure était arrivée : il mourut après un règne glorieux de près de trente ans. On prodigua les plus grands honneurs à sa cendre, vain dédommagement du néant, où la mort fait rentrer toutes les grandeurs de la terre ; mais les nombreux habitans de la ville, tous ceux des campagnes voisines, accourus en foule, accompagnèrent son cercueil, et les larmes qu'ils répandirent sur sa tombe consolèrent les mânes du bon roi.... Son fils Hixêm fit pour lui les prières accoutumées (1).

An de J.C. 787.
De l'hégire, 171
22 de Rébic 2.

Abderahman avait fondé à Cordoue un hôtel

---

(1) Hixêm pria pour Abderahman dans la mosquée, comme chef de la religion; car le calife n'était pas seule-

des monnaies; il ne changea rien dans la forme ni dans le titre à celles que faisaient fabriquer à Damas les califes, ses prédécesseurs. Toute la différence était dans la date et l'indication du lieu de la fabrication (1).

---

ment le chef de la nation, il était aussi son premier pontife.

Il paraît au reste que l'usage d'accompagner les morts à leur dernière demeure était général parmi les Arabes, et qu'ils le regardaient même comme un devoir sacré. Lorsque, sept ou huit ans avant, Habib ben Abdelmélic mourut à Cordoue, le roi assista avec ses enfans à son enterrement. C'était un des scheiks qui avaient le plus contribué à le faire régner en Espagne; le roi n'oublia jamais cet important service. Quand il entra dans la maison d'Habib, il vit le fils du défunt, Hixêm, assis et très-affligé, ne paraissant pas disposé à suivre le convoi de son père. Lève-toi, lui dit alors le roi, et viens avec nous accompagner au tombeau le meilleur de ta race.

(1) D'un côté on lisait ces mots : *Alâ est Dieu, et il n'y a de Dieu qu'Alâ*, avec l'inscription suivante pour exergue : *Au nom d'Alâ, cette pièce a été fabriquée en Andalousie, l'an*, etc. De l'autre côté, on lisait : *Dieu est un, et il est éternel; il n'a point de père, il n'a point de fils, nul n'est son semblable;* et pour exergue cette autre inscription : *Mahomet envoyé de Dieu pour faire connaître sa loi, et la rendre triomphante malgré tous les efforts des infidèles.*

Cette année vit encore naître une révolution en Afrique. Edris ben Abdala, descendant d'Aly ben Abi Taleb, après avoir long-temps erré dans les déserts, fuyant les persécutions des Abbassides, fut accueilli par la tribu bérébère d'Aruba; et, par les secours qu'il en obtint, il parvint à s'emparer d'Almagreb, se rendit indépendant du calife de Bagdad, et jeta les premiers fondemens de la puissante monarchie de Fez.

Hixêm avait à peine trente ans, lorsqu'il monta sur le trône; il était d'un caractère fort doux; avait des traits réguliers, une taille majestueuse, un air imposant dont la grandeur était tempérée par la bonté, beaucoup d'amour pour la religion et pour la justice; aussi fut-il surnommé Alhadi-Rhadi, le juste et le bon. Il fut solennellement proclamé à Mérida au milieu de l'allégresse publique, et l'on pria pour lui (1) dans toutes les mosquées d'Espagne. Mais, tandis que la nation se livrait à l'espérance d'un heureux règne sous un excellent prince, les frères d'Hixêm, ne

---

(1) Le droit d'être désigné dans la prière publique ou la *chotba* n'appartenait qu'au souverain. Cette prière se faisait tous les jours de fête dans les principales mosquées, à haute voix, par le *chatib*, ou prédicateur monté en chaire. Elle contenait des louanges à Dieu, des bénédictions au prophète, et des vœux pour la prospérité, et pour la durée des jours du roi.

gardant plus de mesures, laissèrent éclater des ressentimens qui ne pouvaient manquer d'attirer de nouveau sur l'Espagne tous les fléaux qui l'avaient si long-temps désolée. La moindre des prétentions qu'ils formaient était de gouverner, chacun sa province, avec une autorité indépendante ; et, d'après ce principe da conduite, Suleiman déposa des walis et des alcaïdes, les remplaçant par d'autres qui lui étaient plus dévoués. Abdallah, qui se trouvait alors à Cordoue, poussa de son côté l'audace jusqu'à quitter sa maison pour aller habiter le palais, afin d'affecter la souveraineté ; mais aucun des wazirs de la ville ni des principaux habitans n'alla lui rendre les hommages qu'il attendait ; ce qui lui fit voir qu'il devait peu compter sur l'affection des habitans de Cordoue. Alors, et pour ne pas en venir encore à une rupture ouverte, il demanda à Hixêm la permission de se rendre à son gouvernement de Mérida, ajoutant que les fidèles Cordouans supportaient avec peine l'absence de leur roi. Hixêm ne tarda pas à se rendre à Cordoue ; il y fut reçu avec de grandes démonstrations de joie, et Abdallah réitéra aussitôt sa demande, et, comme le roi lui faisait beaucoup d'instances pour le retenir, il prétexta sa mauvaise santé, disant que l'air de Cordoue lui était contraire; le roi ayant alors cédé, Abdallah partit le jour même.

Dès qu'il fut arrivé à Mérida, il écrivit à son frère Suleiman, et, sur la réponse de celui-ci, il alla de suite à Tolède pour avoir une entrevue avec lui. Le wazir de Mérida informa le roi sans délai de l'absence de son frère ; Hixêm en eut beaucoup de chagrin ; mais il ne pouvait qualifier de désobéissance le procédé d'Abdallah, sans le punir ; il ne pouvait non plus le tolérer publiquement, sans montrer de la faiblesse. Il prit le parti, humain, mais impolitique, de supposer et de dire, en répondant au wazir et le remerciant de son zèle, qu'Abdallah l'avait prévenu de son départ. Les deux frères, réunis à Tolède, et plus que jamais remplis de leurs désirs d'indépendance, ne s'occupèrent qu'à chercher dans la force des moyens de succès. Le wazir de Tolède, Galib ben Temam, non moins loyal que celui de Mérida, essaya de détourner les princes de leurs desseins coupables. Suleiman, offensé de la liberté généreuse avec laquelle il s'exprima, le fit charger de fers. Il n'était plus possible au roi de dissimuler ; mais, répugnant encore à déployer l'appareil de l'autorité, il demanda compte à son frère des motifs qui l'avaient porté à traiter si mal un homme d'autant de mérite que son wazir. Suleiman, pour toute réponse au messager d'Hixêm, fit sortir Galib de prison, et, l'envoyant au supplice en présence même de ce messager,

il lui dit, transporté de colère : « Va dire à ton
» maître qu'il nous laisse commander dans nos
» petites provinces, et ce sera encore une bien
» faible indemnité du tort qu'il nous a fait; dis-
» lui surtout qu'il se garde à l'avenir de donner ici
» des ordres : tu en as pu voir l'effet. »

Hixêm ne put contenir son indignation ; et, se reprochant amèrement d'avoir, par trop de bonté, causé la mort de l'innocent wazir, il déclara ses deux frères ennemis de l'état, fit défense à tous ses walis et à tous ses alcaïdes de les recevoir dans les places où ils commandaient, et de leur accorder aucune assistance. Pour ne point laisser cette déclaration sans effet, il rassembla vingt mille cavaliers et se mit à leur tête. Suleiman, de son côté, sortit de Tolède, dont il confia la défense à son fils et à son frère Abdallah ; et, parvenu à réunir environ quinze mille hommes, il alla à la rencontre de l'armée royale.

Le roi avait été informé quelque temps auparavant que Saïd ben Husein, wali de Tortose, avait refusé de recevoir dans la ville le successeur destiné à le remplacer; et il avait ordonné au wali de Valence de châtier cet acte de rébellion. Ce gouverneur, joignant à sa cavalerie celle de Murviedro et de Nules, qu'il prit en passant, s'était promptement disposé à remplir les intentions du roi. Saïd ben Husein, qui voulut disputer les approches de Tortose, avait été vaincu ; malheureusement les vainqueurs, tombant dans une embuscade, perdirent le fruit de la victoire, et le wali de Valence fut atteint lui-même d'une blessure mortelle. Hixêm, qui craignit que la nouvelle de cet échec n'augmentât l'audace de ses frères, et qui prétendait leur montrer au contraire par un acte de vigueur qu'il ne composait pas avec la révolte, envoya au secours de l'armée de Valence les troupes de Grenade et de Murcie, et il n'en continua pas moins la guerre que lui-même avait entreprise.

Les deux frères se rencontrèrent près de Bulche ; l'action fut vive et sanglante ; mais à la fin Suleiman, vaincu, ne sauva du massacre les débris de ses troupes qu'à la faveur de la nuit. L'armée du roi marcha immédiatement sur Tolède. Suleiman, quoique défait, n'était pas abattu ; il réunit quelques nouvelles bandes, et, descendant des montagnes où il s'était retiré après la victoire d'Hixêm, il parcourut les environs de Cordoue. Mais Abdalah, l'époux de Kathira, sortit de la ville avec un corps de cavalerie, chercha Suleiman, le battit, et le força de regagner les montagnes. Suleiman essaya pour lors d'entraîner à la révolte le wazir de Mérida et les alcaïdes de la contrée ; mais ces sujets fidèles, au lieu de le seconder, prirent les armes contre lui. Le prince, perdant toute espérance, se retira à travers les montagnes du côté de Murcie. Cependant Abdallah, qui ne le voyait point revenir, et qui savait que Tolède ne pouvait tenir davantage faute de subsistances, offrit à son neveu de sortir de la ville pour aller chercher des secours, et s'il ne pouvait en trouver, pour tâcher d'obtenir des conditions favorables. Il fit demander aussitôt un sauf-conduit au général d'Hixêm, pour deux cavaliers chargés de porter au roi des propositions; et le sauf-conduit ayant été accordé, Abdallah partit lui-même avec un de ses officiers et fut amené à Cordoue. En arrivant près du palais, le wazir d'Abdallah s'avança pour annoncer au roi l'arrivée de son frère; le roi n'écoutant que les mouvemens de son cœur, reçut Abdallah dans ses bras. On convint immédiatement de la remise de Tolède, et le roi promit l'entier oubli du passé, même pour Suleiman, s'il voulait, à son tour, se soumettre. Ensuite ils prirent ensemble la route de Tolède, dont les portes s'ouvrirent à leur arrivée, et le roi se rendit à l'Alcazar, accompagné de son frère et de son neveu. Abdallah demanda et obtint des terres aux environs de la ville, pour y passer le reste de ses jours dans une agréable retraite; mais Suleiman persévéra dans la révolte; il fallut donc se résoudre à continuer la guerre.

Suleiman avait soulevé les habitans de la contrée où il n'avait d'abord cherché qu'un asile; il campait sous les murs de Lorca. Le roi marcha contre lui avec une armée nombreuse; son fils Alhakem, qui faisait ses premières armes, commandait l'avant-garde. Ce jeune prince, tout bouillant de courage, n'attendit pas que le corps d'armée arrivât, et, suivi de sa seule division, il attaqua l'ennemi avec tant de résolution et d'impétuosité, que, triomphant du nombre et même de la valeur désespérée des troupes de Suleiman, il remporta une victoire complète. Quand Hixêm arriva sur le champ de bataille témoin des exploits de son fils, il donna de justes éloges à sa bravoure et à celle de ses intrépides soldats; mais en même temps il lui fit sentir que si la valeur est nécessaire à la guerre, elle ne doit pas exclure la prudence; qu'il y a une sorte de témérité à exposer le gain d'une bataille, lorsqu'on est sûr que sans rien précipiter on obtiendra un triomphe complet; que souvent l'imprudence d'un général, le désir d'avoir seul la gloire du succès, sa folle présomption en ses forces, ont fait perdre des batailles auxquelles se trouvait attachée la destinée d'un empire.

Suleiman, qui ne s'attendait pas à être attaqué de sitôt, était ce jour-là absent de l'armée. Quand il vit venir les fuyards, et qu'il eut appris le désastre de Lorca, il demeura quelque temps pensif et irrésolu ; puis s'écriant : *Que maudite soit ma fortune!* il monta à cheval, et sans ajouter un seul mot, suivi d'un petit nombre de cavaliers, il prit la route de Valence. Il n'avait aucun plan arrêté. Parvenu aux environs de Dénia, il apprit par quelques-uns des siens que les ennemis étaient à sa poursuite ; et comme la plus grande partie de ceux qui l'accompagnaient, effrayés de cette nouvelle, l'abandonnaient peu à peu, il entra dans le château de Xucar, que la rivière entoure de ses eaux, afin d'être à l'abri d'une surprise ; de là il envoya des parlementaires à son frère pour implorer sa clémence. Hixêm pardonna ; mais d'après l'avis de ses wazirs, qui connaissaient trop l'humeur de Suleiman pour compter de sa part sur une réconciliation sincère, il lui proposa d'aller s'établir dans une ville d'Afrique, telle que Tanger, ou toute autre, auprès de laquelle il pourrait acquérir des propriétés. Suleiman, abattu par la mauvaise fortune, consentit à tout : il reçut du roi des sommes considérables pour prix de ses domaines d'Espagne, et il partit aussitôt après pour Tanger. Au moment où le roi terminait heureusement cette guerre, le nouveau gouverneur de Valence, vainqueur de Saïd ben Husein, s'empara de Tortose, et envoya à Cordoue la tête du

An de J. C.
790.
De l'hégire,
174.

wali rebelle, comme un gage de sa victoire; mais tous ces avantages si rapidement obtenus n'avaient pu encore pacifier l'Espagne.

Quand la révolte éclate dans un état mal affermi, on dirait qu'une invisible chaîne lie secrètement l'un à l'autre tous les esprits mécontens. Du lieu où se fait l'explosion, la commotion, propagée par des routes inconnues, se fait sentir à la fois sur les points les plus éloignés; ce sont les flammes d'un incendie qui, portées sur l'aile des vents, vont embraser des contrées lointaines. La révolte des princes avait produit celle de Saïd ben Husein; et la révolte de Tortose fit naître le soulèvement des frontières. Bahlul ben Makluc, qui commandait un corps de troupes, s'empara de Sarragosse; et les walis de Tarassonne, de Barcelone et de Huesca, s'unirent à lui. Le wali de Valence, Abn Othman, rassembla de nouveau son armée; il y joignit les troupes que le roi envoya de Cordoue, poursuivit, atteignit, défit les rebelles, rentra dans les villes qu'ils avaient occupées, et se couvrit de lauriers. La nouvelle de ces victoires fut célébrée à Cordoue par des réjouissances publiques; et comme dans le cœur insatiable de l'homme, un succès produit toujours le désir d'un succès nouveau, Hixêm conçut dès ce moment le dessein de reprendre les villes que les Musulmans avaient possédées dans l'Espagne septentrionale, et même dans la Gaule narbonnaise. Pour réussir, il fallait de puissantes armées; pour avoir ces armées sans que la nation murmurât, il fit publier l'algihed ou la guerre sainte.

Au même jour, à la même heure, dans tous ses vastes états, du haut de la chaire où le khatib explique aux fidèles la parole de Dieu, les Musulmans furent appelés aux armes. L'obéissance était un devoir sacré; les guerriers vinrent en foule se ranger sous les drapeaux. Ceux qui étaient affaiblis par l'âge, ou que d'autres motifs retenaient, envoyaient des chevaux, des armes, des sommes d'argent; chacun voulait concourir de ses biens ou de sa personne à l'heureuse issue d'une guerre agréable à Dieu. Deux siècles après, on vit l'algihed des chrétiens, dépeuplant la France et l'Europe, produire le même enthousiasme. L'intérêt de la religion déterminait-il seul l'impulsion? la soif de l'or se mêlait-elle à ce motif sacré? c'est ce qu'on peut demander à tous les esprits justes qui, remontant de l'effet au principe, jugent de l'intention par les actions, et de la cause des événemens par les résultats. Hixêm pouvait aussi n'être guidé que par une politique éclairée. Sa puissance avait encore besoin de durée, pour que les esprits, façonnés au joug par une longue habitude, perdissent insen-

An de J. C.
791.
De l'hégire,
175.

siblement le goût et le désir du changement. Les Abbassides étaient toujours puissans et riches ; l'hydre des révoltes pouvait relever encore quelqu'une de ses cent têtes. Par le moyen de cette guerre, la nation occupée abandonnait les champs ingrats de la politique, et le trône avait le temps de s'asseoir sur de solides bases.

Une armée de trente-neuf mille hommes se dirigea vers les Asturies ; elle était commandée par l'hagib du roi, Abdelwahid ben Mugueit. Une autre armée, encore plus nombreuse, marcha vers les Pyrénées sous les ordres d'Abdalah ben Abdelmélic. Le premier de ces généraux eut d'abord quelque succès ; il ravagea toute la contrée d'Astorga et une partie de la Galice, jusqu'à Lugo, s'empara d'une grande quantité de troupeaux, fit beaucoup de butin et de captifs, et sema partout l'épouvante. Bermude, surnommé le diacre, parce qu'avant d'être roi il était, dit-on, dans les ordres sacrés, avait succédé à Mauregat dès l'an 788 ; mais ce prince, avancé en âge et peu propre d'ailleurs aux fatigues de la guerre, ne tenait le sceptre que d'une main faible et incertaine : il partagea le trône avec le jeune fils de Froïla, et sauva ainsi la monarchie naissante. Appelé pour la seconde fois à régner, Alphonse réunit à la hâte quelques soldats, s'empare des montagnes et de leurs défilés, coupe, intercepte les passages, harcèle continuellement l'ennemi ; et quand ses forces insensiblement accrues lui permettent de former de plus vastes desseins, il attaque les Musulmans, détruit leurs convois, délivre ses prisonniers, reprend les dépouilles qu'ils emportaient, et les force à se retirer. Bermude, qui, par son association à la puissance suprême, ne pouvait qu'en gêner l'exercice ; bien convaincu d'ailleurs qu'Alphonse, jeune, entreprenant, courageux, était le roi que dans ces temps de malheur il fallait aux Asturiens ; préférant au brillant fardeau des grandeurs et son propre repos et l'intérêt de l'état, abdiqua solennellement la couronne et la plaça sur la tête d'Alphonse, comme le prix des victoires qui venaient d'affranchir son pays.

Du côté opposé, la guerre se faisait avec des succès divers, mais sans aucun avantage marqué pour les armes musulmanes. Abdalah avait mis le siége devant Gironne, et il ne parvint à prendre cette ville qu'après de longs efforts. On eût dit que c'était là ce qu'attendait la fortune pour se déclarer. Abdalah, vainqueur de Gironne, passa les Pyrénées, s'empara de Narbonne, dont les habitans furent massacrés, dévasta tous ses environs, et étendit ses ravages jusqu'à Carcassonne. Là, il trouva quelques résistance. Tous

An de J. C.
793
De l'hégire,
177.

les seigneurs, tous les comtes de cette frontière, réunis contre l'ennemi commun, vinrent lui présenter la bataille, entre Carcassonne et Narbonne. Les Musulmans restèrent maîtres du terrain, mais il paraît que cette victoire fut loin d'être décisive, puisqu'Abdalah prit le parti de rentrer en Espagne. Il est vrai qu'il était chargé d'immenses richesses, et que la crainte de les perdre put amener cette résolution prudente. La seule portion revenant au roi monta à des sommes énormes (1), qui furent employées à terminer la construction de la mosquée de Cordoue. Après cette expédition Abdalah retourna, par ordre du roi, à Sarragosse dont il fut nommé gouverneur, ainsi que de toute la province; Abdelkerim, fils de l'hagib Abdelwahid, fut envoyé à l'armée de Galice. Ce jeune homme fut encore moins heureux que son père. Il entra, il est vrai, dans la Galice, où il fit beaucoup de dégât; mais il ne tarda pas à tomber dans une embuscade préparée par Alphonse, et

---

(1) On dit 45,000 mitcals d'or. Il doit y avoir une erreur, car cette somme ne serait pas très-considérable, puisque le mitcal n'était que la dragme arabique, plus petite que la nôtre : il en fallait douze pour une once. On écrit aussi methkal. Le mitcal était de moindre valeur que le dinar, qui lui-même ne valait que dix francs.

ses meilleures troupes y périrent, ainsi que plusieurs généraux de marque, notamment Jusuf ben Bath, qui commandait la cavalerie.

Ce fut dans le courant de cette année que mourut le fondateur du royaume de Fez, Edris ben Abdalah. Il fut empoisonné par un flacon d'essence qui lui fut présenté de la part du calife d'Orient. Il n'avait pas d'enfans, mais il laissa enceinte de sept mois la belle Kathira, fille de l'arabe Télic ; et les habitans de Fez, dociles à la voix du sage Raxid, ministre d'Edris, consentirent à attendre la naissance de l'enfant de Kathira, avant de choisir un nouveau souverain. Comme elle accoucha heureusement d'un enfant mâle, ils le placèrent sous la tutelle de Raxid, et ils lui gardèrent la couronne, se laissant en attendant gouverner par l'ancien ministre.

Hixêm, dégoûté de la guerre, et du prix dont il faut payer les lauriers, s'appliqua tout entier à rendre ses sujets heureux. Sa clémence, sa générosité, sa douceur, lui avaient gagné tous les cœurs, et il jouissait du plaisir, bien rare pour un despote, de se voir généralement aimé. Rempli de charité pour les pauvres, de quelque religion qu'ils fussent, il leur faisait distribuer tous les ans des sommes considérables ; il rachetait les captifs, et donnait des pensions aux veuves et aux enfans de ceux qui périssaient dans les combats ; il occupait le peuple à des travaux utiles, dont le produit assurait sa subsistance. Il acheva la grande mosquée (1), fit reconstruire le pont de Cordoue, répara un grand nombre d'édifices, amena les eaux dans la ville, par des canaux et des fontaines qui ornèrent ses places. Celle d'Aïn Farkid, ainsi nommée du

---

(1) La description de cette mosquée est partout; nous nous contentons d'en présenter l'idée générale qu'en donnent les anciens historiens arabes. Cette mosquée, disent-ils, plus belle que toutes celles de l'Orient, avait six cents pieds de long sur deux cent cinquante de largeur. Elle avait en ce dernier sens trente-huit nefs, et dix-neuf dans la direction opposée; ces nefs étaient soutenues par mille quatre-vingt-treize colonnes de marbre. On entrait du côté du midi par dix-neuf portes couvertes de lames de bronze d'un travail exquis. La porte principale, qui était au milieu, était recouverte de lames d'or. Sur le comble le plus élevé s'élevaient trois boules dorées surmontées d'une grenade d'or. Ce vaste édifice était éclairé la nuit par quatre mille sept cents lampes, pour l'entretien desquelles il fallait tous les ans vingt-quatre mille livres d'huile et cent vingt livres d'ambre et d'aloès. La lampe de l'oratoire particulier était d'or massif.

Il y a encore vraisemblablement erreur dans le nombre des lampes, ou dans celui des livres d'huile; car, d'après ce calcul, chaque lampe aurait consumé moins de cinq livres d'huile, ce qui serait fort peu pour un an.

nom de l'ouvrier qui s'appelait Farkid, était un des plus beaux monumens de Cordoue. Il établit dans cette ville, ainsi que dans plusieurs autres lieux de l'Espagne, des écoles de langue arabe, et il obligea tous les chrétiens de ses états à l'apprendre, leur défendant de se servir désormais de la langue latine qu'ils parlaient encore. Il accorda une protection éclairée et constante aux savans et aux poëtes, et il était bien capable d'apprécier leur mérite, puisque lui-même cultivait avec succès la poésie. Comme son père, il fit régner la justice, donnant souvent l'exemple avec le précepte. On lui proposa un jour de faire l'acquisition d'une belle terre qui était à vendre, et pour laquelle il y avait beaucoup de concurrens. Il ne voulut point se présenter, ni permettre qu'on agît en son nom, de crainte d'écarter ou de gêner les prétendans, et de faire du tort au propriétaire (1).

---

(1) Il fit à cette occasion des vers qui furent conservés dans les recueils du temps, et qui se trouvent encore dans les vieilles histoires arabes. « La main du noble est ou-
» verte et libérale; l'amour du gain est incompatible avec
» la grandeur d'âme. J'aime les jardins fleuris et leur douce
» solitude; j'aime le zéphir des champs et la riante parure
» des prés; mais je ne veux pas en être le propriétaire;
» car je n'ai reçu du ciel les trésors qu'afin de pouvoir

Hixêm avait, ainsi qu'Abderahman, le goût simple des jardins et de la campagne; il embellit ceux de Cordoue, et y fit des plantations d'arbres fruitiers; il s'amusait même à cultiver de ses mains plusieurs vases de fleurs. On raconte qu'un jour qu'il se livrait à cette douce occupation, un astrologue, qui vivait à sa cour, s'approcha de lui, et lui dit : « Seigneur, la vie est » courte, songe à travailler pour l'éternité. » On ajoute que le roi ayant voulu qu'il lui expliquât le sens qu'il attachait à ces paroles, ou le motif pour lequel il les lui adressait, l'astrologue lui prédit une mort prochaine, et que le roi se contenta de lui répondre : « Toute ma confiance est » en Dieu. » Quoique ce prince n'eût point la faiblesse de croire à la science des astrologues, il profita de cet avis pour assurer sa couronne à son fils Alhakem, âgé pour lors de vingt-deux ans; et ayant convoqué ses walis et ses scheiks avant la fin de l'année, comme l'avait fait pour lui-même son père Abderahman, il fit proclamer et reconnaître son fils en qualité d'alahdi,

An de J. C. 795.
De l'hégire, 179.

» donner. Dans les temps heureux, donner est tout mon » plaisir; quand la guerre m'appelle, combattre est mon » devoir. Je prends la plume ou l'épée, suivant l'occur» rence. Mais que surtout mon peuple soit heureux! je » n'ai pas besoin d'autres biens. »

ou héritier du trône; et comme si les prédictions de l'astrologue devaient s'accomplir, Hixêm tomba malade au bout de quelques mois, et mourut après un règne de sept ans et demi, dans la trente-huitième année de son âge; il fut pleuré de tous ses sujets.

<small>An de J. C. 796. De l'hégire, 180. 12e Jour de safer.</small>

Alhakem avait toutes les grâces de la jeunesse, et la nature l'avait abondamment pourvu de ces dons extérieurs qui excitent la bienveillance en faveur de celui qui les possède. Sa présence annonçait le digne successeur d'Abderahman et d'Hixêm, et la nation était remplie d'espérance. On savait que son père n'avait rien négligé pour orner son esprit et pour former son cœur; il avait donné personnellement des preuves d'une valeur supérieure à son âge; il avait de l'esprit, de l'instruction : tout annonçait un règne glorieux et puissant. Malheureusement Alhakem ternissait par des défauts graves l'éclat de ses qualités brillantes; il était présomptueux et vain; son caractère était dur et emporté. En vain son père mourant lui donna-t-il de sages avis, il ne sut point, peut-être même ne voulut-il point en profiter.

« Que mes dernières paroles, lui avait dit ce
» roi vertueux, arrivent au fond de ton cœur,
» pour y rester à jamais déposées : ce sont les
» conseils d'un père qui t'aime. Les royaumes
» appartiennent à Dieu, il les donne ou les ôte

» à son gré. Puisqu'il nous a placés sur le trône
» d'Espagne, rendons-lui d'éternelles grâces; et
» pour nous conformer à sa volonté sainte, fai-
» sons du bien aux hommes, car c'est pour cela
» qu'il a mis en nos mains la suprême puissance.
» Que ta justice, toujours égale, protége le
» pauvre et le riche sans distinction; ne souffre
» pas que tes ministres soient injustes eux-
» mêmes à l'abri de ton nom. Sois doux et clé-
» ment envers tes sujets, car Dieu est notre
» commun père. Choisis pour gouverner tes pro-
» vinces des hommes éclairés et sages; punis
» sans pitié les agens prévaricateurs qui oppri-
» meraient le peuple par des exactions arbitraires.
» Traite tes soldats avec bonté, mais ne leur
» montre point de faiblesse, afin qu'ils n'abu-
» sent pas des armes que la nécessité t'obligera
» de leur confier; qu'ils soient les défenseurs,
» non les tyrans de leur pays. Songe que l'amour
» des peuples fait la force et la sûreté des rois;
» que le prince qui se fait craindre n'a qu'une
» autorité chancelante; que la ruine de l'état
» est certaine, là où le souverain est haï. Pro-
» tége les laboureurs dont les travaux nous
» nourrissent; veille sur leurs champs et sur
» leurs récoltes : en un mot, conduis-toi de sorte
» que le peuple vive heureux à l'ombre du trône,
» et qu'il jouisse avec sécurité des biens et des

» plaisirs de la vie. Voilà, mon fils, ce qui con-
» stitue un bon gouvernement. » Ces maximes,
dignes de Trajan et de Marc-Aurèle, ne furent
pas toujours suivies par Alhakem ; il est vrai que
sa vie s'écoula presque tout entière au milieu
des troubles, et qu'en des temps de malheur et
d'orage, il n'est pas facile aux rois de ne déployer que des vertus.

Les oncles du roi n'eurent pas plutôt appris la
mort de leur frère, que l'ambition, endormie
et non encore éteinte au fond de leurs cœurs,
se réveilla avec force, et pour la seconde fois les
poussa dans la carrière de la révolte. Comme
fils d'Abderahman, ils prétendaient à la souveraineté de l'Espagne, ou du moins au partage de
ses provinces. Tolède, Valence, Murcie, embrassèrent leur cause ; et Suleiman, prodiguant
l'or à Tanger, réunit près de lui des hordes
nombreuses d'Africains, avec lesquelles il passa
en Espagne. D'autre part, Abdallah, qui vivait
auprès de Tolède, s'empara de la ville à la faveur de ses partisans, et il reçut de la trahison
des alcaïdes toutes les forteresses de cette contrée. Le roi, jeune, courageux, puissant, vit
sans effroi se préparer cette guerre sanglante.
Il se hâta de réunir son armée, et de marcher *An de J. C.*
sur la ville coupable, qui, toujours infidèle à *797.*
ses maîtres, semblait vouloir dire à l'Espagne *De l'hégire, 181.*

que la révolte était pour elle un besoin. Mais pendant qu'il était en route, il reçut une nouvelle qui le contraignit à changer son plan de campagne et à multiplier ses efforts. Les généraux des frontières avaient été mis en déroute par les chrétiens, qui avaient repris Narbonne et Gironne. Non contens de ces avantages, ceux-ci menaçaient d'autres villes. Le mal était pressant ; Alhakem détacha une partie de sa cavalerie, et l'envoya au secours de la frontière sous les ordres de Foteis ben Suleiman ; il chargea Foteis de prendre à son passage les troupes de Sarragosse et de Huesca ; et convoquant ses généraux en conseil de guerre, il leur annonça que si le siége de Tolède traînait en longueur, il en laisserait la conduite à Amrù, et qu'avec le reste de sa cavalerie il irait lui-même combattre les chrétiens.

Foteis n'était pas encore arrivé à Sarragosse, qu'il apprit la prise de Pampelune, et la perte de Huesca, qu'Hasan, son alcaïde, avait livrée aux chrétiens. C'était le cadi de Sarragosse, Abdelsalem, qui envoyait ces tristes nouvelles. Il mandait de plus dans sa lettre que tous les walis du pays, accoutumés à l'indépendance, s'étaient ligués secrètement avec les infidèles, pour se soustraire à l'obéissance du roi, et que si l'on ne coupait le mal à la racine, l'exemple de ces walis deviendrait funeste à l'Espagne entière. Foteis transmit de suite au roi par un message ce qu'il venait d'apprendre, ce qui décida ce prince à partir sur-le-champ et sans attendre l'événement du siége de Tolède. L'arrivée d'Alhakem s'annonça aux chrétiens par des victoires. En un instant il reprit Huesca, Lérida, Gironne et Barcelone; de là il alla à Narbonne, fit passer au fil de l'épée tout ce qui tomba en ses mains, et rentra en Espagne chargé de butin et emmenant en esclavage une foule innombrable d'enfans et de femmes. Cette glorieuse expédition où, rapide comme l'éclair, il avait couru sans cesse d'un succès à l'autre, le fit surnommer Almudafar, ou l'heureux vainqueur; et, sans se livrer un seul jour au repos, laissant Foteis sur la frontière, il reprit à la hâte la route de Tolède; sa présence fit aussitôt changer la face des affaires. Les walis de Cordoue et de Mérida n'avaient soutenu qu'avec peine les efforts d'Abdallah et de Suleiman, dont les troupes, composées d'aventuriers africains et de bandits espagnols, étaient fort nombreuses. Le roi ramenait des soldats aguerris, d'une valeur éprouvée, soumis à une exacte discipline, et le cœur enflé de leurs dernières victoires. Entre des armées si différemment composées, il était aisé de prévoir de quel côté se rangerait la fortune.

Suleiman et son frère furent battus et leurs troupes dispersées. Ils se sauvèrent par les montagnes à Valence, où ils avaient encore un puissant parti, et où ils s'occupèrent à se réparer de leurs défaites. Les habitans de Tolède, effrayés du bonheur du roi à qui rien ne résistait, se ménagèrent des intelligences avec Amrù qu'Alhakem avait laissé devant leur ville, et ils lui livrèrent le rebelle Obeida, leur gouverneur. Amrù lui fit trancher la tête, qu'il envoya à Cordoue; il donna à son fils Jusuf le commandement provisoire de Tolède, et il fut joindre le roi à son camp de Chinchilla, pour lui faire part des avantages qu'il avait eus. Ce dernier suivait de près ses oncles. Pour leur ôter le temps de recruter leur armée, il entra dans les terres de Murcie presqu'aussitôt qu'eux. Après plusieurs escarmouches, les deux partis en vinrent aux mains, et ils tinrent pendant la plus grande partie du jour la victoire incertaine; mais vers le soir, l'ardent Alhakem, se précipitant au milieu de la plus forte mêlée, porta le désordre dans les rangs de Suleiman. Celui-ci s'en aperçut, et par de prodigieux efforts de bravoure, il rétablit le combat. Abdallah accourut avec l'élite de ses cavaliers, pour seconder son frère et décider le succès. Alhakem, à son tour, redoublant de vaillance à l'aspect d'un plus grand danger, appelle près de lui sa garde zénète, et, bravant cent fois la mort pour la victoire, il s'élance avec une fureur croissante contre ses mortels ennemis. Dans ce moment, Suleiman tombe atteint d'une flèche, qui lui perce le gosier, et la bataille est perdue. Abdallah se laisse lui-même entraîner par les fuyards, et ne songe pas à défendre le corps de son frère, foulé par les pieds des chevaux. Il se retira du côté de Dénia à la faveur de la nuit, et le lendemain il entra dans Valence avec le reste des bandes africaines. Quand le jour fut venu, les vainqueurs, n'apercevant plus d'ennemis, parcoururent le champ de bataille; ils trouvèrent parmi les morts le prince Suleiman, et ils le portèrent devant la tente du roi. A ce triste aspect, Alhakem ne put retenir ses larmes, et il fit rendre à son oncle les derniers devoirs.

Cependant les habitans de Valence conseillaient à Abdallah de demander à son neveu quelque accommodement; et Abdallah, qui désespérait de sa fortune depuis qu'il avait vu tomber son malheureux frère, permit qu'on envoyât de sa part au roi des députés chargés de lui annoncer qu'il renonçait à toutes ses prétentions, et qu'il se recommandait à sa clémence. Touché de la soumission de son oncle, le jeune roi accueillit bien ces députés, et il lui fit répondre par eux qu'il le laissait maître des conditions du traité, exigeant seulement de lui qu'il lui remît ses deux enfans en otage. Abdallah, y ayant consenti, partit immédiatement de Valence pour Tanger, et il envoya ses deux fils au roi, qui les reçut avec beaucoup de tendresse, et les traita toujours comme des frères. Il pardonna à tous les walis, wazirs ou scheiks qui avaient embrassé la cause de ses oncles, reçut dans sa garde les cavaliers africains qui demandèrent à y entrer, et, pour prouver à son oncle qu'il ne voulait faire aucun mal à ses cousins, il donna à Esfâh, l'aîné des deux, sa sœur Alkinsa en mariage. Le roi rentra à Cordoue vers la fin de l'année, et son heureux retour y causa une joie universelle.

<small>An de J. C. 800.
De l'hégire, 184.</small>

Alhakem ne jouit pas long-temps du repos qu'il avait conquis par tant de fatigues. Dès le commencement de l'année suivante, la guerre recommença sur les frontières. Le roi des Asturies avait conçu divers projets d'agrandissement, mais, trop faible pour s'y livrer sans un secours étranger, il avait engagé Charlemagne à faire une irruption dans la Catalogne, pour diviser les forces des Musulmans. Charlemagne, goûtant ce dessein, qui pouvait ajouter des provinces à son empire, envoya une armée, sous la conduite de son fils Louis, duc ou roi d'Aquitaine. Louis se rendit maître de la ville de Gironne, si

<small>An de J. C. 801.
De l'hégire, 185.</small>

souvent prise et reprise à cette époque, et il vint assiéger Barcelone, qui opposa une vive résistance. Bahlul ben Makluc, connu par d'anciennes défections, oubliant qu'il ne tenait la vie que de la clémence d'Hixêm, leva au même temps l'étendard de la révolte, et, s'unissant aux Français, il les conduisit jusqu'aux portes de Tortose. Alhakem se disposait à partir avec l'armée qu'il envoya aux frontières ; la naissance d'un fils le retint quelque temps à Cordoue ; mais, lorsqu'il eut appris qu'après une défense opiniâtre Barcelone avait reçu les ennemis dans ses murs (1),

---

(1) Nos anciennes chroniques racontent des merveilles de ce siége de Barcelone et des extrémités auxquelles les habitans furent réduits : leurs auteurs sont du reste fort peu d'accord sur les circonstances principales de cette guerre. Par exemple, les annales de Fulde, celles de Metz, la chronique de Réginon, etc., supposent que dès l'an 797 le gouverneur de Barcelone, appelé tantôt Zatun, tantôt Zaddo ou Zaad, se fit vassal de Charlemagne, et qu'en 801, ayant voulu secouer le joug de ce nouveau maître, il fut fait prisonnier et puni de l'exil. Dans la vie de Louis-le-Débonnaire, ouvrage d'un contemporain, on lit que ce Zaddo fut pris à Narbonne, et envoyé à Louis, puis à Charlemagne ; et que les habitans de Barcelone, ayant appris l'arrestation de leur gouverneur, nommèrent à sa place Amûr son parent, qui défendit la ville pendant deux ans, durant lesquels

il partit aussitôt accompagné du wali Amrù, et du général de cavalerie Muhamad ben Mofreg, dont il estimait beaucoup les talens et la bravoure. Arrivé à Sarragosse, il s'occupa de pour-

---

les assiégés souffrirent d'inconcevables misères. D'autres chroniques, auxquelles Marmol a donné la préférence, disent que ce Zaddo ou Zaad était vassal du roi de Cordoue; que, s'étant révolté et se voyant poursuivi, il s'en fut en France, et offrit à Charlemagne de lui ménager la conquête de Barcelone et de sa province; ce qui eut effectivement lieu vers l'an 797 ou 798; mais qu'au bout de deux ans Charlemagne fut obligé d'envoyer son fils Louis avec une armée pour le ramener à l'obéissance dont il s'était écarté; que Louis s'empara de Barcelone après un très-long siége; que Marsille, roi de Sarragosse, reprit cette ville; et qu'enfin Louis, étant revenu en 806 avec de nouvelles forces, s'en rendit de nouveau le maître, ainsi que de tout le pays voisin.

Il est difficile de concilier ces divers récits avec ceux des écrivains arabes, quoique néanmoins on en trouve le fond dans les histoires de ces derniers. On a vu que Marsille était Abdelmélic, fils d'Omar, à qui Abderahman avait donné le gouvernement de Sarragosse; mais il était mort depuis long-temps à cette époque. Ce qu'il y a de plus certain, c'est que la contrée qui reçut plus tard le nom de Catalogne s'affranchit pour lors de la puissance des Arabes, et qu'elle eut des souverains particuliers sous le titre de comtes, d'abord feudataires des rois de France, ensuite indépendans.

voir à la sûreté des places qui n'étaient pas encore tombées au pouvoir des Français, avant de songer à reprendre celles dont ils s'étaient emparés.

Tandis qu'il se livrait à ces mesures dictées par la prudence, la division éclatait de nouveau dans Tolède, et une députation des principaux habitans vint lui rendre compte des événemens. Jusuf ben Amrù, jeune homme sans expérience, s'était attiré la haine générale par sa conduite imprudente. Confondant les auteurs des derniers désordres avec ceux qui en étaient innocens, il les traitait tous avec une égale rigueur; il poussa même si loin l'aveuglement ou l'injustice, que, chacun commençant à trembler pour sa vie, la crainte fit naître le désespoir, et le désespoir la révolte. Une populace nombreuse entoura sa maison, et y lança une grêle de pierres. Quelques-uns de ses gardes furent grièvement blessés. Les habitans sages parvinrent à calmer cette émeute, et forcèrent la multitude à se retirer. Jusuf, qui, au moment du danger, saisi de frayeur, ne savait où se cacher, passant de la peur à la colère, allait faire dans la ville de sanglantes exécutions; mais les mêmes habitans qui l'avaient sauvé de la fureur du peuple, voulant sauver à son tour le peuple de sa vengeance, ayant inutilement employé tous les moyens conciliatoires, entrèrent chez lui, surprirent sa garde et s'emparèrent de sa personne : ainsi le sang ne fut point répandu. Après avoir entendu les députés, le roi fit appeler Amrù, lui donna connaissance de ce qu'il venait d'apprendre, et lui dit que son fils était trop jeune pour un gouvernement tel que celui de Tolède, où se trouvaient beaucoup de chrétiens, toujours prêts à favoriser l'insurrection contre l'autorité des Musulmans. Amrù répondit au roi que s'il voulait lui confier ce gouvernement à lui-même, il saurait bien maintenir l'ordre et la paix, parce qu'il connaissait très-bien le naturel des habitans de cette ville. Le roi, qui avait toujours eu dans Amrù un serviteur zélé, lui accorda sur-le-champ sa demande, de sorte qu'Amrù partit pour Tolède avec le titre de wali, tandis que Jusuf son fils allait sur la frontière prendre l'alcaïdie de Tudela.

Alhakem, à qui l'inaction convenait peu, envahit la Navarre, et prit Pampelune; de là, descendant vers l'Ebre, il entra dans Huesca. Alphonse, alarmé de ce dangereux voisinage, se hâta d'accourir avec l'élite de ses troupes. Le nouvel alcaïde Jusuf, voulant faire montre de sa valeur, osa attaquer Alphonse, qui, l'attirant dans une embuscade, le fit prisonnier, avec la plus grande partie de ses gens. Jusuf écrivit à son père Amrù, qui paya pour sa liberté une

An de J. C. 802.
De l'hégire, 187.

forte rançon. Le roi, qui en voulait principalement à Bahlul, dont la trahison avait si bien servi les Français, sachant qu'il était dans les environs de Tarragone, prit sans délai le chemin de cette ville, poursuivit sans relâche le rebelle, l'atteignit sous les murs de Tortose, l'attaqua, le défit, et se saisit de lui. Cette fois, Bahlul paya de sa tête son infidélité. Alhakem revint ensuite par Valence à Cordoue, sans oser faire aucune tentative contre Barcelone.

<small>An de J. C. 803.
De l'hégire, 188.</small>

Ce fut sur ces entrefaites que les Fezzans proclamèrent pour leur roi Edris ben Edris, quoiqu'il n'eût que onze ans et demi. Alhakem lui envoya des ambassadeurs pour le complimenter, et faire en même temps avec lui un traité d'alliance défensive contre les califes d'orient, ou les nouveaux souverains de l'Egypte et de l'Afrique. La ville de Fez n'existait pas encore; elle ne fut fondée, par ce prince, que trois ans après, sur un terrain qu'il acheta pour cela des tribus zénètes de Zuaga et de Yargos (1).

Cependant, le cruel Amrù, qui n'avait demandé à gouverner Tolède, que pour assouvir sur les habitans sa vengeance et sa haine, atten-

---

(1) Il y avait moins de musulmans dans ces tribus que de juifs, de sabéens, et même de chrétiens.

dait un prétexte pour verser le sang : le sang pouvait seul à ses yeux laver l'injure de son fils. Il ne lui suffisait pas de les dépouiller par de criantes exactions, de les accabler d'impôts, de dévorer leur substance : il lui fallait du sang. Il crut avoir trouvé ce prétexte tant désiré, lorsque le prince Abderahman, que son père Alhakem envoyait à Sarragosse, avec cinq mille chevaux, passant près de Tolède, s'y arrêta sur sa propre invitation pour y prendre quelques heures de repos. A peine le prince fut-il arrivé à l'Alcazar, qu'Amrù, lui faisant un portrait arbitraire des habitans, qu'il dépeignit comme des gens méchans, légers, dangereux, toujours prêts à se révolter, finit par lui dire qu'il fallait abattre quelques centaines de têtes pour assurer dans Tolède une paix durable. Le prince, malgré son extrême jeunesse (1), le pria de bien réfléchir à ce qu'il voulait faire ; il lui représenta qu'une cruauté inutile rendrait le nom d'Abderahman odieux au peuple. Amrù prenant ces mots pour un consentement, fit inviter par ses wazirs les scheiks et les principaux habitans à venir rendre leurs hommages à l'héritier du trône. Tous ces malheureux, sans concevoir le moindre

---

(1) Il n'avait alors que quinze ans.

soupçon, s'empressèrent de se rendre au palais ; mais, à mesure qu'ils entraient, les gardes d'Amrù se saisissaient d'eux, et les conduisaient à un souterrain du château, où ils étaient égorgés. Le nombre des victimes fut de quatre cents. Le lendemain leurs têtes furent exposées, et cet affreux spectacle mit l'épouvante et la consternation dans la ville ; on publia que cette sanglante exécution avait été faite par l'ordre du roi. Amrù, disent les historiens arabes, survécut peu à cet acte de barbarie.

An de J. C. 805.
De l'hégire, 190.

Alhakem avait donné le gouvernement de Mérida à son cousin Esfàh. Celui-ci, mécontent d'un de ses wazirs, le congédia, et donna sa charge à un autre. Le wazir déposé se rendit à Cordoue, et se présenta au roi dont il était aimé. Il se plaignit amèrement du procédé d'Esfàh, et il n'épargna point la calomnie ; il parla du wali comme d'un ambitieux, que dévorait secrètement le désir de secouer le joug. De pareilles insinuations sur des faits que rendait malheureusement vraisemblables la qualité de fils d'Abdallah, firent une vive impression sur l'esprit d'Alhakem ; et, quoiqu'il n'eût reçu de son cousin, jusqu'à ce jour, que des marques de zèle et d'amitié, entraîné par son caractère soupçonneux et emporté, il ôta, sans autre examen, le gouvernement à Esfàh, et il envoya l'ordre par le même wazir, nommé en outre pour lui succéder. Esfâh refusa d'obéir; il fit répondre qu'il était fort surpris qu'Alhakem ajoutât plus de foi aux plaintes intéressées d'un wazir déposé, qu'aux preuves constantes que son cousin avait données de sa loyauté; que ce n'était pas ainsi d'ailleurs qu'on renvoyait de son poste un petit-fils d'Abderahman. Cette réponse, rendue au roi, le mit en fureur; et il envoya aussitôt à Mérida un corps de cavalerie chargé d'arrêter Esfâh, et de le conduire à Cordoue. Quand ces troupes arrivèrent, le wali fit fermer les portes de la ville, et il ne leur permit point d'entrer, sans faire, au surplus, aucun usage de ses armes. Alhakem, dont le courroux s'accrut encore quand il apprit que ses ordres n'étaient point exécutés, partit lui-même, décidé à entrer dans Mérida de vive force. Tous les habitans, qui aimaient Esfâh, lui offrirent leurs biens et leurs vies pour le défendre; mais le wali, qui ne voulait point les exposer à souffrir pour sa cause, leur conseilla d'aller au-devant du roi, et il se contenta de prendre quelques cavaliers, avec lesquels il devait sortir de la ville par une porte, quand le roi y arriverait par une autre. Dans ce moment, Alkinsa, femme d'Esfâh, monta à cheval, et, traversant le camp des assiégeans, sans autre suite que deux esclaves de sa maison, elle alla à la rencontre du roi, et se jeta tout en pleurs à ses genoux. Le roi releva sa sœur, qu'il embrassa tendrement, et elle parvint si bien à dissiper son courroux, qu'il fit appeler son cousin, lui jura l'oubli du passé, et lui rendit toute son amitié. Cette heureuse réconciliation des deux princes fut célébrée à Mérida par des fêtes et des réjouissances.

Ces plaisirs furent troublés par les nouvelles du nord de l'Espagne, et surtout par celles que Casim, le second fils d'Abdallah, envoya de Cordoue. Les Asturiens avaient profité du mouvement des Français sur la Catalogne, pour tâcher de reculer leurs frontières; il n'y avait eu pourtant ni de part ni d'autre aucune affaire décisive; des combats de postes, des engagemens entre les avant-gardes, assez de sang répandu, beaucoup de dévastations dans la campagne, mais point d'avantage marqué. Il paraît même que ce fut vers ce temps qu'Alphonse, éprouvant de nouveau l'inconstance et l'ingratitude de ses sujets, fit avec Alhakem une trêve qui lui était nécessaire pour pouvoir travailler à rétablir son autorité ébranlée. A Cordoue, le danger était plus pressant; Casim mandait au roi qu'il ne s'agissait pas moins que d'une vaste conspiration qui menaçait et sa couronne et sa vie; et il le conjurait de revenir sans délai, parce que sa présence était indispensable pour ramener l'ordre.

C'était une chose bien étonnante que ces luttes perpétuelles de l'ambition contre le pouvoir, de la trahison et de la perfidie contre la fidélité, des sujets contre le prince : elles n'agitaient pas seulement les états musulmans, toute l'Espagne chrétienne en était tourmentée. Les Asturiens et les Galiciens, toujours menacés par les Arabes de la guerre et de l'esclavage, semblaient insensibles à ce danger, qu'ils oubliaient pour leurs dissensions domestiques ; les Arabes, également divisés par les intérêts de leurs chefs, ne se souvenaient pas qu'ils habitaient un pays récemment conquis, où leur joug en horreur pouvait être brisé par le désespoir des vaincus. Les uns et les autres n'ignoraient pas que la force d'un peuple est dans l'union de ses individus ; ils savaient qu'en s'affaiblissant par les querelles intestines, ils se mettaient pour ainsi dire à la merci de leurs ennemis ; et, malgré ces avis de la sagesse, malgré les efforts de quelques hommes prudens qui travaillaient à tarir les sources de la discorde, malgré les leçons, souvent très-dures, de l'expérience, ils s'abandonnaient, à Oviedo comme à Cordoue, à tous les excès de l'esprit de parti, comme s'ils n'avaient eu de rivaux qu'eux-mêmes. Les chrétiens d'Espagne, unis sous un seul maître, Asturiens, Navarrais, Aragonnais, Galiciens, Castillans, auraient reconquis leur pays quatre ou cinq siècles plus tôt; sans le mariage de Ferdinand et d'Isabelle, les Arabes-Maures règneraient encore sur la belle Andalousie; peut-être même, sous un prince guerrier, auraient-ils recouvré ce qu'ils avaient tenu de la première conquête; et, s'ils eussent été paisiblement soumis à leurs nouveaux califes, ils auraient triomphé vraisemblablement de l'Espagne entière : un nouvel Abderahman, plus heureux que le premier, vainqueur des faibles descendans de Charlemagne, aurait fondé dans le cœur de la Gaule le siége de son empire.

Dès qu'Alhakem fut arrivé à Cordoue, le jeune Casim lui donna tous les détails de la conspiration, dont lui-même semblait être le chef aux yeux des conjurés. Elle était principalement l'ouvrage de Yahie, l'un des wazirs du conseil, et de quelques scheiks de la ville, à qui les événemens de Mérida avaient servi d'occasion. Ils avaient cru trouver dans Casim un cœur livré au ressentiment et à l'ambition; ils lui avaient fait part de leur projet, qui consistait à tuer Alhakem, et à mettre à sa place l'un des petits-fils d'Abderahman. Le roi, saisi d'horreur, mais en même temps tout brûlant de désirs de vengeance, engagea Casim à continuer de feindre avec les conjurés, afin de se procurer une liste exacte de leurs noms. La liste fatale fut dressée ; le jour de l'exécution était marqué, l'heure choisie, le lieu indiqué. Casim se hâta d'aller trouver le roi, car il n'y avait pas de temps à perdre ; le roi, à son tour, prit sans délai des mesures efficaces ; et, la nuit même qui précédait le jour que les conjurés avaient fixé, leurs trois cents têtes, placées sur des piques, furent rangées autour de la place publique de Cordoue. Le peuple épouvanté n'apprit le lendemain le crime des coupables que par ces mots d'un écriteau : *Traîtres et ennemis de leur roi*. Les conjurés s'étaient flattés de réussir à cause du peu d'affection du peuple envers Alhakem, surtout depuis qu'il avait fait un traité avec Alphonse, après la victoire que ce dernier avait remportée sur le fils d'Amrù.

An de J. C.
807.
De l'hégire,
192.

La guerre continuait sur les frontières. Le duc d'Aquitaine était rentré en Espagne avec une puissante armée ; il voulait subjuguer la ville de Tortose, devant laquelle il avait précédemment échoué. Le prince Abderahman, qui était encore à Sarragosse, réunit à ses troupes celles du wali de Valence, et il contraignit les Français à se retirer. D'autre part les troupes

An de J. C.
808.
De l'hégire,
193.

d'Alphonse, traversant le Duero, avaient envahi la Lusitanie, et porté la dévastation jusque sous les murs de Lisbonne ; Alhakem s'y porta rapidement, et obtint d'abord quelques avantages; il reprit successivement toutes les villes dont les Asturiens s'étaient emparés, et après deux ans d'une lutte opiniâtre il finit par les chasser tout-à-fait de ses états; mais ce ne fut point pour long-temps. Fatigué d'une longue guerre, où, sans jamais pouvoir en venir à une bataille rangée, il fallait avoir chaque jour les armes à la main, il était retourné à Cordoue, laissant le commandement de l'armée à Abdala ben Malehi et à Abdelkerim. Aussitôt les Asturiens reprirent l'offensive; Abdala mourut en combattant; sa division, rompue, apporta, en fuyant, le désordre et la terreur parmi les escadrons d'Abdelkerim. Alphonse, poursuivant ses succès, arriva en même temps que les fuyards, et augmenta par une brusque attaque la confusion et l'épouvante. Le corps d'Abdelkerim éprouva des pertes immenses, et tous les efforts du général ne purent sauver les soldats de la honte d'une défaite. Un grand nombre de Musulmans se noyèrent au passage d'une rivière; d'autres se jetèrent dans les bois, cherchant à se cacher sur les arbres et au milieu des buissons, mais les arbalétriers chrétiens les firent presque tous périr. Abdelkerim était cependant parvenu à rallier les débris des deux corps de l'armée, et, ne suivant que l'impulsion du cou-

An de J. C.
811.
De l'hégire,
196.

rage aigri par le malheur, il voulut tenter encore le sort des armes. Mortellement blessé, il mourut sans vengeance, et l'on peut dire sans gloire, parce que presque toujours la gloire suit la fortune, et que la pitié seule accompagne au tombeau les guerriers malheureux.

<small>An de J. C. 812. De l'hégire, 197.</small> Abderahman reparut alors à l'armée, Abderahman, qui semblait attacher la victoire à ses drapeaux. Il commença par reprendre Gironne, que les Français occupaient; de là, il poussa jusqu'à Narbonne, d'où il rapporta beaucoup de richesses; sans perte de temps, il se rendit à la frontière d'occident, et sa présence releva le courage abattu des Musulmans. Dès que la saison lui permit de se mettre en campagne, il chercha l'armée d'Alphonse, la rencontra sur les rivages du Duero, la mit dans une déroute <small>An de J. C. 813. De l'hégire, 198.</small> complète, s'empara de Zamore, et reprit plusieurs places qui défendaient l'entrée des Asturies; ces succès soutenus obligèrent Alphonse à demander la paix. Dans la Catalogne, les Français avaient eu de nouveaux avantages : Tortose, après un siége opiniâtre, avait fini par se rendre; mais à peine Louis se fut-il éloigné pour aller faire celui de Huesca, que, dans une nuit, Tortose surprise repassa au pouvoir des Arabes, qui, par une heureuse témérité, ravirent au roi d'Aquitaine le fruit de ses

longs travaux, le prix de ses dépenses, et des lauriers teints d'un sang inutilement versé (1).

---

(1) Les historiens français disent qu'à cette époque, ou même quelque temps auparavant, le roi de Cordoue avait demandé la paix à Charlemagne, parce qu'il craignait sa grande puissance; qu'il envoya des plénipotentiaires à Aix-la-Chapelle, où se trouvait l'empereur, et que la paix y fut conclue; que, d'après les conditions de ce traité, les Arabes durent céder tout le pays depuis l'Ebre jusqu'aux Pyrénées. Quand un événement est séparé par plusieurs siècles du temps où nous vivons, et que les monumens de l'histoire contemporaine ne sont pas bien authentiques, il est difficile de dire d'une manière positive ce qui a été réellement fait. Sans révoquer en doute, formellement du moins, l'existence de ce traité, nous devons seulement faire remarquer que les auteurs arabes n'en parlent point; et que, dans tous ceux dont les écrits ont servi de matériaux à M. Conde, il n'est pas même fait mention une fois de Charlemagne, tandis que ces mêmes Arabes, rendant compte de l'expédition de l'émir Abderahman, nomment souvent Charles Martel, qu'ils appellent Galdos, roi d'Afranc. Ce silence sur Charlemagne devrait paraître bien extraordinaire, si Alhakem lui avait envoyé, comme on le dit, une ambassade solennelle. D'un autre côté, ce traité, suivant quelques-uns, fut fait en 810; et cependant Louis fit postérieurement trois ou quatre campagnes dans la Catalogne. Ce qu'on peut regarder comme certain, c'est qu'après les années 813 et 814, durant lesquelles Tortose fut prise et reprise, il y eut sinon une paix

Abderahman était devenu l'espérance de la nation, et le plus ferme appui de l'état. Ses victoires rapides, sa constante fortune, l'avaient couvert de ce lustre qui plaît aux hommes, qu'ils aiment surtout à voir répandu sur ceux qui les gouvernent. Telle est la force des préjugés ou des habitudes. Un roi qui n'est que vertueux s'élève à peine au-dessus du vulgaire; nous jouissons de la paix, du bonheur qu'il nous donne, sans voir que ces biens viennent de lui. Qu'il ait un vaste génie, les talens militaires; que ses armées portent au loin la ter-

---

réelle, du moins une trêve entre les deux nations jusqu'à l'an 820, et même jusqu'à une époque postérieure. Il est possible que cette trêve, née peut-être de l'épuisement mutuel des parties belligérantes, ait été considérée comme l'effet d'un traité. Quant aux Arabes vus à Aix-la-Chapelle, ce pouvaient être les envoyés de quelque wali des frontières, qui, pour se soustraire à la domination d'Alhakem, réclamait des secours étrangers, ou même offrait de livrer les places de son gouvernement. On n'a que trop vu combien ces walis étaient disposés à la révolte. De ce nombre était sans doute ce Bahlul ben Makluc, qui reçut enfin de la main d'Alhakem le juste salaire de ses trahisons. Comme c'est principalement M. Conde que nous avons suivi en écrivant cette histoire, nous n'avons pas cru devoir rapporter un traité dont il ne parle point.

reur; qu'il s'entoure de tous les prestiges du triomphe : nous nous prosternons devant lui, devant l'idée que nous prenons de sa grandeur, et nous ne considérons pas que notre sang a payé ses victoires, que nos trésors ont acheté ses conquêtes, que nos seules sueurs ont cimenté sa puissance. Alhakem, qui n'avait eu jusque-là qu'une vie agitée, commençait à désirer le repos ; car le besoin de repos accompagne le goût des plaisirs. Les délices de son palais lui paraissaient maintenant préférables aux fatigues de la guerre, ses rians jardins aux champs couverts d'ennemis, le séjour du harem au tumulte des camps. Entouré de jeunes esclaves, qui toutes, cherchant uniquement à lui plaire, prodiguaient à ses yeux les grâces d'une danse passionnée, ou le ravissaient par les accens de leur voix et le son harmonieux des instrumens, il s'enivrait à la coupe des voluptés avec toute l'ardeur de son caractère fougueux ; il aurait même oublié dans le plaisir qu'il était roi, si une soif secrète de sang, qu'il ne pouvait satisfaire que par l'usage arbitraire de la suprême puissance, n'eût trop souvent placé dans ses mains le glaive à côté du sceptre. Il se passait peu de jours qu'il ne rendît des sentences de mort; et, sur le sein de ses esclaves soumises, il signait froidement l'ordre des supplices. Pour se livrer sans danger à ces deux passions dominantes, qui sembleraient ne pouvoir habiter dans un même cœur, si dans ses jeux cruels la nature n'avait uni fréquemment l'amour du plaisir à la barbarie, Alhakem avait cru devoir prendre une double précaution : par la première, il se déchargeait sur son fils de tous les soins du gouvernement; par la seconde, il assurait sa vie contre la haine du peuple. Ainsi, d'une part, Abderahman fut proclamé wali alhadi. Esfâh et Casim prêtèrent les premiers le serment d'usage; l'hagib, le grand cadi, les ministres, tous les walis les imitèrent. D'autre part, une garde choisie de cinq mille hommes, la plupart Musarabes, remplit son palais et en défendit toutes les avenues. Pour acheter le dévouement de ces soldats, il leur donna une solde fixe ; et pour subvenir à cette dépense, il établit un droit d'entrée sur les marchandises qui arrivaient à Cordoue.

An de J. C.
815.
De l'hégire,
200.

Cette innovation avait excité des murmures. Il y eut des individus qui refusèrent de payer ce droit qu'ils trouvaient exorbitant (1) ; et ils employèrent même la violence pour soustraire

---

(1) Le régime des douanes n'était pas encore perfectionné, et l'on ne connaissait pas à Cordoue les octrois de bienfaisance !

leurs denrées à l'action du percepteur. Dix des contrevenans furent arrêtés, et à cette occasion il se commit quelque désordre aux portes de la ville. Le peuple ne se plaignait pas encore ouvertement; mais des inquiétudes vagues, une rumeur sourde, qui agitaient toutes les classes, annonçaient la fermentation générale des esprits. Alhakem en était instruit; et, malgré sa garde nombreuse, il n'était point tranquille. « Le peu- » ple, disait-il, doit craindre son maître, ou bien » c'est au souverain à craindre son peuple. Quand » la terreur gouverne les hommes, on peut les » châtier pour chaque infraction de leurs devoirs; » mais avec eux la bonté est toujours funeste, » parce qu'ils la regardent comme faiblesse. » Avec ces maximes, qui n'étaient pas celles du vertueux Hixêm, le roi ne pouvait pas vouloir autoriser par l'impunité l'outrage fait à ses agens; pour laisser au contraire dans Cordoue un exemple mémorable de ses vengeances et faire sortir l'obéissance de la peur des supplices, il ordonna que les dix coupables, conduits sur la place publique du faubourg à la porte duquel le délit avait été commis, seraient empalés tout vivans en présence du peuple. L'exécution devait avoir lieu le 13 du mois de ramazan. Malheureusement un soldat blessa par mégarde un habitant; et cet accident ayant excité une vio-

An de J. C. 817.
De l'hégire, 202.

lente émeute, la populace furieuse attaqua la garde des dix condamnés, égorgea ceux qui résistèrent, et poursuivit les autres jusqu'aux portes du palais, en poussant des cris séditieux et proférant d'horribles menaces. Aussitôt Alhakem, rugissant de colère, saisit ses armes, et, sans écouter ni les prières de son fils, ni celles de ses principaux officiers qui étaient accourus, il fondit sur le peuple à la tête des cavaliers de sa garde. Le plus grand nombre des mutins se hâtèrent de regagner le faubourg, et dans un instant les rues de Cordoue furent jonchées de cadavres. Ceux qui purent se renfermer dans leurs maisons évitèrent la mort; les autres, au nombre d'environ trois cents, furent pris et empalés sur-le-champ tout le long du fleuve, depuis le pont jusqu'aux moulins situés à l'extrémité de la ville. Le roi ne borna pas là sa vengeance : le lendemain il donna l'ordre d'abattre le faubourg tout entier, en commençant par la partie méridionale, après que, pendant trois jours consécutifs, il aurait été livré au pillage; il défendit toutefois que les femmes fussent insultées. Au bout de ces trois jours, il fit enlever les morts et publier amnistie pour les habitans qui avaient survécu, à la condition néanmoins de quitter Cordoue avec leurs familles.

Ces malheureux exilés s'éloignèrent en pleurant de la douce patrie ; quelques-uns portèrent à Tolède leur misère et leur douleur ; huit mille acceptèrent l'asile que leur offrit Edris ben Edris dans sa ville naissante de Fez ; ils en peuplèrent un quartier qui a retenu le nom de ses premiers habitans, et s'appelle encore aujourd'hui le faubourg des Andalous. Quinze mille avaient passé en Egypte ; et, poussés par un courage désespéré, ils s'étaient rendus maîtres d'Alexandrie, malgré la résistance des habitans ; ils s'y maintinrent jusqu'à ce que, par l'ordre du calife Almamon, le wali d'Egypte composa avec eux : on leur donna, pour qu'ils quittassent la ville, des sommes considérables, et la liberté de s'établir dans l'une des îles de la mer de Grèce. Ils choisirent celle de Crète, qui n'était pas alors très-peuplée, et ils y fondèrent un gouvernement indépendant, à la tête duquel ils placèrent Omar ben Zoaïb Abu Hafas, qui leur servait de chef depuis leur départ de Cordoue. Beaucoup d'Egyptiens et de Syriens de l'Irack se joignirent à eux. Ils ne tardèrent pas à se livrer à des courses sur mer, dans lesquelles ils acquirent beaucoup de richesses. Quelque temps après, ils bâtirent Candie à la partie orientale de l'île (1). Tel fut le sort des exilés de Cordoue,

---

(1) Comme cet événement peut paraître extraordi-

qui payèrent bien cher une faute qu'on devait moins attribuer à leur volonté de se révolter qu'à un malheureux concours de circonstances fâcheuses. Alhakem déploya en cette occasion toute la cruauté de son âme; et en privant Cordoue d'une partie de sa population, il prouva que, dans le cœur d'un tyran, la politique même ne sait pas modifier la haine et réprimer ses écarts. Il poussa le délire de la sienne jusqu'à laisser pour ses successeurs la défense expresse de reconstruire le faubourg démoli. Depuis cet événement il fut surnommé le Cruel, et Al Rabdi le destructeur du faubourg.

Trois ans après, les Asturiens ayant fait quelques tentatives sur les confins de la Galice, Abderahman y accourut avec la cavalerie de Mérida, et il les força à repasser leurs limites. Il se ren-

---

naire, et que surtout les résultats qu'il eut doivent sembler peu vraisemblables, M. Conde a soin de nommer les auteurs qui en parlent et en donnent tous les détails, tels que Zaïd ben Jonas, Homaïdi, Muhamad ben Husam, etc. M. de Chénier dit que Candie fut bâtie par un des généraux d'Abdallah ben Abderahman, nommé *Candax*, sous le règne du fils d'Alhakem, lequel, après la mort d'Abdallah, quitta l'Espagne pour ne pas rester exposé au ressentiment du roi : mais on verra bientôt qu'Abderahman II, vainqueur de son grand-oncle, ne chercha point à se venger des partisans du rebelle.

dit ensuite dans la Catalogne, où les Français avaient recommencé les hostilités. Quand il y eut rétabli les affaires, il reprit le chemin de Cordoue. En passant à Tarragone, il arma tous les vaisseaux qui s'y trouvaient, et il les envoya faire une descente sur les côtes de la Sardaigne. C'était la seconde expédition de ce genre que tentaient les Arabes. La première, antérieure de cinq ou six ans, avait été malheureuse ; la seconde eut de meilleurs résultats, puisque la flotte des chrétiens fut défaite, et qu'elle perdit même huit de ses vaisseaux, qui furent pris et emmenés par les vainqueurs à Tarragone.

An de J. C. 820.
De l'hégire, 205.

Cependant Alhakem touchait au terme de sa carrière. Depuis l'épouvantable massacre de Cordoue, où on le vit se baigner dans le sang de ses propres sujets, son âme, sans cesse bourrelée par le remords, se remplit d'une sombre mélancolie qui empoisonna ses dernières années. Son imagination était continuellement agitée par le souvenir aigu de sa cruauté, et son esprit tourmenté par de lugubres et sinistres visions. Tantôt il croyait assister à un combat, il entendait le bruit des armes, les cris des mourans ; tantôt il se voyait entouré de fantômes qui le menaçaient. Alors il appelait ses esclaves, et leur présence ou leurs soins lui aidaient à calmer ses terreurs. On raconte qu'un soir, étant déjà couché, il fit venir un esclave nommé Hyacinthe, dont toute l'occupation consistait, durant le jour, à humecter et parfumer sa longue barbe. L'esclave s'était fait un peu attendre; le roi, impatienté, lui jeta à la tête un flacon rempli de musc. L'esclave lui remontra d'un ton fort soumis qu'il s'était endormi, parce qu'il n'avait point prévu qu'à cette heure son ministère fût nécessaire. « As-tu peur, » repartit Alhakem, que les parfums te manquent, » parce que je viens de casser un flacon? Ne sais-tu » point que c'est pour en avoir toujours que j'ai » fait couper dans un seul jour trois cents têtes? » Quelquefois il envoyait chercher les cadis et les wazirs de la cour au milieu de la nuit, comme s'il s'agissait de quelque affaire importante; quand il les tenait tous rassemblés, il faisait entrer ses chanteuses, et dès qu'elles avaient chanté, il renvoyait et wazirs et cadis, de sorte qu'on eût dit qu'il ne les avait convoqués que pour leur faire entendre les voix de ses femmes. En d'autres occasions il réunissait les scheiks et l'armée, distribuait des chevaux et des armes, de même que s'il avait été question d'une expédition lointaine; l'instant d'après il les congédiait et les renvoyait chacun chez eux.

Comme dans sa jeunesse il avait beaucoup aimé la poésie, il essayait de temps en temps de charmer sa tristesse par le secours des vers.

On a conservé de lui quelques pièces; elles ont toutes une teinte sauvage, qui décèle la farouche mélancolie dont leur auteur était dévoré. Dans la suite Abderahman les fit chanter souvent devant lui; il aimait surtout un hymne guerrier qui contenait les louanges d'Alhakem. Abez ben Nasih, chef de la musique de ce prince, en avait composé les airs. Les jactances d'Alhakem rappellent les conceptions gigantesques des poëtes scandinaves (1).

« J'ai vu les peuples s'élancer tout armés du » sein des abîmes; mais je me suis élevé sur le » sommet des montagnes, et les montagnes sont » devenues d'humbles vallées (2). Que mes » frontières répondent. Craignent-elles l'entrée » des cavaliers ennemis? Voient-elles le glaive

---

(1) Nous donnons la traduction des premières strophes sur celle qu'en a faite M. Conde. Comme les vers espagnols, dégagés du joug de la rime, peuvent s'attacher plus fidèlement au texte et au sens de l'original, nous pensons qu'en suivant les idées du traducteur espagnol, nous offrirons à peu près les idées du poëte arabe. Nous omettons les dernières strophes, parce qu'elles nous ont paru bien inférieures aux premières.

(2) M. Conde avertit que ceci signifie qu'Alhakem triomphait des peuples soulevés contre lui. L'espagnol est encore plus fort : il dit « *que les abîmes de la terre se levaient avec l'épée.* »

» briller dans leurs mains ? Entendent-elles
» d'autre bruit que celui des cascades qui tom-
» bent du haut des rochers, entraînant dans
» leur cours les plantes sauvages ? Mes frontières
» diront que si je ne suis pas le premier des hé-
» ros, ma lance fut toujours la première qui se
» teignit dans le sang. On a vu de jeunes guer-
» riers, à l'aspect des dangers et des fatigues,
» reculer épouvantés ; mais ceux-là n'étaient
» point de ma troupe choisie, car ceux qui
» m'accompagnaient n'ont jamais connu la peur
» ni l'infamie. »

Aussitôt après la mort d'Alhakem, Abderahman, son fils, fut proclamé roi de Cordoue. Le peuple célébra son avénement par des fêtes qui n'étaient point commandées. Quand il est heureux ou qu'il espère, il ne faut pas lui ordonner de se réjouir ; et, sur le trône du successeur d'Alhakem, il voyait naître une aurore nouvelle de bonheur et de prospérité. Son esprit, sa bonté, l'aménité de son caractère, rappelaient Hixêm son aïeul, et les espérances qu'il fit concevoir consolèrent les Musulmans des souvenirs amers de son père. Qu'il est pourtant vrai de dire que l'aveugle fortune ne mesure jamais ses faveurs sur le mérite et sur la vertu ! Abderahman II fut un grand prince ; il favorisa les arts et les lettres en souverain éclairé ; il créa dans ses villes des établissemens nouveaux ; il embellit Cordoue ; il gouverna ses peuples avec gloire, et ne les foula point; il attira à sa cour les savans de tous les pays ; il surpassa en grandeur et en magnificence tous ses prédécesseurs ; il donna à l'empire un éclat qu'il n'avait jamais eu : et cependant son règne, presque toujours troublé par des guerres domestiques, ne fut point heureux; et par l'effet nécessaire de ces divisions intestines qui dévoraient peu à peu dans l'état les principes de force et de vie, il devint presque pour les Musulmans une époque de décadence.

Abdallah, chargé d'années et retiré à Tanger, existait encore, et rêvait tristement les grandeurs qu'il n'avait pu obtenir. Les neiges de la vieillesse avaient comprimé, sans l'éteindre, le feu dont il avait brûlé, et l'ambition vivait cachée au fond de son cœur, comme les flammes d'un volcan renfermé dans le sein des montagnes. Il se flattait que le fils d'Alhakem ne serait point aimé; il espérait que ses anciens partisans embrasseraient sa cause; il comptait sur ces hommes que leur mobile obéissance livre toujours aux fers d'un nouveau maître, aussi peu fidèles à ce dernier qu'à celui qu'ils trahissent, prêts à changer encore en faveur d'un troisième, s'il se présente. Il avait conservé des trésors qu'il tenait de la libéralité d'Hixêm; il s'en servit pour lever une armée, il promit du butin et des terres, et il passa en Espagne; là, il se fit proclamer roi dans son camp. Abderahman, suivi de sa garde, qu'il avait augmentée de mille Africains, et de la cavalerie de Cordoue, se rendit sur-le-champ aux lieux où le danger se montrait, et, vainqueur d'Abdallah en plusieurs rencontres, il força l'armée rebelle à la fuite. Abdallah se retira du côté de Valence, où il avait des intelligences secrètes; mais, vivement poursuivi par Abderahman, il fut contraint de s'enfermer dans la ville.

On dit qu'ayant formé le dessein de faire une vigoureuse sortie contre les assiégeans, il convoqua les chefs de l'armée devant la mosquée de Bâb Tadmir (1); que, lorsqu'il les vit réunis, il leur dit qu'avant de tenter le sort des armes, il voulait conjurer Alà de manifester sa volonté; qu'alors, levant les yeux au ciel, il s'écria : « Seigneur Alà, si mes prétentions sont fon-
» dées, si mon droit est meilleur que celui
» d'Abderahman, arrière-petit-fils de mon père,
» daigne m'accorder sur lui la victoire; mais,
» si je me trompe, si la cause d'Abderahman

---

(1) De la porte de Murcie.

» a paru plus juste devant tes yeux, ne permets
» point que mon aveuglement fasse verser le
» sang des fidèles ; qu'Abderahman triomphe,
» mais que le peuple soit épargné ! » Tous les
assistans, auxquels s'étaient joints beaucoup
d'habitans de la ville, répondirent par des acclamations unanimes. En cet instant même, ajoute-t-on, il s'éleva subitement un vent très-froid, qui, frappant Abdallah au visage, le fit tomber privé de sentiment. Transporté au palais, il resta plusieurs jours sans pouvoir parler, et dès qu'il eut recouvré la parole, il dit à ceux qui l'entouraient : « Alà m'a fait connaître sa vo-
» lonté; je ne dois point m'élever contre ses
» décrets. » Des hérauts furent envoyés aussitôt au camp du roi. Esfâh et Casim, qui, dès le commencement du siége, étaient accourus auprès du roi pour intercéder en faveur de leur père, lui demandèrent la permission de l'aller voir pour l'amener à une réconciliation entière. Abderahman, naturellement porté à la clémence, y consentit avec joie. Abdallah sortit de la ville pour aller au-devant de ses fils ; ceux-ci le conduisirent en présence du roi, qui le reçut dans ses bras, au moment où il se prosternait pour lui baiser la main. L'air majestueux d'Abdallah, ses cheveux blancs, les rides dont le malheur, plus encore que les années, avait sil-

lonné son front, la piété filiale d'Esfâh et Casim, la bonté du roi qui accabla le vieux guerrier de caresses, formaient le plus touchant tableau. Des larmes d'attendrissement et de plaisir coulaient de tous les yeux, et chacun, au fond du cœur, se félicitait de l'heureuse issue de cette guerre. Abdallah reçut du roi le gouvernement du pays de Tadmir, avec la faculté personnelle et non transmissible d'y jouir de tous les droits de la souveraineté. La plupart des Africains qui l'avaient suivi s'établirent à Valence et à Murcie ; le plus petit nombre s'en retourna à Tanger.

An de J. C. 821.
De l'hégire 206.

Les Français, qui avaient vu le roi de Cordoue engagé dans une guerre que sa nature rendait dangereuse, et pour laquelle tous ses efforts étaient nécessaires, avaient saisi ce moment pour tâcher d'agrandir leur nouveau territoire, et de pousser leurs conquêtes au-delà de l'Ebre. Abderahman, qui n'était pas moins actif que ses ennemis, n'eut pas plus tôt terminé ses différens avec Abdallah, qu'il conduisit son armée à Tortose ; et après lui avoir laissé prendre quelques jours de repos, il alla au-devant des Français, dont les partis, s'étendant en tous sens, ravageaient impunément la contrée. Les Arabes, encouragés par l'exemple du roi, forcèrent en peu de temps les Français à la retraite. Après ce premier avantage, ils se portèrent sur Barcelone:

les Français, ralliés sous ses murs, s'y jetèrent pour la défendre. Le siége fut poussé avec une extrême vigueur ; chaque jour les assauts renouvelés faisaient trembler les habitans pour leurs biens et pour leurs vies ; et quand ils virent que les assiégeans, réunissant leurs forces, se disposaient à un assaut général, la terreur les saisit, et les remparts restèrent sans défenseurs. Le roi entra aussitôt dans la ville, dont il fit réparer les fortifications ; de là, il alla prendre Urgel, poursuivit les Français jusqu'aux Pyrénées, et revint à Cordoue couvert de lauriers.

An de J. C.
822.
De l'hégire,
207.

Abdallah mourut l'année suivante. Quand ses enfans en apprirent la nouvelle au roi, il les autorisa à se mettre en possession de tous les biens de leur père : ce fut même à cette occasion qu'il établit, comme loi générale de l'Espagne, le droit des enfans de succéder à leurs pères et mères, celui des veuves de reprendre le montant de leur dot et de recevoir des alimens, celui des parens de disposer du tiers de leurs biens en faveur d'un étranger ou d'un successible, à leur volonté.

En ce même temps, Abderahman reçut une ambassade de l'empereur grec d'Orient. Elle avait pour objet un traité d'alliance offensive et défensive contre leur commun ennemi, le calife de Bagdad. Ces ambassadeurs obtinrent du roi l'accueil le plus brillant, et le traité fut conclu. Le roi accepta avec joie les présens qui lui furent offerts; il chargea les envoyés de ceux qu'il destinait à leur maître, et il lui députa de son côté le wali Yahie ben Hakem, homme d'un très-grand mérite, ou du moins d'une grande réputation parmi les Arabes.

Les hostilités duraient toujours sur toute la ligne de la frontière septentrionale. Obeidalà, troisième fils d'Abdallah, fut envoyé à l'armée de Galice pour en prendre le commandement. Les succès se balancèrent pendant deux années; mais à la fin Alphonse se vit forcé de rentrer dans ses montagnes, où il pouvait se défendre avec plus d'avantage. Du côté de la Catalogne et de la Navarre les Musulmans furent aussi victorieux, et dans une bataille qui se livra aux portes de Pampelune, ils firent beaucoup de prisonniers, parmi lesquels se trouvèrent les généraux ennemis, qui furent envoyés à Cordoue.

An de J. C. 824. De l'hégire, 209.

Tandis qu'Obeidalà faisait triompher ses armes, Abderahman se livrait à l'éducation de ses fils. Yban et Othman, deux d'entre eux, se distinguaient par leur application constante à l'étude, et par leurs progrès dans la science. Le roi leur donna pour gouverneur le wali de Sidonia, Muhamad ben Saïd el Gamri; celui-ci mit tant de soins à les instruire, qu'ils se virent bientôt en état de disputer avec les hommes les plus savans de ce temps. Le roi se faisait un plaisir d'assister à ces combats littéraires, où il jugeait par lui-même du mérite de ses enfans. Jacûb Abû Cosa et Bixar, aussi fils du roi, furent confiés au docte Yahie el Laïti, et firent honneur à leur maître, le premier par son talent pour la poésie (1), le second par son érudition et son éloquence, qui le firent charger par son père du soin de composer les oraisons funèbres de tous les membres de la famille (2) et celles des scheiks et autres personnes de marque.

Cet Yahie el Laïti était depuis peu revenu d'Orient, où il était allé pour recevoir les leçons de Malic ben Anâs, qui, charmé de ses talens et de sa pénétration, l'appelait le docte Andalous, et le génie de l'Algarbe. Il acquit, dit-on, la bienveillance de Malic, en lui montrant, dans toutes les occasions, le désir de le voir et de l'entendre sans cesse. Les philosophes les

---

(1) Quelques poésies de ce prince, recueillies par les contemporains, se trouvent dans la collection d'Ahmed ben Ferag, intitulée : *les Jardins.*

(2) D'après l'usage des Arabes, un individu de la famille du défunt récitait pour lui les prières dans la mosquée, et faisait d'ordinaire un discours où il parlait de ses vertus, de ses qualités ou de ses exploits.

plus austères, insensibles à la séduction des grandeurs et de la richesse, ne résistent pas plus que les autres hommes au plaisir d'être aimés ou admirés. Les preuves d'affection disposent le cœur à s'ouvrir à une douce faiblesse ; l'admiration manifestée par les procédés, sans que la bouche en parle, caresse la vanité en secret, et n'offense pas la modestie. On raconte qu'un jour, pendant que Malic donnait sa leçon à ses disciples, un éléphant passa devant la maison. Tous sortirent pour le voir, excepté Yahie. Malic en parut étonné, parce que Yahie n'avait jamais vu d'éléphant : « Je n'ai point fait le voyage » d'Orient, répondit l'Andalous, pour voir des élé- » phans ; c'est toi seul que j'ai voulu voir, toi seul » que je suis venu chercher. »

Yahie avait parlé au roi du mérite d'Ali ben Zeriab, célèbre musicien de l'Irack : le roi lui envoya de riches présens, et parvint à l'attirer à sa cour, où il fonda une école de musique, qui ne tarda pas à égaler celle de l'Orient. Ali ben Zeriab ne fut point le seul qui éprouva la générosité du roi. Tous ceux qui se distinguaient par leur mérite dans une carrière quelconque avaient part à ses bienfaits, et sa cour était devenue le centre des lumières et des beaux-arts, le rendez-vous de tous les savans, de tous les artistes. Parmi les premiers, ceux qui jouissaient le plus de la faveur du roi, étaient le poëte Abdalah ben Xamri, et Yahie ben Hakem et Gazali, qu'il avait précédemment envoyé en ambassade à Constantinople. Comme Yahie avait beaucoup vécu avec les chrétiens, chez lesquels il avait long-temps voyagé, le roi aimait fort à s'entretenir avec lui, et à l'entendre raconter tout ce qu'il avait appris des mœurs des chrétiens, tout ce qu'il avait vu de leurs coutumes. L'autre était son poëte favori, et n'avait pas moins de droits à ses libéralités; car Abderahman était extrêmement généreux. Les poëtes et les savans donnent aux rois le véritable prix de leurs actions, puisqu'ils transmettent leurs souvenirs et leur gloire à la postérité; il est juste que les rois donnent la fortune aux savans et aux poëtes. Abderahman ne leur épargnait pas les récompenses; quelquefois même il les élevait aux honneurs, et leur confiait les soins les plus importans du gouvernement. Ce fut à son mérite réel qu'Aben Gamri, le gouverneur de ses fils, dut par la suite le poste d'hagib ou de premier ministre. Ce dernier jouait très-bien le jeu des échecs, qu'Abderahman aimait avec passion. Ils y jouaient des sommes considérables ou des effets précieux; le plus souvent le roi se laissait gagner, afin de perdre l'objet des paris, car son plaisir le plus grand était de donner.

On lui avait amené depuis peu une jeune es-

clave très-belle. Dans un de ces momens de passion, où chez l'homme le plus sage la raison n'a guère d'empire, il avait paré le sein de l'esclave d'un collier de perles et de pierreries d'une rare valeur. Quelques-uns de ses wazirs, qui pouvaient lui parler librement, lui représentèrent que ce riche collier aurait dû être porté au trésor, parce que, dans un jour de détresse, il aurait pu fournir d'utiles ressources. « L'éclat de ce collier,
» leur dit Abderahman, vous a tous éblouis; et
» vous ressemblez au commun des hommes qui
» attachent un prix immense à ces pierres, à ces
» perles, qui au fond n'ont point de valeur. Que
» sont-elles surtout, auprès de la grâce et de la
» beauté d'une femme? Une femme charme nos
» yeux, émeut et ravit nos cœurs; sa voix flatte
» notre oreille, ses paroles d'amour portent l'i-
» vresse dans tous nos sens. Ces perles, ces pier-
» reries, ont-elles le même avantage? Ah! souf-
» frez que je les fasse servir à l'usage pour lequel
» elles semblent faites; que je les emploie à re-
» hausser les attraits de ma belle esclave. » Tous les wazirs confessèrent que le roi avait raison, les jeunes parce qu'ils pensaient comme lui, les autres pour ne pas lui déplaire par une vaine ostentation d'austérité. Le roi ne manqua pas de raconter à son poëte Abdalah ben Xamri ce qui venait de se passer entre ses ministres et lui. Ab-

dalah répondit par ces vers : « Celle dont la
» beauté efface l'éclat des pierreries ne peut
» qu'augmenter la valeur du précieux collier. La
» nature produit et manifeste en tous lieux ses
» merveilles; mais elle n'a point de plus bel ou-
» vrage que les traits enchanteurs de ton esclave
» chérie. Les perles que la mer renferme, les
» hyacinthes qui se forment au sein de la terre,
» ne valent point les célestes appas qui ont tou-
» ché ton âme. » Le roi, sentant sa verve excitée
par la circonstance, répliqua à son tour par
d'autres vers : « Aben Xamri trouve les bons vers
» sans effort; les charmes de sa poésie brillent
» de l'éclat d'un beau jour. Quand il les récite,
» le plaisir entre par l'oreille et descend au cœur;
» ses traits, où brille le génie, plaisent aux
» yeux. Les parfums de la rose et des prés fleu-
» ris, les grâces de la jeune beauté n'ont pas plus
» de douceur. Mes yeux et mon cœur sont à lui;
» s'ils m'appartenaient encore, j'en ferais un se-
» cond collier pour le sein de l'esclave (1). »
Xamri s'écria que les vers du roi étaient bien
meilleurs que les siens; que surtout il ne méri-

---

(1) L'expression passionnée de ces vers ne rappelle-t-
elle pas un peu trop le Coridon de Virgile : *Formosum
pastor Coridon ardebat Alexin?*

tait pas le brillant éloge que le roi faisait de lui, et qu'il ne demandait à Dieu que le temps de composer et de publier les louanges que le monde lui devait à lui-même. Le roi fit alors à Xamri un riche présent.

Au milieu de ces doux passe-temps auxquels le roi se livrait, il ne négligeait point les affaires du gouvernement, et l'amour paisible des lettres n'enchaînait point son courage quand le devoir l'appelait aux combats. Les Français venaient de faire de nouveaux efforts pour ressaisir leurs anciennes conquêtes, et la ville de Barcelone était retombée en leur pouvoir. Abderahman envoya pour commander la cavalerie des frontières Muhamad, dont le père, Abdelsalem, avait été wazir du roi Alhakem; et il se disposait à suivre lui-même Muhamad, lorsqu'un événement imprévu vint mettre obstacle à son départ. Ce fut le soulèvement de Mérida, causé par la rigueur excessive qu'on apportait dans le recouvrement de l'impôt. Muhamad ben Abdelgebir, qui en avait été percepteur du temps d'Alhakem, et qu'on n'avait remplacé qu'à cause des vexations dont il accablait les contribuables, s'était mis à la tête des mécontens. L'esprit de révolte ne tarda pas à se montrer parmi la populace; et, provoquée au désordre et au crime par les discours du factieux Muhamad, elle envahit, furieuse, les maisons des wazirs, saisit leurs personnes, et les déchira en lambeaux. Le wali, à qui toute résistance aurait été funeste, se sauva, en fuyant, avec sa famille et ses gardes. Muhamad, maître du commandement, répartit des habits et des armes, distribua de l'argent au peuple; et, faisant un appel à tous les malfaiteurs, à tous les bandits du pays, il réunit près de lui assez de troupes, pour se flatter qu'il défendrait Mérida contre toute la puissance d'Abderahman.

Les troupes de Tolède et de l'Algarbe partirent en diligence sous les ordres d'Abdelruf el Dilheti, pour aller châtier les rebelles. Muhamad ne s'exposa point hors des murs aux chances d'un combat; et, comme le roi ne voulait point qu'on donnât d'assaut à la ville, pour qu'elle ne fût pas livrée au pillage et à la destruction, le siége dura fort long-temps; les assiégeans se contentaient de tenir la place bloquée, et ils demeuraient dans une inaction forcée, qui faisait croître l'audace des assiégés, ou pour mieux dire, des partisans de Muhamad; car les bons citoyens, et même ceux qui, par le désir du changement, s'étaient follement réjouis de l'insurrection, souhaitaient avec ardeur de voir l'ordre se rétablir, parce qu'à tous les instans ils craignaient d'être pillés par les bandits de Muhamad. Ils se concertèrent donc ensemble pour délivrer leur patrie de ce joug odieux, et ils envoyèrent six jeunes gens déterminés au général Abdelrûf, pour lui offrir de lui livrer les portes de la ville, le jour que lui-même voudrait désigner. On convint que ce serait dans la nuit du jour suivant; trois de ces jeunes gens rentrèrent dans Mérida, pour porter la réponse d'Abdelrûf. Celui-ci fit aussitôt publier parmi ses troupes les ordres les plus sévères, conformément aux désirs du roi, qui ne voulait pas abandonner cette ville aux horreurs de la guerre. Il fut enjoint aux fantassins de rester sur les remparts et sur les places publiques, à mesure qu'ils entreraient, et des peines graves furent prononcées contre tous ceux qui abandonneraient leurs drapeaux sous aucun prétexte; il recommanda d'autre part aux cavaliers qu'il destinait à parcourir les rues pour les nettoyer des mutins, de ne frapper que ceux qui tenteraient de résister. La nuit venue, les troupes d'Abdelrûf s'introduisirent dans la ville, et elles en occupaient déjà les principaux postes, quand les rebelles en eurent connaissance. La confusion fut extrême : les uns jetaient leurs armes, les autres cherchaient à se cacher; ils couraient dans les rues, sans savoir où aller, sans qu'aucun chef parût pour les rallier, car tous les chefs avaient promptement pris la fuite. Avant le milieu du jour, le calme fut entièrement rétabli ; tous les rebelles s'étaient dispersés, laissant environ sept cents morts dans les rues. Abdelrûf se hâta d'informer le roi de ce qui était arrivé, et le roi accorda amnistie à tous ceux qui avaient participé à la révolte.

<small>An de J. C. 828.
De l'hégire 213.</small>

L'affaire de Mérida n'eut pas été plus tôt terminée, qu'une insurrection du même genre éclata dans Tolède. Il y avait dans cette ville un grand nombre de Juifs, très-riches, et un plus grand nombre encore de chrétiens ; les uns et les autres, ennemis secrets du gouvernement, saisissaient tous les moyens de lui nuire, favorisaient toutes les ambitions, toutes les révoltes. Hixêm el Atiki, jeune homme fort riche, avait, ou croyait avoir à se plaindre d'Aben Mafot, wazir de la ville, et tous les désirs de vengeance s'étaient allumés dans son cœur ; il fut le chef que les séditieux choisirent. Comme il avait une grande fortune, il répandit l'argent avec profusion dans toutes les classes du peuple, il gagna les Bérébères qui avaient la garde de l'Alcazar, et il prépara habilement tous les moyens de succès. Il avait si bien pris ses mesures que son complot réussit, bien qu'un accident inopiné eût avancé le moment de l'exécution. Voici comment la chose arriva. Les agens de police arrêtèrent, mais pour tout autre cause, un des hommes soudoyés par Hixêm. Quand on voulut le conduire de la place du marché à la prison publique, la populace accourant de toutes parts sur son passage, il y eut quelque désordre causé par la foule ; et les efforts que firent les agens de la police pour le comprimer devinrent le signal de la rébellion générale. Assaillis soudain par une grêle de pierres, ils prennent la fuite, laissant leur prisonnier ; le peuple les suit à l'Alcazar, où ils veulent se sauver ; les Bérébères, qui en gardent l'entrée, feignent la plus grande terreur, et ont l'air de fuir à leur tour devant la multitude, qui allait toujours croissant, comme les eaux d'un torrent au moment de l'orage ; alors les mutins entrent dans le palais, égorgent les agens de police, et les soldats fidèles qui résistent ; de là, ils vont traîner par les rues les cadavres des victimes qu'ils ont immolées aux ressentimens d'Hixêm. Aben Mafot, heureusement pour lui, se trouvait ce jour-là à la campagne ; averti à temps, il se retira à Calatrava, d'où il écrivit au roi le détail des événemens. Le roi fit partir sans délai une partie de la cavalerie de sa garde, avec son fils Omeya, et il donna ordre à Aben Mafot de marcher de son côté sur Tolède, avec toutes les troupes de la province. Cependant on prenait dans Tolède la résolution de se défendre, et de soutenir la révolte d'Hixêm. Celui-ci, qui ne manquait ni d'audace, ni de talens, passa la revue de ses troupes, leur donna des armes et des drapeaux; et, chargeant de la garde des murs ceux qui étaient le moins propres aux fatigues de la guerre, il sortit de la ville avec l'élite de ses gens, pour aller à la rencontre d'Aben Mafot. La fortune le favorisa même dans les premiers momens, et les avantages qu'il remporta sur Mafot, enflant son propre courage, augmentèrent la confiance des soldats.

Le wali Abdelrûf venait de ramener l'ordre dans Mérida. Pour y parvenir sans violence, il avait donné du travail aux pauvres, de l'occupation aux oisifs; il avait poursuivi les bandits hors des murs, garni de troupes tous les magasins d'armes, établi dans les quartiers populeux des corps-de-garde permanens; il faisait faire de fréquentes patrouilles; enfin, par sa prudente conduite, réunissant les opinions, et calmant les esprits, il avait étouffé, du moins en apparence, tous les germes de mécontentement. Le roi espéra d'Abdelrûf qu'il réussirait à Tolède comme à Mérida, et il lui ordonna de se rendre sur-le-champ au siége de Tolède, et de veiller sur la contrée où commençaient à s'étendre les principes de désordre qui agitaient les habitans de la ville. Abdelrûf parvint bien à contenir ceux de la campagne; mais les premiers, retranchés dans leurs positions, persistèrent dans la révolte, et trois ans s'écoulèrent sans qu'il y eût de part ni d'autre aucun avantage décisif. Mais, au bout de ce temps, les assiégés, ayant voulu tenter une sortie, tombèrent dans une embuscade où ils perdirent beaucoup de monde; et l'année suivante, ils éprouvèrent la même disgrâce, en combattant contre Abdelrûf sur les bords de l'Alberche.

<small>An de J. C. 832.
De l'hégire, 217.</small>

Les rebelles de Mérida, réfugiés du côté de Lisbonne, avaient repris l'espérance dès que l'absence d'Abdelrûf eut privé cette ville de sa meilleure défense, c'est-à-dire d'un chef vigilant et actif. Son successeur, endormi dans une sécurité fatale, avait négligé les précautions utiles; les rebelles rentrèrent dans Mérida les uns après les autres; afin de n'exciter aucune défiance, ils venaient sans armes, ou chargés de denrées, comme des paysans de la campagne. Quand ils se virent en nombre, ils s'emparèrent pendant la nuit des portes de la ville et des postes essentiels; ensuite ils allèrent dans les maisons des wazirs et des autres agens du gouvernement. Deux de ces malheureux furent inhumainement massacrés; les autres s'échappèrent furtivement. Le roi, inquiet de ce nouveau contre-temps, assembla une armée, se mit à sa tête, et marcha sur Mérida. Plusieurs tours furent minées par-dessous leurs fondemens, qu'on soutenait avec des colonnes de bois auxquelles on mettait ensuite le feu, de sorte qu'à mesure que ces colonnes se consumaient, les tours s'écroulaient avec fracas. Tout fut alors préparé pour un assaut général ; mais le roi, toujours bon et généreux, plus touché de compassion pour ses sujets révoltés qu'irrité contre eux par le ressentiment ou la haine, voulant épargner à la ville les suites toujours funestes d'un assaut, fit jeter par-dessus les remparts une grande quantité de flèches, avec des écrits dans lesquels il offrait le pardon, à condition qu'on lui livrerait les chefs de la révolte. Plusieurs de ces écrits tombèrent entre les propres mains de ces derniers, qui, saisis d'épouvante et craignant l'inconstance du peuple, crurent prudent de se dérober par la fuite au malheur dont ils étaient menacés. Après leur départ, les habitans ouvrirent leurs portes et envoyèrent une députation au roi ; ils cherchaient à s'excuser de ce qu'ils ne s'étaient point emparés des personnes des principaux rebelles. « Je suis bien aise, leur répon» dit Abderahman, de n'avoir pas à remplir dans » ce jour d'allégresse les devoirs sévères de la » justice. Dieu leur fera peut-être la grâce de » toucher leurs cœurs et de les ramener à la » fidélité ; et, s'ils ne deviennent point meilleurs,

» j'aurai toujours, je l'espère, assez de puissance
» pour les empêcher de troubler le repos de mes
» peuples. »

Abdérahman passa quelques jours à Mérida; il donna l'ordre, avant de partir, de relever les fortifications abattues, contre l'avis de ses wazirs, qui lui conseillaient au contraire de les ruiner tout-à-fait pour empêcher de nouvelles révoltes. Ces travaux, auxquels on employa tous les pauvres de la ville, suivant les intentions du roi, ne furent terminés qu'en l'an 220 de l'hégire; une inscription fut placée sur la porte de la principale forteresse (1).

<small>An de J. C. 835.
De l'hégire, 220.</small>

Le siége de Tolède n'était pas encore terminé. Les ménagemens que le roi avait voulu qu'on gardât en prolongeaient nécessairement la durée; mais à la fin, le défaut absolu de provisions força les habitans à se rendre, après un

---

(1) On y lisait ces mots :

« Au nom du Dieu bon et miséricordieux.
» Que sa bénédiction et son appui n'abandonnent pas
» ceux qui suivent sa loi.
» Ces fortifications et ces remparts ont été construits
» pendant qu'Abderahman, fils d'Alhakem, régnait sur
» le peuple des fidèles. Que Dieu augmente sa puissance !
» Les travaux ont été dirigés par son émir Abdalá ben
» Coleib ben Thaalba, et exécutés par Giafar ben Muha-

blocus de neuf ans. Le rebelle Hixêm fut remis aux mains d'Abdelrûf, et sa coupable tête, la seule qui tomba, fut suspendue au-dessus de la porte de Bisagra (1). Le roi fit publier un pardon général; il donna à Abdelrûf le gouvernement de la ville et de la province, et il récompensa par la charge de wazir de la cour le zèle d'Aben Mafot.

Alphonse gouvernait encore les Asturies; mais les longues fatigues d'un règne agité avaient épuisé sa vigueur, et le sollicitaient depuis longtemps au repos. Dès l'an 835, il avait choisi pour successeur son cousin Ramire, parce qu'il n'avait point d'enfans (2), et de son vivant même il l'avait associé à sa puissance, se dé-

---

»sin, son esclave, chef des architectes, dans la seconde »lune de rebie, l'an 220. (*) »

(1) Cette porte était appelée par les Arabes *Bâb sacra*, porte sacrée. Le mot de Bisagra s'est formé de l'arabe *Bâb* et du latin *sacra*.

(2) On dit que ce prince vécut toujours dans la con-

(*) Il parait que ces constructions étaient faites avec un ciment composé de sable et de chaux. L'usage de bâtir ainsi se conserve encore dans une partie de l'Espagne et chez les Maures. Les murs construits avec ce ciment s'appellent *tapia*; on le fait couler entre deux planches comme dans un moule, et on le foule avec des masses de fer ou de bois, pour lui donner plus de consistance et de dureté.

chargeant sur lui en partie du fardeau de la royauté. Ramire employait la tactique dont Alphonse s'était déjà servi plusieurs fois avec succès; il profitait pour s'agrandir des divisions qui régnaient parmi les Arabes; souvent même il avait ouvertement favorisé les rebelles par des secours d'armes, de vivres et d'argent. Il était réservé à ses successeurs d'envoyer aussi leurs soldats combattre dans les rangs musulmans, d'autoriser jusqu'à des évêques chrétiens à verser leur sang dans les combats, armés pour la gloire d'Alà. Les Musulmans à leur tour, adoptant cette politique perfide, rendaient à leurs ennemis le mal qu'ils en recevaient. Entretenir ainsi les uns chez les autres l'insubordination et la révolte, c'était s'affaiblir réciproquement, sans rien avancer pour le but principal que chaque nation devait avoir. Tourmentés par des guerres civiles, les Arabes sans doute ne pouvaient travailler à étendre leur empire; ils ne pouvaient pas même toujours défendre leurs frontières; mais il en était de même chez les chrétiens : désunis par la haine des chefs, déchirés par les discordes, obéissant à plus de souverains qu'il n'y avait de provinces, ils n'oppo-

---

tinence, et que ce fut pour cette raison qu'on l'appela Alphonse le Chaste.

saient à l'ennemi commun que des efforts imparfaits, presque toujours impuissans, parce qu'ils n'étaient pas dirigés dans le même esprit (1).

---

(1) Le royaume d'Alphonse ne comprenait que les Asturies, la Galice et une partie du pays de Léon, jusqu'aux rivages du Duero. La partie de la Catalogne, enfermée entre le Sègre et la mer, depuis Lérida et Barcelone jusqu'aux Pyrénées, appartenait aux Français, et était régie par des comtes, qui plus tard se rendirent indépendans. A la même époque, Asnar, comte de la Vasconie française, irrité contre Pepin, s'empara de la Vasconie espagnole, qui s'appelait Navarre, et s'en fit souverain. La Biscaye avait aussi des seigneurs particuliers, qui ne voulaient reconnaître aucun maître. Un état, également indépendant, se formait dans l'Aragon avec les débris arrachés peu à peu aux Arabes. Ceux-ci possédaient tout le reste de l'Espagne, et ils arrivaient jusqu'aux Pyrénées par la partie de l'Aragon qui se trouve au couchant de la Sègre, et dans laquelle ils conservaient encore les villes de Jaca et d'Huesca.

Ce ne fut que lorsque tous ces petits états de la Navarre, de l'Aragon et de la Catalogne, qu'on désignait sous le nom de *marches d'Espagne*, se trouvèrent réunis sous la main d'un seul maître, que les chrétiens commencèrent à opposer aux Arabes une puissance dont il ne leur fut possible ni d'arrêter les progrès, ni d'empêcher les desseins. Quand le roi de Léon et des Asturies le fut aussi devenu des états de Castille, et que ses successeurs eurent placé sur leur tête la couronne d'Aragon, il sortit de cette réunion une force irrésistible, à laquelle les

<small>An de J. C. 838.
De l'hégire, 224.</small> Abderahman, informé des mouvemens qui avaient lieu sur les frontières, y envoya Aben Abdelkérim, et le même Obeidalà, qui s'y était déjà distingué. Ils conduisaient des armées nombreuses auxquelles les Français ne purent résister; des troupeaux, des captifs, un butin immense furent le prix de plusieurs victoires. En même temps on se battait dans la Galice avec la même opiniâtreté; la fortune y compensait presque toujours par des disgrâces les avantages de l'un ou de l'autre parti. D'un autre côté, les vaisseaux d'Abderahman, sortis de Tarragonne, firent une descente sur les côtes de France voisines de Marseille, et les Musulmans pillèrent même les faubourgs de cette ville : les <small>An de J. C. 841. De l'hégire, 227.</small> Français furent vengés peu de temps après par les Navarrais, qui s'avancèrent jusqu'à Calahorra, laissant partout, dans l'incendie et la dévastation, des traces de leur passage. Ce fut dans ces circonstances que le roi reçut de Con-

---

Maures, de plus en plus affaiblis en se divisant, furent contraints de céder.

Il paraît que la Catalogne ne commença que vers cette époque à recevoir ce nom particulier qui la distingua des autres provinces. On trouvera sur ce point quelques éclaircissemens dans une note postérieure, après l'an 984.

stantinople une seconde ambassade, dont l'objet était d'obtenir de lui des secours contre le calife Almoatesim. Le roi, trop occupé chez lui, ne put donner aux ambassadeurs que des promesses qui ne furent pas même remplies, parce que les embarras toujours croissans où il se trouva ne lui permirent point de les dégager.

Un nouvel ennemi, dont on ne soupçonnait point l'existence, se montra tout à coup sur les côtes de la Lusitanie. Cinquante-quatre vaisseaux vomirent sur cette contrée les hordes sauvages des Normands, que les Arabes nommaient *Magioges*. Poussés par la soif du pillage plus que par le désir des conquêtes, ils dévastaient les campagnes, brûlaient les villages, renversaient les édifices et massacraient sans pitié les malheureux habitans, sans épargner ni l'âge ni le sexe. Ils demeurèrent treize jours devant Lisbonne; dès qu'ils eurent appris que les walis rassemblaient des troupes, ils se rembarquèrent avec leur butin, et disparurent; mais, débarquant de nouveau sur les rivages de l'Algarbe, ils poussèrent leurs courses jusqu'à Sidonia; et l'année suivante, remontant le Guadalquivir, ils parurent sous les murs de Séville, dont ils ruinèrent les faubourgs. Ils cherchèrent même à se retrancher dans les environs; ils n'en eurent pas le temps : d'une part les scheiks

An de J. C. 843.
De l'hégire, 229.

An de J. C. 844.
De l'hégire, 230.

du pays marchèrent contre eux, d'autre part la flotte d'Abderahman s'avançait. Craignant alors d'être accablés par le nombre, ils effectuèrent leur retraite dans laquelle on n'osa point les troubler.

Ces expéditions des Normands s'étaient faites avec tant de promptitude, que les provinces avaient été ravagées avant que la nouvelle de leur apparition fût sue à Cordoue. Abderahman sentit le besoin d'avoir des communications promptes ; il plaça dans toutes les villes ou villages de la côte, et dans l'intérieur jusqu'à la capitale, des espèces de bureaux d'avis, auprès desquels il attacha un certain nombre de courriers à cheval; et il chargea son fils Jacûb de la surveillance ou de la direction de ce nouvel établissement. Il s'occupa ensuite de remédier au mal qu'avaient fait les Normands, fit réparer les murs de Séville, et reconstruire les édifices abattus, donna des secours à tous ceux qui avaient souffert ; et, pour prévenir à l'avenir de semblables malheurs, il fit travailler dans les arsenaux de Tarragonne, de Carthagène et de Cadiz à la construction de vaisseaux destinés à la garde des côtes.

An de J. C. 846. De l'hégire, 232.

Tous les fléaux semblaient vouloir se réunir pour accabler l'Espagne. Il y eut, deux ans après, une si grande sécheresse, que toutes les sources furent taries ; une infinité d'animaux et de troupeaux périrent consumés par la soif ; les vignes et les arbres fruitiers ne purent soutenir l'ardeur du soleil ; toutes les récoltes manquèrent ; une nuée de sauterelles, venue d'Afrique, dévora ce qui restait dans les champs. Un grand nombre d'habitans, tourmentés de la faim, passèrent à Fez, où le blé abondait, par une heureuse exception à la désolation générale. Le roi compatit aux souffrances de ses peuples, et il leur fit remise de toutes les dîmes qu'ils lui devaient. C'était peu que de les libérer envers lui, il fallait encore nourrir ces débiteurs infortunés. Abderahman y employa ses trésors. Il choisit ces temps désastreux pour construire dans Cordoue de nouvelles mosquées, paver les rues de la ville, restaurer les anciens édifices, conduire les eaux de la montagne par des tuyaux de plomb, qui, aboutissant aux fontaines publiques, y entretenaient l'abondance, construire des bains de marbre pour les hommes, de vastes abreuvoirs pour la cavalerie : ainsi le peuple eut du pain, et le nom d'Abderahman, proclamé par les malheureux qu'il avait soulagés, acquit de nouveaux droits à la reconnaissance publique.

Ces travaux avaient duré trois ans. Quand ils furent achevés, le roi désigna son successeur ; *An de J. C. 850. De l'hégire, 237.*

Muhamad, l'un de ses fils, fut nommé wali alhadi, et cette cérémonie fut encore pour Abderahman une occasion de libéralités, et pour la nation une source de fêtes et de plaisirs. Il n'y eut pas de village en Espagne, où les dons du prince n'allassent consoler et secourir l'indigence. Cet usage des rois de Cordoue avait été adopté par ceux des Asturies. Pour prévenir les troubles qui presque toujours accompagnent l'élection d'un souverain, ces derniers avaient la précaution de nommer leur successeur, et de faire approuver leur choix par les grands. Ce fut ainsi qu'Alphonse avait assuré la couronne à Ramire; celui-ci voulut, avant de mourir, l'assurer à son fils Ordogne. Cependant après la mort de Ramire, arrivée dans le cours de cette année, quelques seigneurs, mécontens de voir la couronne héréditaire ou de se voir gênés, par des choix imposés, dans l'exercice de ce droit d'élection dont ils étaient si jaloux, excitèrent quelques soulèvemens dans les provinces; et l'on assure même qu'Abderahman envoya des troupes dans la Galice pour les soutenir dans la révolte et fomenter les divisions, espérant sans doute en tirer avantage; mais l'heureux Ordogne triompha de tous ses ennemis, et il jouit paisiblement dans la suite d'une couronne qu'il méritait bien, puisqu'il avait su la défendre.

Abderahman tomba malade peu de temps après, et son état, alarmant dès les premiers jours, empira d'une manière aussi rapide qu'effrayante. Il avait vécu soixante-cinq ans, et la mort le frappa après un règne de trente-un. Il conserva jusqu'au dernier moment une entière liberté d'esprit, et il fut regretté par le peuple comme le meilleur des pères. Tous les habitans de Cordoue, fondant en larmes, accompagnèrent son cercueil.

*An de J. C. 852.
De l'hégire, 238.
Safer.*

Son fils Muhamad, proclamé sans opposition, sembla devoir consoler la nation de la perte cruelle qu'elle venait de faire. Il était humain, généreux, plein de valeur, zélé pour la justice ; à ces qualités il joignait un grand fonds d'instruction : tout annonçait un beau règne. A peine fut-il sur le trône que dans une affaire, très-difficile à régler puisqu'il s'agissait de matières religieuses, il donna la preuve d'une maturité d'esprit et d'une sagesse de jugement qu'il ne paraissait pas qu'on dût attendre d'un homme de son âge ; mais, formé de bonne heure par les leçons des savans qui remplissaient la cour de son père, il avait un discernement sûr qui remplaçait l'expérience, fruit ordinaire des longues années. Il savait bien que des querelles entre savans sur un point de doctrine, chose tout étrangère à l'administration du gouvernement, ne mettaient point le trône en péril; mais il savait aussi que de semblables controverses aigrissent les esprits; que les plus cruels ennemis sont ceux qui se divisent sur des points de croyance; que les opinions religieuses s'annoncent presque toujours avec violence; que la contradiction produit le fanatisme d'une part, l'intolérance de l'autre; que les haines qui naissent de ces discussions, trop souvent puériles, engendrent toutes les vengeances; que le fanatisme finit par armer ses mains de poignards; que la querelle des sonnites ou traditionnaires avait fait répandre en Asie des torrens de sang : il eut le bon esprit de sentir qu'il fallait concilier et non juger. Abu Abderahman Baqui, savant Andalous, disciple de plusieurs célèbres alfaquis de l'orient, enseignait publiquement dans Cordoue la doctrine de ses maîtres, et n'expliquait le Coran que suivant leur méthode. Toute l'école de Cordoue, appuyée par les alfaquis de la grande mosquée, s'éleva contre cette innovation, d'autant plus dangereuse que Baqui jouissait d'une grande réputation de science. Les alfaquis représentèrent au roi que leur doctrine, qui était celle de Malic ben Anâs, se fondait sur l'autorité d'environ treize cents docteurs, tandis que Baqui n'en pouvait compter que deux cent quatre-vingt-quatre, qui tous encore n'avaient pas des opinions très-régulières. Le roi fit comparaître en sa présence les deux partis, et il écouta avec beaucoup d'attention la discussion qui s'éleva pour la défense des deux systèmes; après quoi, voyant que les uns et les autres avaient au fond la même croyance, que la contestation ne roulait que sur des accessoires fort peu importans, et qu'en résultat on admettait des deux côtés l'autorité de la sonne ou tradition, il déclara qu'il y aurait de l'injustice à prohiber l'enseignement de Baqui, dont la doctrine pouvait servir à éclairer les esprits, comme ses vertus et ses mœurs austères pouvaient être un exemple de conduite; et cette décision du roi fut généralement approuvée.

Muhamad, voulant de plus en plus s'attirer l'estime de ses sujets, et leur montrer qu'il n'était pas moins propre à diriger les opérations de la guerre qu'à terminer les disputes de l'école, désirant d'ailleurs signaler par quelque événement important les commencemens de son règne, envoya deux armées aux frontières, et annonça qu'il irait dans peu se mettre à leur tête et partager leur gloire ou leurs dangers. La première de ces armées traversa les Pyrénées et s'avança jusqu'à Narbonne, répandant au loin la terreur; les habitans effrayés livrèrent leurs trésors pour racheter leurs vies. L'armée de Galice fut moins heureuse. Ordogne était un prince guerrier, intrépide et actif. Muza ben Zeyad, complétement battu auprès d'Albeida (1), ne put défendre cette forteresse, et ne sauva même qu'avec peine les débris de ses troupes. Les généraux malheureux ne manquent jamais d'ennemis. On accusa Muza devant le roi d'intelligence avec les Asturiens, et l'on attribua à la trahison ce qui était l'ouvrage de la mauvaise fortune. Muhamad ouvrit l'oreille aux propos de la malveillance; il priva Muza du gouvernement de Sarragosse, et plus injustement encore enveloppant le fils dans la disgrâce du père, il ôta à Lobia ben Muza le gouvernement de Tolède.

An de J. C. 853.
De l'hégire, 239.

Ces deux walis unirent leurs ressentimens; et comme ils étaient aimés dans leurs provinces et qu'ils s'attendaient à être soutenus par le peuple, ils demandèrent au roi des Asturies une trève qu'ils obtinrent, et ils se mirent aussitôt en état de révolte ouverte. Le roi ne douta plus alors de la vérité des torts imputés à Muza, et croyant qu'il n'avait exercé envers lui qu'un acte de justice, il se prépara à marcher en personne contre

---

(1) Dans la province de Rioxa, entre la Navarre et la Vieille-Castille, sur la petite rivière d'Irégua.

ce sujet rebelle, afin d'être plus sûr de sa vengeance. Le roi des Asturies, informé de ces mouvemens, jugea qu'il était de sa politique d'entretenir la discorde chez ses voisins, et il envoya quelques troupes au wali de Tolède. Muhamad n'avait point perdu de temps; déjà il menaçait Tolède, et se doutant que les rebelles, qui n'avaient pu encore réunir leurs forces, n'oseraient pas en sortir, il laissa dans les montagnes une bonne partie de son armée, et il envoya le reste camper sous les murs de la place. Il avait fortement recommandé au général d'avoir l'air de prendre beaucoup de précautions, de feindre même de l'inquiétude au moindre mouvement de l'ennemi, comme s'il se méfiait de ses forces. Le roi imaginait que, trompé par ce stratagème, le wali ferait une sortie contre des ennemis en apparence si peu dangereux, et qu'il serait possible de l'amener au lieu où le gros de l'armée serait embusqué : tout réussit au gré de ses désirs. Le wali crut que les troupes qu'il voyait n'étaient que l'avant-garde d'une armée plus nombreuse, et il conçut l'espérance de détruire cette avant-garde, avant que l'armée fût arrivée. A cet effet, il sortit de la ville avec toutes ses troupes, emmenant même les chrétiens auxiliaires ; et comme celles du roi, suivant l'ordre donné à leurs chefs, se retirèrent en combattant, les rebelles, se laissant entraîner à leur poursuite, parvinrent jusqu'à la vallée de Guadacelete, où Muhamad les attendait. Enveloppés tout d'un coup par des troupes fraîches et supérieures en nombre, ils ne purent opposer une longue défense. Le nombre des morts, du côté des rebelles, s'éleva, dit-on, à environ quinze mille, parmi lesquels il y avait beaucoup de chrétiens. Ceux qui échappèrent du massacre se sauvèrent à Tolède, et refusant le pardon que le roi leur offrait s'ils voulaient se rendre, ils se disposèrent à la défense. Muhamad, qui sentit que le siége pouvait être long, reprit le chemin de Cordoue, et laissa à l'armée son fils Almondhir, qui, à peine sorti de l'enfance, montrait beaucoup d'ardeur pour les armes. Il lui donna pour lieutenans les généraux Aben Abdélaziz, et Abdelmélic ben Abdalà.

An de J. C. 854.
De l'hégire, 240.

L'année suivante, le prince Admondhir, laissant quelques troupes devant Tolède pour entretenir le siége, parcourut les contrées de Talavéra et de Calatrava, où s'étaient manifestés quelques symptômes de rébellion. Les assiégés saisirent cette circonstance pour tenter une sortie, et les assiégeans, mis en désordre par cette vigoureuse attaque, se sauvèrent en fuyant jusqu'à Talavéra, où ils trouvèrent un abri dans ses murs. Almondhir accourut au secours de ses gens, attaqua, battit les rebelles et les obligea de rentrer dans Tolède, avec beaucoup de perte. Huit cents de ces derniers, qui tombèrent vivans dans les mains d'Almondhir, furent décapités, et leurs têtes suspendues aux remparts de Talavéra. Le siége fut repris et poussé avec plus de vigueur, et pour couper les communications entre les habitans et ceux du dehors, Almondhir fit détruire le pont du Tage, et ravager aux environs toute la campagne. Les habitans du haut de leurs murailles voyaient brûler leurs maisons, et dévaster leurs jardins et leurs vignes; ils demandaient secrètement au ciel le terme de ces maux, occasionés par la révolte de quelques factieux, dont la plus grande partie se composait de Juifs, et de Muzarabes : leurs vœux furent exaucés. Le roi Muhamad, décidé à terminer enfin cette guerre, qui durait depuis cinq ou six ans, rassembla une armée nouvelle, et vint lui-même la conduire devant Tolède. Alors les habitans, soit qu'ils craignissent de ne pouvoir résister plus long-temps, soit qu'ils espérassent en la clémence du roi, lui envoyèrent des députés à l'insu du wali. Muhamad leur promit un pardon absolu, si, dans un délai qu'il marqua, la ville était rentrée dans le devoir. Ce délai n'était pas encore écoulé, que les habitans ouvrirent leurs portes, et présentèrent au roi les têtes de quel-

An de J. C. 859. De l'hégire, 245.

ques-uns des rebelles ; mais les principaux chefs de la révolte réussirent à se cacher, et ils sortirent ensuite de la ville sans être reconnus.

Les fêtes auxquelles on se livra dans Cordoue à l'occasion de cet heureux événement ne tardèrent pas à être troublées. Pour la seconde fois, les Normands apparurent sur les rivages de l'Andalousie. Soixante vaisseaux abordèrent du côté de Malaga et de Cartame, et d'affreux ravages désolèrent cette contrée. Les Normands n'osèrent pas s'avancer dans l'intérieur des terres, mais tous les villages de la côte furent entièrement ruinés. Dès qu'ils surent que des troupes marchaient contre eux, ils songèrent à se rembarquer. Dans leur retraite, ils pillèrent la fameuse mosquée d'Algéciras, qu'on appelait la mosquée des étendards, parce que ce fut là, dit-on, qu'au temps de la conquête, Taric tint un conseil de guerre composé de tous les chefs de tribus.

An de J. C. 860.
De l'hégire, 246.

Les Asturiens obtinrent aussi sur les Musulmans des avantages considérables, et ils étendirent leurs courses jusqu'à Salamanque et Coria. Le prince Almondhir partit aussitôt avec une forte armée qu'il divisa en cinq corps (1).

_____

(1) Les Arabes appelaient Almafalla ou Alchamiz, les

Les Asturiens vaincus à leur tour se replièrent vers leurs montagnes. Almondhir se contenta de reprendre tout le pays qu'ils avaient envahi, et il mena son armée victorieuse dans la Navarre, où il ne s'arrêta que devant Pampelune. On raconte que, durant le cours de cette expédition, il fit prisonnier de sa propre main un capitaine chrétien nommé Fortun, qu'il emmena à Cordoue; que Fortun, ayant obtenu d'Almondhir sa liberté, continua de vivre dans cette ville, et qu'il y mourut dans un âge très-avancé (1). Les Asturiens, que l'absence d'Almondhir avait laissé respirer, rétablis de leurs pertes, recommencèrent leurs incursions; et ce fut avec tant de succès, que, pour arrêter ce torrent dévastateur, Muhamad fit publier l'algihed ou la guerre sainte. Cependant le danger était imminent; Lisbonne était investie, et les habitans demandaient des secours. Muhamad rassembla la cavalerie an-

An de J. C. 861. De l'hégire, 247.

An de J. C. 863. De l'hégire, 249.

---

armées divisées en cinq parties. Alchamiz signifie proprement qui a cinq parties, et se prend au figuré pour la main. Les divisions de leurs armées correspondantes à l'avant-garde, le centre, l'aile droite, l'aile gauche, et l'arrière-garde se nommaient almocadema, calb, almaimena, almaisara et assaca.

(1) Suivant l'auteur arabe qui raconte ce fait, Fortun atteignit sa cent vingt-sixième année.

dalouse, prit en passant quelques troupes à Mérida, força les chrétiens à la retraite, et entrant après eux dans la Galice, les poursuivit jusqu'à Compostèle. Il reprenait le chemin de Cordoue, avec la satisfaction que donne la victoire, et la certitude qu'il n'avait plus d'ennemis ; il se trompait, et sur les confins de la Navarre il s'en formait un contre lui, d'autant plus à craindre, que ses commencemens ignorés n'avaient pas appelé les poursuites, ce qui avait permis au mal de jeter de profondes racines.

Il s'appelait Omar ben Hafs ; son origine était inconnue, sa condition obscure. Il vivait d'abord dans Ronda de l'humble produit de son travail ; peu satisfait de son sort, il se rendit à Torgiéla, où il ne fut pas plus heureux. Aimant le plaisir et fuyant la fatigue, il entraîna quelques compagnons de sa misère ; et jugé digne d'être leur chef parce qu'il paraissait le plus audacieux, il vola sur les grands chemins. Sa témérité et son courage rendirent vains les efforts des gens de justice ; retranché dans une position inexpugnable, il était devenu la terreur de la contrée. Quand il se crut assez fort pour monter sur un plus vaste théâtre, il conduisit ses bandits aux frontières de la Navarre, s'empara du château de Rotalye-Hud, bâti sur des rochers, et de là il rentra dans la carrière du brigandage.

Les habitans du pays, soit par crainte de ses entreprises, soit pour en partager les profits, recherchèrent son alliance. Omar accueillit avec transport une proposition qui pouvait, en augmentant ses forces, lui permettre de tout tenter; et choisissant les plus braves, il parcourut en ennemi toutes les frontières de l'Aragon, depuis Huesca et Barbastro jusqu'à Fraga, proclamant en tous lieux l'indépendance et la révolte contre Muhamad. Beaucoup de villes, notamment Aïnza et Venazque, se déclarèrent pour lui; celles qui résistaient à ses invitations étaient pillées et brûlées. Le wali de Sarragosse aurait pu arrêter les progrès d'Omar, ou plutôt Aben Hafsun, nom sous lequel il était plus généralement connu; mais, comme depuis ses anciennes discussions avec le roi il n'avait été maintenu que provisoirement dans son gouvernement, et qu'il savait même que son successeur était enfin désigné, il ne sortit point de la ville, et n'envoya aucun ordre aux alcaïdes de la province, pour rassembler leurs troupes et les opposer aux rebelles. L'alcaïde de Lérida, nommé Abdelmélic, embrassa même ouvertement la cause d'Aben Hafsun, et plusieurs autres alcaïdes suivirent ce pernicieux exemple.

Muhamad se rendit sur les lieux avec un corps puissant de cavalerie, et tandis que Al- *An de J. C. 866. De l'hégire, 252.*

mondhir, à la tête des troupes de Mérida et de Lisbonne, contenait les Asturiens, le roi travaillait à se rendre maître de la petite armée du rebelle, en l'enveloppant de tous les côtés. Hafsun, voyant que la résistance serait inutile, eut recours à la ruse. Il écrivit au roi dans les termes les plus soumis, lui dit que toute sa conduite, en apparence coupable, n'avait pour but que de tromper les ennemis de l'islamisme ; que, sitôt qu'il aurait vu l'occasion favorable, il n'aurait pas manqué de tourner ses armes contre eux; que si le roi, se fiant à ses paroles, voulait lui donner quelques secours, il porterait aux chrétiens un coup d'autant plus terrible qu'ils ne s'en garderaient point. Le fourbe Hafsun accompagna sa lettre de tant de protestations de fidélité et de dévouement, qu'il parvint à persuader le roi ou plutôt à l'aveugler, au point que Zeïd ben Casim, son neveu, reçut l'ordre de s'unir à Hafsun, avec la cavalerie de Murcie et de Valence ; et qu'Hafsun lui-même eut la promesse d'un bon gouvernement dès qu'il aurait réussi.

Après le départ du roi et de l'armée, les troupes de Zeïd et les rebelles campèrent ensemble dans le vallon d'Alcagnit. Zeïd fut traité par Hafsun et par l'alcaïde de Lérida avec tous les égards dus à sa naissance, et l'affection que méritait un allié ; mais cette nuit même, profitant du moment où les Valenciens s'étaient livrés au repos, les rebelles les égorgèrent presque tous, et ils n'épargnèrent pas le jeune prince, qui touchait à peine à sa dix-huitième année. Quand la nouvelle de cette horrible trahison arriva à Cordoue, Mahamad, rempli d'une juste indignation, jura de la laver dans le sang des coupables. Tous les scheiks de sa garde, tous les walis de l'Andalousie, firent le même serment. Le prince Almondhir, qui était encore dans la Navarre, fut chargé de la vengeance ; un grand nombre de Musulmans, non moins remplis d'horreur que leur maître pour le perfide Hafsun, se rendirent auprès d'Almondhir, et demandèrent à servir dans ses rangs en qualité de volontaires.

Hafsun s'attendait à la guerre, il s'y prépara. Il comptait sur le secours des chrétiens, mais il n'en put rien obtenir. Ordogne était mort depuis peu ; il laissait pour successeur Alphonse III son fils, dont l'extrême jeunesse, servant de prétexte aux mécontens, était devenue une source de troubles. Froïla, l'un des plus puissans seigneurs de la Galice, tenta d'usurper la couronne, il fut assassiné ; et Alphonse, trop occupé dans ses propres états à consolider sa puissance pour s'engager dans une guerre étrangère, laissa le traître Hafsun livré à ses propres forces. Ce rebelle, déployant alors un courage digne d'une meilleure cause, n'en résolut pas moins de faire face à l'orage, et il se tint disposé à tous les événemens. De son côté Almondhir avait convoqué tous les chefs de l'armée; il leur avait fait le détail de la mort funeste de Zeïd et de ses soldats; il n'avait pas eu besoin de les exciter à la vengeance. Tous frémirent d'horreur au récit de cette atroce barbarie; et vouant à l'exécration le nom du rebelle, tous à grands cris demandèrent qu'on les conduisît contre lui.

De son côté, Hafsun n'hésita pas à marcher à la rencontre d'Almondhir, et il l'attendit dans une position avantageuse, où la valeur n'avait rien à redouter du nombre ; mais il avait à combattre l'élite de l'armée, animée du désir de venger de malheureux compagnons d'armes. Le champ de bataille se couvrit de morts; Abdelmélic, blessé, put se sauver à peine avec une centaine de ses plus vaillans soldats; il s'alla renfermer dans Rotalye-Hud. Hafsun ne dut son salut qu'à la nuit. Après avoir long-temps combattu avec un courage indomptable, s'apercevant qu'il allait être enveloppé, et qu'on lui avait coupé la retraite vers son château, il se jeta, sans plus tarder, au milieu des rochers et des précipices, et se retira sur les sommets glacés des Pyrénées. Dès le lendemain, Almondhir s'empara du repaire des rebelles, qui presque tous périrent en défendant leurs murs. Abdelmélic, couvert de blessures, fut trouvé expirant parmi les cadavres; il fut décapité sur le champ, et il sembla n'avoir conservé un souffle de vie qu'afin de mourir avec le sentiment de son supplice.

L'éclatante victoire d'Almondhir avait semé le découragement parmi les rebelles et leurs partisans. Lérida, Fraga, et les autres villes qui avaient participé à la révolte, se hâtèrent de se soumettre ; et Hafsun, voulant prévenir la désertion des siens, ou empêcher même qu'ils ne le livrassent pour acheter leur propre salut, leur conseilla d'aller sans délai reconnaître la loi du vainqueur ; et après leur avoir promis de revenir dans peu au milieu d'eux avec des forces nouvelles, il s'enfonça à travers les rochers et disparut à leurs yeux. Almondhir revint ensuite à Cordoue, où il fut reçu avec tous les honneurs du triomphe. Le roi lui-même, suivi de toute sa noblesse, avait fait plusieurs lieues pour aller au-devant de lui.

Mahamad avait toujours à cœur de se venger des Asturiens, moins pour les incursions qu'ils avaient faites dans ses états, que pour les secours qu'ils avaient fournis aux révoltés de Tolède. Les troubles qui suivirent la mort d'Or-

An de J. C. 867.
De l'hégire, 254.

dogne lui paraissaient une occasion favorable ; mais cette fois il voulait les attaquer au cœur même de leur pays, et pour les surprendre à l'improviste et sans défense, il avait secrètement préparé une expédition maritime dont il confia la conduite à l'amiral Aben Abdelhamid. Les élémens combattirent pour les Asturiens : au moment où Abdelhamid allait opérer son débarquement sur les côtes de la Galice, une violente tempête qui s'éleva tout à coup, faisant heurter les vaisseaux les uns contre les autres ou les jetant contre les rochers du rivage, en fracassa la plus grande partie ; en un instant la flotte entière fut dissipée, et très-peu de soldats survécurent à ce désastre. Tandis qu'on s'affligeait à Cordoue de cette perte, que les Musulmans d'une doctrine austère regardaient comme un châtiment du ciel à cause du relâchement des fidèles et de leur peu de ferveur, les Asturiens, qui crurent voir au contraire dans cet événement la protection de Dieu et de leur patron, sentirent s'enfler leur courage, et presque assurés de la victoire, ils parcoururent une partie de la Lusitanie, s'emparèrent de Salamanque et mirent le siége devant Coria. Dans le même temps les Navarrais, sous la conduite de Sanche leur comte, firent lever le siége de Pampelune, et forcèrent les Musulmans à reculer jusqu'à l'Ebre, et à se renfermer dans Tudèle.

Les troupes envoyées par Mahamad au secours de Coria eurent d'abord de l'avantage : non-seulement les chrétiens avaient perdu leurs conquêtes, mais ils avaient été poursuivis jusque dans la Galice. Les Musulmans s'en retournaient chargés de butin, avec la sécurité que donne la victoire ; surpris dans des lieux escarpés, où la cavalerie ne pouvait leur servir, ils furent complétement battus ; beaucoup de morts furent laissés sur le champ de bataille, et beaucoup de prisonniers au pouvoir de l'ennemi.

Dès le commencement de l'année suivante, Almondhir, envoyé aux frontières, rétablit les affaires par son activité, son courage et surtout sa fortune ; mais il fut bientôt après forcé de revenir sur ses pas par la révolte de Muza, wali de Sarragosse, qui avait refusé de recevoir son successeur, Abdelwahid, fils de cet Abdelrûf, dont les nombreux services vivaient encore dans la mémoire du roi. Muza fit fermer les portes de la ville, lorsque Almondhir arriva ; et les habitans, disposés aux plus grands efforts pour défendre leur gouverneur, ne voulurent écouter aucune proposition. Almondhir cerna aussitôt la ville ; un accident imprévu ramena la concorde : le wali Muza fut trouvé mort dans son lit. On

An de J. C. 868. De l'hégire, 255.

prétendit qu'il y avait été étouffé par des gens vendus au prince ; mais, comme au fond il ne restait plus de prétexte pour la guerre, les habitans se rendirent immédiatement, et rejetèrent sur le wali, comme on pouvait s'y attendre, leur désobéissance et leur rébellion.

Cependant Tolède, qui semblait n'exister que pour se mettre en état permanent de révolte contre le souverain, obligea son wali à prendre la fuite, et lui substitua le fils de Muza, Lobia, dont on connaissait les talens et la valeur, et qu'on savait être un ennemi secret du gouvernement dont il avait eu à se plaindre. Cette imprudente démarche devait attirer sur la ville les armes et la vengeance du monarque irrité. Lobia, consultant moins l'ambition que la prudence, ne voulant pas d'ailleurs faire dépendre sa vie des caprices ou de l'inconstance d'un peuple léger, sortit de Tolède sous prétexte de faire une reconnaissance ; et quand il se fut mis hors d'atteinte, il renvoya quelques-uns de ses cavaliers vers les habitans pour leur conseiller de se soumettre, puisqu'ils n'avaient pas les moyens de résister. Dans le premier accès de sa fureur, le peuple voulait mettre en pièces les émissaires de Lobia ; quelques personnes sages parvinrent à calmer ces forcenés, et elles les disposèrent peu à peu à suivre le conseil du wali. Les principaux chefs de l'armée, qui depuis tant d'années voyaient les habitans de Tolède passer habituellement du mécontentement à la révolte, parce qu'ils se sentaient protégés par leurs remparts et leurs tours inexpugnables, conseillèrent au roi de faire raser des fortifications qui ne servaient qu'à favoriser l'esprit d'indépendance, sans pouvoir être utiles à la défense de l'état. Ce conseil était sage ; car d'un côté ces insurrections continuelles affaiblissaient la puissance royale, soit en accoutumant l'opinion à la braver, soit en obligeant le prince à des efforts ruineux qui souvent laissaient les provinces exposées à l'invasion étrangère ; et d'un autre côté, une ville située au centre de l'état pouvait se passer de fortifications ; mais le roi ne put se déterminer à ce sacrifice que la politique exigeait, et Tolède conserva ses tours et ses murailles.

Alphonse avait épousé depuis quelque temps la fille du comte de Navarre, et ce mariage ne pouvait qu'augmenter la puissance du roi des Asturies ; les deux princes firent même un traité d'alliance, suivant lequel toutes leurs forces devaient s'unir contre les Musulmans. Aussi dès l'an 872 les hostilités furent reprises du côté de la Galice avec la plus grande vigueur. Le prince Almondhir accourut ; et après divers engagemens peu importans ou peu décisifs, les armées s'étant

An de J. C. 872.
De l'hégire, 259.

rencontrées au passage du Sahagon, petite rivière qui tombe dans le Duero, elles se livrèrent une bataille sanglante, où les deux partis s'attribuèrent la victoire. L'élite de la cavalerie arabe y périt; de leur côté, les chrétiens y perdirent tant de monde qu'il leur fallut, dit-on, onze jours pour enterrer leurs morts.

L'année suivante, une horrible sécheresse désola l'Espagne, l'Afrique et la Syrie. C'était pour la troisième fois dans vingt ans que cette calamité se faisait sentir. Les maladies qui en résultèrent, surtout parmi le peuple, engendrèrent la peste; et ce second fléau, plus terrible encore que le premier, moissonna une grande partie des habitans (1). Ces malheurs, communs aux Chrétiens et aux Arabes, semblèrent suspendre des deux côtés les effets de cette haine invétérée qui les tenait toujours armés les uns contre les autres. Pendant les cinq années qui suivirent il ne se passa aucun événement remarquable. Chacun gardait ses frontières, mais on ne s'attaquait point; on eût dit qu'une trêve convenue tenait la valeur enchaînée et comprimait le désir des conquêtes ou des vengeances.

---

(1) Dans l'Arabie, la ville de la Mecque resta dépeuplée, et le temple de la Caaba demeura fermé pendant fort long-temps.

Les hostilités recommencèrent de la part du prince Almondhir ; suivi des troupes de Tolède et de Mérida, il assiégea Zamore, dont les Asturiens s'étaient emparés. Cette ville se trouvait réduite à l'extrémité, lorsque le roi Alphonse arriva avec une armée. Almondhir ne refusa point d'accepter le combat ; mais la fortune d'Alphonse l'emporta, et le siége fut levé. Ce qui fit perdre cette bataille, disent les auteurs arabes, ce fut que quelques jours auparavant il y avait eu une éclipse totale de lune, ce que les superstitieux Musulmans regardèrent comme un présage funeste ; de sorte que, lorsqu'Alphonse approcha, le plus grand nombre des soldats ne voulaient point combattre ; que, traînés malgré eux par leurs chefs devant l'ennemi, ils se défendirent mal, et qu'ils étaient vaincus d'avance ; que ce ne fut que par les plus grands efforts de bravoure et de prudence, qu'Almondhir et ses généraux parvinrent à opérer leur retraite, et à sauver cette armée que dominait la terreur.

An de J. C. 878. De l'hégire, 265.

Deux ans après il y eut en Espagne un tremblement de terre dont les violentes secousses renversèrent une grande quantité de mosquées et d'autres édifices publics ; des montagnes entières disparurent abîmées dans le sein de la terre ; des rochers s'entr'ouvrirent, des cités furent englouties, la mer s'éloigna du rivage. Les

An de J. C. 880. De l'hégire, 267. 22 xawal.

hommes abandonnaient leurs habitations, et fuyaient au milieu des champs, les oiseaux quittaient leurs nids, les bêtes féroces leurs sombres tanières; jamais on n'avait vu ni entendu raconter d'aussi grands désastres. Parmi les Musulmans, la consternation, l'épouvante, étaient au comble. Almondhir avait beau dire que, toutes terribles qu'elles étaient, ces calamités provenaient d'une cause naturelle; qu'elles n'avaient aucun rapport avec les actions des hommes, et qu'elles étaient incapables d'influer sur le sort de leurs entreprises; que la terre tremblait pour les chrétiens comme pour eux-mêmes: on ne l'écoutait pas. Dans ces circonstances, le prince, craignant pour ses troupes l'effet ordinaire de ces terreurs, c'est-à-dire le découragement et la faiblesse, fit, de l'aveu de son père, une trêve avec Alphonse, qui, à cette occasion, envoya des ambassadeurs (1) à Cordoue.

Cependant le rebelle Omar ben Hafsun avait rempli la promesse qu'il avait faite à ses partisans avant de s'en séparer. Accueilli par les Navarrais, il leur avait offert d'être leur tributaire

---

(1) Il paraît, d'après de vieilles chroniques espagnoles, que le chef de cette ambassade s'appelait Dulcidio.

et leur vassal, et de remettre en leurs mains toutes les places de la frontière ; et en effet, avec les secours qu'ils lui fournirent, il s'empara de toutes les forteresses qui s'élevaient sur les rives du Sègre, leur vendit celles qu'ils voulurent avoir, et reçut d'eux en échange le titre de roi. Quand il eut appris qu'Almondhir avait conclu une trêve avec Alphonse, il prévit avec raison que ce prince, débarrassé de tous ses autres soins, ne manquerait pas de tourner ses armes contre lui. Il demanda des secours à ses alliés : une troupe innombrable descendit des montagnes. Le wali de Sarragosse et l'alcaïde de Huesca, qui avaient réuni leurs soldats, furent mis en déroute dans les environs de Tudéla, et tout le pays jusqu'à l'Ebre se soumit aux vainqueurs. Muhamad, qui sentit tout le danger qui le menaçait, pour peu que des walis infidèles voulussent imiter Hafsun dans un moment où ils seraient secondés par ces nombreux étrangers, partit de Cordoue avec toute sa cavalerie, se joignit à son fils, et marcha droit aux chrétiens. Almondhir commandait l'avant-garde, Aben Abdelrûf et Aben Rustam les deux ailes ; le roi s'était réservé le centre, et avait placé à l'arrière-garde Abu Saïd, son fils, wali de Sidonia. Les ennemis tentèrent d'abord d'éviter le combat, et ils se retirèrent vers les montagnes ; atteints auprès d'Aybar (1) par la cavalerie d'Almondhir, ils furent contraints de se défendre. Les Arabes remportèrent une victoire complète. Hafsun fut mortellement blessé; le général du roi de Navarre (2), Garcie, périt sur le champ de bataille, et avec lui l'élite de ses guerriers. Les Arabes recueillirent un butin immense; ils reprirent celui que les ennemis avaient fait. Muhamad s'en retourna à Cordoue, où il entra aux acclamations générales, après avoir recueilli sur sa route tous les témoignages d'affection qui pouvaient flatter son cœur. Le prince Almondhir resta sur la frontière jusqu'aux approches de l'hiver; et en la quittant, il emmena des otages de plusieurs villes, dont la fidélité lui était suspecte.

Muhamad avait distribué des armes, des chevaux, des habillemens aux soldats, des honneurs aux généraux; chacun avait reçu le prix

---

(1) Aybar, village de la Navarre, à l'ouest de Sanguëza, sur la rive droite de l'Arragon.

(2) Les comtes de Navarre avaient pris depuis deux ou trois ans le titre de roi. Le premier fut Fortun, auquel vingt-cinq ans après succéda son frère Sanche. Les Arabes donnent le nom de roi au Garcie qui fut tué dans cette bataille. C'est évidemment une erreur. Fortun régna jusqu'au commencement du dixième siècle. Garcie était peut-être un frère, un fils ou un parent du roi.

de son courage; il fallait au prince Almondhir la récompense de tous les services que depuis tant d'années il ne cessait de rendre à l'état. Il l'obtint de la justice du roi et du dévouement de la nation; il fut solennellement proclamé wali-alhadi, héritier de ce trône que ses victoires avaient soutenu.

*An de J. C. 883.
De l'hégire, 670.*

La mort d'Hafsun n'avait pas éteint l'espérance dans le cœur des rebelles, et leurs disgrâces passées ne les avaient point corrigés. Calib ben Hafsun se présenta pour recueillir la sanglante succession de son père, et il trouva des hommes qui ne craignirent pas de s'associer à sa fortune. Calib descendit des montagnes de Jaca, rassembla quelques troupes, et se fit appeler roi. Almondhir, non moins actif que ses ennemis, se mit aussitôt en marche; et comme les rebelles infestaient dans leurs courses tout le pays situé sur les bords de l'Ebre, il prit la route de Valence afin de remonter le fleuve depuis Tortose, et les chasser de tous les postes qu'ils occupaient. Arrivé à Tortose, le prince s'y arrêta pour diriger de là les opérations de l'armée; il chargea le wali Abdelwahir de surveiller et de suivre les mouvemens de Calib. L'année se termina sans qu'il y eût eu d'affaire décisive. Dans l'année suivante Abdelwahir eut plus d'avantage; mais ayant eu le malheur de tomber dans une embuscade dressée par quelques seigneurs navarrais, anciens partisans d'Hafsun, et d'être grièvement blessé, il fut fait prisonnier et conduit en Navarre. Comme il était très-estimé pour sa valeur et ses vertus militaires, il fut très-bien traité par les Navarrais. Ses blessures furent soigneusement pansées, et il eut bientôt repris la santé. Almondhir paya sa rançon, et le rendit aux vœux des soldats.

<small>An de J. C. 886. De l'hégire, 273.</small> La trêve avec le roi des Asturies durait encore ; Calib avait été forcé de se réfugier dans les montagnes ; les walis des provinces étaient soumis et fidèles ; les alcaïdes des villes concouraient avec eux au maintien de l'ordre ; depuis trois ans la paix intérieure n'avait pas été troublée. Un jour, c'était le vingt-neuvième de la lune de safer, Muhamad se trouvait dans les jardins de son palais avec plusieurs de ses wazirs et d'autres personnes de sa maison. « Que la
» condition des rois est heureuse ! lui dit alors
» Haxem ben Abdélaziz, wali de Jaën ; c'est
» pour eux que sont faits les plaisirs de la vie.
» Délicieux jardins, palais magnifiques, orne-
» mens du luxe, commodités de la richesse, le
» sort leur a tout donné. — La carrière que par-
» courent les rois, répondit Muhamad, est en
» apparence couverte de fleurs, mais ces fleurs
» sont des roses armées d'épines cruelles. Au jour
» marqué par le destin, quand la mort arrive,

» le prince puissant sort nu de la vie, comme
» le laboureur et le villageois. La mort des créa-
» tures, ajouta Muhamad, est dans la main de
» Dieu; pour les bons, c'est le commencement
» d'un bonheur éternel. » La nuit venue, le roi
se retira dans son appartement, se coucha et
s'endormit : il ne devait plus se réveiller, et il
descendit dans la tombe sans l'avoir vue s'ouvrir.

Muhamad avait, comme son père, atteint sa
soixante-cinquième année; son règne avait été
plus long de trois ans. Ses mœurs furent douces,
son caractère sensible et humain. Porté par goût
à la bienfaisance, il négligea souvent de se venger de ses ennemis. Il aima les savans, honora
les docteurs de la loi, protégea les arts; il eut
lui-même un grand fonds d'instruction; il parlait
et écrivait correctement; dans ses loisirs, il se
livrait aux charmes de la poésie.

Il aimait beaucoup à se soulager du fardeau
des grandeurs dans le commerce intime de ses
amis, et il vivait avec eux très-familièrement.
Abdala ben Ausim, son secrétaire particulier,
entra un jour dans sa chambre au moment où
un violent orage éclatait sur la ville; il le trouva
s'amusant avec des enfans; il en tenait même un
sur ses genoux, extrêmement joli : « Que veux-tu
» de moi aujourd'hui? lui dit le roi; avec ce temps
» affreux, pouvons-nous travailler? — Seigneur,

» lui répondit Abdala, beaucoup de gens pré-
» tendent qu'il est bon, quand il tonne, d'être
» avec des enfans, et je le crois comme eux; et
» récitant alors des vers qu'il savait, il ajouta : Il
» est bon, quand l'orage gronde, d'avoir autour
» de soi des enfans : il est bon surtout de mêler
» au bruit du tonnerre le cliquetis des verres et
» l'agréable tumulte des convives. Vois-tu les
» arbres de ton jardin, et leurs rameaux chargés
» de pluie, agités par le vent? Tant qu'ils seront
» couronnés par les nuages, que la coupe ver-
» meille fasse ici la ronde, pleine jusqu'aux
» bords d'un délicieux sahbâ (1). » Le roi s'a-
musa beaucoup des vers de son secrétaire, et
surtout de l'à-propos. Il fit apporter sur-le-champ
une collation abondante, du sahbâ et des coupes,
et fit venir ses chanteurs et ses musiciens. Pendant la collation, le roi dit tout bas à l'enfant
qu'il avait tenu sur ses genoux de jeter sa
coupe à la tête du secrétaire (2). Le petit esclave

---

(1) Le sahbâ est une espèce de vin clairet que les musulmans fabriquent pour éluder la défense du Coran de boire du ghanar ou vin rouge.

(2) Une coupe lancée à la tête, même de la main d'un enfant, peut blesser et faire couler le sang. Telle est la direction que donnent aux esprits les habitudes du despotisme, que les écrivains arabes applaudissent à ces jeux de leurs princes, et que le souverain qui se les per-

obéit. Abdala évita le coup en baissant la tête :
« Bel enfant, lui dit-il, ne sois point cruel, car
» la cruauté ne sied point à ton joli visage. Rien
» n'est plus beau qu'un ciel pur et serein, mais
» la tempête jette la terreur dans nos âmes. » Le
roi se mit à sourire, et louant la réponse d'Abdala, il lui dit qu'il lui donnait cet enfant, ou,
s'il l'aimait mieux, une somme de dix mille adhirams (1). Comme le roi paraissait aimer beaucoup son petit esclave, Abdala répliqua qu'il
se contentait de la somme. Dans ce même instant un affreux coup de tonnerre se fit entendre,
et peu après on vint dire au roi que la foudre était
tombée dans la grande mosquée, sur le tapis
même où il se plaçait pour faire ses prières.

Dès que la nouvelle de la mort de Muhamad

---

met ne laisse pas de passer pour humain, généreux et sensible !

(1) L'adhiram, dirhem ou dérahim est un poids qui équivaut à la douzième partie d'une once ; trois dirhems font deux mitcals. On donne aussi ce nom à une fort petite monnaie de cuivre ; mais plus communément il sert à désigner une monnaie d'argent dont la valeur varie suivant le poids, qui est tantôt de trente-deux, tantôt de quarante-huit grains. La valeur du dirhem pouvait être de sept à huit sols de notre monnaie actuelle, de sorte que les dix mille adhirams auraient fait un peu plus que trois mille francs.

fut parvenue aux frontières de la Navarre, Calib ben Hafsun sortit de nouveau des montagnes, retrouva, réunit ses partisans, et descendant vers l'Ebre, s'empara de plusieurs villes. Huesca, Sarragosse même, ne tinrent pas devant lui : pour mieux dire, la trahison lui ouvrit les portes des villes et des forteresses. Il ne borna point là ses entreprises; il s'était ménagé de secrètes intelligences avec les Musarabes de Tolède, et quand il se présenta devant cette ville, elle le reçut comme un maître qui prend possession de ses domaines. Toutes ces défections qui mettaient l'empire en péril, et qui prouvaient du moins combien Almondhir avait d'ennemis parmi ses propres sujets, remplirent son cœur d'une douloureuse amertume. Il craignit que l'inconstante fortune, qui, jusque-là fidèle à ses armes, l'avait conduit de triomphe en triomphe, ne lui fît acheter par des revers éclatans ses faveurs passées. Il donna ordre à l'hagib Haxem ben Abdélaziz de marcher sur Tolède avec l'élite de la cavalerie andalouse.

Le fils d'Hafsun ne voulut pas s'exposer aux chances d'un siége; il laissa dans la place une garnison nombreuse, il répara les forts qui défendaient les rives du Tage, et, continuant sa route vers le levant, il visita Uclès, Alarcon et Cuënca, s'assura partout du dévouement des

habitans, et demanda de nouveaux secours à
ses alliés. Pour donner à ceux-ci le temps d'envoyer des troupes, il essaya de tromper Haxem,
comme son père avait trompé le roi Muhamad. Il lui offrit de lui remettre Tolède et de
se retirer vers les Pyrénées, s'il voulait de son
côté lui fournir des mulets pour le transport de
ses malades et de ses bagages. Haxem fit part au
roi de ces propositions, et le roi, qui n'avait pas
oublié la perfidie du père, fit répondre à Haxem
qu'il l'invitait à se tenir sur ses gardes pour n'être
point dupe des artifices du fils. Haxem ne pouvait partager la méfiance d'Almondhir; il avait
cru reconnaître dans les offres de Calib la sincérité et la bonne foi; d'ailleurs, disait-il, il n'y
aura rien de perdu : si à l'arrivée des mulets de
transport la ville n'est point livrée, nous em-
ploierons la force; et si Calib au contraire se
montre fidèle à ses promesses, nous n'aurons
pas inutilement versé le sang des soldats. Quand
les mulets furent arrivés, Calib fit sortir de la
ville une partie de ses gens, le reste y demeura
caché; les mulets furent chargés de bagages et
de malades, et le convoi partit de Tolède. Au
même instant la place fut occupée par les troupes
d'Haxem. Celui-ci s'applaudissant du succès, qu'il
regardait comme l'ouvrage de sa prudence et de
son amour pour la paix, écrivit au roi qu'il était

maître de la ville, que la guerre était terminée, et qu'il pouvait contremander les troupes qu'il avait appelées. Le roi, ravi de ces nouvelles, licencia l'armée; Haxem ne tarda pas à revenir à Cordoue. Pendant que tout cela se passait, les alliés de Calib lui faisaient passer des troupes. Lorsqu'il fut assuré qu'elles étaient à sa disposition, et que celles du roi de Cordoue s'étaient éloignées, il fit égorger tous les conducteurs des transports, et envoya à Tolède un corps de cavalerie qui s'en empara sans difficulté, aidé par les manœuvres de ceux qui étaient restés dans la ville.

Le roi, transporté de colère à cette nouvelle, ordonna qu'on amenât Haxem devant lui. L'hagib allait sortir de sa maison quand le messager d'Almondhir arriva. Au même instant entraient chez lui plusieurs personnes d'une ville voisine ; elles venaient saluer son neveu, leur nouveau gouverneur. Haxem profita du moment, s'élança sur son cheval, et partit comme un trait. Par malheur, ce cheval, très-fougueux, ayant fait un écart en passant sous la porte de la ville, le malheureux Haxem tomba presque sans connaissance. Dès qu'il eut repris ses sens, on le transporta au palais, au lieu de le ramener chez lui. Les habitans qui l'aimaient, craignant tout pour sa vie du ressentiment du roi, se livrèrent aux plus vives inquiétudes : elles n'étaient que

trop fondées. « C'est toi, lui dit Almondhir en l'a-
» percevant et d'un ton emporté, c'est toi qui m'as
» conseillé, toi dont l'imprudence a favorisé le re-
» belle. Que ta mort serve aujourd'hui d'exemple
» aux autres, qu'ils apprennent par toi à devenir
» avisés. » Et de suite, oubliant les longs services
d'Haxem, il l'envoya dans un cachot d'où il fut
tiré le soir même pour être décapité. Son corps
fut remis à sa famille après l'exécution. Sa mort
fut pleurée de tout Cordoue ; grands et petits,
riches et pauvres, tous n'avaient que des éloges à
donner à son administration, et la reconnaissance publique environna sa tombe de regrets.

Cet acte d'une rigueur excessive doit paraître
bien extraordinaire de la part d'Almondhir, qui
n'avait pas les mœurs d'un tyran. On dit qu'il
saisit cette occasion de venger un ressentiment
particulier ; et s'il est vrai que ce ressentiment
eut la cause qu'on lui attribue, il ferait peu
d'honneur au cœur de ce prince. Voici ce que
les historiens racontent : Haxem, disent-ils, fut
aimé par le roi Muhamad, qui le fit son hagib,
après l'avoir successivement élevé à plusieurs
postes éminens. Il conserva sa faveur jusqu'à la
mort du roi, auquel il était tendrement attaché.
Quand Almondhir, qui se trouvait à Almérie
au moment de la mort de son père, vint pour
se faire reconnaître, il ne fit que descendre de

cheval, et il se présenta en habit de voyage dans la salle où le conseil était assemblé. Haxem, en sa qualité de premier ministre, tenait en ses mains le livre où se trouvait la formule, et il commença à lire; mais en prononçant le nom de Muhamad, il ne put retenir ses larmes, et il fut obligé de recommencer sa lecture. Ces preuves de sensibilité et d'attachement à la mémoire du roi blessèrent le jaloux Almondhir, qui jeta sur l'hagib un regard de courroux et d'indignation. Ceux qui s'en aperçurent y virent contre le ministre un arrêt de mort. Quand le cercueil eut été déposé dans la tombe, Haxem, dépouillant son turban et sa tunique, s'approcha en pleurant du monument funèbre : « O Muhamad, » s'écria-t-il, que mon âme aille rejoindre la » tienne! car mon amour pour toi me coûtera » la vie. » Cela fut rapporté au roi, qui ne pardonna pas au fidèle ami de son père les justes regrets qu'il donnait à sa perte.

Quelques écrivains prétendent que le supplice d'Haxem n'eut lieu qu'après plusieurs jours de prison, durant lesquels il écrivit à sa femme une lettre en vers, qu'ils ont conservée : « Chère » Agha, disait-il, d'épaisses murailles, des portes » de fer me séparent de toi. Hélas! je suis né » malheureux. L'inconstante fortune m'aban- » donne, et mes pressentimens m'annoncent la

» mort. Pourquoi ai-je suivi une carrière trop
» dangereuse? Des amis fidèles m'exhortent à
» fuir? Que ferais-je donc si j'étais criminel?
» J'attends mon sort; il est écrit dans les cieux.
» Si Dieu veut que je périsse, je ne saurais me
» soustraire à ma destinée. J'espère qu'à son
» tour celui qui jouit maintenant de mes souf-
» frances boira le calice des douleurs jusqu'à la
» lie. » Le roi ne borna pas sa vengeance à la
mort d'Haxem; il fit emprisonner Omar et Ahmed
ses deux enfans, walis de Jaën et d'Ubeda, et il
confisqua leurs biens.

Almondhir ayant de nouveau convoqué ses
troupes, partit pour Tolède, emmenant avec
lui son frère Abdala, le plus prudent et en
même temps le plus courageux de tous les enfans de Muhamad. Les gens de Calib n'osèrent
point risquer le sort d'une bataille. Les uns s'en-
fermèrent dans la ville, les autres dans divers
forts de la province. Almondhir, confiant à son
frère la conduite du siége, se mit avec sa cavalerie à la poursuite des rebelles et de leurs auxiliaires. Il se rendit maître de plusieurs postes
qu'ils occupaient, il eut souvent sur eux de légers avantages; mais le fils d'Hafsun évitait avec
soin toute action générale dont les résultats
auraient pu lui être funestes. Cette petite guerre
dura une année. Au bout de ce temps, Calib,

ayant reçu des renforts, se crut en état de braver la puissance du roi.

An de J. C. 888.
De l'hégire, 275 safer.

Les deux armées se joignirent dans un lieu où à l'avantage du nombre Calib unissait celui de la position. Le roi, ne consultant que sa valeur impétueuse, donna le signal de l'attaque, et, suivant sa coutume, il se précipita au milieu des rangs les plus épais d'ennemis. Environné, pressé de toutes parts, et peut-être faiblement soutenu par les siens, car le supplice d'Haxem lui avait aliéné bien des cœurs, il tomba percé de coups. Tous les cavaliers qui l'avaient suivi eurent le même sort. Au milieu du tumulte, des cris et du désordre, le bruit de sa mort vola aux deux extrémités de l'armée rebelle; mais comme on se contentait de dire : « L'émir est mort, » les gens de Calib crurent qu'il s'agissait de leur chef; et la terreur s'emparant aussitôt d'eux, ils se mirent à fuir, sans que Calib lui-même, par sa présence, pût ni les détromper ni les retenir. Les troupes de Cordoue étaient en trop petit nombre pour se mettre à la poursuite des fuyards; d'ailleurs elles n'en reçurent point l'ordre, et elles restèrent sur le champ de bataille. Ce ne fut qu'après l'entière retraite des ennemis qu'elles apprirent à quel prix elles avaient acheté la victoire. Les vainqueurs apportèrent eux-mêmes au camp de Tolède cette triste nouvelle. Elle répandit parmi les soldats le deuil et la tristesse. Presque tous avaient fait la guerre sous Almondhir; tous avaient vu ses exploits, sa constance dans les fatigues, son intrépidité dans les plus grands périls : il leur sembla qu'avec lui s'éteignait l'espoir des futurs triomphes.

Abdala partit immédiatement pour Cordoue; il trouva le conseil d'état assemblé. Dès qu'il parut, tous les wazirs se levèrent et le saluèrent du nom de roi. Il reçut aussitôt leur serment, après quoi il se fit proclamer dans Cordoue. Ensuite il donna ordre à son frère Jacub d'aller chercher le corps d'Almondhir, afin de lui rendre les derniers honneurs. En même temps il mit en liberté les deux fils d'Haxem, et leur restitua leurs biens; il rendit à Omar le gouvernement de Jaën, et il fit Ahmed capitaine de la cavalerie de sa garde. Cet acte de justice fut très-agréable au peuple, qui conçut l'espérance d'un heureux règne avec un prince ami des lois. Cette grâce fut d'autant plus remarquée que le jour même de la bataille où périt Almondir, ce prince, implacable dans ses ressentimens, avait condamné ces deux jeunes gens au supplice. Le prince Muhamad, fils d'Abdala, fut le seul peut-être qui ne partagea point l'allégresse que les habitans de Cordoue montrèrent en cette circonstance. Il était l'ennemi des enfans d'Haxem, parce que ceux-ci l'avaient, dit-on, traversé dans le cours de ses galanteries, et il n'aurait pas été fâché qu'on l'eût vengé de ses rivaux.

Abdala commença, comme son père, par régler une affaire qui concernait la religion. Il était arrivé depuis peu, d'Afrique en Espagne, un de ces hommes qui du haut des minarets avertissent les musulmans des heures de la prière. Il se disait prophète, interprétait le Coran d'une façon arbitraire, prêchait une morale très-relâchée, et voulait introduire plusieurs innovations dans quelques pratiques religieuses. Le roi ordonna d'examiner ses opinions et sa conduite. Quand il eut vu toutes les charges que les informations fournissaient contre cet homme, il le fit mettre en prison; ensuite il consulta les alfaquis et les cadis de Cordoue, et principalement le savant Baqui, dont le roi Muhamad avait jadis approuvé la doctrine. D'après leur avis unanime, Abdala fit mourir le prétendu prophète, et dès le lendemain on ne parla plus ni de lui ni de ses opinions.

Au moment où Abdala se disposait à retourner au siége de Tolède, les courriers de Séville lui apportèrent la nouvelle des troubles qui venaient d'éclater dans cette dernière ville. Le prince Muhamad, qui en était wali, s'était confédéré avec les princes Alcasim et Alasbag, ses oncles, wali de Xerez et de Sidonia, et avec les alcaïdes d'Elvire, de Ronda, et de quelques autres villes. Il voulait aller faire la guerre au wali de Jaën, mais la plupart des wazirs refusaient d'obéir aux ordres du prince. Le roi vit avec peine que la conduite imprudente de Muhamad trouvait des défenseurs dans ses propres frères; mais, avant d'employer la force, il voulut tenter les voies de la persuasion et de la douceur, et il envoya, vers Muhamad, son second fils Abderahman (1), dont il connaissait la prudence, pour qu'il essayât de ramener le prince à ses devoirs.

Le même jour, des avis de Mérida annoncèrent au roi que le wali de Lisbonne marchait en armes contre les walis de la rive du Duero; Abu Otman Obeidala fut chargé d'aller punir la révolte de ce wali téméraire. D'autres courriers l'instruisirent d'un nouvel incident non moins fâcheux que les autres. Suleiman ben Anis, cadi de Mérida, s'était révolté contre le wali et l'avait contraint par la violence à sortir de la ville. Le roi partit sur-le-champ avec la cavalerie de sa garde, et il entra à Mérida dans un moment où

---

(1) Cet Abderahman fut surnommé dans la suite Almudafar, qui signifie victorieux. Nous le désignerons dorénavant sous ce dernier nom pour le distinguer d'Abderahman III, qui succéda à Abdala.

personne ne l'attendait. Le cadi épouvanté vint se jeter à ses pieds, et, la tête contre terre, attendit son arrêt. Abdalà, naturellement clément, se contenta de l'envoyer en prison ; et quelques jours après, ayant égard à sa jeunesse, à son mérite et aux services de son père, il lui rendit la liberté; même par la suite il le fit wazir de Cordoue.

L'arrivée du roi à son camp de Tolède fit presser les opérations du siége. Le fils d'Hafsun, pour lui susciter de nouveaux embarras, tenta d'exciter un soulèvement au milieu même de Cordoue, et il aurait réussi dans ses pernicieux desseins sans l'active vigilance de Muhamad ben Zaïd, préfet de police, qui, ayant éventé le secret des conjurés, se saisit des principaux et les fit empaler pour servir d'exemple aux autres. Le roi, sentant alors combien Calib était un dangereux ennemi, et qu'il n'aurait de repos que lorsqu'il s'en serait emparé, se mit à le poursuivre avec l'élite de sa cavalerie, bien résolu à le vaincre à tout prix; mais le rusé Calib, toujours en mouvement d'un lieu sur un autre, évitait avec soin le combat. Le roi parvint néanmoins à l'atteindre sur les rives du Tage, dans une plaine où il pouvait déployer sa cavalerie. Calib fut vaincu et perdit beaucoup de monde, mais il se sauva, et il ne tarda pas à reparaître avec des forces nouvelles. Le roi, mécontent du succès imparfait qu'il avait obtenu, continua de poursuivre Calib, et l'ardeur qu'il y apportait lui fit négliger de se rendre maître des forts, de sorte que pour faire subsister son armée il était obligé d'avoir une grande quantité de bagages et de mulets, chargés de vivres. L'événement lui prouva qu'il avait adopté une mauvaise méthode: dans un engagement qu'il eut avec les rebelles, tandis qu'il en était aux mains, Calib surprit les bagages, les enleva, et le laissa ainsi sans provisions. Il fallut donc songer à s'emparer des forts : quelques-uns se rendirent, d'autres furent emportés d'assaut.

Sur ces entrefaites, le prince Almudafar écrivit que Muhamad avait refusé tout accommodement, qu'il ne lui avait pas même permis d'entrer dans Séville; que ses partisans commençaient à soulever la province de Jaën ; qu'on craignait enfin que Muhamad ne tentât un coup de main sur Cordoue. Tant de nouveaux dangers demandaient la présence du roi, et des mesures fermes et vigoureuses. Il rentra dans Cordoue sans avoir annoncé son arrivée, et il concerta avec Almudafar les moyens à prendre. Le péril était d'autant plus pressant que le rebelle Calib, instruit des mouvemens qui avaient lieu dans l'Andalousie, y avait envoyé des émissaires pour propager l'esprit de révolte et augmenter les troubles. Suâr ben Hamdûm, gagné par Muhamad, avait mis tout en combustion dans les environs de Jaën ; il avait rassemblé sept mille hommes, s'était emparé de Cazlona et de plusieurs forts situés dans les Alpuxarrès, et vivait avec sa troupe de vol et de pillage. Ce fut à lui que s'adressa l'envoyé de Calib, Obeidala ben Umia. Pour le déterminer plus facilement, il lui offrit de mettre dans son parti le scheik d'une puissante tribu d'Alarabes (1), nommé Yahie ben Suquela, ce que Suâr accepta.

Ces deux rebelles, ayant réuni leurs forces, battirent complétement les troupes du roi, et leur tuèrent ou prirent sept mille hommes. Ghaad, qui les commandait, eut le malheur d'être pris, et il fut conduit au fort de Grenade, construit depuis peu, et tombé au pouvoir des rebelles. Cette victoire leur ouvrit les portes de Huesca, de Jaën, de Raya, et leur soumit tout le pays jusqu'à Calatrava. Le roi, informé de ces désastres, jura de ne rentrer à Cordoue qu'après avoir anéanti toutes ces hordes de brigands ; et,

---

(1) On appelle communément *Alarabes* les Arabes établis en Barbarie, lesquels vivent sous des tentes comme les Arabes du désert, terreur des voyageurs et des caravanes.

joignant à sa garde toute la cavalerie de l'Andalousie dont il put disposer, il marcha vers Elvire, où se trouvait le rebelle Suâr. Il ne tarda pas à le rencontrer, parce que Suâr, enorgueilli de ses derniers succès, lui vint disputer le passage. Le combat fut sanglant, mais Suâr fut vaincu, et il tomba vivant au pouvoir d'Abdala, qui lui fit trancher la tête, qu'il envoya à Cordoue. Le scheik Yahie fut du nombre des morts ; ils s'élevèrent, dit-on, à douze mille ; la reprise de Jaën et de Loja suivit cette victoire. An de J. C. 890. De l'hégire, 277.

Les rebelles nommèrent pour remplacer Suâr Saïd ben Gudi, syrien de naissance. Celui-ci, plus courageux que prudent, osa se montrer dans les champs de Grenade ; il eut le sort de son prédécesseur : blessé dès la première action, il fut pris avec un reste de vie qu'il perdit dans les supplices. Muhamad ben Adha el Hamdani, persan d'origine, fut le troisième général que les rebelles choisirent. Moins téméraire que Saïd, il conduisit dans les montagnes le petit nombre de ceux qui s'étaient sauvés du massacre. Le wali Abderahman ben Badi conseilla alors au roi de retourner à Cordoue, pour être plus à portée de surveiller le siége de Tolède et les affaires de Séville. Le roi suivit ce conseil d'autant plus volontiers qu'il apprit que le nouveau chef des bandits, voyant la difficulté de se soutenir plus long-temps dans l'Andalousie, était décidé à aller joindre le fils d'Hafsun, ce qu'en effet il exécuta peu de temps après. Mais si, par sa retraite, il rendait le calme à cette contrée, il amenait un renfort à Calib, qui dans ce moment surtout en avait le plus grand besoin, ayant été battu en plusieurs rencontres par Ishac ben Ybrahim, général d'Abdala; ce dernier avait repris plusieurs forteresses, entre autres celle de Montixo, dont il releva et fortifia les remparts.

Le prince Almudafar, qui avait peu de troupes, ne pouvait pas tenter de grandes entreprises; il se bornait à soutenir la guerre contre son frère Muhamad, et il l'empêchait de porter plus loin le feu de la rébellion. Le roi, de retour à Cordoue, lui envoya sa cavalerie avec les troupes qu'Abu Othman Obeidala, vainqueur du wali de Lisbonne, avait ramenées de la Lusitanie. Quand Almudafar se vit à la tête d'une puissante armée, prenant sur-le-champ l'offensive, il entra dans Carmone et dans Séville, et après avoir rétabli dans ces villes l'autorité du roi, il alla au-devant de l'armée de Muhamad. L'action s'engagea par des escarmouches qui amenèrent une affaire générale. Le nombre, la valeur des troupes, l'habileté des chefs, tout était égal de part et d'autre. D'un côté c'étaient les plus braves guerriers de Xerez, d'Arcos et de Sidonia; de l'autre les meilleurs soldats de Cordoue, d'Ecija et de Séville, et le prince Muhamad était un rival digne de son frère Almudafar. La fortune de ce dernier l'emporta. Muhamad eut son cheval tué sous lui; il était lui-même si blessé qu'il lui fut impossible de se relever; pareil malheur arriva au prince Alcasim, frère du roi. L'un et l'autre furent conduits devant Almudafar, qui fit panser leurs blessures et ordonna qu'on en prît le plus grand soin; mais en même temps il les fit enfermer dans une prison sûre, et il attendit les ordres du roi.

An de J. C. 895. De l'hégire, 282 xawal.

Le prince Muhamad mourut peu de jours après; et, comme s'il n'existait pas assez de crimes avérés que l'histoire a dû consigner dans ses annales, on a dit qu'il fut empoisonné par son frère, d'ordre de son père Abdala; mais ce forfait inutile n'est établi par aucune preuve, et les blessures du prince suffisaient seules pour le conduire au tombeau. Muhamad ne laissa qu'un fils, âgé de quatre ans, nommé Abderahman comme son oncle. Il fut élevé avec soin, et préparé par l'éducation à parcourir avec gloire la carrière qui lui était destinée. Le peuple l'appelait Aben Muhamad el Mactul, c'est-à-dire le fils de Muhamad l'assassiné, à cause des soupçons répandus par la malveillance que l'infortuné Muhamad avait péri d'une mort violente.

La manie des duels était commune à cette époque chez les Arabes ; il y en eut plusieurs remarquables. Le wazir Abdelmélic ben Abdalà tua dans un combat singulier Omar, fils d'Haxem. Peu de jours après le prince Almutaraf, l'un des frères du roi, tua Abdelmélic, et vengea ainsi son ami. Il fit de plus donner au frère d'Omar le gouvernement qu'Abdelmélic avait eu. Almutaraf fut tué lui-même avant la fin de l'année, à la suite, dit-on, d'un autre duel avec Méruan ; et celui-ci soupçonné, mais non convaincu de ce meurtre, fut mis dans une prison où il mourut au bout de deux ans. Les mêmes accidens avaient lieu du côté des rebelles. Saïd ben Suleiman, d'une ancienne famille de Quinsarina, recommandable par de brillantes qualités, et l'un des principaux appuis de la révolte, se battit aussi cette année avec Calib ben Hafsun, qu'il renversa de cheval d'un coup de lance, et il l'aurait tué, si on ne l'en avait empêché. La crainte d'essuyer des désagrémens le ramena sous les drapeaux du roi, qui lui donna du service ; mais la haine de Calib le poursuivit jusque dans Elvire, dont il était gouverneur, et il fut lâchement assassiné à la fin de l'année suivante. D'autres attribuent sa mort funeste à la vengeance de la famille arabe de Méruan, contre laquelle il avait fait des vers satyriques.

Abdala, qui n'avait pas réussi sans peine à calmer les troubles de l'Andalousie, n'avait pu faire d'utiles efforts contre les révoltés de Tolède ; il paraît même que le siége avait été interrompu par le besoin que le roi avait eu de toutes ses troupes, et plusieurs années se passèrent sans que Calib fût troublé dans son usurpation. Calib se croyait même si assuré de conserver la possession de Tolède et de Talavéra, qu'il forma le projet d'étendre sa frontière du côté du nord, et de s'agrandir aux dépens de la Galice. Comme Abdala était alors en paix avec Alphonse III, les frontières étaient mal gardées, et la sécurité dans laquelle vivait le prince chrétien favorisait les vues ambitieuses de Calib, qui envoya vers Zamore une armée nombreuse. On assure qu'elle était de soixante mille hommes, composée de Bérébères payés, de tous les bandits de la contrée, et de la cavalerie de Tolède et de l'Espagne orientale ; elle était conduite par Abulcasim, parent du roi, jeté dans les rangs du rebelle par l'ambition et le mécontentement. Les alcaïdes des bords du Duero, avertis de la marche de cette armée, envoyèrent des messagers au roi Abdala ; et même, pour garder envers les chrétiens la foi des traités, ils firent secrètement prévenir le roi Alphonse, pour qu'il eût à se défendre d'une invasion qui n'était pas leur ouvrage, et que leur souverain n'avait pas ordonnée. Alphonse, qui avait transféré à Zamore le siége de ses états, assembla ses troupes et fut à la rencontre des ennemis, qui déjà s'approchaient de la ville. Les historiens arabes prétendent que la bataille dura quatre jours ; que dès le premier choc suivant les uns, que le dernier jour suivant les autres, les Bérébères quittèrent le champ de bataille ; que les troupes de Tolède soutinrent seules les efforts des chrétiens, jusqu'à ce que, découragées par la mort d'Abulcasim, elles furent totalement rompues et dispersées. Les chrétiens, disent-ils encore, coupèrent beaucoup de têtes, dont ils garnirent les remparts et les portes de leur capitale. Cette victoire importante d'Alphonse porte, dans les chroniques espagnoles, le nom de journée de Zamore.

{An de J. C 901. De l'hégire 288.}

Les fanatiques Musulmans de tous les partis apprirent avec douleur la funeste nouvelle d'une bataille où le sang de leurs frères avait coulé abondamment, versé par le glaive des chrétiens. Ils allaient partout répétant que ce sang répandu criait vengeance, et que tous les bons Musulmans devaient prendre les armes. Quelques-uns poussèrent l'audace jusqu'à conseiller au roi de traiter avec Calib, et de faire une guerre à outrance à Alphonse. Le roi, sans se laisser émouvoir par ces indiscrètes exhortations, méprisant au contraire les insolens murmures de ces fanatiques, envoya vers Alphonse le général Obeidala el Gamri, afin de se maintenir avec lui en bonne intelligence, et de l'engager même à continuer la guerre contre les rebelles, tandis que de son côté il les presserait par Tolède. Ces négociations eurent un plein succès ; mais ce succès même augmenta le ressentiment du faux zèle. Il y eut dans plusieurs villes des imans qui non-seulement omirent de nommer le roi dans les prières publiques, mais qui firent mention des califes d'Orient. Leur audace éclata surtout à Séville, où ils étaient encouragés par Alcasim ; son frère, en lui laissant la vie, lui avait rendu la liberté, et Alcasim, pour le payer de ce bienfait, disait hautement qu'on ne lui devait point d'impôts, puisqu'il était mauvais musulman. Le roi, à qui il en coûtait d'exercer des actes de rigueur, envoya sur les lieux Abdelwahid, un de ses wazirs, pour savoir et connaître la vérité. Sur le rapport que lui fit ce wazir, le prince Alcasim fut arrêté, un grand nombre d'imans et d'alfaquis furent exilés en Afrique.

Les partisans de Calib avaient soin d'entretenir ces discordes, dans l'espérance qu'elles amèneraient enfin la révolte au sein de Cordoue. Calib poussa même la témérité jusqu'à pénétrer dans cette ville en personne. Cette démarche, qu'il n'avait pu tenter que parce qu'il était sûr d'y avoir des amis, aurait eu peut-être le succès qu'il en attendait, si son séjour à Tolède n'eût été découvert par un accident assez étrange. On se souvient de l'ancien cadi de Mérida, Suleiman, à qui le roi avait fait grâce, après qu'il se fut révolté contre le wali. La police était à la recherche de l'auteur d'une satyre très-piquante contre le roi et ses ministres; d'indices en indices elle parvint jusqu'à lui; c'était ce même Suleiman. On le conduisit devant le roi, qui lui dit : « Certes, mon cher Suleiman, il » faut convenir que j'ai bien mal placé mes bien-» faits, ou que je ne mérite pas les reproches » que tu me fais dans tes vers. Je devrais main-» tenant te faire éprouver ma juste vengeance; » mais tu m'as loué autrefois pour ma clémence » et pour ma bonté, tu me maudirais aujour-» d'hui pour ma rigueur et pour ma justice. Je » veux donc que tu vives, je veux même que tu » me récites tes vers toutes les fois que je vou-» drai les entendre; et, pour te prouver le cas que » j'en fais, je les taxe chacun à mille dinars » d'or, que tu paieras pour le plaisir de les avoir » composés. » Suleiman, rempli de confusion, se jeta aux pieds du roi, qui voulut bien encore lui pardonner. Le poëte, qui savait que Calib était dans Cordoue, le dit au roi dans un mouvement de reconnaissance ; mais on manqua de le prendre pour avoir employé trop de précautions. Le préfet de police, qui craignit que Suleiman n'avertît les partisans de Calib, le retint en prison ; et ce fut cette mesure même qui leur donna l'éveil, de sorte qu'ils conseillèrent à Calib de fuir, ce qu'il exécuta sous les habits d'un mendiant. On arrêta beaucoup d'individus; quelques-uns même furent torturés, mais tout ce qu'on put obtenir, ce fut la certitude que Calib avait séjourné dans la ville.

Calib, de retour parmi les siens, recommença ses courses dans le pays, et les poussa jusqu'à Calatrava. Obeidala, qui aux talens et à la souplesse d'un négociateur joignait la plus grande bravoure et toutes les qualités d'un excellent général, le vainquit dans plusieurs escarmouches peu importantes et reprit quelques places. L'ayant une fois atteint dans la plaine, il lui livra un sanglant combat où périt presque toute la cavalerie du rebelle. Calib alors se renferma dans Tolède, d'où il n'osa sortir de trois ans. An de J. C. 908. De l'hégire, 296.

Pour prix de ses éminens services, Obeidala fut persécuté, et l'envie, sollicitant ses dépouilles, lui disputa le gouvernement de la province de Mérida, qu'il régissait depuis long-temps avec la plus grande prudence. Almudafar, qui voulait pour lui-même ce poste essentiel, ne cessait de représenter au roi qu'Obeidala avancé en âge avait besoin de repos, qu'il désirait lui-même se retirer du tourbillon des affaires. Le roi à son tour remontrait au prince qu'on ne pouvait sans une criante injustice enlever à un serviteur fidèle la récompense de ses longs travaux; et comme Almudafar insistait encore, il lui dit d'un ton absolu qu'Obeidala conserverait son gouvernement tant qu'il ne demanderait pas lui-même à le quitter. Le wali, informé des prétentions du prince, et craignant de s'exposer à son ressentiment, prit le parti d'écrire au roi pour qu'il lui accordât la permission de se retirer dans sa maison, où il voulait finir ses jours loin du tumulte des armes, et libre des soins du gouvernement. Le roi y consentit quoiqu'avec peine; mais peu de jours après il l'appela auprès de lui, et lui donna le commandement de sa garde scythe ou esclavonne (1). Obeidala dissimula avec le prince

---

(1) Ce fut, comme on l'a vu, le roi Alhakem qui s'entoura le premier d'une garde, parmi laquelle se trouvait un corps d'Esclavons venus de l'orient, et renommés pour leur fidélité. Ces Esclavons gardaient l'intérieur du palais; ils avaient pour armes une épée à deux mains, un écu et une masse d'armes. On avait soin de tenir ce corps au complet par des recrues que l'on faisait venir de Constantinople.

Almudafar; il se contenta de travailler en secret
à lui nuire, en portant insensiblement le roi à se
choisir un autre successeur. A cet effet, il se déclara l'ami et le protecteur du jeune Abderahman, fils du prince Muhamad el Mactul, cherchant à lui conquérir l'affection des walis, des
wazirs et des principaux scheiks, et à lui gagner
les bonnes grâces du roi.

Cet enfant avait reçu en partage les dons extérieurs et ceux de l'esprit; et son amabilité, sa
douceur et ses agrémens rendaient plus aisée
l'exécution des projets d'Obeïdala. Tous étaient
enchantés d'Abderahman, tous juraient de se
dévouer à ses intérêts. Le roi seul imposait quelque contrainte aux preuves de son amitié pour
le jeune prince, de peur d'exciter la jalousie de
son fils s'il laissait remarquer sa prédilection;
mais il prenait le plus grand plaisir à voir éclater
dans les autres le sentiment qu'il cachait au fond
de son cœur. Abderahman avait eu les meilleurs
maîtres de Cordoue, et il profitait si bien de
leurs leçons qu'il les laissait tout étonnés de
son intelligence, de sa mémoire ou de son
adresse. A peine âgé de onze ans, il savait par
cœur le Coran, toutes les traditions des sonnites, les meilleurs poëmes arabes; il excellait
à conduire un cheval et à manier la lance; il
était léger à la course, fort et vigoureux. Il avait

le caractère gai, franc et ouvert, et au sortir de la première enfance, il n'était pas étranger à la science du gouvernement. Souvent, au milieu de ses jeux avec d'autres enfans de son âge, le roi le regardait avec tendresse; ses yeux humides de plaisir ne pouvaient se lasser de le contempler, et Obeidala, qui toujours assistait à ces scènes, saisissant à propos l'occasion de faire valoir son protégé, ne retirait adroitement le roi de ses distractions, que pour mieux lui faire sentir à lui-même le plaisir qu'elles lui causaient.

An de J. C.
911.
De l'hégire,
299.
saier.

Ce fut à peu près vers ce temps qu'Abdala perdit sa mère Atharâ, qu'il avait toujours chérie et honorée; il la pleura amèrement. Il fit élever pour elle un superbe mausolée, auprès duquel il en fit préparer un pour lui-même. Il était tombé dans une mélancolie d'où rien ne pouvait le faire sortir; il avait perdu le sommeil et l'appétit, et il ne parlait plus que de sa mort prochaine. Ses courtisans cherchaient vainement à le distraire, et à guérir son imagination des terreurs qui l'agitaient : il leur répondait par des vers qu'il s'était plu à composer dans ses momens de tristesse.

« J'entends du bruit : c'est le temps qui arrive
» battant des ailes, le temps qui trompe nos espé-
» rances et renverse nos projets. Tout s'avance
» d'un pas rapide vers la destruction; rien n'est
» durable, rien n'est stable dans le monde. La

» mort n'avertit personne; dans sa course con-
» stante, elle va seule, sans se faire annoncer. »
Abdalà ne tarda pas à tomber malade; il y
avait treize mois que sa mère était morte. Il
profita du peu de temps qui lui restait pour régler les affaires de l'état et la succession au trône.
Le conseil des wazirs fut aussitôt convoqué; il
désigna pour son héritier son petit-fils Abderahman, comme représentant Muhamad son
père, et il recommanda à Almudafar d'aimer
et de protéger le jeune prince. Il mourut au bout
de quelques jours, d'un redoublement de fièvre,
après avoir régné vingt-cinq ans.

An de J. C. 912.
De l'hégire, 300.
1 Rébie.

Abdalà avait été un bon roi, sage et courageux,
ferme dans l'adversité, clément après les victoires.
Religieux observateur de sa parole, même envers les chrétiens, il fit régner avec lui la justice.
Humain par tempérament, doux et calme par
caractère, il punit rarement, et seulement lorsqu'il s'y vit forcé par le besoin d'assurer la paix
publique. Il donnait à ses officiers la plus grande
liberté dans leurs rapports avec lui, et il ne se
fâchait pas s'il leur arrivait parfois d'en abuser.
On peut en juger par le trait suivant. La longue
barbe était alors chez les Arabes une marque
d'autorité; les esclaves l'avaient fort courte; il
en est encore de même aujourd'hui. Suleiman
ben Wenasos, Bérébère de naissance, capi-

taine de la garde africaine, wazir et membre du conseil d'état, était de mœurs irréprochables, mais il usait dans ses propos et dans sa conduite d'une franchise rude et souvent grossière. Il avait une barbe noire fort longue, à laquelle il tenait beaucoup. Etant un jour entré dans la chambre du roi, celui-ci, qui aimait à se livrer à de douces plaisanteries, récita à Suleiman des vers où l'usage de la longue barbe était tourné en ridicule ; ensuite il lui dit en riant : « Assieds-toi auprès de moi, l'homme à la » longue barbe. » Suleiman s'assit, mais ne pouvant contenir sa colère, il dit au roi d'un ton brusque : « Si, tous tant que nous sommes, nous n'é- » tions pas des insensés, nous ne viendrions » pas nous traîner dans les palais des rois. » Combien de chagrins nous nous éviterions ! » Mais l'ambition, qui nous presse, nous aveugle » et nous rend fous, et nous ne nous détrom- » pons qu'au moment de descendre dans la » tombe ; là seulement finissent toutes nos sot- » tises. » En finissant ces mots il se leva, sortit du palais et n'y parut plus. Le roi, étonné de cette saillie un peu trop libre, attendit plusieurs jours Suleiman, dont il avait souvent éprouvé le jugement solide ; mais la persévérance du Bérébère à se tenir renfermé chez lui obligea enfin le roi à nommer un autre capitaine de la garde africaine; il regrettait pourtant Suleiman, et désirait le ramener. Un de ses wazirs nommé Muhamad tenta d'y parvenir. Il alla chez Wenasos, où il eut d'abord de la peine à s'introduire, quoiqu'il s'annonçât en qualité de wazir du roi, et qu'à ce titre il eût le droit de le visiter (1). Wenasos le reçut, étendu sur ses tapis, sans se lever à son approche, ni l'inviter même à s'asseoir. « Comment me reçois-tu? lui dit Muhamad. Est-ce que comme toi je ne suis point wazir? Tu devais te lever à mon arrivée, et m'offrir de partager ton siége. — Cela était bon, répondit Wenasos, quand j'étais ainsi que toi un vil esclave; mais j'ai brisé les chaînes de la servitude. » Quelque chose que Muhamad lui pût dire, il ne réussit pas à vaincre son obstination; et quand il en eut fait le rapport au roi, Abdalà parut très-fâché qu'une plaisanterie innocente sur la barbe de Suleiman l'eût privé du secours de ses lumières et de son expérience.

Les dernières années du règne d'Abdalà avaient été assez tranquilles, malgré la persévérance de Calib dans sa révolte, et les partis qui subsistaient toujours dans les montagnes de Ronde et

---

(1) En ce temps-là on ne pouvait, sans y être appelé, entrer dans la maison d'un wazir, à moins d'être wazir soi-même et d'une classe égale.

d'Elvire ; mais ces derniers ne quittaient point leurs retraites sauvages, et Calib avait été renfermé dans Tolède par les victoires d'Almudafar. Ce qui surtout contribua à maintenir cet état de calme, ce furent les traités existans entre Abdalà et Alphonse. Ces deux princes, nonobstant le désir réciproque que probablement ils avaient de voir leur puissance abattue, furent pourtant obligés à vivre presque toujours en paix, parce que l'un et l'autre avaient besoin de la paix pour défendre leur trône menacé par la rébellion et par l'ingratitude. Alphonse, qu'on a surnommé le Grand, et qui a mérité ce titre pour avoir affermi la monarchie espagnole sur des bases indestructibles, eut sur la fin de ses jours des ennemis cruels dans sa propre famille. Il avait deux enfans, Garcie et Ordogne. Le premier, qui avait épousé la fille d'un seigneur puissant, appelé Nugno (1) Fernandez, excité par son beau-père, prétendait à la couronne du vivant même du roi. Il fut arrêté et mis dans un château. Ses partisans s'armèrent, et le roi fut contraint de suspendre ses vengeances, parce que, d'un autre côté, Ordogne imitait son frère.

---

(1) *Nugno.* On écrit Nuño, mais on se sert d'un ñ surmonté d'un trait. Ce caractère a exactement le son du *gn.*

Sacrifiant alors ses propres grandeurs à l'intérêt de l'état, ou ne voulant pas qu'il fût déchiré par une guerre civile, il abdiqua généreusement la couronne en faveur de ses enfans coupables, donna les Asturies à Garcie et la Galice à Ordogne; il vécut ensuite dans la retraite, et mourut à la même époque qu'Abdalà, mais un peu avant lui.

Les mêmes causes qui avaient concouru au maintien de la paix, du vivant des deux rois, durent la conserver entre les enfans. Les embarras d'un règne qui commence, la faiblesse, l'incertitude dans la marche des affaires jusqu'à ce qu'une forte impulsion ait été donnée par le génie ou amenée par l'habitude, se joignirent à la nécessité de travailler pour eux-mêmes contre les ambitions qui menaçaient leur pouvoir naissant. On va voir le nouveau roi de Cordoue disputer aux factieux, qu'encourageaient sa jeunesse et son inexpérience, les plus belles provinces de son royaume; les enfans d'Alphonse se firent la guerre pour se ravir l'un à l'autre les états qu'ils tenaient de leur père. La mort de Garcie, qui avait le premier suscité cette guerre impie, termina la contestation en faveur de son frère, qui recueillit ainsi tout l'héritage d'Alphonse. C'est à lui que commencent les rois de Léon. Nommés d'abord rois d'Oviédo ou des Asturies et seigneurs de Galice, ce ne fut que vers cette époque qu'ils prirent le titre de rois de Léon et des Asturies. Les prédécesseurs d'Ordogne II avaient tenu leur cour à Oviédo, quelquefois à Léon, à Astorga, à Compostelle, à Zamore; Ordogne fit de Léon la capitale de ses états.

Le choix d'Abdalà avait causé dans Cordoue une sensation universelle de plaisir. Le jeune Abderahman à la fleur de l'âge, portant une grande âme sous les plus beaux dehors, semblait promettre aux musulmans le bonheur avec la gloire; au lieu que le fils d'Abdalà, courageux et vaillant, mais sombre et austère, les aurait tenus sous une domination rigoureuse, où la bonté n'aurait pas tempéré l'exercice du pouvoir. Aussi, malgré le chagrin qu'on avait de la perte d'Abdalà, tout le peuple se livra à la plus vive joie, le jour où, revêtu des ornemens royaux, Abderahman ceignit le diadème qui pendant un demi-siècle devait briller sur son front. Heureusement pour la tranquillité de ces premiers momens, le prince Almudafar, gagné comme les autres par les qualités aimables de son neveu, avait conçu pour lui la tendresse d'un père; de sorte qu'au lieu de voir son élévation avec peine, il fut le premier à le proclamer souverain de Cordoue. Le nouveau roi, recevant le serment de son oncle, le tint long-temps serré dans ses bras, et tous les assistans attendris applaudirent à une scène qui annonçait l'union et la concorde entre deux princes rivaux. Pour honorer la mémoire de son aïeul, Abderahman III voulut prendre le nom d'Abdalà; mais par une acclamation générale le peuple l'appela *Amir al mumenin* (1), prince des croyans, et *Anasir ledinala*, défenseur de la loi divine.

Avant d'apporter ses soins au dehors, Abderahman voulut qu'une harmonie parfaite régnât parmi les habitans de Cordoue. Il savait que des haines invétérées, de mortelles inimitiés, existaient entre plusieurs familles; il n'ignorait pas qu'après un siècle les Abbassides avaient encore des partisans; à force de douceur, de prévenances et d'affabilité, il réunit les uns, ramena les autres. Le besoin de la réconciliation semblait naître de ses paroles. Après avoir éteint

---

(1) Florian observe avec raison que du titre d'Amir al mumenin nous avons fait le nom ridicule de Miramolin. Ce qui est encore plus ridicule que d'avoir défiguré ce titre que prit Abderahman, c'est d'avoir fait de ce mot *miramolin* un nom propre pour désigner le souverain de Cordoue; de manière qu'on est tout surpris de voir dans beaucoup d'historiens *le miramolin de Cordoue*, comme on aurait dit le calife de Damas, le sophi de Perse, ou le czar de Russie.

dans Cordoue les germes de la discorde, il songea à faire aux rebelles une guerre sérieuse et décisive ; il semblait depuis quelques années qu'on voulait leur permettre de légitimer leur usurpation par une possession tranquille.

Le fils d'Hafsun régnait à Tolède et sur tout le pays qu'arrose le Tage depuis Talavéra jusqu'à sa source ; de là sa domination s'étendait sur tout l'Aragon, sur la Catalogne jusqu'au Sègre, et sur toute la côte de la Méditerranée, depuis Tortose jusqu'à Murcie. C'était environ la moitié des états des premiers rois de Cordoue. Abderahman voulut l'héritage entier de ses ancêtres. Il convoqua les troupes du royaume ; et l'enthousiasme était si grand, le jeune roi donnait tant d'espérances, qu'il fallut mettre un frein au zèle des musulmans, qui de toutes parts accouraient, laissant les champs sans culture. Le roi choisit parmi cette multitude quarante mille hommes, et il prit avec eux le chemin de Tolède. Aben Hafsun devait craindre une armée composée de soldats aguerris qui allaient combattre sous les yeux de leur roi ; aussi, laissant dans Tolède une garnison nombreuse, des armes, des provisions abondantes et son fils Giaffar, il se retira vers le pays de Valence pour lever d'autres troupes, et revenir ensuite combattre Abderahman avec plus d'avantage. Cependant tous les forts, toutes les villes de la contrée, s'étaient soumis; Tolède seule opposa de la résistance. Comme le siége devait en être fort long, le prince Almudafar, général consommé, conseilla de marcher incontinent sur Valence. Cet avis fut suivi, et dès les premiers jours on eut la nouvelle du retour de Calib; toutes les troupes se réjouirent comme si la victoire leur eût été assurée. Les armées se rencontrèrent dans une large vallée formée par la rivière de Xucar, non loin de la ville de Cuënca. Calib avait plus de soldats, mais ils n'étaient pas aussi bien armés, et sa cavalerie était peu nombreuse; en revanche il avait dans ses rangs les plus habiles capitaines de tout le pays de Tadmir et des montagnes d'Elvire. Almudafar régla l'ordre de la bataille; il se mit à la tête de l'avant-garde, plaça le roi au centre, confia les deux aîles à des chefs expérimentés, et laissa la réserve aux soins d'Obeidala, qui, à l'âge le plus avancé, conservait la vigueur de la jeunesse, et voulait consacrer sa vie jusqu'au dernier moment à ce roi qu'il chérissait et qu'il avait élevé.

Le combat commença par une légère escarmouche entre les deux avant-gardes, qui, se repliant réciproquement sur leurs corps de bataille, donnèrent lieu à un engagement général. La fortune parut assez long-temps incertaine, *An de J. C. 913. De l'hégire, 301.*

mais à la fin la cavalerie du roi rompit et renversa les bataillons des rebelles. Sept mille d'entre eux restèrent morts sur la place ; les autres se sauvèrent à la faveur de la nuit, laissant beaucoup de blessés ; trois mille hommes furent tués du côté d'Abderahman. Le roi ne put retenir ses larmes à l'aspect de tous ces cadavres dont la terre était tristement jonchée ; il ordonna qu'on prît soin de tous les blessés sans distinction. Le fils d'Hafsun se réfugia à Cuënca, et plaça le reste de ses troupes dans les diverses forteresses du pays. Peu de jours après, le roi retourna à Cordoue ; son oncle se chargea du soin de continuer la guerre. Les suites de cette victoire furent très-avantageuses. Toute la partie orientale de l'Espagne abandonna le parti du rebelle, qui ne conserva que les forts où il s'était renfermé.

Pendant qu'Almudafar faisait partout revivre l'autorité royale trop long-temps méconnue, le roi de son côté porta ses armes contre les rebelles d'Elvire. Cette ville ne résista point. Dès qu'Abderahman se présenta devant ses murs, elle ouvrit ses portes ; toutes les villes voisines suivirent cet exemple, et le roi eut la gloire d'avoir triomphé, sans répandre le sang musulman. Pour mieux prouver la sincérité de leur zèle, les peuples récemment soumis demandaient des généraux et des armes, jurant d'employer dé-

An de J. C. 915. De l'hégire, 303.

sormais leur vie au service du roi ; et ils sortirent
de sa présence si touchés de l'accueil qu'il leur
avait fait, qu'un grand nombre d'individus le
suivirent en qualité de volontaires. Les principaux partisans de Calib se montraient les plus
prompts à rentrer dans le devoir. Ahmed ben
Muhamad ben Adha el Hamdani, qui avait succédé à son père dans le commandement des
rebelles de la montagne, vint de lui-même se
mettre à la disposition du roi, qui le reçut avec
bonté, et lui donna, comptant désormais sur
son dévouement, le gouvernement d'Alhama,
qui était la principale forteresse du pays. Obeidala ben Omeya, qui s'était emparé de Cazlona
et suivait aussi les bannières d'Hafsun, imita
Aben Muhamad, et le roi lui confia le gouvernement de Jaën. En un mot deux cents villes
ou villages fortifiés se soumirent, sans qu'il fût
nécessaire d'user de violence : tous ces succès
n'étaient dus qu'au seul ascendant de la présence
du roi. Lorsque tout le pays eut été pacifié, ce
qui demanda environ une année, le roi retourna
à Cordoue, où sa rentrée excita les transports
de la plus vive allégresse.

Il commençait à s'occuper des embellissemens
de cette ville, lorsqu'il fut averti par les walis de
la côte d'Andalousie que des corsaires africains, An de J. C.
et des Alarabes de Zanhaga et de Mazmuda, qui De l'hégire, 917. 305.

s'adonnaient comme eux à la piraterie, infestaient la Méditerranée ; qu'ils avaient pillé les côtes de la Sicile et de la Calabre, d'où ils avaient emmené beaucoup de captifs, et qu'ils menaçaient des mêmes désastres celles de l'Andalousie. Le roi donna aussitôt au wali Ocaïli l'ordre de faire sortir ses vaisseaux et de croiser sur les côtes ; il fit également passer des troupes à Majorque avec le général Giafar ben Othman, et de nouveaux navires furent construits dans les arsenaux. Vers le milieu de cette année un affreux incendie dévora dans Cordoue toutes les maisons qui entouraient la place publique du Zoco. Le roi fit travailler de suite à les reconstruire ; et pour donner aux incendiés les moyens de subvenir à cette dépense, il leur céda le produit des impôts de la province. Les Arabes appelèrent cette année l'*année des incendies*, parce que les faubourgs de Méquinésa, dans le nord de l'Espagne, furent aussi brûlés, et que d'autres incendies consumèrent en Afrique la place de Fez, et celle de Tahart, capitale des tribus zénètes.

Il arriva vers cette époque à Cordoue une aventure assez plaisante, qui peut servir à faire connaître les mœurs du temps et la bonté tolérante du roi. Sohaïb ben Munia, Andalous de naissance, était l'un des quatre assesseurs du grand cadi; il passait pour aimer le vin (1) : un jour qu'invité chez l'hagib Muza ben Hodeira, on l'avait fait beaucoup boire, on prit adroitement son cachet, sur lequel étaient gravés ces mots : *Ye alime cul gaïb, cun wufe bi Sohaïb*, c'est-à-dire : Toi à qui rien n'est caché, éclaire ou protége Sohaïb; et on substitua au mot *gaïb* le mot *abib*, ce qui changeait le sens de la légende, et lui faisait dire : Toi qui connais tous les ivrognes, protége Sohaïb. Le cachet fut ensuite remis à sa place, et Sohaïb ne s'aperçut de rien. Il continua de se servir de ce sceau, jusqu'à ce que des papiers qu'il avait expédiés étant parvenus aux mains du roi, celui-ci qui remarqua l'inscription, dit à Sohaïb : Tu bois du vin, ton cachet me l'apprend. Sohaïb, tout troublé, jeta les yeux sur la fatale légende : « Seigneur, s'écria-t-il, je confesse ma faute; » j'espère que Dieu me la pardonnera, et que tu » seras miséricordieux comme lui ; mais en vé- » rité je ne sais de quelle manière tout cela s'est » fait. » Le roi renvoya le cadi, en lui recommandant, non de ne plus boire, mais d'être

---

(1) Quoique l'usage du vin fût généralement défendu, il y avait pourtant quelques sectes particulières qui le permettaient, pourvu qu'on ne fît pas d'excès. Le cadi appartenait à la secte d'Yrack, qui tolérait l'usage modéré de cette boisson.

plus circonspect; et il rit beaucoup avec ses wazirs du tour qu'on avait joué au pauvre Sohaïb.

Cependant Almudafar, qui, en toute occasion, avait eu l'avantage sur les rebelles, et les avait forcés à se retirer au fond des montagnes, dans les lieux les plus âpres et les plus sauvages où ils périssaient de faim et de misère, conseillait au roi de lever une armée, d'envelopper leurs bandes, et de les détruire tous jusqu'au dernier, afin que les peuples pussent enfin jouir avec sécurité des douceurs de la paix. Abderahman, nourri de bonne heure des principes du Coran (1), répugnait à prendre ce parti rigoureux; mais Almudafar insista; il parla de l'intérêt général, du bien de l'état, et prouva que ces deux motifs devaient l'emporter sur les timides scrupules d'une fausse compassion et d'une humanité mal entendue. Le roi se rendit aux avis de son oncle, et il écrivit aux alcaïdes de Murcie et de Valence que dès le

---

(1) D'après les maximes d'Aly, il était défendu dans les guerres entre musulmans de poursuivre les vaincus au-delà des limites de la province, de tuer les fuyards hors du champ de bataille, et de prolonger le blocus des villes après un certain nombre de jours. Il est clair qu'avec ce code militaire la guerre devait être interminable.

retour du printemps ils tinssent leur cavalerie prête, parce qu'il se proposait de visiter leurs provinces, et de soumettre les villes qui résistaient encore à l'autorité légitime. Le printemps venu, Abderahman se mit en route, et recueillit partout les preuves les moins équivoques de l'amour et du dévouement de ses sujets : tous venaient à l'envi se ranger sous ses drapeaux, à Murcie, à Lorca, à Valence, à Tortose; en arrivant sur les bords de l'Èbre, il avait une armée innombrable. Il remonta ce fleuve jusqu'à Sarragosse. Il y avait dans cette ville beaucoup de partisans de Calib, mais le vœu général les contraignit au silence, et ils n'osèrent s'opposer aux habitans, qui se hâtèrent d'ouvrir leurs portes. Les principaux scheiks, suivis de tous les jeunes gens, se présentèrent devant le roi, et lui remirent respectueusement les clefs de la ville. Le roi, satisfait de leur soumission, leur fit un accueil plein de bonté, et pardonna à tous les révoltés, n'exceptant de l'amnistie que le seul Calib et ses enfans, desquels il voulait exiger de plus grandes sûretés. Il entra le jour suivant dans la ville avec l'élite de sa cavalerie, et il alla loger à l'Alcazar, où il prolongea son séjour pendant plusieurs mois, tant il fut ravi de la douceur du climat et de la beauté de la campagne.

Pendant qu'il était à Sarragosse, le fils d'Hafsun lui envoya deux alcaïdes du pays. Le roi les reçut sans aucun appareil au milieu de son camp, sur les bords de l'Èbre. L'alcaïde de Fraga, qui était le plus ancien des deux, porta la parole. Il dit que l'émir Hafsun désirait la paix, craignant de faire couler encore le sang des fidèles; que si le roi voulait lui abandonner, pour lui et ses successeurs, l'Espagne orientale, il promettait de se charger de la défense de toutes les frontières, de joindre ses drapeaux à ceux du roi toutes les fois qu'il en serait requis, et de livrer de suite les villes de Tolède et de Huescar. Le roi répondit aux envoyés qu'il leur avait donné en les écoutant une preuve de sa bonté et de sa patience; qu'il était sans exemple qu'un rebelle, un chef de bandits, osât faire à son roi des propositions, et voulût traiter comme de prince à prince; qu'ils n'avaient qu'à retourner vers lui, et qu'il les chargeait de lui dire que si dans un mois il ne s'était soumis, il n'avait plus de quartier à espérer ni pour lui ni pour les siens; que quant à eux, il voulait bien respecter la qualité d'envoyés qu'ils avaient prise et ne pas les livrer aux supplices, mais qu'il les exhortait à ne plus accepter d'aussi dangereuses commissions à l'avenir. Les alcaïdes confus retournèrent auprès de Calib, qui, n'ayant pas encore perdu toute espérance, et comptant surtout sur le secours des Navarrais et des Asturiens, envoya des émissaires à Tolède pour recommander aux habitans la constance.

Mais ce fut en vain qu'il tâcha de relever son parti et de réchauffer, par tous les moyens, le zèle et le courage des troupes : sa puissance abattue ne put revivre. Sanche, roi de Navarre, était alors très-âgé, et n'aspirait qu'au repos; il songeait déjà à résigner la couronne aux mains de son fils Garcie, afin de terminer sa carrière dans la retraite, et ce n'était pas avec de tels desseins qu'il aurait entrepris une guerre dont les chances douteuses ne pouvaient être prévues. Le roi de Léon aurait pu servir plus utilement le parti de Calib par une puissante diversion opérée du côté de la Galice; mais il avait à se défendre lui-même contre les tentatives des seigneurs castillans, qui, à mesure qu'ils recouvraient des Arabes quelques portions de la Castille, travaillaient à se rendre indépendans, et, pour y mieux parvenir, tâchaient de diminuer l'autorité du roi de Léon. Calib se trouvait donc réduit aux seuls musulmans qui avaient suivi sa fortune; mais la plus grande partie étaient rentrés ou désiraient de rentrer dans le devoir; toutes les principales villes avaient reconnu la domination du roi, et le peu de partisans qui lui restaient, fatigués d'une guerre qui ne leur laissait d'autre perspective que la misère et la mort, désertaient peu à peu ses bannières.

Toutefois les montagnards d'Elvire s'étaient de nouveau soulevés à l'occasion de la levée de l'impôt. Pendant les dernières années du règne d'Abdala, Muhamad ben Adha, qu'ils avaient choisi pour leur chef, et qui, entraîné par les circonstances plus que par une ambition coupable, avait conservé des vertus, était venu à bout de leur persuader qu'au lieu de vivre en guerre avec Abdala, et de traîner une vie toujours agitée, souvent malheureuse, il était de leur intérêt de se soumettre, et d'assurer ainsi leur repos, leur fortune, et le bonheur de leurs familles. Les rebelles avaient écouté avec confiance la voix de leur chef; ils consentirent à ce qu'on leur proposait. Muhamad partit alors pour Cordoue, et se présenta au roi Abdala, qui le reçut bien ; mais une chose aussi simple que celle d'accueillir des peuples qui, d'eux-mêmes, demandaient à rentrer sous l'obéissance du roi, trouva des contradicteurs ou rencontra des obstacles ; il y avait apparemment des personnes intéressées à faire durer cet état de guerre intestine : souvent la fortune des hommes en crédit a besoin, pour s'élever, de circonstances incompatibles avec la paix publique. Quoi qu'il en soit, les choses traînèrent en longueur. Muhamad se rebuta des lenteurs qu'on lui faisait subir ; il reprit le chemin d'Elvire, Abdalà tomba malade, et on ne pensa plus aux révoltés de la montagne. Lorsqu'Abderahman voulut les soumettre, Ahmed, fils de Muhamad, plus connu sous le nom d'Asomor, lequel avait hérité des sentimens de son père, et qui était chéri de ces peuples, parce qu'il les gouvernait avec beaucoup de sagesse, Ahmed se rendit au camp du roi, et parut devant lui en sujet soumis et suppliant ; on a vu que le roi l'avait fait walli d'Alhama (1). Deux ou trois ans après, l'administrateur des rentes royales envoya un percepteur à Elvire, pour le recouvrement des impôts. Celui-ci mit tant de rigueur dans le mode de la perception, les soldats qu'il avait amenés commirent tant d'excès, que les montagnards, qui n'avaient pas encore oublié qu'ils avaient long-temps vécu dans l'indépendance, chassèrent le percepteur et ses soldats, en tuèrent même un grand nombre, et coururent de toutes parts aux armes. Comme ils conservaient pour Aben Muhamad les sentimens d'es-

---

(1) Il ne faut pas confondre cet Alhama, qui se trouvait dans les montagnes des environs de Grenade, avec un bourg de ce nom qui est aussi dans l'Andalousie, mais vers les confins de l'Estramadure, au nord de Cordoue.

time et de déférence dont il s'était montré si digne autrefois, ils le conjurèrent de se mettre à leur tête, et, malgré ses refus et sa longue résistance, il devint encore le chef et l'appui des révoltés. Il fit aussitôt entourer de remparts plusieurs villes déjà fortes par leur position au milieu des rochers, et il prépara tout pour la défense. Le roi parut plus sensible à la défection personnelle d'Asomor qu'à la révolte des montagnards. Pour punir l'une et étouffer l'autre, il partit sur-le-champ de Cordoue avec une cavalerie nombreuse, surprit les rebelles au milieu de leurs préparatifs, et s'empara de leurs places principales; Asomor eut à peine le temps de se sauver sur les montagnes. Après ce premier succès, on fit sentir à Abderahman qu'il était indigne de la majesté royale qu'il se mît lui-même à la poursuite de quelques brigands, ce qui le décida à retourner à Cordoue, laissant le commandement de l'armée au wali de Jaën. En arrivant, le roi trouva dans la ville des messagers de son oncle Almudafar, qui lui faisait part des avantages qu'il avait continué d'obtenir sur les rebelles. Leur chef Calib venait de mourir à Huesca. Suleiman et Giaffar, ses enfans, voulaient se partager les odieux lambeaux de sa succession.

An de J. C. 918.
De l'hégire, 306.

L'année suivante, la peste exerça beaucoup de

ravages en Afrique et en Espagne. Le nombre des morts était si considérable qu'on pouvait à peine suffire à les enterrer. On fit des prières publiques ; les alfaquis s'imposèrent des pénitences, et les mosquées étaient sans cesse remplies de dévots musulmans, qui ne se doutaient pas que par ces réunions nombreuses ils donnaient à la contagion les moyens de s'étendre. Depuis un demi-siècle, ce fléau avait paru plusieurs fois en Espagne, tantôt apporté de l'Afrique, tantôt venu à la suite d'une horrible disette, et toujours il enlevait une grande partie de la population ; de sorte que ce malheureux pays, courbé constamment sous une domination étrangère et déchiré par des guerres intestines, avait encore à souffrir des suites d'une maladie dévorante qui venait périodiquement décimer ses habitans.

Dès que les révoltés d'Elvire eurent été instruits du départ du roi, ils reprirent courage et descendirent des montagnes en bon ordre. Après une infinité de rencontres où la fortune inconstante passait alternativement de l'un à l'autre côté, l'habile Asomor, par une feinte retraite, attira le wali de Jaën au fond d'un vallon autour duquel les montagnes, couronnées de bois, cachaient l'élite de ses troupes. Attaqué à l'improviste par des ennemis dont on ne pouvait calculer ni le nombre ni la force, le wali déploya le plus grand courage, mais il ne put retenir des soldats qui, se sentant frappés sans pouvoir se défendre, s'étaient remplis de terreur. Cependant la fuite ne pouvait les sauver; il n'y avait qu'un moyen de salut, c'était de combattre; les rebelles, maîtres de tous les passages, les accablaient, sans danger pour eux-mêmes, sous une grêle de pierres qu'ils lançaient du haut des rochers : le wali ne put qu'avec beaucoup de peine échapper aux dangers de la position où il s'était malheureusement engagé. Cette victoire enfla le courage des rebelles; un nouveau succès, obtenu sur les troupes réunies de plusieurs walis qui étaient venus au secours de celui de Jaën, fut suivi de la prise de plusieurs forteresses de la contrée, et de celle de Jaën même. Le roi, qui voyait avec douleur cette guerre se prolonger et causer la ruine de ses peuples, donna ordre de rassembler les troupes de Valence et de Murcie, et, les réunissant à la cavalerie de Cordoue, il se porta en personne sur la ville de Jaën; les rebelles, ne croyant pas pouvoir s'y défendre, l'abandonnèrent à son approche et rentrèrent dans les montagnes. Asomor se renferma dans Alhama avec ses meilleurs soldats. La situation de cette forteresse, ses remparts élevés, l'habileté du chef, la valeur des troupes ; tout parais-

An de J. C. 921. De l'hégire, 308.

sait annoncer que le siége serait long. Chaque
jour le roi ordonnait des assauts, et les assiégés
les repoussaient constamment avec un courage
qu'aucun danger n'ébranlait ; mais à la fin une
large brèche ayant été pratiquée, un nouvel
assaut plus terrible que les premiers mit la
place au pouvoir des assiégeans. Tous ceux qui
n'avaient point péri durant le siége furent passés
au fil de l'épée. Asomor fut retiré encore vivant
du milieu des cadavres. Tout son corps était
couvert de blessures ; le roi lui fit couper la tête, An de J. C.
qu'il envoya à Cordoue. Les rebelles, privés de De l'hégire,
leur chef, perdirent tout-à-fait courage, et ils 310.
implorèrent la clémence du vainqueur. Abderahman pardonna ; mais, par de sages mesures,
il mit les rebelles hors d'état de se soulever de
nouveau.

Cette guerre heureusement terminée, le roi
tourna ses efforts contre Tolède. Il envoya d'a-
bord des partis de cavalerie qui saccagèrent et
ruinèrent tous les environs de la ville, et même
toute la campagne à une grande distance, afin
que les habitans ne pussent faire aucune récolte,
ni se pourvoir de provisions. Giaffar, qui s'attendait à ce qu'on vînt faire immédiatement le siége
de la ville, craignit de s'y renfermer. Il voyait
que les vivres allaient manquer, et qu'on ne
pouvait s'en procurer des lieux voisins, qui tous

étaient occupés par les troupes du roi ; il ne voulut donc point s'exposer à tomber dans les mains de ses ennemis, et, sous prétexte de s'opposer par la force des armes aux dévastations que ceux-ci ne cessaient de commettre, il se chargea de tous ses trésors, se fit suivre d'une troupe choisie de cavaliers, et sortit de Tolède, qu'il confia aux soins d'un chef dont il connaissait les talens. Malgré les efforts de Giaffar, les dévastations continuèrent l'année suivante, et les habitans virent avec une impuissante douleur toutes leurs ressources détruites par cette tactique du roi, qui les forçait à épuiser leurs provisions, et leur ôtait en même temps les moyens de les renouveler. Ce ne fut que la troisième année, et lorsque le roi jugea qu'une prompte disette serait la suite inévitable d'un blocus rigoureux, que l'ordre fut envoyé aux walis de Valence, de Mérida et des villes voisines, de réunir leurs troupes et de se rendre sans délai à Tolède. Dans les premiers temps les assiégés faisaient de continuelles sorties ; et comme elles étaient favorisées par d'anciens et vastes édifices qui existaient hors de la ville du côté du nord, le seul accessible, ils causaient à l'ennemi beaucoup de mal, sans recevoir eux-mêmes beaucoup de dommage. Le roi étant arrivé dans ces circonstances avec de nouvelles troupes, fit abattre les édifices qui protégeaient les sorties, et pressa vivement, autant par ses ordres que par sa présence, les travaux du siége.

Il n'y avait presque plus de vivres dans la ville. Le gouverneur, qui sentait la nécessité prochaine de se rendre, qui d'ailleurs n'avait pas assez de monde pour garder tous ses remparts, conseilla aux habitans d'envoyer au roi des parlementaires pour lui demander de leur accorder la vie, et lui offrir à cette condition la remise de la place. Un grand nombre s'écrièrent qu'il fallait s'ensevelir sous les ruines de Tolède plutôt que d'ouvrir lâchement ses portes ; mais les plus sages furent d'avis de recourir à la bonté du roi ; et pour donner une couleur à leur si longue résistance, et montrer qu'elle n'avait été produite que par la présence des troupes de Calib, ils imaginèrent de faire exécuter par ces troupes une sortie dont elles profiteraient pour traverser le camp ennemi, et gagner les montagnes, après quoi la ville se soumettrait. Le gouverneur approuva ce dessein, qu'il communiqua à ses officiers ; et afin qu'il ne pût pas être découvert par les assiégeans, il résolut de l'exécuter cette nuit même. Aussitôt il choisit deux mille cavaliers et autant de fantassins ; ces derniers avaient ordre de se tenir attachés aux harnais des chevaux. Dès le point du jour, il sortit brusquement de la ville, et au milieu de la confusion que fit naître ce mouvement imprévu, il traversa heureusement le camp des assiégeans, dont il était déjà loin, avant qu'on eût eu le temps de se rallier et de prendre les armes. Le roi ne fit point poursuivre les fuyards; tout entier à l'espoir d'entrer promptement dans la ville, il faisait les dispositions nécessaires pour un assaut général, lorsque les députés de la ville arrivèrent. Ils supplièrent le roi de ne pas user de rigueur envers les habitans, dont le dévouement, jusque-là comprimé, éclatait dès l'instant que le départ des troupes rebelles leur rendait la liberté. Le roi eut l'air de croire à la sincérité de ces paroles, et, par un pardon généreux, il garantit aux habitans leurs biens et leurs vies. Il fit le même jour son entrée dans la ville, suivi de la cavalerie de sa garde. Il y fut reçu aux acclamations de ce peuple inconstant, qui naguère vouait son nom à la mort; et pour y consolider sa puissance par l'appareil de la force, il y demeura jusqu'à la fin de l'année. Avant de quitter Tolède, il prit toutes les précautions qui pouvaient contribuer au maintien de la paix. Il y laissa pour wali Abdalà ben Jali, homme d'un grand mérite et d'une infatigable activité (1).

An de J. C. 927.
De l'hégire, 315.

---

(1) C'était l'an 270 de l'hégire, ou 883, que Calib

Cependant le rebelle Giaffar avait passé en Galice afin de susciter au roi de nouveaux ennemis. Pour engager le roi de Léon à le secourir, il offrit de devenir son vassal et de lui payer un tribut. Ramire II venait de monter sur le trône. Jeune, ambitieux, plein du désir de montrer son courage et de signaler les commencemens de son règne, il accueillit Giaffar et leva une armée pour le soutenir : c'était, pour des avantages incertains, compromettre la sûreté de sa propre couronne. Dans ce temps-là, les peuples étaient si malheureusement disposés à la révolte contre leurs princes, que, si d'une part la politique des chrétiens consistait à semer et à développer chez les musulmans les troubles et la discorde, d'autre part il était à craindre que, par les mêmes moyens, les musulmans n'allumassent parmi les chrétiens les feux de la guerre civile. Chez les uns comme chez les autres, il existait dans le gouvernement un vice essentiel, qui devait être une source toujours ouverte de maux et de dangers ; c'était le droit d'élection qui appartenait au peuple, ou pour mieux dire

---

s'était emparé de Tolède. Depuis cette époque cette ville séditieuse avait méconnu l'autorité du roi, de sorte qu'elle persévéra environ quarante-cinq ans dans sa rébellion.

aux grands qui l'avaient usurpé ; et quoique les princes régnans eussent d'ordinaire le soin de faire reconnaître de leur vivant leurs successeurs choisis par eux-mêmes, cette précaution ne suffisait pas pour étouffer le secret mécontentement de tous ceux qui, ayant le droit ou la prétention d'être élus, se voyaient préférer un rival. D'un autre côté encore, il y avait toujours entre la nation et le souverain une puissance intermédiaire, qui tantôt arrêtait l'action du dernier, tantôt détournait le dévouement ou corrompait le zèle du peuple ; c'étaient les grands qui, comptant le peuple pour rien, ou ne le regardant que comme un instrument de fortune ou d'élévation, étaient toujours ligués contre le souverain dont le pouvoir les gênait, prêts à favoriser les entreprises de quiconque menaçait ce pouvoir.

Tous ces principes de désordre s'agitaient alors sourdement dans le royaume de Léon. Ordogne II était mort depuis quatre années ; il avait laissé deux enfans, Alphonse et Ramire ; mais Froïla son frère s'était fait proclamer ; et par sa dureté, sa violence et ses injustices, il avait puni la nation de l'avoir choisi. Il ne régna qu'un an ; Alphonse lui succéda. Ce dernier ne fit que paraître sur le trône ; il perdit son épouse, qu'il aimait tendrement, et la douleur qu'il en ressentit fut si vive qu'il forma le dessein de s'ensevelir dans la retraite, afin de pouvoir librement la pleurer; il céda l'empire à son frère Ramire. Mais à peine eut-il fait à l'amour malheureux le sacrifice de ses grandeurs, qu'il s'en repentit; et l'ambition rentrant dans son cœur, lui dit que la possession d'un sceptre pouvait consoler des disgrâces de l'amour. La ville de Léon se déclara pour lui. Ramire, qui conduisait son armée au secours de Giaffar, s'arrêta devant cette ville, déterminé à punir la rébellion chez lui, avant de la propager et de la soutenir chez les autres. Alphonse manqua de courage ou de forces; il se rendit. Il avait osé compter sur l'amitié de son frère; celui-ci le jeta dans une étroite prison, et continua ensuite sa route vers Zamore. Là, traversant le Duero, il entra sur les terres des mahométans, parcourant la province de Tolède; et, malgré les efforts du wali Abdalà ben Jali, il s'empara de Talavéra qu'il ruina, pilla les villages et les villes ouvertes, et s'en retourna chargé de dépouilles, et emmenant un grand nombre de captifs. Abdalà suivit les chrétiens dans leur retraite; trop faible pour entreprendre de la troubler, il s'arrêta au Duero pour en défendre le passage, si Ramire tentait une seconde expédition.

La nouvelle du désastre de Talavéra fut bientôt répandue par toute l'Espagne; et tandis qu'Abderahman rassemblait les troupes de l'Andalousie, son oncle Almudafar, qui avait resserré dans les gorges sauvages des Pyrénées les faibles débris du parti de Calib, accourait à marches forcées, désireux de vengeance et de nouveaux lauriers. Arrivé sur le Duero, il joignit à ses troupes celles que le roi envoyait de Cordoue; et entrant à son tour dans la Galice, où il porta de toutes parts le fer et le feu, il rendit aux sujets de Ramire tout le mal que Ramire avait fait aux Musulmans. Almudafar traînait après lui tant de captifs et de butin que, pour ne plus embarrasser les troupes dans leur marche, il ordonna la retraite; mais les chrétiens l'avaient devancé; ils l'attendaient sur les bords du Duero. Almudafar craignit qu'au milieu du trouble ses prisonniers ne tentassent de s'évader, ou que même ils ne cherchassent à opérer une diversion dangereuse : il les fit tous égorger. Ses soldats, excités au combat par cette scène de massacre, vinrent au-devant des chrétiens, leurs glaives encore tout fumans du sang des malheureux prisonniers; c'étaient moins des hommes que des tigres féroces qui cherchaient leur proie. Les chrétiens furent mis en désordre; et l'expédition de Ramire eut pour résultat d'avoir abattu, il est vrai, les murs de Talavéra, mais d'avoir appelé sur ses propres états le meurtre et l'incendie, d'avoir causé le massacre d'un nombre infini de captifs, et d'avoir fait périr sur le champ de bataille une portion de ses troupes. Il était d'autant plus à blâmer de s'être exposé à tous ces malheurs, qu'obligé de diviser ses forces, dont une partie lui était nécessaire contre ses sujets mêmes, il ne pouvait faire contre les Arabes que des efforts imparfaits. Il se vengea sur les enfans de son oncle Froïla des disgrâces qu'Almudafar lui faisait éprouver. Ces jeunes princes avaient essayé de se créer un parti. Ramire les poursuivit, se saisit d'eux, leur fit crever les yeux, et les fit emprisonner avec son frère Alphonse. Almudafar victorieux, se rendit à Cordoue, où tous les honneurs lui furent prodigués ; et le nom d'Almudafar, dans toutes les bouches, signifia : Vengeur des armes musulmanes, soutien et gloire de la patrie.

An de J. C. 930.
De l'hégire, 518.

Ce fut vers ce temps que le roi, vainqueur des ennemis du dehors, sans ennemis au dedans, vit une carrière nouvelle s'ouvrir à son ambition par les nouvelles qu'il reçut d'Afrique. La famille d'Edris avait occupé le trône de Fez environ cent trente ans. Yahie ben Edris, huitième roi de cette dynastie, assiégé dans sa capitale par Obeidala, premier calife fatimite (1),

---

(1) Ce fut vers l'an 296 de l'hégire qu'Abu Muhamad

ne l'obligea à lever le siége qu'en lui livrant ses trésors, et sous la condition de devenir son tributaire. Ce faible prince ne jouit pas long-temps de l'ombre de puissance qu'il avait si chèrement achetée. Aben Alafia, émir de Méquinez, entra dans Fez, en chassa Yahie, et se fit proclamer souverain. Plusieurs scheiks des tribus zénètes se liguèrent contre l'usurpateur, moins par zèle ou par affection pour les Edris que par jalousie contre l'émir ; mais, se trouvant trop faibles pour tenter avec lui le sort des armes, ils eurent recours à Abderahman, et, rappelant les liaisons anciennes qui existaient

---

Obeidala, se prétendant prophète, issu en ligne directe d'Ali et de Fatime, fille de Mahomet, se mit à la tête d'une troupe de mécontens, s'empara de la province d'Afrique proprement dite, et successivement des états de Fez. Il se fit donner le nom de calife, qu'il porta, ainsi que ses successeurs au nombre de treize. Ceux-ci ajoutèrent plus tard l'Egypte à leurs domaines. Ce sont ces califes qu'on a désignés sous le nom de fatimites. Obeidala prenait aussi le titre de Méhédi, directeur des fidèles. Plusieurs historiens lui ont contesté sa prétendue généalogie, et ont même soutenu qu'il était Juif de naissance et serrurier de profession dans la ville de Salamia, de la province d'Emesse. Cette dynastie des fatimites finit l'an 567 de l'hégire, après avoir duré environ 172 ans arabiques.

entre la maison des Omeyas et celle des Edris, ils le conjurèrent de protéger ses alliés malheureux. Le roi répondit qu'il enverrait sans délai une armée au secours des Edris; et il ordonna en effet à Giaffar ben Othman, wali de Majorque, et à son amiral el Ocaïli, de passer en Afrique avec tous leurs vaisseaux, et d'agir de concert avec les scheiks zenètes. Il leur recommanda même de faire tous leurs efforts pour gagner Aben Alafia, en lui représentant qu'il était de son intérêt de s'unir avec eux contre les fatimites. Dès l'année suivante, les troupes d'Abderahman occupèrent les villes de Tanger et de Ceuta. On en répara promptement les fortifications, et des garnisons nombreuses y furent placées pour protéger le passage des armées d'Espagne. Aben Alafia, qui craignait le roi de Cordoue, mais plus encore le fatimite Obeidalà, fit proclamer Abderahman dans la ville de Fez et dans toute la contrée. Obeidalà, instruit de cette nouveauté, envoya à Fez une puissante armée, sous les ordres d'Hamid. Ce général s'empara de la ville sans éprouver de résistance; mais Ahmed ben Becri, qui commandait les troupes espagnoles, ne laissa pas aux fatimites le temps de s'y fortifier. Il parut devant Fez, que son départ de Tanger était encore ignoré; et, profitant du désordre que causa sa présence

An de J. C. 931. *De l'hégire,* 319.

An de J. C. 932. *De l'hégire,* 320.

An de J. C. 933. *De l'hégire,* 321.

inattendue, il fit donner sur-le-champ un assaut général. Sept mille fatimites furent passés au fil de l'épée; la tête de leur chef, trophée sanglant de la victoire, fut envoyée à Cordoue. Abderahman récompensa le zèle d'Aben Becri, en le nommant émir ou gouverneur de Fez; il ne garda pas ce poste long-temps. Abulcasim, qui venait de succéder à Obeïdalà son père, fit marcher sur Fez toutes ses troupes; après un siége de sept mois la ville fut obligée de se rendre. Son général Maïsor, violant le sauf-conduit qu'il avait accordé à l'émir, le fit charger de fers et l'envoya à Abulcasim.

An de J. C. 934. De l'hégire, 322.

La joie qu'avait d'abord produite dans Cordoue la nouvelle des succès d'Aben Becri fut bien amèrement troublée par celle de sa défaite. Pour le bonheur des chrétiens, restaurateurs de la monarchie espagnole, Abderahman ne sut point profiter de cette leçon que lui donnait la fortune, et renoncer à une conquête qui dévorait l'élite de ses armées, pour donner plus de soins à l'affermissement de sa puissance en Espagne. Une sage politique semblait l'inviter d'autant plus à ce sacrifice, qu'Aben Ishac ben Omeya, wali de Santarem, venait de se révolter; que pour pouvoir soutenir ses desseins, il avait appelé les secours du roi de Léon; et que Ramire, toujours prêt à tirer avantage des dissensions des Arabes, parcourait la Lusitanie, et menaçait d'un siége Badajoz et Lisbonne. Le prince Almudafar partit avec les troupes de Mérida, et il força les Asturiens à repasser le Duero; mais il ne put se livrer à aucune entreprise importante, parce que la guerre d'Afrique avait ôté les moyens de mettre sur pied de nombreuses armées. Deux ans toutefois se passèrent sans que la guerre se rallumât sur cette frontière.

Abderahman employa cet intervalle à finir les constructions d'un palais qu'il faisait bâtir à deux ou trois lieues au-dessous de Cordoue, sur les bords du fleuve. Il y avait dans ce lieu une maison de campagne où il passait les étés et l'automne, attiré par la beauté du site, la fraîcheur des eaux, un épais ombrage, et des jardins superbes. Il commença par transformer la maison en palais; le palais fut ensuite entouré de beaux édifices, assez vastes pour contenir sa garde et les officiers de sa maison. Peu à peu des habitations s'élevèrent à l'entour, des familles nombreuses s'y établirent, et il se forma une ville qui s'appela Médina Azhara, du nom d'une de ses femmes, pour laquelle il avait la plus grande passion. Les voûtes du palais étaient, dit-on, soutenues par quatre mille trois cents colonnes de marbres divers, soigneusement sculptées. Tous les pavés étaient aussi composés de carreaux de marbre de plusieurs couleurs réparties avec goût; les murailles étaient lambrissées de la même manière. Les planchers étaient peints d'azur et d'or; les solives et les poutres, d'un bois précieux, étaient travaillées avec beaucoup d'art. Dans les grands appartemens, des fontaines d'eau douce s'épanchaient dans des bassins de marbre de formes variées. Au milieu de celui qu'on appelait le salon du calife, il y avait une fontaine de jaspe, et du milieu de ses eaux sortait un cygne d'or qui avait été fait à Constantinople. Au-dessus de la tête du cygne on voyait suspendue une très-grosse perle que l'empereur Léon avait envoyée à Abderahman. A côté du palais se trouvaient les jardins, riches en arbres fruitiers; ils contenaient plusieurs bosquets de lauriers et de myrthes, environnés de pièces d'eau qui en suivaient les contours, et réfléchissaient, comme en un miroir, les rameaux des arbres, le ciel et ses nuages de pourpre. Au milieu des jardins, sur le sommet d'une éminence d'où les yeux se promenaient sans obstacle sur toute la campagne voisine, on avait construit un pavillon où le roi aimait à se reposer au retour de la chasse. Il était supporté par des colonnes de marbre blanc, dont les chapiteaux étaient richement dorés. Au centre du pavillon coulait dans une conque de porphyre une fontaine de vif-argent, dont les oscillations faisaient jaillir au loin tous les feux du soleil, quand ses rayons venaient la frapper. Plusieurs bains élégans, distribués dans les jardins, en augmentaient l'agrément. Les rideaux, les tapis, étaient tissus d'or et de soie ; ils représentaient des paysages ou des animaux.

Une mosquée moins vaste, mais plus riche peut-être que celle de Cordoue, s'élevait non loin du palais. Du côté opposé, on avait construit la maison des monnaies ; le roi avait fait changer le type des siennes. Jusqu'à lui les monnaies d'Espagne avaient conservé la forme des monnaies orientales ; il voulut qu'elles en fussent désormais distinguées autant par la forme que par les inscriptions, et il y fit placer son effigie avec ses divers titres, parmi lesquels figurait celui d'imam, ou chef de la religion, que prenaient aussi les califes abbassides. Les travaux d'Azhara ne furent terminés que l'an 325 de l'hégire ; et de ce palais, où tant de trésors furent employés pour le faire sortir du sein de la terre, il ne reste pas même aujourd'hui des ruines qui indiquent qu'il a existé : triste et inévitable condition de tous les ouvrages des hommes ! Tout ce que leurs mains ont créé, le

An de J. C. 936. De l'hégire, 325.

temps le dévore. Ce qui vit à jamais dans les âges, ce sont les vertus des bons rois, ce sont les œuvres du génie.

Un nouvel imposteur apparut cette année ; il se disait prophète, et entraînait après lui par ses prédications la populace ignorante et avide de nouveautés : il s'appelait Hamim, et il avait commencé sa mission par visiter les montagnes de Gomer, dans la province de Fez ; de là il avait passé en Espagne. Il réduisait à deux le nombre des prières : l'une se devait faire au lever du soleil, l'autre à son coucher ; et à la fin de la prière, dont la formule était courte, on se prosternait trois fois (1). Outre ces prières générales, il fallait encore en faire une pour le salut d'Hamim, et celui d'une femme nommée Téliat, qui l'accompagnait. Les jeûnes étaient de dix jours au mois de ramazan, et de deux à celui de xawal; ils ne duraient que jusqu'à midi. On était dispensé du pèlerinage de la Mecque, moyennant d'autres pratiques religieuses qu'il substituait à cette obligation ; on pouvait manger la chair de

---

(1) Elle était ainsi conçue : « Toi qui nous as donné » des yeux pour voir tes œuvres, délivre-nous du péché ; » toi qui as tiré Jonas du ventre de la baleine, et Muza » (Moïse) du milieu des eaux, tire-nous de l'abîme du » vice. »

la truie, parce que le Coran défend seulement l'usage du porc. Hamim avait introduit d'autres innovations du même genre. Comme il ne se bornait pas au stérile métier de prédicateur, et qu'il obligeait encore les fanatiques qui se laissaient séduire, à lui remettre la dîme de leurs revenus, au lieu de la remettre aux percepteurs des impôts, il attira sur lui l'attention du gouvernement : il fut poursuivi, arrêté, jugé par les alfaquis; et sa doctrine ayant été condamnée comme contraire au Coran, il périt par les supplices. Sa mort fit tout rentrer dans l'ordre, et le zèle de ses partisans n'alla point jusqu'à vouloir partager avec lui les honneurs du martyre.

Cependant des bruits vagues de guerre circulaient sourdement dans la Lusitanie. On ne parlait que des préparatifs que faisaient les chrétiens, et de leur entrée prochaine dans les terres des musulmans. Les timides habitans des bords du Duero quittaient leurs maisons et emmenaient leurs troupeaux. Ils couraient se renfermer dans les places fortes, où ils comptaient trouver un asile contre les dangers de l'invasion; d'autres allaient plus loin encore porter leurs terreurs, et ils ne s'arrêtaient que sur les rives du Tage. Abderahman ayant eu connaissance de tous ces mouvemens, voulut, s'il était pos-

An de J. C. 937. De l'hégire, 326.

sible, prévenir les ennemis; il envoya à tous ses walis l'ordre d'apprêter leurs troupes. Bientôt l'Espagne entière se mit en armes, toutes les routes se couvrirent de gens de guerre, de bagages et de provisions; et les walis répondant à l'appel que le roi leur avait fait, lui mandèrent peu de temps après qu'ils n'attendaient que le signal du départ.

An de J. C. 938.
De l'hégire, 327.

Le roi avait désigné Salamanque pour point de réunion de toute l'armée; et tandis que les walis de l'orient et de l'occident s'y rendaient par des chemins opposés, le prince Almudafar sortait de Mérida avec la cavalerie de l'Algarve, et le roi partait de Cordoue avec toute sa garde et la cavalerie andalouse. On passa la revue des troupes; elles montaient à cent mille hommes environ, tous vieux soldats, bien armés et remplis de confiance en leurs chefs. Cette armée fut divisée en trois corps: le prince eut le commandement du premier, composé de quarante mille hommes; le roi prit celui du second, qui avait un nombre égal de combattans; le reste des troupes, formant la réserve, obéissait aux ordres d'Obeidala, wali de Badajoz, fils d'Ahmed ben Jali. Le jour fixé pour le départ étant arrivé, toute l'armée se mit en marche; elle arriva en bon ordre sur le Duero, passa le fleuve et vint assiéger Zamore. Cette place, plusieurs fois prise et reprise, avait été fortifiée depuis peu par de nouveaux ouvrages ; elle était entourée, dit-on, de sept enceintes de bonnes murailles, et de doubles fossés remplis d'eau ; sa garnison était considérable, et composée de troupes d'élite.

Les travaux du siége furent dirigés par Abdalà ben Gamri, et par le wali de Valence. Les assiégés faisaient de fréquentes sorties ; mais, contraints de céder au nombre, ils rentraient toujours avec perte dans leurs murs. Ils comptaient sur le secours de Ramire. Ce prince ne tarda pas à se rendre à leurs vœux, et, suivi d'une armée non moins nombreuse que celle d'Abderahman, il descendit des montagnes et se dirigea sur Zamore. Le roi ne voulut point l'attendre dans son camp, et, laissant Abdalà ben Gamri devant la ville avec vingt mille hommes, il s'avança fièrement à la rencontre des chrétiens. Les deux armées se joignirent auprès d'une rivière qui tombe dans le Duero (1), et dès le premier jour

---

(1) Quelques historiens disent que cette bataille fut livrée dans la plaine de Simancas. Cela n'est guère probable. Simancas est un bourg très-voisin de Valladolid, à vingt-cinq ou trente lieues de Zamore. Les troupes de Ramire n'auraient pu venir par Simancas qu'autant qu'elles seraient arrivées du côté de la Navarre ou de la Biscaye ; mais elles descendaient des Asturies, de la

il y eut entre les avant-gardes une escarmouche légère qui n'eut pas de suite. Ensuite deux jours se passèrent à s'observer réciproquement, comme si les deux rois eussent cherché par quel côté ils pourraient s'attaquer avec plus d'avantage (1). De même qu'on voit deux taureaux furieux se regarder, mesurer l'intervalle qui les sépare, frapper la terre de leurs pieds, et s'élancer enfin l'un sur l'autre avec une égale fureur; de même, dès que la troisième aurore se leva, les troupes d'Almudafar déployant leurs bannières, fondirent sur les chrétiens en poussant de grands cris : les chrétiens à leur tour s'avancèrent en bataillons serrés. Au premier choc, la terre ensan-

---

Galice, et surtout du Léon, c'est-à-dire de l'ouest et du nord de Zamore. Elles suivaient probablement le cours de l'Esla, qui se jette dans le Duero, trois ou quatre lieues au-dessous de cette ville ; les Arabes au contraire durent remonter cette rivière, et rencontrer les chrétiens entre Zamore et Léon, sur les bords de l'Esla ou de quelqu'une des petites rivières qui affluent dans l'Esla.

(1) Il y eut le lendemain de ce premier engagement une éclipse de soleil qui remplit d'épouvante tous ceux qui n'avaient jamais vu ce phénomène ; les musulmans, plus superstitieux que les Goths, furent les plus effrayés. Ce fut peut-être pour leur laisser le temps de revenir de leur terreur que le roi de Cordoue ne laissa commencer la bataille que le troisième jour.

glantée se joncha de cadavres ; de toutes parts c'était la même ardeur, le même courage, le même désir de vaincre ; de toutes parts c'était le même intérêt de religion, de patrie, le même fanatisme. Almudafar parcourait les rangs des Arabes, et animait les soldats de la voix et de l'exemple. Partout où le danger se montrait, on voyait Almudafar, le glaive à la main, se frayant un passage à travers les lances ennemies, disputer, arracher la victoire aux chrétiens. Ceux-ci se défendaient en guerriers généreux qui ne craignent point la mort. Ramire, à la tête de ses cavaliers tout couverts de fer, portait le désordre au milieu des escadrons musulmans. Le comte de Castille, Ferdinand Gonzalez, répandant autour de lui la terreur, voyait orgueilleusement fuir ses timides ennemis qui n'osaient attendre ses coups. Le rebelle Aben Yshâc, suivi de ses partisans, tous ivres comme lui de sang et de vengeance, ne secondait qu'avec trop de succès les efforts des chrétiens.

Les Arabes commençaient à plier ; toute leur aile droite était en désordre. Aben Ahmed, wali de Tolède, qui la commandait, ne pouvait arrêter ses soldats. En ce moment le roi, qui jusque-là n'a point combattu, se met à la tête de sa garde et des cavaliers de Cordoue ; il prend les chrétiens en flanc, les enfonce, et retient la fortune qui allait abandonner ses drapeaux. Alors toutes les forces des chrétiens se portent de ce côté; ils veulent ressaisir la victoire qui leur échappe; le combat recommence avec plus de fureur. Aben Ahmed, qui a rallié sa troupe fugitive, la ramène sur le champ de bataille; il a deux chevaux tués sous lui; un coup de hache l'atteint lui-même et le renverse mort; beaucoup d'autres musulmans, que leur naissance, que leur valeur, ont rendus fameux, reçoivent, ainsi que lui, le coup mortel; mais, au prix de leur sang, ils achètent le triomphe de leurs soldats. De leurs regards mourans, ils voient les chrétiens, pliant à leur tour, s'éloigner, se rompre, se disperser; et ils regrettent moins la vie, puisque leur cercueil va s'entourer de lauriers. Les chrétiens n'avaient pu résister au choc de la cavalerie andalouse; ils avaient cédé le terrain, mais combattant toujours, jusqu'à ce que la nuit vînt couvrir de ses ténèbres ce champ de désolation et d'horreur où des milliers de morts gisaient étendus, où les blessés foulés aux pieds des chevaux exhalaient dans le désespoir un reste de vie, où les vivans eux-mêmes attendaient dans l'angoisse le retour du soleil pour recommencer la lutte sanglante où peut-être ils allaient périr à leur tour.

Les chrétiens passèrent la rivière pendant la

nuit. On dit qu'Aben Yshâc fit naître des craintes sérieuses dans l'esprit de Ramire en exagérant les forces d'Abderahman et les ruses de guerre des Arabes, qui ne sont jamais plus à craindre que lorsqu'ils paraissent vaincus. Quoi qu'il en soit, Ramire se retira sans avoir pu secourir Zamore. Les Arabes ne tentèrent pas de l'inquiéter dans sa retraite (1); ils reprirent dès le lendemain la route du camp de Zamore, se

---

(1) Les historiens espagnols, ou pour mieux dire leurs vieilles chroniques, attribuent la victoire à Ramire. Ils vont même jusqu'à dire que Ramire, s'étant mis à la poursuite des Arabes qui s'étaient ralliés près de Salamanque, les battit une seconde fois. Nous pensons qu'il faut ici donner la préférence aux récits des Arabes. Si Ramire avait été vainqueur, s'il avait poussé les ennemis jusqu'à Salamanque, le siége de Zamore aurait dû être levé; et il est pourtant certain qu'Abderahman s'empara de cette place, qui ne fut reprise que deux ans après par le roi de Léon, pour être prise encore de nouveau. Ce qui est positif, c'est que la victoire fut bien chèrement achetée, puisque les Arabes conviennent que la bataille fut des plus sanglantes, et qu'elle fut aussi funeste aux vainqueurs qu'aux vaincus; que ce furent les conseils d'Aben Yshâc à Ramire qui sauvèrent les musulmans d'une défaite totale, et que ceux-ci perdirent à cette expédition, soit dans cette journée, soit pendant le siége, de quarante à cinquante mille hommes.

contentant de laisser quelques détachemens de cavalerie en observation sur les bords de la rivière.

De retour à Zamore, le roi fit multiplier les assauts. Les assiégés se défendaient avec tout le courage du désespoir, et les Arabes ne gagnaient pas un pied de terrain qui ne fût tout arrosé de leur sang. Excités néanmoins par la présence d'Almudafar et celle du roi, ils redoublèrent d'efforts, et, à force de travail et de constance, ils renversèrent deux pans de muraille. Aussitôt, les plus courageux entrent en foule par la brèche, mais leur valeur rencontre un obstacle auquel ils ne s'étaient pas attendus. Un large fossé, rempli d'eau, les sépare des chrétiens, qui du bord opposé font pleuvoir sur eux une nuée de traits. Les uns, atteints par les flèches meurtrières, tombent sans vengeance; les autres tentent de traverser le fossé, et périssent au milieu des eaux; les plus téméraires vont recevoir la mort par les lances des chrétiens au moment où ils se flattent d'atteindre le rivage. Plusieurs milliers de musulmans y sont tués; et leurs cadavres, entassés dans le fossé, offrent à ceux qui restent un horrible pont sur lequel ils arrivent enfin à leur ennemis. Les premiers qui paraissent périssent encore; mais bientôt les chrétiens épuisés, couverts de blessures, ne peuvent soutenir le choc toujours renouvelé de ceux qui arrivent ; ils fuient dans la ville, ils y sont poursuivis, et la ville entière n'est plus qu'un champ de carnage : les enfans et les femmes sont seuls épargnés. Ce combat, qui eut lieu dans l'enceinte de Zamore, fut appelé la bataille d'Alhandic, ou du Fossé.

Abderahman ordonna de réparer les fortifications de Zamore, et après avoir pourvu à la sûreté des frontières, il revint à Cordoue, où, par de nombreuses récompenses sagement distribuées, il consola l'armée de ses dangers et de ses fatigues. Mais il fallut bientôt songer à reprendre les armes. Ramire avait travaillé durant une année à réparer ses pertes ; dix-huit mois s'étaient à peine écoulés, qu'il entra de nouveau sur les terres des musulmans, vainquit le wali de la frontière, Abdalà, et emporta Zamore, dont il massacra la garnison. Abderahman fit partir aussitôt toute la cavalerie andalouse. Avec ce secours Abdalà reprit l'offensive ; il rencontra les chrétiens sur la rive du Duero, dans une petite plaine que d'un côté le fleuve ceignait de ses eaux, et qu'entouraient de l'autre des rochers escarpés, de sorte que pour les uns comme pour les autres il n'y avait d'espoir de salut que dans la victoire. Le combat fut sanglant, les musulmans triomphèrent, et le château de Saint-Etienne

An de J. C. 940. De l'hégire, 329.

de Gormaz, situé à peu de distance, fut emporté d'assaut. De là Abdalà revint sur Zamore, où il entra de force, vengeant ainsi sa première défaite.

Cependant le rebelle Aben Yshâc, soupçonné d'infidélité par Ramire, éprouva des désagrémens à la cour de Léon. Il écrivit en secret à Abderahman; il le conjurait d'oublier ses égaremens, et de ne les attribuer qu'au désir qu'il avait eu de venger la mort de son frère, qu'il croyait injustement condamné; il lui offrait de consacrer désormais sa vie à son service. Le roi admit ses excuses, et non-seulement il lui pardonna, mais il lui rendit la charge de wali de la frontière. Le roi de Léon n'était plus en état de combattre; il désira la paix. La retraite d'Aben Yshâc y contribua peut-être; il dut craindre que ce dernier ne découvrît à son maître le secret de ses forces. Il envoya des ambassadeurs à Cordoue. Abderahman, à qui la paix n'était pas moins nécessaire, traita ces députés avec distinction; et quand il les renvoya, il fit partir avec eux Ahmed ben Saïd, l'un de ses principaux wazirs; une trêve fut conclue pour cinq ans.

Le roi tourna alors ses armes du côté de la Catalogne, où les fils d'Hafsun occupaient Lérida. Ils en furent chassés, et depuis cette époque il n'en est plus fait mention par les historiens, ce qui fait présumer qu'ils allèrent mourir ignorés dans quelque obscure retraite. A peu près dans le même temps, le roi fit réparer l'arsenal de Tortose, et construire des vaisseaux que l'entretien de ses nouvelles possessions d'Afrique rendait indispensables. Les partisans des Edris ne se dissimulaient plus ses vues ambitieuses, et, se méfiant de ses secours intéressés, ils s'étaient rapprochés des fatimites. La mort d'Aben Alafia, dont la conduite fut toujours équivoque, avait permis de recouvrer la plus grande partie des états de Fez. Abderahman, pour s'y maintenir, devait envoyer de l'argent, des vaisseaux et des troupes, ce qu'il ne faisait qu'en s'affaiblissant en Espagne, échangeant ses trésors et le sang de ses sujets contre le stérile honneur d'être nommé dans les mosquées de Fez, et d'en instituer le wali qui gouvernait en son nom ; mais de nouveaux embarras l'empêchèrent durant quelque temps de s'occuper de l'Afrique.

Il avait désigné pour lui succéder son fils Alhakem, et il l'avait fait reconnaître alhadi de la manière accoutumée. Cette préférence parut à quelques personnes injuste envers Abdalà, qui, autant que son frère Alhakem, joignait une solide instruction aux dons extérieurs, et le courage à l'aménité ; qui, mieux encore que lui, savait gagner l'affection des peuples par des dehors gracieux et des paroles affables. D'ambitieux courtisans, qui n'auraient cherché dans l'élévation d'Abdalà que leur propre avantage, commencèrent par l'entourer de leurs flatteries et de leurs hommages ; et peu à peu, par des insinuations perfides, ils l'amenèrent à une révolte déclarée. Ainsi le malheureux prince abandonna la certitude d'un avenir heureux, tranquille et honoré, pour l'espérance de monter sur le trône à l'aide de la violence et du crime. Ahmed ben Muhamad Abdhilbar, ami intime du prince, fut le premier instrument de sa perte. Il avait des connaissances et du courage, mais il était dévoré d'une ambition ardente, qu'il savait cacher sous l'extérieur le plus modeste. Il ne cessait de répéter devant le prince que le choix qu'avait fait le roi était généralement improuvé ; que la nation aurait désiré Abdalà ; que rien n'était plus aisé que de substituer ce vœu général au vœu de quelques wazirs, dont au surplus la volonté n'avait été déterminée que par celle du roi ; que, pour peu qu'Abdalà y voulût consentir, le peuple forcerait le roi à révoquer sa déclaration, et même à descendre du trône. Abdalà n'eut pas la force de se défendre contre la séduction, et le désir de porter la couronne le livra tout entier aux desseins d'Aben Abdhilbar.

Lui-même travailla en secret à corrompre par des promesses et des présens les wazirs et les capitaines de la garde, à conquérir l'affection de toutes les classes du peuple, à s'attacher plus étroitement tous les amis d'Abdhilbar. Ce dernier, aveuglé par les progrès rapides de la conjuration, chercha des partisans jusque dans les personnes le plus dévouées au roi. Il aurait réussi s'il n'avait trouvé que des traîtres; il s'adressa à un sujet loyal et fidèle qui, feignant d'entrer dans ses vues, apprit tout le secret des conjurés, et en avertit le roi sans délai.

Abderahman ne sut d'abord que penser d'un avis auquel les mœurs et les qualités connues du prince donnaient l'apparence d'une délation; il jugea pourtant qu'on ne devait pas le mépriser; il en conféra avec son oncle Almudafar, et, suivant le conseil qu'il en reçut, il fit partir dans la nuit un détachement de sa garde, avec ordre d'arrêter Abdalà et de l'amener de suite à Médina Azhara, où il se trouvait. Le wazir qui conduisait le détachement, ayant pris du roi les instructions nécessaires, partit pour Cordoue, et arriva au milieu de la nuit au palais Méruan qu'habitait le prince, lequel était hors la ville. Au nom du roi les portes du palais s'ouvrirent; le prince surpris se laissa arrêter sans opposer aucune défense. Abdhilbar, et un autre seigneur nommé Ahmed ben Alhatar de la Rose, qui se trouvaient auprès d'Abdalà, furent arrêtés avec lui et conduits à Azhara, sans qu'on leur permît de communiquer ensemble sur la route. Dès que le prince parut devant son père, celui-ci, lui adressant la parole, lui dit d'un ton sévère : « C'est donc toi qui te plains de ne point » régner ? » Abdala, trop ému pour répondre, ne fit que répandre des larmes. Le roi ordonna qu'on l'enfermât dans son appartement, et que deux wazirs de son conseil l'allassent interroger sur-le-champ. Le prince avoua tout, rejeta sur Abdhilbar la faute qu'il avait commise, et déclara qu'il croyait Aben Alhatar innocent, parce qu'on l'avait jugé trop indiscret ou trop léger pour lui rien confier. Abdhilbar fut facilement convaincu de tout ce que le prince lui avait imputé dans ses réponses à l'interrogatoire, et il fut condamné à perdre la vie. Il fut même décidé que l'exécution aurait lieu le jour de la fête des victimes, qui était celui que les conjurés avaient choisi pour faire éclater leurs projets; mais Abdhilbar, apprenant dans sa prison le sort qui lui était réservé, trouva les moyens de se donner la mort la veille du jour qui devait éclairer son supplice. Le prince Abdalà fut étouffé dans sa chambre pendant la nuit.

An de J. C. 949.
De l'hégire, 338.
Dylhagia.

On assure qu'Alhakem demanda la grâce de son

frère, et que le roi fut inflexible. «La prière sied dans
» ta bouche, répondit-il à son fils, et si je n'étais
» qu'un homme privé, je t'accorderais à l'instant ce
» que tu demandes. Mais je suis roi : je dois à mes
» peuples, à mes successeurs, des exemples de jus-
» tice. Je pleure amèrement sur le sort de mon fils,
» je pleurerai le reste de ma vie; mais ni tes
» larmes, ni ma propre douleur, ne le sauveront
» du châtiment qui est dû à son crime. J'imiterai
» en ceci le calife Omar, qui fit frapper de verges
» son fils bien-aimé, pour que sa justice demeu-
» rât satisfaite. » Abdalà fut généralement regretté, parce qu'il avait réellement des qualités
aimables ; et l'on blâma l'excessive rigueur de
son père, qui faisait mourir sans nécessité un
prince digne d'un meilleur sort, plus coupable
de légèreté ou de faiblesse que de méchanceté.
On se demandait si le roi avait oublié que son
père Muhamad avait constamment refusé de se
soumettre à l'autorité royale, et que même,
pour s'y soustraire, il avait soutenu une guerre
longue et opiniâtre ; s'il avait oublié que la
nation avait regardé sa mort comme un assassinat odieux, et non comme une punition juste.
Le prince Almudafar succomba peu de temps
après à une maladie aiguë; on lui donna peu de
regrets, malgré ses longs services et tout l'éclat
de ses victoires, parce qu'on l'accusait d'avoir

conseillé la mort de son neveu, comme il avait jadis conseillé la mort de son frère.

L'arrivée d'une ambassade de Constantin, empereur d'Orient, suspendit pendant quelque temps la douleur du roi, par les distractions qu'il trouva dans les jouissances de l'amour-propre, et le plaisir d'étaler aux yeux des envoyés toute la magnificence de sa cour. Dès qu'il eut appris qu'ils avaient abordé sur les côtes d'Espagne, il envoya pour les recevoir de nombreux détachemens de cavalerie ; d'autres troupes, richement vêtues, les attendaient sur les avenues de Cordoue, et ils traversèrent la ville au milieu d'un immense concours de peuple qui remplissait les rues et les places publiques. Ils furent amenés au palais de l'hagib, qui avait reçu du roi l'ordre de ne rien épargner pour les traiter splendidement. De Cordoue on les conduisit avec le même cortége à Médina Azhara ; ils trouvèrent le roi dans son superbe pavillon. Le jardin qu'ils avaient dû traverser était couvert de tentes de soie tissues d'or. Abderahman était entouré de ses wazirs et des officiers du palais. L'hagib se tenait auprès de son maître ; une garde brillante d'Esclavons remplissait le jardin. Les ambassadeurs s'approchèrent respectueusement du roi et lui remirent la lettre de Constantin ; elle était écrite sur du parchemin bleu, orné de vignettes dorées, et elle était renfermée dans une boîte d'or sur laquelle était gravée l'image de l'empereur. Celui-ci demandait le renouvellement des anciens traités d'alliance contre les califes de Bagdad. Ennemi naturel des Abbassides, le roi fit aux ambassadeurs la réponse la plus favorable; et quand ils partirent pour Constantinople, il les fit accompagner par un de ses wazirs, qu'il chargea de remettre à l'empereur de riches présens.

Les nouvelles qui, dans le même temps, arrivèrent d'Afrique contribuèrent aussi à calmer les chagrins du roi. Le wali Abu Alaixi, descendant et successeur des Edris, dépouillé par les fatimites, dont il avait recherché l'alliance, d'une partie des états qu'il avait recouvrés, craignant de ne pouvoir conserver le reste, avait suivi le conseil que lui donnèrent les scheiks zénètes : il venait de se placer sous la protection du roi de Cordoue, et il l'avait fait proclamer dans toutes les villes qu'il possédait encore, souverain de Fez et de Tahart. Cet événement avait été ménagé par le wali de Fez, Muhamad ben El-chaïr, Zénète d'origine, de qui les ancêtres avaient été de tout temps dévoués à la famille des Omeyas. Abderahman envoya aussitôt des troupes à Tanger et à Ceuta pour en renforcer les garnisons.

Cependant la trève avec le roi de Léon venait

d'expirer, et Ramire en personne avait envahi la Lusitanie, tandis qu'une autre armée, conduite par ses généraux, pénétrait par Zamore dans la province de Tolède. Abderahman à son tour fit publier l'algihed par tous ses états ; une armée nombreuse fut en peu de temps rassemblée ; le wâli de Fez accourut des rivages de l'Afrique, amenant une troupe choisie de cavaliers. Le commandement général fut donné à l'hagib Ahmed ben Saïd, qui, depuis la mort d'Almudafar, avait toute la confiance du roi.

An de J. C. 950.
De l'hégire, 339.

Les chrétiens repassèrent le Duero. Poursuivis jusqu'au pied de leurs montagnes, ils éprouvèrent de grandes pertes ; et la Galice, qu'ils ne purent défendre, livrée au pillage et à la dévastation, enrichit de ses dépouilles les musulmans vainqueurs. Ahmed ben Saïd, de retour à Cordoue, reçut du peuple et du roi les plus grandes marques d'honneur. Le roi ne pouvant l'élever lui-même, puisqu'il possédait le premier poste de l'état, répandit ses grâces sur sa famille, et il nomma son frère Abdelmélic à la charge de wazir du conseil. Ahmed rapporta de son expédition tant de richesses que, outre la portion de butin qu'il remit au trésor pour le roi, il fit encore à son maître un présent dont la valeur était inappréciable (1).

---

(1) La portion du roi dans le butin fait sur l'ennemi était

La satisfaction du roi fut troublée par les nouvelles qui arrivèrent de plusieurs provinces. Il était tombé vers la fin de l'année une grêle horrible, qui avait fait périr beaucoup de troupeaux et détruit toutes les récoltes sur pied. Ce fléau dévastateur s'était étendu d'un bout de l'Espagne à l'autre, et il fut suivi de disette dans beaucoup de cantons. La même calamité se fit sentir trois ans après, et fut encore plus générale : des grêlons du poids d'une livre tuaient les bestiaux et les hommes, brisaient les arbres fruitiers, et abattaient les toits des maisons. A la suite de cet épouvantable orage survint une inondation,

An de J. C. 953.
De l'hégire, 342.

---

du cinquième. Le présent d'Ahmed consistait en 400 livres d'or vierge, 420,000 sequins en lingots, 400 livres d'aloës, 500 onces d'ambre, 300 onces de camphre de la première qualité, 30 pièces de drap d'or et de soie, 110 fourrures de martres du Corasan, 48 housses traînantes tissues d'or et de soie, fabriquées à Bagdad, 4000 livres de soie filée, 30 tapis de Perse, 800 armures de fer poli pour des chevaux de bataille, 1000 boucliers, 100,000 flèches, 15 chevaux arabes couverts de superbes harnais, 100 chevaux africains ou espagnols aussi enharnachés, 20 mules avec des selles à dossier couvertes de larges housses, 40 esclaves et 20 jeunes filles, tous richement habillés. Une pièce de vers à la louange du roi, composée par l'hagib lui-même, accompagnait ce magnifique présent.

dont les progrès furent si rapides qu'un grand nombre de personnes, entraînées par les eaux, perdirent la vie ; plusieurs édifices furent renversés. L'inondation fut suivie de tempêtes et d'ouragans qui déracinaient les arbres. Les mêmes ravages eurent lieu dans le royaume de Fez et dans tout le pays d'Almagreb. Le roi employa tous ses soins à réparer les malheurs qui avaient désolé une partie de ses états ; mais il ne négligea point pour cela la guerre des frontières. Le wali de Tolède, Obeidala, digne fils d'Ahmed ben Jali, remporta sur les troupes de Léon de brillans avantages, qui lui valurent, de la part même des ennemis, le surnom de *Cid Alaina*, chef ou guerrier valeureux, surnom qu'un Espagnol devait porter deux siècles plus tard avec tant de gloire. Dans le même temps, le wali de Fez apprenait au roi le succès de ses armes au pays d'Almagreb, et l'occupation de la ville de Trémécen. Il lui demandait aussi la permission de reconstruire le dôme de la grande mosquée ; et non-seulement le roi l'accorda, mais encore il envoya au wali une grande quantité d'or pour les frais de ces constructions, qui furent terminées l'année suivante. Sur le comble de l'édifice fut placée l'épée d'Edris ben Edris, fondateur de Fez.

A la même époque, un événement peu important par lui-même, mais funeste par ses résultats, ouvrant à la discorde de nouvelles voies, devint pour l'Afrique une source féconde de guerres sanglantes, qui préparèrent la chute de la puissance encore mal affermie des rois de Cordoue. Abderahman avait fait construire à Séville un vaisseau destiné à transporter en Egypte et en Syrie les produits de l'Espagne. Ce vaisseau, dans une de ses courses, rencontra non loin de la Sicile un navire africain, sur lequel se trouvait un messager que le soudan d'Egypte (1), Moez Daula, envoyait avec des dépêches au gouverneur qu'il tenait dans cette île. Le capitaine andalous attaqua l'Africain, s'empara du vaisseau, poursuivit son voyage, et après avoir vendu ses marchandises à Alexandrie, et pris en échange une cargaison de denrées orientales, il s'en re-

---

(1) Peu de temps après l'établissement des Omeyas en Espagne, les walis d'Afrique avaient cherché à se rendre indépendans. Ils y avaient à peu près réussi ; ils ne reconnaissaient guère dans le calife que la puissance spirituelle. Ils le regardaient comme le chef de la religion, mais c'était tout. L'émir d'Egypte avait pris le nom de soudan. Il avait l'Egypte et la province d'Afrique ou de Kairvan ou Cairoan. Il fut insensiblement dépouillé par les fatimites. A cette époque ces derniers possédaient déjà la province d'Afrique.

tourna en Espagne. Le soudan, informé de la perte de son bâtiment, fit sortir de ses ports tous ses vaisseaux de guerre, auxquels le wali de Sicile reçut l'ordre de joindre les siens. Le navire espagnol fut vivement poursuivi. Le wali, se conformant aux volontés de son maître, entra dans le port d'Almérie presque aussitôt que l'andalous, qui n'eut pas même le temps de mettre à terre sa cargaison; il prit ce navire, en brûla quelques autres qui étaient dans le port, et emporta en se retirant le plaisir d'avoir servi complétement la vengeance de l'émir africain. Abderahman parut sensible à la perte de ce vaisseau, qui amenait pour lui plusieurs jeunes Grecques dont on lui avait vanté les charmes et la voix. Ahmed ben Saïd, le voyant si affligé, s'offrit à tirer raison de l'insulte qu'il avait reçue. Cette promesse de son hagib flatta le ressentiment du roi, qui mit à sa disposition toutes les forces du royaume. Ahmed ne voulut emmener qu'un corps de cavalerie d'élite; il prit en passant à Tanger les Andalous d'Almagreb, et il entra dans la province d'Afrique à la tête de vingt-cinq mille chevaux. Après une défense opiniâtre les Africains furent défaits, et les Andalous vinrent mettre le siège devant Tunis, qui passait pour une ville très-riche, à cause du grand nombre de juifs qui l'habitaient, tous livrés au commerce. Les Tunisiens se défendirent d'abord avec courage, et les assiégeans, excités par la soif de l'or, redoublaient d'efforts à mesure qu'ils trouvaient plus de résistance ; mais quand les Tunisiens virent approcher les vaisseaux d'Ahmed, d'après l'ordre qu'avant de les quitter il leur avait donné, craignant que la ville prise d'assaut ne fût livrée au pillage, ils offrirent à Ahmed une grande quantité d'or pour l'engager à se retirer. L'hagib leur imposa de très-fortes contributions en argent, en étoffes, en marchandises, en esclaves des deux sexes, en chevaux et en armes ; il exigea de plus qu'on lui remît tous les vaisseaux qui étaient dans le port. Le profit de cette expédition fut immense : officiers et soldats, Andalous et Zénètes, tous eurent une riche part du butin. Le roi fut si satisfait de l'heureux dévouement de son ministre, qu'après l'avoir comblé d'honneurs et de caresses, il le gratifia d'un traitement annuel de cent mille dinars d'or. Le soudan conçut contre le roi de Cordoue les plus terribles ressentimens ; mais comme Abderahman, en paix au dedans et peu occupé par les chrétiens, entretenait en Afrique des forces considérables qu'il pouvait encore augmenter, l'Egyptien les renferma dans son cœur, attendant pour leur donner l'essor que le temps amenât une occasion favorable.

An de J. C. 956.
De l'hégire, 345.

La trève avec les chrétiens n'avait pas été renouvelée, et de temps en temps il se faisait, de part et d'autre, quelque course rapide en pays ennemi; mais c'étaient de simples engagemens de postes, ou de corps isolés de partisans. Abdérahman, qui était tout tourné du côté de l'Afrique, qui d'ailleurs aimait la paix chez lui, parce que la paix est amie des arts et des lettres, et qu'il voulait les faire fleurir en Espagne, Abderahman n'était pas fâché de cette espèce d'inertie des rois de Léon; mais dans les dissensions qui divisaient les chrétiens, il ne cherchait pas l'occasion de les affaiblir. De leur côté, ces princes, qui avaient chez eux leurs plus grands ennemis, devaient travailler à les vaincre, avant de combattre ceux du dehors. Ramire était mort en 950, laissant la couronne à son fils Ordogne III. Sanche, son frère d'un second lit, prétendit à une portion de l'héritage paternel, et il voulait qu'on en démembrât en sa faveur quelque province; mais diviser un état naissant et encore mal assuré sur ses bases, substituer à l'intérêt unique de la conservation de la masse des citoyens les intérêts divers et souvent opposés des individus, c'était se rendre plus faible en présence d'un ennemi redoutable, c'était exposer les fragmens de la monarchie à être subjugués les uns après les autres. Ordogne ne portait peut-être pas ses vues vers l'avenir, la politique peut-être avait moins de part à son refus que l'ambition; mais, disposé à soutenir par la force l'intégrité de son territoire, il résista aux prières comme aux menaces, triompha des partisans de son frère, et rétablit l'ordre dans la Galice, où quelques troubles avaient éclaté; il se prépara même à passer avec une armée en Castille pour se venger de Ferdinand Gonzalez, qui, bien qu'il fût son beau-père, avait favorisé la révolte de Sanche. Telle était la politique de ces temps-là. Le comte de Castille voulait diminuer la puissance de l'époux de sa fille, pour en conserver davantage lui-même dans ses propres états. Ordogne irrité répudia son épouse; et l'innocente princesse, privée du diadème, porta seule la peine de l'ambition de son père; celui-ci, voulant prévenir l'invasion dont il était menacé, se hâta de faire sa paix avec le roi de Léon. Le règne d'Ordogne ne fut point long; il semblait promettre aux chrétiens la prospérité qui naît pour les peuples de la force régie par la prudence dans ceux qui gouvernent: il mourut quatre ans après son père. Il ne laissait qu'un fils âgé de trois ans, nommé Bermude, issu de son second mariage avec Elvire, fille d'un seigneur galicien. Cette mort prématurée ouvrit un nouveau champ à l'intrigue. Sanche, fils d'une sœur du roi de Navarre, obtint d'abord les suffrages, et fut proclamé roi de Léon; mais cette élection ne tarda pas à exciter le mécontentement. Les uns regrettaient l'autorité qu'ils auraient exercée sous le nom de Bermude, durant la minorité de ce prince; les autres craignaient l'influence du roi de Navarre; d'autres encore, et de ce nombre était l'inquiet Gonzalez, ne voulaient fomenter des troubles autour du trône que pour y gagner plus d'indépendance. Sanche, environné d'ennemis, trembla pour sa propre vie, et il se sauva secrètement en Navarre. Les seigneurs du royaume se divisèrent alors pour le choix d'un nouveau souverain. Le comte d'Alava se montra seul fidèle au roi fugitif(1), et il fut victime de sa loyauté. Gonzalez, qui disposait des troupes, marcha contre lui, et le contraignit à prendre la fuite. Fier de ce

---

(1) On dit que pendant le temps de sa retraite auprès de son oncle Garcie, Sanche fut atteint d'une maladie qui mit ses jours en danger, et qui résistait aux remèdes ou excédait la science des médecins navarrais; que la réputation des médecins de Cordoue engagea le roi de Navarre à demander à Abderahman un sauf-conduit pour son neveu, et qu'Abderahman l'ayant accordé, Sanche se rendit à Cordoue, où il fut guéri par les médecins de ce prince. Naturellement généreux, il garda un souvenir

premier succès, il retourna à Léon, et autant par la crainte qu'il inspirait que par ses intrigues, il fit élire un fils d'Alphonse IV, appelé Ordogne, et surnommé le Moine, parce qu'il avait passé la plus grande partie de sa vie dans un couvent; et il donna pour femme à ce prince sa fille Urraque, l'épouse répudiée d'Ordogne III.

Ainsi les circonstances avaient amené entre les deux nations une trêve de fait, qui, tout aussi bien qu'une trêve conventionnelle, entretenait la paix sur les rivages du Duero. Le nouveau roi de Léon employait ses forces à consolider son usurpation; Abderahman répandait ses trésors pour procurer à Cordoue des embellissemens de tout genre; mais, tandis qu'il se livrait à ces paisibles travaux, une guerre sanglante s'allumait dans ses états d'Almagreb. Maad ben Ismaïl avait succédé au soudan d'Egypte, Daula, et il n'avait pas seulement à ven-

---

reconnaissant des soins qu'il avait reçus au milieu d'une nation ennemie; Abderahman à son tour le paya par l'estime de la confiance qu'il lui avait témoignée. Il est même probable que c'est au séjour de Sanche parmi les Arabes qu'on doit attribuer l'intérêt qu'il ne cessa d'inspirer au roi de Cordoue, et l'alliance qu'il contracta lui-même avec les Musulmans après qu'il fut remonté sur le trône.

ger les injures de son prédécesseur; mais il était jaloux de la puissance d'Abderahman en Afrique. Celui-ci en effet, sous le titre modeste de protecteur des Edris, était le véritable maître de leurs états ; le dernier descendant des anciens souverains n'était plus qu'un wali subalterne; il avait même cessé de résider en Afrique, où des souvenirs importuns lui faisaient probablement trop sentir qu'il est dur d'obéir où l'on a commandé ; il s'était rendu en Espagne, et l'on avait cherché à le dédommager par de stériles honneurs de la perte d'une couronne. De Cordoue, il était parti pour la frontière orientale, sous prétexte de partager les dangers de la guerre sainte ; et dès les premiers jours il y avait trouvé la fin de ses regrets et de sa vie agitée. Le soudan avait rassemblé une armée nombreuse ; vingt mille cavaliers des tribus de Kétama et de Zanhaga, tous soldats aguerris, en faisaient la principale force; le reste se composait d'une infinité de bandes égyptiennes, qu'animait l'espoir du pillage. Il donna le commandement de ces troupes à Gehwar el Rumi. Jaali ben Muhamad, wali d'Almagreb, apprenant que Gehwar était sorti de Caïrvan, se mit aussitôt en mesure de repousser l'agression. Ce fut dans les environs de Tahart que la bataille fut livrée. La fortune se déclarait pour Jaali, lorsque Gehwar eut recours à un de ces moyens odieux que proscrivent les lois de la guerre, et plus encore celles de l'honneur, moyens dont le succès ne saurait couvrir la bassesse. Il appelle les cavaliers de Kétama, qu'il connaissait pour les plus intrépides, et il leur promet une somme énorme s'ils lui apportent la tête du wali d'Almagreb. Excités par la soif de l'or, ces farouches Africains serrent leurs rangs, traversent la ligne ennemie, parviennent aux lieux où combattait Jaali, l'entourent, le pressent, le renversent, lui coupent la tête, et vont chercher le prix du sang qu'ils ont versé. Les troupes d'Abderahman, privées de leur chef, commencèrent à plier, et le fils de Jaali, recueillant avec peine les débris de l'armée, se retira vers Tanger.

Après cette victoire Gehwar s'approcha de Sigilmesse, dont le wali, pendant les troubles de l'état, s'était déclaré indépendant, poussant son orgueilleuse folie jusqu'à se faire appeler Amir al Muménin. Enfermé dans la ville et ne pouvant la défendre, il fut pris vivant par Gehwar, qui le chargea de chaînes, et le mena à sa suite jusqu'à la fin de cette expédition. Gehwar, poursuivant sa marche, arriva bientôt à la vue de Fez. Après treize jours d'un siége qui ne fut qu'un assaut continuel, il s'empara de cette malheureuse ville, massacra la garnison, pilla

An de J. C. 960. De l'hégire, 349 Ramazan.

les habitans, renversa les murailles, laissa partout la désolation, et réserva le wali Ahmed ben Becri pour orner son triomphe conjointement avec celui de Sigilmesse. La chute de Fez entraîna la reddition de toutes les villes d'Almagreb, qui ouvrirent leurs portes, à l'exception de Ceuta, Télencen et Tanger, dont le vainqueur n'osa entreprendre le siége. Il préféra retourner chargé de butin auprès de son maître, auquel il fit hommage de ses deux prisonniers et de quinze des principaux habitans de Fez. Maad avait fait promener la tête de Jaali au bout d'une lance par les rues de Caïrvan; il fit promener dans la ville les malheureux captifs presque nus sur des chameaux; et, quand il les eut assez abreuvés d'humiliations, il les jeta dans des cachots où ils perdirent la vie.

Ces tristes nouvelles remplirent de chagrin le cœur d'Abderahman, et rouvrirent toutes les plaies qu'y avaient faites la mort de son fils et celle d'Almudafar. Il avait encore eu le malheur de perdre Sahid son hagib, dont l'expérience et le courage lui auraient été d'un grand secours dans cette circonstance. Il ne se laissa pourtant pas abattre par la mauvaise fortune, et, triomphant de ses douleurs pour ne s'occuper que de la gloire de son empire, il mit sur pied des armées considérables; et, tandis que les walis de

Sarragosse, de Tarragonne et de Huesca comprimaient les efforts des comtes de Barcelone, tandis qu'il envoyait des secours à Sanche, son ancien hôte, pour lui aider à remonter sur le trône, la cavalerie andalouse, traversant la mer, allait rendre aux gouverneurs d'Almagreb la supériorité qu'ils avaient perdue. En peu de mois tout le pays fut reconquis, Fez emportée de vive force, toutes les villes soumises, les troupes d'Egypte battues et dispersées, les tribus de Kétama et de Zanhaga presque détruites, et le nom d'Abderahman fut de nouveau prononcé aux acclamations générales du peuple et des fidèles Zénètes.

Les tentatives de Sanche ne furent pas moins heureuses. Il parcourut en vainqueur tout le pays de Léon, montrant pour la première fois aux chrétiens étonnés les étendards amis des Musulmans. Au même temps son oncle Garcie, avec toutes ses forces, entrait dans la Castille, pour que la défense de ses propres états empêchât le comte Gonzalez d'accourir au secours de son gendre. Gonzalez fut même fait prisonnier par Garcie, et il ne dut par la suite sa liberté qu'à l'entremise de Sanche, dont il avait été l'ennemi, et qui s'en vengeait par des bienfaits. L'usurpateur Ordogne, contraint à prendre la fuite, se retira, dit-on, dans les états du roi de Cordoue, où il mourut dans l'obscurité.

Abderahman voyait enfin le repos et la paix régner dans tous ses états ; mais, au comble des prospérités et de la puissance, il n'était point heureux : rarement le bonheur s'assied sur le trône. Des images cruelles venaient toujours se mêler à ses plus riantes idées ; et, si parfois il cherchait des distractions dans les jouissances du pouvoir absolu, il ne tardait pas à retomber dans la noire mélancolie dont toutes ses grandeurs ne le pouvaient défendre. Lui-même indiquait les sources de sa tristesse dans des vers qu'il envoya à Abu Bécri, un de ses wazirs et l'un des hommes les plus instruits de sa cour, en réponse à d'autres vers que celui-ci lui avait adressés, l'exhortant à bannir ses chagrins. On voit dans les vers d'Abderahman qu'il regrettait ses belles années, et qu'il craignait de perdre sa renommée. « L'inquiétude d'un cœur souffrant » s'exhale par des soupirs. Peut-on espérer le » calme, tant qu'on entend mugir le vent des » tempêtes? Dans sa violence il a dévasté mes » vignes en fleur : comment pourrai-je désormais » noyer mes soucis dans la liqueur vermeille? » La gloire couronna ma jeunesse, elle m'abandonne aujourd'hui. Le souffle amer de la douleur a terni l'éclat de mes roses, et je crains

» encore que l'orage ne flétrisse mes lys (1). Les
» beaux jours sont passés, la triste nuit arrive et
» une aurore nouvelle ne viendra point dissiper
» ses ombres. » Abderahman passa les derniers
mois de sa vie dans son palais d'Azhara, tantôt
conversant avec ses amis, tantôt avec quelques-
unes de ses femmes qui partageaient ses affec-
tions depuis la mort d'Azhara; celle-ci, tant qu'elle
vécut, n'eut point de rivales. C'étaient Mosna
qui lui servait de secrétaire; Aïxa de Cordoue,
l'une des plus belles personnes et des plus instruites de son temps ; Safia, non moins renommée par sa beauté que par son talent pour la
poésie, et Noïratédia, qui l'amusait par ses
grâces, sa gaieté et ses saillies. Elles étaient
toutes musiciennes et chantaient les vers qu'elles
avaient composés. Le roi passait avec elles une
partie de la journée dans les bosquets enchanteurs de son palais. Quand la nuit ou le mauvais
temps le forçait à rentrer le soir dans ses appartemens, il aimait à y trouver Suleiman ben
Abdelgafir, dont la conversation l'attachait in-
finiment.

Suleiman s'était distingué dans sa jeunesse

---

(1) Mes lys, c'est-à-dire, mes cheveux blancs, ma
vieillesse ; mes roses ou mon printemps.

par sa bravoure et ses talens militaires ; parvenu à l'âge mûr, il s'était détaché du monde, menait une vie exemplaire et retirée, pratiquait toutes les vertus, et distribuait son bien en œuvres de charité. Les pauvres voyaient en lui un père, les autres un modèle. Abderahman répandait secrètement ses bienfaits parmi la classe nombreuse des indigens, en empruntant le nom et la main d'Aben Abdelgafir. S'entretenant un jour avec lui sur le bonheur dont on peut jouir sur la terre, Abderahman lui avoua que, durant les cinquante années de son règne, il avait eu à peine quatorze jours heureux. Cet aveu d'un monarque puissant, aimé de ses sujets, redouté de ses ennemis, révéré par les étrangers, entouré de délices, comblé de richesses, étonnant par son faste et sa magnificence, n'ayant pour lois que ses volontés, pour limites de son pouvoir que celles où s'arrêtaient ses désirs : cet aveu devrait guérir bien des ambitieux, si l'ambition pouvait recevoir un remède.

An de J. C. 961. De l'hégire, 350. 2 de ramaz. Abderahman III mourut, ou pour mieux dire s'éteignit sans souffrance à la soixante-douzième année de son âge. Son long règne a été l'époque la plus brillante de la domination des Arabes en Espagne.

Par les victoires de son oncle Almudafar, celles qu'il avait remportées lui-même, sa fermeté et sa constance dans les revers, son activité qui jamais ne se lassa, son habileté à saisir le moindre avantage pour en faire sortir des résultats décisifs, sa politique envers ses ennemis, son amour éclairé pour les arts et les lettres, son zèle pour la justice, la création d'une marine puissante, l'entretien d'armées nombreuses, la magnificence qui brillait à sa cour et donnait aux étrangers l'idée de sa grandeur, il avait fait monter sa puissance au plus haut période ; et la fortune de son empire semblait reposer sur des bases indestructibles. Cependant elle ne se soutint pas long-temps après lui au même degré ; c'est qu'il existait dans l'état une cause permanente d'affaiblissement et de dissolution : la multiplicité, l'opposition d'intérêts, née de la division des Arabes et des Africains en plusieurs tribus presque toujours ennemies, et jalouses de leur prospérité respective. Les Arabes de l'Yémen et tous les descendans des premiers conquérans aspiraient ouvertement au pouvoir et aux honneurs. Les Africains, considérés par eux comme des étrangers, appelés seulement à profiter des avantages de la conquête sans en avoir couru les dangers, rencontraient toujours les Arabes sur la carrière qu'ils voulaient parcourir. Parmi les Africains, les Bérébères, fiers de leur nombre, de leur valeur, des services qu'ils avaient rendus, élevaient les mêmes prétentions que les Arabes, et ils ne le faisaient pas avec moins de hauteur. D'un autre côté, quoique ces diverses tribus eussent la même croyance et adoptassent l'autorité des traditions, elles étaient pourtant divisées en plusieurs sectes, dont les unes, plus austères, méprisaient les autres où quelque relâchement s'était introduit. Enfin, il y avait encore en assez grand nombre des ennemis secrets de la famille des Omeyas, lesquels avaient hérité de leurs pères un sentiment aveugle de préférence pour les califes d'Orient: préférence qui ne tenait peut-être qu'à l'opinion intéressée que l'éloignement du pouvoir souverain ouvrirait aux ambitions particulières un champ plus vaste et plus facile à parcourir, et qui par cela même n'en était que plus féconde en inimitiés contre la dynastie régnante. Tant qu'Abderahman vécut, les partis, s'abaissant en sa présence, n'osèrent se montrer; devant l'éclat qui jaillissait du trône leurs couleurs affaiblies se distinguaient à peine ; et l'appareil de la grandeur, soutenu par la force, imposant à l'audace des mécontens, retenait par la crainte dans les limites du devoir ceux qui ne s'y renfermaient point par dévouement et par fidélité. Abderahman s'était contenté dans les commencemens de son règne de concilier les esprits divisés et d'attirer à lui les ennemis de sa famille par des bienfaits ; mais ces réconciliations entre des tribus ennemies n'étaient qu'apparentes, et les bienfaits ne produisent que trop souvent l'ingratitude. Les califes d'orient au contraire avaient répandu par torrens le sang musulman ; l'exil et la confiscation étaient la moindre peine d'un simple soupçon contre la fidélité. Tous ceux qui avaient eu le malheur de montrer de l'opposition aux intérêts de la dynastie nouvelle avaient été immolés sans pitié. Et les califes d'Orient, tout couverts du sang et des dépouilles de leurs sujets, vivaient honorés et tranquilles ! Les rois arabes de l'Espagne n'avaient pas eu cette politique cruelle, et ils eurent toujours à combattre contre leurs sujets révoltés, jusqu'à ce que la révolte, se fortifiant de la faiblesse du prince, finit par renverser le trône, pour élever sur ses débris la puissance éphémère qui prépara la ruine totale de l'empire arabe.

Abderahman prévoyait peu sans doute de tels résultats, lorsque, parcourant les provinces de son royaume, reçu partout aux vives acclamations des grands et du peuple, jouissant d'une puissance non contestée, il croyait régner sur une nation fidèle et soumise sans répugnance à ses lois. Aussi il s'attacha moins à tarir dans leur source les principes désorganisateurs qu'à les empêcher d'éclater, et il ne fit constamment, lorsqu'ils se montrèrent, que les comprimer et non les éteindre. Il aurait pu les anéantir à jamais en déployant la rigueur ; mais il était trop éloigné par son caractère des mesures violentes : il pouvait croire d'ailleurs que des hommes qu'il cherchait à rendre heureux s'attacheraient sincèrement au gouvernement qui les protégeait, et qui mettait toujours la clémence et le pardon à la place de la sévérité et de la vengeance. Il est fâcheux que la seule fois qu'il a paru manquer de cette douce vertu des rois pour n'écouter que l'austère justice, ç'ait été envers son propre fils Abdala, qui, moins coupable que malheureux, facile instrument de l'ambition des autres plus qu'ambitieux lui-même, aurait pu consacrer encore de nombreuses années au service de l'état.

Possesseur de la plus vaste partie de l'Espagne, en même temps la plus belle, la plus fertile et la plus populeuse, maître de l'Afrique occidentale sous le nom de protecteur, ce prince fut l'un des plus riches souverains de l'Europe ; et comme d'ordinaire la richesse, fille de l'industrie, du commerce et des arts, annonce la force et la prospérité des états, on peut dire que sa puissance égalait sa richesse. Les guerres continuelles qu'il eut à soutenir, les armées qu'il mit sur pied, les édifices publics, les monumens qui de toutes parts s'élevèrent, constatent l'une et l'autre. Qu'on se souvienne qu'à plusieurs époques de son règne il eut à la fois des armées dans la Galice, dans la Catalogne, en Afrique; qu'il n'eut pas seulement à repousser les ennemis du dehors, mais que souvent encore une partie de ses forces fut employée à réprimer des factions dangereuses; que, si parfois ses armes éprouvèrent des revers, il sut toujours les effacer par des succès éclatans; que dans le même temps il construisait son palais d'Azhara, élevait des arsenaux, des mosquées, bâtissait des aqueducs, équipait des vaisseaux et des flottes; que malgré ces soins importans, il ne négligeait point l'instruction publique, qu'il regardait comme l'une des principales sources de la force et de la prospérité des empires; et l'on sera convaincu qu'Abderahman fut un des plus grands rois de la terre.

On prétend que les constructions d'Azhara durèrent plus de vingt ans, et l'on peut juger de ce que cette ville avait coûté par ce seul trait : on employait tous les jours, disent les historiens arabes, six mille pierres taillées, sans compter celles qui ne l'étaient pas; et quatre mille trois cents colonnes de marbres choisis supportaient les seules voûtes du palais. Abderahman avait aussi fait construire à Ecija un aqueduc qui conduisait les eaux à un vaste bassin, d'où elles se distribuaient dans la ville; cet aqueduc fut orné d'une inscription en l'honneur du prince qui avait fait aux habitans un présent si utile. Ségovie lui dut une vaste mosquée ornée de colonnes, Tarragonne le mihrab ou sanctuaire intérieur de la sienne; beaucoup d'autres villes lui durent des fontaines, des hôpitaux et des bains publics. Partout des inscriptions gravées sur le marbre étaient destinées à transmettre à la postérité le nom du bienfaiteur. Ce fut surtout dans Cordoue qu'il répandit avec le plus de profusion les dons de sa munificence. Les quais, les mosquées, les bains, les monumens de tout genre embellirent à l'envi cette superbe capitale. Une vaste cour fut ajoutée à la grande mosquée : plusieurs fontaines magnifiques y versèrent des eaux pures et abondantes qui, serpentant sous la verdure et les fleurs, arrosaient le pied des palmiers et des orangers dont cette cour était ombragée, et y entretenaient une perpétuelle fraîcheur (1).

Abderahman avait toujours aimé et protégé

---

(1) Le géographe Alwardi, dans sa description de Jérusalem, compare la mosquée de cette ville, nommée Alaksâ, à la mosquée de Cordoue, qui l'égale en grandeur. La voûte de cette dernière est plus élevée que celle de

dans les autres les sciences qui l'avaient éclairé lui-même; et il inspira à un grand nombre de seigneurs de sa cour le goût des lumières. Il avait fait venir du Diarbeckir Ismaïl ben Casim, qui jouissait dans l'Orient d'une très-grande réputation, et il le donna pour instituteur à son fils Alhakem. Les leçons d'Ismaïl ne furent point perdues pour le jeune prince, et son palais devint le sanctuaire des arts. A l'exemple du prince, Ahmed ben Saïd, hagib et favori d'Abderahman, avait ouvert sa maison à tous les savans de l'Espagne, principalement aux poëtes; les premiers se rassemblaient plus communément chez le cadi Aben Zarb, qui était lui-même un homme fort instruit; et ceux qui s'appliquaient particulièrement aux sciences physiques avaient leurs réunions chez le wazir Iza ben Ishac, et chez Aben Abès el Zahrawi, qui s'étaient l'un et l'autre rendus fameux par des ouvrages de médecine. On doit même les regarder comme les fondateurs de l'école qui produisit dans le siècle suivant le célèbre Averroez.

Les revenus d'Abderahman étaient immenses,

---

l'Alaksâ, mais sa cour est moins spacieuse. L'Alaksâ a 200 vares de long et 180 de large.

La vare est une mesure espagnole qui équivaut à peu près à un mètre.

s'il faut en juger par les énormes dépenses qu'il dut faire toute sa vie, tant pour la construction des édifices qu'il fit bâtir, que pour l'entretien de ses armées. Sa garde seule se montait à douze mille hommes, dont huit mille à cheval, tous superbement équipés : la garde à pied, formée de Scythes ou Esclavons, était chargée du service intérieur : la garde à cheval, composée d'Andalous et de Zénètes, avait pour officiers les principaux scheiks de l'Andalousie et de Tahart, ou même des princes de la famille royale. La garde faisait son service par quartiers ; mais quand le roi allait à la guerre, elle le suivait tout entière. Abderahman avait encore des compagnies de chasseurs et de fauconniers, attachés à sa maison. Ses revenus consistaient dans le tribut que lui payaient toutes les villes conquises, et principalement dans les produits de l'*azaque*, c'est-à-dire de la dîme, qu'il prélevait en nature sur tous les fruits de la terre. Le commerce, les arts industriels étaient pareillement imposés. On sent aisément combien cette dîme devait rendre dans un pays riche, fertile, et extrêmement peuplé (1). Le roi avait encore la cinquième

---

(1) Quoique l'Andalousie fût très-peuplée, il ne faut pas croire néanmoins qu'elle le fut autant que la Bétique des Romains ; car, outre que les rapports des anciens

partie de tout le butin qui se faisait à la guerre, ce qui donnait souvent des sommes très-considérables.

Le règne d'Abderahman III ne fut pas seulement glorieux parce que ses guerres extérieures

---

historiens sur ce point peuvent être et sont vraisemblablement exagérés, plusieurs causes réelles de dépopulation exerçaient depuis long-temps leur funeste influence sur l'Espagne entière. Il faut d'ailleurs se garder des récits arabes, et se souvenir que leurs auteurs aiment le merveilleux. Il ne faut pas surtout, sur la foi de quelques écrivains, croire que les rives du Guadalquivir fussent couvertes de douze mille villages; aujourd'hui on en compterait à peine deux cents. Cependant la population ne laissait pas d'être considérable; la seule ville de Cordoue contenait un million d'habitans. Lorsqu'après la conquête de Grenade les Maures furent expulsés par les successeurs de Ferdinand, le nombre des Maures et des Juifs qui quittèrent l'Espagne se porta, suivant l'opinion commune, à trois millions d'individus. Tous, à la vérité, n'habitaient pas l'Andalousie, mais c'était le plus grand nombre. L'Andalousie contient aujourd'hui deux millions d'habitans ou environ. On peut donc conjecturer que sa population pendant la domination des Arabes était de cinq à six millions. Peut-être même fut-elle encore plus considérable sous le règne d'Abderahman III; l'Espagne n'avait pas encore essuyé les pertes cruelles qui la dépeuplèrent en grande partie dans les quinzième et seizième siècles.

se terminèrent presque toujours heureusement et à l'honneur de ses armes, ou parce qu'il obtint sur les rebelles de ses diverses provinces des succès qui assurèrent enfin la paix du dedans; par les monumens dont il couvrit la surface de l'Espagne, les écoles qu'il fonda pour l'instruction de la jeunesse, la protection éclairée qu'il accorda aux savans, excité par son propre amour pour les lettres, dont il aurait parcouru la carrière avec gloire s'il n'avait eu le sceptre à tenir, les récompenses qu'il accorda aux artistes venus de l'Orient et de Constantinople : il le fut encore par les encouragemens qu'il donna aux manufactures, l'extension qu'il fit prendre à l'agriculture et au commerce, et la justice qu'il distribua exactement à ses peuples, ne mettant à cet égard aucune différence entre les juifs, les chrétiens et les musulmans.

Les Arabes avaient trouvé en Espagne les lois gothiques qu'Evaric, l'un des prédécesseurs de Rodrigue, avait recueillies en un code unique, vers la fin du cinquième siècle. Ils n'y substituèrent que le Coran, qui était à la fois leur code de morale, de législation et de doctrine religieuse. Toutes leurs lois consistaient dans les préceptes que ce livre renferme, et pour toutes les décisions judiciaires, ils tâchaient de s'y conformer avec la plus scrupuleuse exactitude.

Ces décisions émanaient des cadis, qui devaient suppléer, par l'équité naturelle et par leurs propres lumières, le silence de la loi positive; leur science se réduisait à quelques règles plus ou moins sûres d'interprétation et d'application. Comme au surplus les affaires, dégagées de toute espèce de formes, étaient fort simples, les décisions de ces magistrats étaient ordinairement justes ; car les meilleures lois n'étant pas autre chose que l'érection en règles fixes des résultats donnés par l'expérience, et ces résultats n'étant eux-mêmes que le produit de la raison impartiale et de l'esprit d'équité qui se trouve partout où la passion est muette, il est évident que des hommes sages, sans préjugés ou sans préventions, et naturellement enclins à faire ce qui est équitable, doivent être de fort bons juges, à moins qu'il ne s'agisse d'appliquer des lois spéciales ou d'exception, des lois sur des formes compliquées, ou des lois de circonstance, nées du besoin qu'a eu le législateur d'un effet déterminé, plutôt que de son zèle pour le bien général; car pour ce dernier cas il faut une étude, une science particulières. La législation criminelle des Arabes n'était pas plus chargée que leur législation civile. Les peines se réduisaient communément à celle du talion, qu'on pouvait néanmoins éviter en se soumettant à payer une somme convenue, pourvu toutefois que l'offensé y consentît.

Pour ce qui est des manufactures, elles avaient beaucoup dégénéré sous la domination des Goths; et de l'état florissant où les Romains les avaient portées, elles étaient tombées au plus bas degré de la décadence, par l'incurie de ce peuple, qui, d'abord tout adonné aux armes et laissant aux vaincus le soin de conserver les arts utiles, finit par se plonger dans la mollesse, où le poussait l'habitude de profiter, sans travail, de tous les produits de leur industrie et de leur commerce. Les Maures qui se trouvèrent mêlés aux Arabes, ou qui vinrent après la conquête, ceux qu'attira en Espagne l'administration protectrice d'Abderahman, adroits, ingénieux, actifs, relevèrent les manufactures, et enseignèrent aux Espagnols plusieurs choses que ceux-ci ignoraient. Les premiers excellaient dans la manière de tanner et préparer les cuirs, de tisser le coton, le lin et le chanvre, et surtout dans la fabrication des étoffes de soie. Les seconds s'adonnèrent plus particulièrement à la fabrication des draps et à celle des armes. Les soieries de Grenade avaient la plus grande réputation dans l'Orient, et il s'en faisait un commerce très-lucratif avec les ports de la Syrie et de l'Egypte, et même avec Constantinople.

Quant à l'agriculture, personne n'ignore en Espagne les obligations qu'eut aux Arabes cet art si nécessaire, et si négligé avant eux. Pour augmenter la fertilité du sol, ou développer sa fécondité, les arrosemens sont nécessaires; les Arabes dirigèrent le cours des eaux, les rassemblèrent dans de vastes bassins, ou les conduisirent par des canaux dans l'intérieur des terres. Tous les ouvrages de ce genre qui subsistent encore dans les provinces les mieux cultivées de l'Espagne sont dus aux Maures, de l'aveu même des Espagnols. On ne fait pas un pas dans les pays de Grenade et de Valence, sans que quelque monument utile à l'agriculture ne rappelle le séjour de leurs anciens possesseurs. Ce furent les Maures qui apportèrent en Espagne la culture du riz et du coton, du mûrier et de la canne à sucre. On prétend que leurs connaissances en agriculture leur venaient principalement d'un traité, écrit en chaldéen, dont tous les préceptes convenaient autant au pays pour lequel il avait été fait, qu'aux provinces espagnoles qu'ils habitaient. Plus tard, ce traité fut refondu dans un ouvrage d'Aben el Awan, de Séville, sur l'agriculture, lequel est très-étendu, et s'applique à toutes ses branches. Abderahman avait donné le plus grand essor au goût de ses sujets pour l'amélioration des terres.

Partout où leurs besoins l'exigaient, il venait à leur secours, creusant des canaux, des réservoirs et des acquéducs, favorisant par tous les moyens les entreprises des cultivateurs. Lui-même montrait dans ses vastes et magnifiques jardins le plus bel exemple de ce que peut l'industrie humaine, et l'on y voyait les plantes de l'Afrique mêler leurs feuillages aux plantes européennes ; le palmier, le pistachier, le bananier croître et s'élever à côté du mûrier, de l'olivier et de l'oranger ; la sésame et la canne à sucre s'entrelacer aux rameaux de la vigne.

Ce prince, dont le génie semblait vouloir embrasser tous les objets, et ouvrir à son pays toutes les routes de la prospérité, avait créé une puissante marine, autant pour assurer ses frontières et ses nouveaux états d'Afrique, que pour protéger le commerce. Les ports de Tarragone, de Séville, de Cadix, furent agrandis et réparés ; tous les ans de nouveaux navires sortaient de leurs chantiers. Le port d'Almérie surtout était extrêmement fréquenté ; c'était par là que se faisaient l'introduction des denrées du levant et l'exportation du produit des fabriques de l'Andalousie. Le commerce, il est vrai, se trouvait presque tout entier dans les mains des Juifs, car les Arabes étaient plus agriculteurs que négocians ; mais les Juifs, qui partout où leur culte est proscrit sont un fléau pour les peuples au milieu desquels ils vivent par la concentration du numéraire en leurs mains, les Juifs, objet parmi les Arabes d'une protection spéciale, contribuaient à la prospérité de l'État, soit parce qu'ils en augmentaient la population et la force, soit parce qu'ils ajoutaient à sa richesse, en se chargeant, pour l'exporter, de tout le superflu des produits naturels ou industriels.

Il aurait été difficile de trouver un prince plus digne qu'Alhakem de succéder au souverain que l'Espagne venait de perdre, et l'aveugle fortune ne pouvait mieux servir les Arabes qu'en élevant sur le trône le fils bien-aimé d'Abderahman. Non moins habile politique que son père, mais moins entreprenant, il eut plus de repos, et il put mieux s'occuper du bonheur de ses sujets. Il tenait cet amour de la paix de son goût constant pour les lettres; et bien qu'il ne manquât point de courage, comme il le montra dans une occasion importante en marchant à la tête de son armée, ses inclinations particulières l'éloignaient du tumulte des armes et des hasards de la guerre. Il avait toujours cherché à se procurer les connaissances qui seules remplissent l'homme d'une satisfaction vraie et durable, et l'élèvent aussi haut qu'il lui est possible d'atteindre. Les jouissances de la gloire, de la puissance, de l'ambition, ne sont que trop sujettes à passer ou à se corrompre. L'insatiabilité des désirs, les revers, le dégoût même qui naît de la possession, sont autant de causes dont l'influence les empoisonne : les jouissances de l'esprit sont inaltérables. Alhakem avait cultivé le sien de bonne heure; et comme d'ordinaire les livres sont le dépôt des connaissances humaines, il en avait rassemblé un grand nombre, n'épargnant pour cela ni les soins, ni la dépense Tous ceux qui traitaient des arts ou des sciences, tous les ouvrages connus d'éloquence ou de poésie, toutes les histoires anciennes ou contemporaines, composaient sa bibliothèque.

Du vivant même de son père, il avait des agens en Afrique, en Egypte, en Syrie et en Perse, chargés d'acheter les meilleurs livres dans tous les genres; et aucun de ses successeurs ne porta ce goût aussi loin que lui. Le palais Méruan, qu'il habitait, s'ouvrit constamment aux savans de tous les pays, et il exigeait de chacun d'eux la promesse de lui procurer tous les ouvrages rares, curieux ou instructifs dont ils auraient connaissance. Outre ces agens qu'il envoyait à grands frais de toutes parts, il écrivait à tous les auteurs qui avaient de la réputation, et il leur demandait une copie de leurs écrits;

il la payait toujours généreusement ; il faisait pareillement transcrire par d'excellens copistes les livres précieux qu'il ne pouvait acquérir. Il avait lui-même coordonné et classé sa bibliothèque ; elle était soigneusement divisée en compartimens divers, dans chacun desquels se trouvaient les livres qui traitaient d'un objet spécial. Chaque armoire, chaque rayon avaient des tables, et toutes ces tables particulières étaient réunies en une table générale qui, suivant l'écrivain Aben Hayan, remplissait déjà quarante-quatre volumes de cinquante feuilles, quoiqu'elle ne fût pas complète, puisque ce ne fut que sous le règne suivant qu'on la termina. Sur la fin de la vie de son père, Alhakem avait été distrait de ses paisibles occupations par les soins du gouvernement ; car depuis la mort de son hagib Aben Saïd, Abderahman n'avait pas voulu d'autre ministre que son propre fils. En lui confiant d'avance l'administration du pouvoir, il cherchait à le dédommager de la longue privation à laquelle le soumettait la durée de son propre règne. Aussi lui disait-il souvent en plaisantant : « C'est aux dépens de ton rè-
»gne, mon fils, que le mien se prolonge. »
Alhakem avait en effet quarante-huit ans lorsqu'il monta sur le trône.

Il fut proclamé à Azharà dès le lendemain de

la mort d'Abderahman, et surnommé Almostanzir Bilah. La cérémonie se fit avec la plus grande pompe; ses frères et tous ses parens entouraient le trône; après eux étaient tous les capitaines de sa garde, andalous, africains ou esclavons. L'hagib, accompagné de tous les wazirs et conseillers d'état, était placé en face. La garde esclavonne, rangée sur deux files, tenant d'une main le bouclier et de l'autre l'épée nue, formait la première enceinte. Les esclaves noirs, tout vêtus de blanc, étaient pareillement disposés sur un double rang, portant sur l'épaule des haches d'armes. La garde andalouse et africaine, richement équipée, remplissait la cour extérieure; on y voyait aussi les esclaves blancs armés d'une épée. Tous les assistans prêtèrent le serment de fidélité et d'obéissance, et ce serment fut répété par tout le peuple qui se tenait rassemblé sur les avenues du palais. Le lendemain le cadavre d'Abderahman, apporté à Cordoue, fut déposé dans un magnifique mausolée. Son cercueil fut accompagné par toute la noblesse et par les principaux habitans, qui tous versaient d'abondantes larmes et s'écriaient douloureusement: « Nous avons perdu notre père, » le protecteur des faibles et des pauvres, la » terreur des méchans et le défenseur de l'isla- » misme. » Mais ces regrets amers ne tardèrent pas à faire place aux plus douces espérances. Les imans dans leurs prédictions, les poëtes dans leurs vers, les fakis dans leurs discours annoncèrent à la nation un règne glorieux et prospère. Celui qui se distingua le plus dans la composition de ces pièces de circonstance, ce fut le wali de Séville, Ismaël Abu Bécri, qui fit une pièce de vers jugée la meilleure, et conservée dans la collection d'Aben Férag. Ce wali était très-aimé d'Alhakem, qu'il avait l'art d'amuser et de distraire par des contes et des historiettes d'amour, ou par des descriptions de guerres et de batailles.

Le nouveau roi avait confié à son frère Abdelaziz le soin de sa bibliothèque, et à son frère Almondhir celui de protéger les savans et les académies. Pour lui, il se livra tout entier à l'administration de l'état, s'occupant spécialement de tout ce qui pouvait faire le bonheur de ses peuples et entretenir la paix au dedans et au dehors. Il passait la plus grande partie de son temps dans le délicieux palais d'Azhara; et les momens de loisir dont il pouvait disposer, il les partageait entre les savans et son esclave Redhiya, qu'il aima autant pour sa beauté que pour ses grâces et son esprit. Parmi ceux qui l'approchaient le plus familièrement, on remarquait Muhamad ben Jusuf de Guadalaxara, qui écrivit par son ordre l'histoire d'Espagne et d'Afrique; le poëte Muhamad ben Yahie, qui passait pour un des meilleurs esprits de l'Andalousie; Galib Abu Abdelselem, son secrétaire intime, auquel on attribue les premiers recensemens qui furent faits, et le Persan Sabûr, qu'il avait attiré par ses largesses à Cordoue pour l'attacher à sa personne, et qui devint dans la suite gouverneur de Badajoz et de sa province.

Deux ans s'étaient écoulés depuis l'avénement d'Alhakem, sans qu'il y eût eu sur les frontières aucun engagement sérieux entre les chrétiens et les Musulmans. Tout se réduisait à des incursions rapides et réciproques sur le pays ennemi, et à l'enlèvement de quelque butin. Mais comme le peuple, naturellement inconstant, se fatigue de tout, même de son bonheur, et qu'il y avait dans Cordoue des malveillans qui blâmaient les dispositions pacifiques du roi, se permettant même d'insinuer perfidement qu'elles tenaient à son défaut de courage, le roi voulut répondre à la malveillance par des faits capables de la confondre, ou de la forcer au silence, et il fit aussitôt publier l'Algihed. En même temps, pour montrer que l'amour de la paix n'éteignait pas en lui les qualités guerrières, il annonça qu'il marcherait à la tête de ses troupes; mais aussi, pour que la guerre ne devînt pas, comme cela n'arrive que

An de J. C. 963.
De l'hégire, 352.

trop fréquemment, une cause ou un prétexte de désordre, et afin que personne ne pût s'écarter, par aucun motif, de la plus exacte discipline, dès que l'armée se fut réunie sous les drapeaux, il lui donna un ordre du jour, dont toutes les dispositions, fondées sur les principes du Coran, devaient être rigoureusement gardées. C'étaient à peu près les mêmes préceptes que ceux qu'avait recommandés à ses Arabes le successeur de Mahomet, Abu Békre, lorsqu'il les envoyait à la conquête des pays voisins. Émanés de la même source, ils devaient tous se ressembler : Alhakem avait seulement ajouté aux siens ce que l'expérience d'environ trois siècles faisait paraître nécessaire. Cet ordre du jour était ainsi conçu :

« La guerre contre les infidèles est pour tout
» Musulman une charge sacrée; il n'y a d'exemp-
» tion que pour les enfans de famille qui n'au-
» raient pas le consentement de leurs parens.
» Cette exemption cesse toutefois dans le cas de
» pressant danger; car le premier des devoirs,
» c'est d'accourir à la défense du pays, et à l'ap-
» pel des généraux.

» L'ennemi sera sommé d'adopter l'islamisme,
» si mieux il n'aime se soumettre aux taxes dont
» sont grevés envers nous les infidèles, dans les
» pays de notre domination. Cette sommation
» n'aura point lieu si l'ennemi est l'agresseur.

»Tout Musulman qui se retirera devant l'en-
»nemi sera réputé lâche et transgresseur de la
»loi sainte, à moins qu'il n'y ait deux infidèles
»pour un Musulman.

»Les femmes, les enfans et les vieillards seront
»épargnés. Les religieux solitaires le seront aussi,
»sauf le cas de provocation de leur part. Le
»sauf-conduit accordé à un ennemi ne pourra
»être violé sous aucun prétexte.

»Tout le butin, distraction faite pour le gou-
»vernement de la cinquième partie, sera par-
»tagé sur le champ de bataille. Le cavalier aura
»deux parts, le fantassin une seule. Quiconque
»sera attaché à l'armée, bien qu'il ne soit pas
»soldat, fût-il même d'une autre religion, aura
»dans le butin la part qui lui sera assignée par
»le général. Celui-ci aura de même le droit de
»distribuer les récompenses qu'il jugera conve-
»nables, à ceux qui se seront distingués par une
»action d'éclat.

»Le Musulman qui reconnaîtra parmi les
»effets soumis au partage une chose qu'il pré-
»tendra lui appartenir, en fera sa déclaration
»aux cadis de l'armée. Moyennant son serment,
»l'objet lui sera rendu, si le partage n'est pas
»encore fait; sinon, on lui en restituera la va-
»leur. »

Le roi, étant arrivé à Tolède, donna une

preuve nouvelle de la protection qu'il savait accorder aux lettres. Instruit qu'un jeune cavalier de sa garde, nommé Abdalà, fils du cadi Abulwalid Junas, s'occupait à faire la collection des poésies qui avaient été composées en l'honneur des princes de la race d'Omeya, ou qui étaient leur propre ouvrage, et qu'il travaillait en outre à enrichir cette collection d'un commentaire et de documens historiques ; sachant d'ailleurs qu'Abdalà était d'une santé fort délicate, il le fit amener en sa présence, et s'adressant à Ahmed ben Nasar, capitaine de la garde, il lui dit : « Abdalà est d'une complexion trop faible
» pour nous suivre dans cette expédition ; il faut
» qu'il reste à Tolède, ou qu'il retourne à Cor-
» doue. Je ne voudrais pas qu'il tombât malade,
» car j'attends de lui un service bien essentiel.
» J'espère, Abdalà, continua-t-il en se tournant
» vers lui, que ton ouvrage ne me laissera pas
» envier celui qui a été présenté, dans le même
» genre, aux califes Abbassides. Retourne à Cor-
» doue, tu travailleras plus commodément; et
» si tu préfères à ta propre maison ma maison
» d'Almotilla, sur les bords du fleuve, je la mets
» à ta disposition. » Abdalà rendit grâce au roi, et promit de terminer dans peu son travail : il tint parole, car il le présenta au roi, à son retour de l'expédition.

L'armée musulmane mit le siége devant la forteresse de Saint-Etienne de Gormaz. Vainement le roi de Léon envoya-t-il des troupes au secours de la place ; elles furent défaites, la forteresse prise d'assaut, la garnison égorgée, et les fortifications rasées. Le vainqueur s'empara de quelques autres places, et la campagne fut terminée par la prise de Zamore. Alhakem rentra dans Cordoue, suivi d'un grand nombre de captifs, et son armée revint chargée de butin. Ce fut en cette occasion que le peuple, excité à l'admiration et à l'enthousiasme par le spectacle du triomphe de son maître, lui décerna le surnom d'Almostanzir Bilah, qui signifiait que *Dieu l'avait secouru.* Pendant l'absence du roi, la tribu arabe de Chazarag, l'une des plus nobles et des plus anciennes de Médine, était arrivée de l'Orient à Cordoue, attirée par la réputation de ce prince, non moins que par le récit des merveilles qu'on faisait en Arabie de l'Espagne et de ses souverains. Alhakem lui donna des habitations dans la ville, et des terres dans les environs.

Peu de temps après le roi de Léon envoya des ambassadeurs offrir la paix aux Musulmans. Le roi, qui avait naturellement les inclinations pacifiques, se réjouit beaucoup de cette proposition; il traita les envoyés avec les plus grands égards, et il les logea même dans son palais d'Azhara, où il leur donna toutes sortes de fêtes. Quand ils s'en retournèrent, il les combla de présens, et il fit partir avec eux un de ses wazirs, qu'il chargea de présenter au roi de Léon deux superbes chevaux couverts de riches harnais, deux épées des fabriques de Cordoue et de Tolède, et deux faucons supérieurement dressés. La paix fut bientôt conclue, et malgré les efforts de quelques malveillans, elle ne fut plus troublée en Espagne jusqu'à la mort d'Alhakem. Ces malveillans étaient principalement des seigneurs du royaume de Léon, des états de Castille, et même de la Navarre, qui étaient venus chercher à Cordoue un abri contre le ressentiment de leurs princes, excité par leur rébellion. Pour satisfaire l'ardeur de vengeance qui les dévorait, ils auraient voulu porter la guerre au cœur de leur propre patrie; le plus grand nombre des wazirs, et surtout les walis des frontières, fondant l'espoir du succès sur ces divisions intestines des chrétiens, appuyaient de tout leur crédit les propositions de ces mécontens; mais le roi se bornait à pourvoir généreusement aux besoins de ceux qui lui avaient demandé un asile, et il répondait à ses wazirs par ces paroles de la loi sainte : « Soyez » fidèles à vos conventions, car Dieu vous en » demandera compte. » Content d'avoir prouvé

An de J. C. 965. De l'hégire, 354.

que ce n'était point par faiblesse qu'il évitait de combattre, il sut résister constamment à toutes les instances ; et, ne considérant dans la guerre que les maux réels qu'elle produit, voulant sincèrement le bonheur du peuple, il s'attacha à lui donner les véritables richesses, celles qui naissent de l'agriculture et de l'industrie ; car les dépouilles enlevées à l'ennemi peuvent bien enrichir quelques individus, mais elles appauvrissent le pays qui les a gagnées, parce qu'elles se paient avec le sang du peuple. Le roi de Léon fut moins heureux qu'Alhakem ; il eut souvent sa couronne à défendre contre ses propres vassaux ; et le comte de Castille, Ferrand Gonzalez, fameux par ses exploits autant que par ses crimes, toujours révolté contre lui, toujours son ennemi déclaré, finit par devenir son assassin. Ce comte n'avait pu maintenir sur le trône son gendre Ordogne IV. Les vœux de la nation y avaient rappelé Sanche ; et Sanche, soutenu par les armes de ses alliés, avait triomphé de l'usurpateur. Gonzalez avait été battu par le roi de Navarre, et la fortune l'avait livré lui-même à son vainqueur. Le généreux Sanche obtint sa liberté ; et, trompé par ses protestations hypocrites de fidélité et de reconnaissance, il lui confia le gouvernement de tout ce qu'il possédait dans la Lusitanie depuis le Minho jusqu'au

Duero. Gonzalez ne tarda pas à se soulever ; Sanche prit les armes ; le rebelle eut recours aux soumissions et aux prières, et Sanche pardonna encore. Le perfide comte, que tant d'actes de clémence ne purent toucher, cacha sous les apparences du dévouement et du zèle la haine dont il était tourmenté. Peu de temps après il présenta au roi une pomme empoisonnée : Sanche en eut à peine mangé qu'il sentit les atteintes du mal qui l'emporta au bout de trois jours. Après la fin tragique de ce prince, Ramire III, son fils, fut proclamé par le peuple, quoiqu'il ne fût âgé que d'environ cinq ans. Sa mère, assistée d'un conseil de régence, gouverna l'état pendant sa minorité ; et le premier soin de cette princesse fut de renouveler avec Alhakem le traité de paix que Sanche avait obtenu.

An de J. C. 967. De l'hégire, 356.

Le roi de Cordoue était religieux et zélé musulman ; il voulut que la loi fût strictement observée. Ainsi il ne se contenta pas de faire construire des mosquées partout où elles manquaient, et de les pourvoir d'imans et d'alfaquis; il veillait encore avec la plus scrupuleuse attention à ce que les préceptes du Coran ne fussent point violés. Il s'était depuis long-temps aperçu que l'usage du vin et des liqueurs spiritueuses était devenu si commun que les alfaquis eux-mêmes en buvaient publiquement. Souvent même dans les festins et les banquets de noces où en faisait une consommation si immodérée que l'ivresse des convives en était le résultat ordinaire. Le roi, naturellement sobre, et au fond très-instruit des matières religieuses, convoqua tous ses alfaquis et tous ses docteurs, et il leur demanda d'où provenait cet abus étrange qui se faisait en Espagne de toute espèce de vins et de liqueurs enivrantes. Ils lui répondirent que, depuis le règne de Muhamad, c'était une opinion généralement reçue que les Musulmans d'Espagne, toujours en guerre avec les chrétiens, pouvaient boire du vin, parce que le vin restaure et augmente les forces du soldat; que dans tous les pays de frontière on n'avait pas là-dessus le moindre scrupule. Le roi désapprouva beaucoup cette morale relâchée, apportée en Espagne par les tribus de l'Irack. Il fit dans tous ses états les plus sévères défenses; et, afin de rendre les contraventions moins faciles, il ordonna que les deux tiers des vignes seraient arrachés sans délai, que les raisins qu'on recueillerait sur le tiers conservé seraient consommés en nature dans la saison de ce fruit, et qu'on convertirait en sirops et en confitures tout ce qui excéderait les besoins de la consommation. Il chargea de veiller à l'exécution de ces ordres le grand cadi d'Espagne, Abdelmélic ben Mondhir, dont il connaissait le zèle, la fermeté et la justice.

Après avoir ainsi déployé sa puissance en faveur de la religion, le roi la fit servir à protéger les savans et les poëtes. Non-seulement il les récompensait de leurs travaux avec une magnificence royale, mais il les appelait auprès de lui, quand il jugeait qu'il pouvait les employer utilement au service de l'état, et il les faisait asseoir dans ses conseils. Ahmed ben Abdelmélic de Séville, auteur d'un savant traité sur la politique des princes, et d'excellentes maximes de gouvernement, fut nommé principal cadi de Cordoue; Obeidalà, qui l'avait aidé dans la composition de ces ouvrages, reçut aussi les plus honorables distinctions. L'historien Ahmed ben Saïd el Hamdani, qui écrivit l'histoire d'Espagne, eut en partage une belle maison à Azhara. Jusuf ben Harûn el Arramédi obtint pareillement du roi un superbe logement près de l'Alcazar. C'était l'un des plus beaux génies de son temps, et il avait composé plusieurs poëmes très-estimés. Arramédi éprouva pourtant qu'il est toujours imprudent d'exciter les passions des princes, et dangereux surtout d'être leur rival, même sans le vouloir.

Avec la vaine gloire ou l'exaltation d'un poëte, il se plaisait à raconter que, se promenant un jour sur les bords du fleuve dans les jardins du palais Méruan, il rencontra une jeune esclave d'une beauté parfaite, nommée Haléwa, et qu'il eut avec elle plusieurs entrevues dans le même lieu. Dans un de nos entretiens, ajoutait-il, je lui avais demandé pour quel prix son maître voudrait la vendre, et elle m'avait répondu qu'il exigeait trois cents mitcals d'or. C'était bien peu de chose en comparaison du prix immense que l'amour lui donnait à mes yeux, c'était beaucoup pour moi qui n'avais point cette somme. Mes affaires m'appelèrent à Sarragosse ; je me présentai au wali Abderahman ben Muhamad, et je lui donnai une longue pièce de vers où je célébrais les charmes de la belle esclave. Le wali, à qui je fis part de mon aventure, me donna les trois cents mitcals, et je revins à Cordoue sur les ailes du désir et de l'espérance. Hélas ! je ne trouvai plus le moindre vestige de ce que je cherchais ; je me déterminai alors à quitter Cordoue. Au moment de mon départ j'allai prendre congé d'un de mes amis ; il me fit entrer dans sa maison, et au bout de quelques instans il sortit pour une affaire, me priant de l'attendre. Il y avait dans l'appartement où j'étais une femme voilée sur laquelle j'avais à peine osé jeter les yeux ; mais, aussitôt que mon ami fut sorti, cette femme, découvrant son visage et s'avançant vers moi, me dit : « Est-il possible que tu ne m'aies point reconnue? » A ces mots je levai la tête et j'aperçus la charmante Haléwa. Je n'eus le temps de recevoir d'elle aucune explication ; mon ami rentra, elle garda le silence, et moi-même, pouvant mal contenir mon trouble et mon émotion, je feignis une indisposition subite pour avoir un prétexte de me retirer sans donner aucun soupçon à mon ami. Je soulageai ma douleur en écrivant quelques romances. Elles ont eu beaucoup de vogue ; mais, en excitant la jalousie du maître d'Haléwa, elles ont causé le malheur de cette fille et le mien.

Le roi, qui avait lu les romances et qui entendait parler d'Haléwa avec tout l'enthousiasme que la passion inspire, eut envie de voir cette femme tant célébrée par les vers d'Arramédi. Il savait que le maître d'Haléwa, Abu Ali, était très-assidu à ses devoirs de religion, et qu'il ne manquait jamais d'assister à la lecture publique qui se faisait dans les mosquées des divers passages du Coran, et au commentaire qui accompagnait cette lecture. Il choisit un jour où l'explication devait être faite par le cadi Mondhir ben Saïd, doué d'une grande facilité à s'exprimer ; et il lui fit recommander secrètement par un de ses wazirs d'allonger son discours autant qu'il le pourrait. Le cadi obéit ; mais, s'apercevant à la fin qu'il était resté presque seul, il ajouta, dit-on, malignement ces mots : « Mon discours » a été plus long aujourd'hui qu'à l'ordinaire, » parce que je n'ai point remarqué dans mon » auditoire cette folle jeunesse qui n'aime que » les courtes cérémonies. Le roi l'occupe en ce » jour ; que Dieu lui accorde tout ce qu'il désire ! » La visite d'Alhakem à la belle Haléwa produisit les résultats qu'on pouvait en attendre, le ressentiment, la jalousie, la haine. Haléwa fut maltraitée par son maître ; celui-ci encourut la disgrâce du roi ; et le poëte Arramédi, pour quelques plaintes indiscrètes, fut enfermé dans une prison, où il eut tout le temps de réfléchir sur l'inconstance de la fortune et l'instabilité de la faveur des rois.

Arramédi trouva dans sa prison un compagnon de misère ; c'était Aben Férag de Jaën, dont la réputation égalait celle des plus grands poëtes de l'Arabie. Il avait compilé, sous le titre de *Jardins*, un grand nombre de vers, et il avait reçu du roi de grandes récompenses pour cette précieuse collection, que les savans de l'Orient et de l'Occident préféraient au recueil du même genre d'Abi Bécri d'Ispahan, appelé *les Fleurs*. On ne dit pas comment, après avoir joui plusieurs années de l'amitié et de la protection d'Alhakem, il s'était attiré la colère de ce prince ; il fallait même qu'il lui eût donné quelque sujet grave de mécontentement, puisque, moins heureux qu'Arramédi, qui obtint sa liberté pour prix des vers qu'il avait faits à la louange du prince Hixêm, quand le roi le déclara son successeur, il ne reçut point la même grâce, quoiqu'il eût aussi employé son talent à chanter cet événement.

Il serait trop long de citer tous les poëtes et tous les savans que Cordoue renfermait à cette époque dans son sein; il suffira de dire que, durant tout le temps que les Arabes ont dominé sur l'Espagne, jamais les lettres ne jetèrent autant d'éclat que sous le règne d'Alhakem. Ce n'était pas seulement dans la capitale que les lumières se rencontraient : Séville, Badajoz, Guadalaxara, pouvaient citer aussi des noms illustres. On vit même dans ce temps des hommes qui, cultivant les lettres pour elles-mêmes, loin de faire servir leurs talens à leur fortune, firent à l'amour de l'étude les plus éclatans sacrifices : tel fut Abu Walid Jonas ben Abdala. Il avait voyagé en Egypte et parcouru l'Orient en observateur judicieux et profond ; et, comme il joignait à ses vastes connaissances un grand fonds de probité, il avait été élu cadi de Badajoz ; le roi l'appela à Cordoue. Abu Walid fut contraint d'obéir à l'invitation de son maître; mais, au bout de quelques jours, il lui demanda, pour toute grâce, la permission de se retirer dans une maison solitaire qu'il possédait dans l'Algarbe, afin de pouvoir se livrer tout entier à l'étude et à la composition de ses ouvrages.

Tous ces savans, ces historiens, ces poëtes, formaient des espèces d'académies, dont le but était d'augmenter la masse des lumières par le choc des discussions et la réunion de tous les efforts : chacun y apportait ses connaissances et le produit de ses recherches particulières; et comme tous les travaux se dirigeaient vers un résultat commun, et que d'ordinaire les idées s'agrandissent et se perfectionnent par la circulation, il s'ensuivait de ces associations de grands progrès pour les sciences. Cordoue possédait plusieurs de ces académies. On a vu qu'Alhakem en avait fondé une dans le palais Méruan; d'autres s'élevèrent sur le modèle de celle-là. Séville, Tolède, rivalisaient avec la capitale; on citait surtout celle de Tolède, dont Ahmed ben Saïd el Ansari, savant alfaqui, était le fondateur. Quarante savans de Tolède, de Calatrava, et des lieux voisins, se réunissaient tous les ans chez lui dans les trois mois de novembre, de décembre et de janvier. Ahmed leur avait destiné un grand salon, dont le pavé était couvert de tapis de laine et de soie et de coussins de la même matière. Les murailles étaient également tendues d'étoffes artistement travaillées. Au milieu de l'appartement il y avait un grand poêle, autour duquel ils s'asseyaient. A l'ouverture de la séance on faisait la lecture de quelque chapitre du Coran, qui devenait le texte des conférences : ensuite on lisait des vers, ou on traitait de quelque objet scientifique ; cela terminé, on leur distribuait des parfums et des aromes, et on leur donnait à laver avec de l'eau de rose ; puis on leur servait un repas abondant. Le généreux Ahmed eut une fin tragique. Le roi, instruit de son mérite, l'avait nommé préfet ou intendant de Tolède. Le cadi Yaix ben Muhamad, jaloux de sa réputation ou envieux de cette faveur, le fit assassiner suivant les uns, empoisonner suivant les autres.

Le goût des lettres s'était répandu dans toutes les classes, parce qu'il était recommandé par l'exemple du prince, protégé par sa puissance, et récompensé par sa générosité. Les connaissances, l'érudition, le talent, étaient toujours un moyen de fortune ; et les riches, courtisans attentifs à imiter leur maître, ne laissaient passer aucune occasion de favoriser les savans et les artistes, qui profitaient de la direction que le désir de plaire au roi donnait à leurs vues ambitieuses. On raconte du cadi de Cordoue, Aben Sélim, homme de mœurs austères, qu'étant sorti un jour à cheval de la ville et se trouvant surpris par un orage, il entra dans la maison d'Aben Safaran, qui demeurait à la campagne sur les bords du fleuve; il y trouva une jeune fille de Cordoue, occupée à chanter, avec la plus belle voix du monde, des versets du Coran (1). Le cadi émerveillé demeura quelque temps chez Aben Safaran, et lorsqu'il partit il laissa sur le siége qu'on lui avait donné une bourse remplie de pièces d'or.

Les lettres, et la poésie surtout, étaient tellement en honneur, que les femmes même en faisaient leurs délices au fond de la retraite, d'où elles disputaient souvent le prix du génie. On citait parmi elles Lobna, qui réunissait à une très-grande beauté des connaissances si

---

(1) Les Musulmans divisent le Coran en 114 *suras* ou chapitres d'une longueur très-inégale; chaque sura se sous-divise en *hizbes* ou sections, et les hizb'es en *axaras*, ou stances de dix vers. Chaque chapitre porte en tête le nombre de vers qu'il renferme et le lieu de sa publication. On appelle le Coran *tanzil*, descendu du ciel. C'est pour cela qu'il est la lecture par excellence, et que l'on regarde comme un éminent personnage le mocri ou lecteur du Coran dans les mosquées.

étendues, que le roi l'avait choisie pour tenir sa correspondance particulière; Fatime, fille d'un officier du palais, renommée à cause de sa belle écriture, dont le travail consistait à transcrire des livres pour la bibliothèque du roi; Aïxa, fille d'Ahmed de Cordoue, douée d'autant de talens qu'elle avait de charmes, laquelle composa les éloges des rois et des princes contemporains, se fit un nom par ses vers et son éloquence, et mit tout son luxe à former une riche collection de livres; Cadiga, fille de Giafar ben Noseïr, célèbre par ses chansons, qu'elle chantait elle-même; Mariêm, fille d'Abu Jacûb, laquelle faisait dans Séville un cours public de poésie et de littérature; Redhiya, surnommée l'heureuse étoile, affranchie d'Abderahman, et qui faisait par ses vers l'admiration de son siècle. Après la mort d'Alhakem, à qui son père l'avait cédée, elle parcourut l'Orient, et recueillit partout des lauriers et des récompenses.

Le roi n'était pas seulement le juste appréciateur du mérite des autres, il en avait beaucoup lui-même; et, comme l'étude de la poésie entrait pour lors dans le plan général de l'éducation, il s'était exercé dès son enfance sur toutes sortes de sujets, et plusieurs pièces de vers de sa composition ont été conservées. Un prince ami des lettres ne pouvait pas négliger l'éducation de son fils; il lui avait donné les meilleurs maîtres: Abu Bécri el Subeidi, auteur très-savant de plusieurs ouvrages estimés; Alcasim aben Asbag, versé dans la connaissance de l'histoire, et Muhamad ben Châteb, d'une érudition profonde. Lui-même travaillait à former le jugement d'Hixêm par d'excellentes leçons de morale et de politique, qu'il terminait toujours ainsi : « Ne » fais jamais la guerre sans nécessité; c'est par » la paix que tu donneras le bonheur à tes peu- » ples. Quelle gloire que celle qui consiste à en- » vahir des provinces, à ruiner des villes, à » porter la désolation et la mort jusqu'aux ex- » trémités de la terre! Ah! ne te laisse point » éblouir par les fausses maximes de l'ambition » et de l'orgueil. Avec la modération et la jus- » tice tu seras constamment heureux, et tu ar- » riveras sans remords au terme de ta carrière. » Malheureusement la nature avait peu fait pour ce prince que sa naissance et le choix de son père destinaient à l'empire; il manquait d'énergie et de vigueur, et la faiblesse de son caractère semblait l'avoir condamné à vivre sous la tutelle de ses ministres.

Persuadé que c'est dans la paix que s'affermissent les bases du bonheur public, Alhakem sut la maintenir dans tous ses états; et il employa les longs loisirs qu'elle lui laissait à faire des améliorations dans les branches diverses de l'industrie, et à élargir les canaux qui répandent la prospérité sur les peuples. Il commença par faire le recensement (1) de ses sujets; et, pour mettre les produits du sol en rapport avec les besoins de la population, il fit les plus grands efforts pour fomenter l'agriculture, et accroître par l'arrosage la fertilité de la terre. Ce fut principalement par ses soins que Grenade, Murcie, Valence et l'Aragon virent les eaux serpenter par de nombreux aqueducs au milieu de leurs plaines, long-temps dévorées par la sécheresse; il fit pareillement des plantations considérables partout où le terrain parut propre à les recevoir. La charrue du laboureur sillonna le penchant même des montagnes, et les mines (2) qu'elles renfer-

---

(1) Il y avait alors en Espagne six villes capitales, quatre-vingts cités, trois cents villes du troisième ordre, et un nombre infini de bourgades, de villages et de hameaux. On dit qu'il y avait à Cordoue deux cent mille maisons, six cents mosquées, cinquante hospices, quatre-vingts écoles publiques, neuf cents bains publics. Le nombre des maisons paraît très-exagéré, quoique cette ville ait renfermé un million d'habitans.

(2) Il y en avait de très-riches à Jaën et vers les sources du Tage, à ce que disent les auteurs arabes. Béja et Malaga avaient des carrières de rubis; on pêchait le

maient dans leur sein furent habilement exploitées. Aussi l'on disait d'Alhakem qu'il avait changé la lance et l'épée en socs de charrue, et transformé les Musulmans, de guérriers inquiets et farouches, en cultivateurs paisibles et en pasteurs. Les plus illustres personnages, les plus élevés en dignité, se plaisaient à cultiver leurs jardins de leurs propres mains, et à respirer un air frais et embaumé, sous un ombrage qu'ils avaient créé eux-mêmes. Aux approches du printemps, la campagne se peuplait d'habitans nombreux aux dépens des villes, tandis que beaucoup de villageois, adonnés à l'entretien des troupeaux, menaient la vie errante de leurs ancêtres; et se transportaient avec leurs tentes d'une province à l'autre, suivant les saisons et les climats (1), et cherchant d'abondans pâturages.

---

corail sur les côtes de l'Andalousie, et l'on trouvait des perles sur celles de Tarragonne. Toutes ces mines étaient exploitées pour le compte du roi, hors un petit nombre qui appartenaient à de simples particuliers. Ces mines, que les Romains ont connues, existent peut-être encore, mais on en a perdu les vestiges; il en est de même de la pêcherie du corail et des perles.

(1) Ces Arabes voyageurs s'appelaient *moëdinos*; et il est possible, dit M. Conde, que ce mot altéré ou cor-

Alhakem ne se contentait pas d'encourager l'agriculture pour la rendre plus florissante ; il excitait également l'industrie manufacturière et le commerce. Afin de faciliter les communications, il bâtit des ponts, et il ouvrit plusieurs routes, sur lesquelles il fit construire des hôtelleries pour les voyageurs. Il ne se montra pas moins zélé pour l'exacte administration de la justice, et il s'attacha constamment à ne la confier qu'à des mains intègres. On pourra juger par le trait suivant qu'il savait faire de bons choix, et que les juges qu'il instituait étaient dignes d'occuper une place, qui compte, parmi ses priviléges, celui de disposer de la fortune et de la vie des citoyens. On raconte de lui que, voulant ajouter un pavillon à ses jardins d'Azahra, il fit proposer au propriétaire d'un champ voisin de le lui vendre. Sur le refus de celui-ci, les agens du prince s'étaient emparés de force de ce champ, et le pavillon fut construit. Le propriétaire dépossédé s'alla plaindre au cadi de Cordoue. Abu Bécri ben Wéfid, l'un des wazirs du cadi, persuadé qu'il n'était pas plus permis au souve-

---

rompu par le mélange de ces Arabes avec les naturels, ait produit celui de *mérinos*, que l'on donne aux troupeaux de la péninsule, qui conservent la coutume de la parcourir périodiquement du nord au midi.

rain qu'au dernier de ses sujets de s'approprier le bien d'autrui, se rendit sur-le-champ à Azahra, où le roi se trouvait; et s'avançant jusqu'au pavillon avec sa monture et un sac vide, il s'approcha d'Alhakem, et lui demanda la permission de remplir de terre le sac qu'il portait. Le prince surpris la lui accorda. Quand le sac fut plein, le cadi pria le roi de lui aider à le placer sur sa monture. Alhakem voulut bien se prêter au désir du cadi, le regardant comme un badinage; mais le sac était si pesant qu'il put à peine le soulever : « Prince des fidèles, lui dit alors Abu Bécri » d'un ton austère, ce sac que tu ne peux porter » ne contient qu'une bien petite partie du champ » que tu as usurpé; comment soutiendras-tu le » poids de ce champ tout entier, lorsqu'il te » faudra comparaître devant le juge suprême ? » Alhakem rendit grâce au cadi de la leçon sublime qu'il venait d'en recevoir, et le champ fut restitué à son maître, qui eut de plus le pavillon avec tout ce qu'il contenait, à titre de dédommagement de la privation qu'il avait momentanément éprouvée.

Cependant l'Afrique ne jouissait pas de la paix qui régnait en Espagne. Alhasan ben Kénuz, émir de Biserte, s'était emparé de toutes les provinces d'Almagreb, à l'aide de la cavalerie andalouse, et il les possédait au nom d'Alhakem, moins par fidélité que par crainte. Balkin bei Zeïri, scheick de Zanhaga, avait rassemblé une armée nombreuse qu'excitait le désir de venger d'anciennes défaites, et il s'était jeté à l'improviste sur les provinces occidentales, portant avec lui le fer et la flamme. Les walis de ces contrées furent constamment battus durant trois années consécutives, jusqu'à ce que le wali de Salé, Giafar ben Ali, vainquit les ennemis en bataille rangée, et tua leur chef de sa main; c'était Jusuf Zeïri père de Balkin. Cette victoire inespérée, qui relevait l'honneur des armes andalouses, produisit à Cordoue la plus vive sensation ; mais en Afrique les scheiks zénètes, craignant le ressentiment et les vengeances de Balkin, résolurent de s'emparer de la personne de Giafar, et d'acheter leur sûreté en le livrant au scheik de Zanhaga. Giafar n'eut que le temps de se sauver en Espagne, où il fut honorablement accueilli par le roi, qui le fit son hagib. Balkin, qui n'osait pas encore se déclarer indépendant, avait proclamé dans tous les pays conquis le calife des fatimites, Maad ben Ysmaïl, sultan d'Égypte, comme l'avait fait quelques années auparavant Gehwar el Rumi. Dans ces circonstances l'émir Alhasan, oubliant tout à coup ses sermens et ses devoirs, reconnut dans ses états le même Maad, et s'unissant à Balkin, il tourna ses armes contre

An de J. C. 968.
De l'hégire, 357.

An de J. C. 972.
De l'hégire, 361.

les Andalous. Justement irrité de la trahison d'Alhasan, Alhakem ordonna des levées de troupes, et il prépara une puissante armée, pour l'envoyer contre le rebelle, et son allié Balkin. Il en confia le commandement au wali Muhamad ben Alcasim. A peine ces troupes étaient-elles débarquées sur les rivages de l'Afrique, qu'elles eurent à soutenir le choc des hordes bérébères, qu'Alhasan avait rassemblées de toutes parts. Après une vive résistance, les Andalous furent obligés de plier, et de se retirer sous les murs de Tanger et de Ceuta, laissant le champ de bataille couvert de morts, et parmi eux leur général Muhamad.

La nouvelle de ce désastre étant parvenue à Cordoue, le roi ne songea qu'à le réparer; il envoya une seconde armée sous les ordres de Galib, surnommé Saïb Garuba, officier plein d'expérience et de courage. En prenant congé du roi, il en reçut cet avis : « Tu as de la valeur » et des talens, tu vas donc vaincre, ou périr sur » le sol de l'Afrique; mais souviens-toi que pour » avoir de bons soldats, il ne faut pas leur épargner » les récompenses. » Alhasan conçut alors des craintes sérieuses ; il quitta Biserte, en fit sortir sa famille, ses femmes et ses trésors, qu'il alla renfermer dans la forteresse d'Anosor, bâtie sur la pointe d'un rocher appelé le rocher des Aigles, laquelle passait pour inexpugnable. Il tenta cependant de s'opposer au débarquement de Galib, et pendant quelque temps la fortune se montra indécise ; mais Galib eut recours aux négociations ; un grand nombre de scheiks, gagnés par de riches présens, quittèrent successivement le parti d'Alhasan ; plusieurs même passèrent dans le camp de Galib avec leurs troupes. Alhasan, se voyant presque seul, fut obligé de prendre la fuite, et il courut chercher un asile dans sa forteresse d'Anosor. Galib le poursuivit avec toute sa cavalerie, et le reste de l'armée l'ayant bientôt rejoint, la forteresse fut étroitement bloquée, et l'on parvint à priver d'eau les assiégés.

Il y avait dans l'armée de Galib des hommes superstitieux et livrés à toutes les erreurs de l'astrologie ; ils répandirent le bruit que si la forteresse ne s'était point rendue dans un délai déterminé, toute l'armée périrait, depuis le général jusqu'au dernier soldat. Galib, qui voyait s'avancer le terme que les astrologues avaient marqué, se disposait à tenter les chances meurtrières d'un assaut, lorsque Alhasan, réduit à la dernière extrémité, offrit de capituler. Galib accepta cette offre, mais il exigea d'Alhasan qu'il se remît en son pouvoir, avec ses trésors et sa famille. Alhasan dut souscrire à ces deux conditions, et le même jour Galib prit possession de la forteresse. Les rebelles, se trouvant sans chef, ne firent pas une longue résistance; tout le pays d'Almagreb rentra dans la soumission, et les scheiks de Zanhaga furent expulsés. Galib se rendit ensuite maître de Fez, où il plaça de nouveaux gouverneurs; et après avoir pourvu à la sûreté de toutes les places, il reprit la route de l'Espagne avec l'émir Alhasan et un grand nombre d'individus de la famille d'Edris, qu'il emmenait comme otages de la fidélité des alcaïdes et de l'obéissance des habitans. Il traversa heureusement le détroit, et débarqua à Algéciras, d'où il écrivit au roi Alhakem, le priant de ratifier les promesses qu'il avait faites à Alhasan. Le roi lui envoya sur-le-champ des courriers, avec des lettres qui contenaient approbation entière de la capitulation; et lorsqu'il sut que Galib était près de Cordoue, il envoya au-devant de lui le capitaine de ses gardes, avec plusieurs personnages de marque; il monta lui-même à cheval, et, suivi de ses principaux officiers, il alla à la rencontre de Galib.

Dès qu'Alhasan eut aperçu le roi, il mit pied à terre, et courut se prosterner devant lui; mais le roi le releva avec bonté, le fit monter à cheval, et le plaçant à ses côtés, il entra avec lui dans Cordoue, au milieu d'un concours innombrable de peuple. Le roi lui assigna pour demeure le palais Mogueiz, et pourvut à sa dépense avec tant de magnificence et de générosité, que beaucoup de cavaliers de la suite de l'émir demandèrent à rester au service d'Alhakem ; mais Alhasan ne pouvait se plaire à Cordoue ; son cœur, dévoré de souvenirs amers et d'ambitieux désirs, regrettait ses grandeurs passées. Il demanda au roi la permission de retourner en Afrique ; Alhakem ne l'accorda qu'à regret, et contre l'avis de ses wasirs ; ce ne fut même que sous la promesse que fit Alhasan de ne point séjourner dans les provinces d'Almagreb. Alhasan s'embarqua à Almérie sur des vaisseaux qui le transportèrent à Tunis, d'où il passa en Égypte, à la cour de Nazar, fils et successeur de Maad ben Ysmaïl, lequel lui fit un accueil très-favorable. Nazar écrivit à cette occasion au roi Alhakem une lettre pleine d'arrogance, où il le traitait d'usurpateur d'Almagreb, et le menaçait de tout l'effort de ses armes. Alhasan, avant de quitter Cordoue, fut contraint de livrer au roi un morceau d'ambre extrêmement précieux. Alhakem le fit placer parmi les joyaux de la couronne, et il y est resté jusqu'à la fin de sa dynastie. Alhasan, qui était très-avare, ne put de bien long-temps se consoler de cette perte.

An de J. C 975.
De l'hégire, 365.

Après l'heureuse issue de la guerre d'Afrique, Alhakem ne voulut plus s'occuper que d'assurer le bonheur de ses peuples ; mais, par un malheur qui n'est que trop commun aux excellens princes, la mort vint le surprendre au milieu de ces doux et utiles travaux ; et quoiqu'il fût encore d'un âge peu avancé, ayant à peine atteint sa soixante-troisième année, la nation le perdit après un règne de quinze ans et demi. Il emporta des regrets universels, et les larmes de ses sujets furent la meilleure apologie de ses vertus.

<small>An de J. C. 976.
De l'hégire, 366.
2e de safer.</small>

FIN DU PREMIER VOLUME.